经济法概论

主　编　焦　娇
副主编　袁　静　余琳琳

復旦大學出版社

内 容 提 要

经济法是国家进行宏观调控的法律规范，是指在市场经济体制下，国家为了矫正市场失灵而管理和调控经济活动所发生的经济关系的法律规范的总称。全书分为五编。第一编，概论。主要包括经济法的一些基本理论问题，包括经济法的产生、经济法的定义、经济法的调整范围及本质；另外，在概论中还加入了对经济纠纷解决途径的一些介绍，主要包括经济诉讼和经济仲裁法律制度。第二编，经济组织法律制度。主要包括公司、合伙、个人独资企业及外商投资企业法律制度。第三编，市场运行法律制度。在此编中，针对电大学生的特点和要求，选择了合同法律制度、金融法律制度、消费者权益保护法律制度、反不正当竞争法律制度、反垄断法律制度、产品质量法律制度、商标、专利、广告法律制度、对外贸易法律制度等。第四编，宏观调控法律制度。主要包括税收、会计、审计、环境保护、自然资源法律制度。第五编，社会保障法律制度。主要包括对我国社会保障体系的概述及劳动合同法律制度两大部分。

本书适合大专院校法律类、经济类学生作为教材使用，也可作为从事经济领域工作的相关人士的法律参考书。

前　言

随着社会主义市场经济的发展以及国际金融危机的影响,近年来我国经济法方面发展迅速,我国陆续出台和修订了一系列的经济法方面的法律法规,经济法学也日益蓬勃发展。为了更好地进行经济法学的教学,培养更多更好适应社会主义现代化建设的新型人才,在上海开放大学多年教学实践的基础上,我们聚集了具有丰富的经济法学教学经验和较高的理论研究水平的老师和学者编写本教材。

本教材的编写,立足最新的经济法方面的立法和司法实践的内容,比如最新的《反垄断法》、《保险法》、《合伙企业法》等,对于我国《物权法》中关于担保的一些新规定、《侵权责任法》所规定的相关归责原则,以及《环境保护法》的新规定等内容均有所体现;同时,我们还借鉴了经济法方面的较高水平的研究成果。另外,本教材力图做到形式活泼生动,内容由浅入深,通俗易懂,将枯燥的法律规定融入日常生活实践,易于接受。因此,在编写体例上,本书的每一章节的开始都由生活中常见的问题引出相关法律思考,在这些思考的引导下进行相关法律知识的学习。在每一章的教学内容后又针对此章节内容编写了大量的与实践联系密切的案例,对相关知识点进行巩固;除此之外,还编写了大量的思考题,希望能对有较高要求的学习者进行启发,并起到提升的作用。

因为本教材是对于经济法学教学而编写的一本公共课教材,所以涉及的专业较多,本书在体系结构上采用了大经济法的范畴体系结构,物流管理专业、财务会计、行政管理、现代文员等专业均可采用此教材。同时,本书也可作为高等院校法律专业、经济法专业和经济管理等专业的教材使用,也是法律工作者和法律爱好者研习经济法的理想读本。

本书的两位副主编袁静(上海开放大学宝山分校讲师,法学硕士)和余琳琳(上海开放大学闵行一分校讲师,法学硕士)为全书的编写和统稿做了很多工作。其他参编人员还有(排名不分先后):芦琦(上海开放大学开放教育学院院长,法学博士)、马一(山东大学法学院讲师,法学博士)、顾相伟(上海开放大学法律与行政系讲师,法学博士研究生)、张斌(上海开放大学法律与行政系讲师,法学硕士)和姚晔(上海开放大学松江分校讲师)等。本教材从开始编写到整理修改、出版经过了五年的时间,相关的编写人员为此付出了大量的心血和劳动,在此一并感谢!当然,教材中还存在着许多不足和缺点,真诚希望有关专家和同行指正。

编者

2010 年 6 月

目　录

第一编　概　论

第二编　经济组织法律制度

第四编　宏观调控法律制度

第一编 JING JI FA GAI LUN

概　　论

第一章 总论

什么是经济法？为什么要有经济法？它要解决我国经济发展中的什么问题？它在我国法律体系中的地位如何呢？

本章需要掌握的主要内容有：

- 经济法的定义
- 经济法产生的历史必然性
- 经济法的调整对象
- 经济法成为独立法律部门的依据
- 经济法的本质、地位和重要性

第一节 经济法的产生和发展

一、经济法产生的依据和发展简介

（一）小规模商品交换不需要国家调控

在自由竞争的商品经济初期，自由竞争、自由贸易在经济生活中占主导地位，具有法律意识的法学家们提倡的是平等、契约自由和私权神圣。当时商品生产和交换不需要国家干预经济，因而也就不存在现代意义的经济法概念和经济法律。例如，在农业社会时期我国的家庭生产在很大程度上是自给自足的，商品经济发展不充分，经济发展所带来的问题也不突出，因此，不需要国家干预经济的发展，经济交换在自发的状态下达到最优。

（二）社会化大生产需要国家调控

当资本主义从自由竞争阶段发展到垄断阶段后，垄断组织的出现及其对经济的垄断，加深了资本主义社会的矛盾。自发的市场调节机制受到很大影响，国家必须放弃原来的“自由放任”原则，承担起规范市场主体、维护市场秩序、进行宏观调控等职能，才能解决经济本身无法满足人民幸福生活最大化的矛盾。为达到上述目的，国家就需要制定有关法律，对社会经济生活进行直接的管理和干预，于是在20世纪初，就诞生了一个相对独立的法律部门——经济法。

因此，经济法是现代社会经济发展的必然产物，是实行市场经济体制的内在要求。

“经济法”这个概念，是法国空想共产主义者摩莱里在1755年出版的《自然法典》一书中首先提出来的。法国另一名空想共产主义者德萨米在1842年出版的《公有法典》一书中也使用了“经济法”这一概念，并且发展了摩莱里关于经济法的思想。1890年，美国国会通过了《谢尔曼法》，这部法律标志着资本主义国家直接运用法律手段干预经济的开始。进入20世纪，德国学者莱特在1906年创刊的《世界经济年鉴》中首先使用了“经济法”这一概念，用来说明与世界经济有关的各种法规，但并不具有严格的学术意义。1919年德国颁布了世界上第一部以经济法命名的法——《煤炭经济法》，1923年又颁布了《防止滥用经济权力法令》等经济法规。德国经济法的实践与理论对世界其他资本主义国家有很大的影响，首先是日本全面借鉴德国的经验；随后，欧洲其他国家也开始使用经济法这个概念。前苏联和东欧一些社会主义国家也很重视经济立法，捷克斯洛伐克于1964年颁布了世界上第一部经济法典。但随着东欧形势剧变，法律体系也随之发生了变化。

二、我国经济法发展状况

早在新民主主义革命时期，革命根据地人民政府进行了大量的经济立法工作，制定了一系列经济法规。这些经济法规以土地法（地租）和劳动法为核心，辅之以其他经济法规，对革命胜利起到了促进作用。

中华人民共和国建立后，在废除国民党政府法律制度的前提下，我国开始制定社会主义中国的经济法。党的十一届三中全会以后，由于工作重点转移，实行经济体制改革和对外开放，经济立法得到迅速发展。我国逐步制定实施了《中华人民共和国全民所有制工业企业法》、《中华人民共和国城镇集体所有制企业条例》、《中华人民共和国劳动法》、《中华人民共和国中外合资经营企业法》、《中华人民共和国破产法》、《中华人民共和国商标法》、《中华人民共和国合同法》、《中华人民共和国产品质量法》、《中华人民共和国广告法》、《中华人民共和国消费者权益保护法》等一系列法律、法规。《中华人民共和国反垄断法》也已经通过,标志着我国经济法的又一个新发展。这些法律、法规对于经济体制改革的顺利推进,促进国民经济健康发展起了重大作用。

第二节　经济法的概念和特征

一、经济法的概念

由于各国的经济状况、经济管理机制、经济调控机制和所有制结构有很大的区别,因此,对于经济法概念如何定义,国内外理论界争论也就比较大。

在西方国家的学者,特别是对经济法理论颇有研究的德、日学者中,大多数认为经济法是经济秩序法、经济干预法,属于公法范围;但也有人认为经济法是公法和私法的交叉,或属于社会法性质。在前苏联、东欧国家的学者中,大多数曾认为经济法是体现国家意志的、调整国家与社会主义经济组织之间关系的法。我国著名学者李昌麒教授则认为,经济法是调整经济管理关系以及与经济管理关系有密切联系的经济协作关系的法律规范的总称。当然,定义的多元化并不影响该部门法成为一个独立的法律部门,反而促进了经济法不同学说的繁荣,从而推动了经济法的发展。

随着以市场为取向改革的深入,以及建立社会主义市场经济目标的提出,对经济法定义的认识正趋向一致。在我国,法学理论界较一致的认识是:经济法是调整一定经济关系的法律规范的总称。具体来说,经济法有以下三个要点:

(1) 经济法是经济法律规范的总称,它由一系列经济法律、法规按一定的特征构成一个整体,成为市场经济法律体系中的一个部门;

(2) 经济法是调整经济关系的法律规范的总称,在纷繁复杂的社会关系中,经济法所调整的是具有经济内容的物质利益关系;

(3) 经济法调整的是一定范围的经济关系,因为市场经济中,经济主体和经济活动众多,经济关系也是复杂多样的,所以需要整个市场经济法律体系的各个部门法共同调整,经济法只调整其中的一部分。

因此,我们可以对经济法作如下定义:经济法是调整国家协调和干预本国经济运行过程中发生的经济关系的法律规范的总称。

二、经济法的特征

经济法与其他法律部门相比较,除具备一般法律的基本特征外,还有自己的独

有特征。主要表现在以下三个方面:

1. 经济性

经济性是经济法的本质特征。它产生的原因和目的就是要解决经济发展所带来的问题,从而保障经济快速、健康、协调发展。作为上层建筑的经济法是直接反映经济基础、调整经济关系的,因而它不仅要对各种经济问题作出明确的法律规定,而且必须直接体现、反映和符合经济规律的客观要求,为经济基础服务。同其他法律部门相比,它同经济关系有着更为广泛和直接的联系。

2. 综合性

经济法的综合性主要表现在以下几个方面:首先,在规范的构成上,经济法既包括若干部门经济法,又包括若干经济法律规范;既包括实体法规范,又包括程序法规范;既包括对内经济法律规范,又包括对外经济法律规范。其次,在调整主体上,经济法律关系的主体既包括法人主体,也包括自然人主体;既包括国家机关,也包括各类经济组织和社会组织,还包括各种不同身份的个人。最后,在调整范围上,既包括宏观经济领域的管理和调控关系,也包括微观经济领域的管理和协作关系。

3. 指导性

经济法的指导性是通过经济法规所具有的促进和限制两种功能、奖励和惩处两种后果表现出来的。国家根据不同时期的经济形势和任务,制定不同的经济法规。有的法规侧重于限制,有的法规侧重于促进,有的法规则兼而有之,来引导各项经济活动走上正确的轨道。

第三节　经济法的调整对象

经济法的调整对象是一定范围的经济关系。所谓经济关系,是在物质资料的生产过程以及与其相适应的交换、分配、消费过程中产生的人与人之间的物质利益关系。我国经济法的调整对象是由国家协调、干预的经济关系,它具体包括宏观经济调控关系、市场运行协调关系、市场主体调控关系和社会保障关系。

一、宏观经济调控关系

宏观经济调控关系是指国家对国民经济总体活动和有关国计民生的重大因素,实行全局性协调、干预所产生的经济关系。任何市场都存在自发调节不能解决的长远的、全局的、社会公共利益的问题，这些问题只能由国家调整。我国是个社会主义大国，人多地广，发展也不平衡，国家的宏观调控更为必要。

宏观调控就是国家以直接方法(计划、组织等)或间接方法(补贴、优惠等)选择经济和社会发展战略目标，调整重大结构和布局，兼顾公平与效率，保护资源与环境，以及建设公共基础设施等，实现经济总量的基本平衡和经济结构的优化，使国民经济持续、快速、健康地发展。

经济法对宏观经济调控关系的调整，是通过明确国家调控的任务、目标、范围、程度、方式，以及国家通过颁布和执行计划、税收、财政和金融等方面的经济法规，从宏观上调整国民经济当中的经济关系，保持供需总平衡，确立和协调生产与消费等重大比例关系，培育和发展市场经济体系，引导国民经济持续、快速和协调发展。通过颁布和执行产品质量、消费者权益保护、物价等方面的经济法规，从微观上调节国民经济中的经济关系，规范企业行为，禁止垄断和不正当竞争，保护消费者的合法权益，维护正常的市场秩序。

二、市场运行协调关系

市场运行协调关系是国家在建设和完善市场体系、规范市场行为和维护市场秩序中产生的经济关系。

我国经济体制改革的目标是建立和完善社会主义市场经济体制，而市场经济运行过程中必然产生多种经济关系，影响和制约市场经济的健康发展。为了保证市场经济良性、有序发展，国家必须通过法律手段对其进行监督和管理，协调其中的各种经济关系。

社会主义市场经济需要形成统一、开放、竞争、有序的大市场，使商品和各种生产要素能自由流动。由于我国长期实行高度集中的计划经济体制，在向市场经济体制转轨时期，由政府出面协调、干预市场的建设，有利于市场经济体系的早日完善。市场经济在发展过程中，不可避免地会出现竞争与不正当竞争或垄断的矛盾，以及个体利益侵犯社会利益的消极现象，由于市场本身无力消除这些矛盾和消极现象，市场自发机制也不能维护市场秩序，需要由国家进行协调、干预，以便维护市场公平、自由竞争的经济秩序，促进市场经济体系的健康发展，切实保护消费者的合法权益。

三、市场主体调控关系

市场主体调控关系是指国家对各类市场主体，特别是企业的设立、变更、终止及内部管理所进行协调、干预而产生的经济关系。社会主义市场经济需要建立活跃的市场主体体系,其中企业是最为重要的主体。

对市场主体的协调、干预,就是国家根据社会整体利益的需要,通过全面规定市场主体资格条件、法律地位、责任形式、权利义务、经济责任制、内部承包、经济核算、工资制度、劳动用工制度及奖惩措施等,对市场主体体系进行统筹、规划和调节,对各个主体区别情况指导、组织、服务和监督,既保证其成为自主经营、自负盈亏的合格主体,又保障其交易安全、不受摊派等合法权益,如对企业设立的审批、登记、税收的优惠、财务会计和分配的限制等。这种协调和干预不是要将市场主体变成政府机构的附属物,而是创造市场主体生存、发展的合适空间,促使市场主体内部结构优化、经营机制转变,从而提高经济效益。

四、社会经济保障关系

社会经济保障关系是指在对作为劳动力资源的劳动者实行社会保障过程中发生的经济关系。建立健全社会保障体系是社会主义市场经济发展的客观必然。

通过制定和颁布实施有关经济法规,规范和明确应由以企业为主的各类经济组织所承担的责任和义务,保障劳动者的利益,充分开发和合理利用劳动资源,维护社会稳定。既应防止各类经济组织承担过多的社会负担,造成"企业办社会",又应防止其逃避应尽的社会责任,致使劳动者的利益得不到稳定和可靠的保障。经济法对社会保障关系的调整,主要是通过明确劳动者的权利义务,规定并实施劳动就业、社会保险、社会救济和社会互助等制度,保护和合理利用劳动力资源,维护社会安定和劳动者的合法权益。

第四节　经济法的地位和本质

一、经济法的地位

由于法的体系是由多层次的、门类齐全的法的部门组成的,因此要回答经济法在法的体系中的地位问题,必须说明它是不是一个独立的法的部门。

所有调整特定社会关系的全部现行法律规范按照一定的规律进行组合,构建成一个独立的法的部门。一个国家之所以有许多法的部门,决定于法律规范所调整的社会关系的多样性。根据法律规范调整对象的不同,可以把一国现行的法律规范划分为若干类。每一类现行的法律规范,在法学上称为一个独立的法的部门。可见,一个独立的法的部门,必有自己特定的调整对象;没有特定的调整对象,就不能成为一个独立的法的部门。不同的调整对象,即调整对象的特殊性,是划分法的部门的标准。

(一) 经济法有自己特定的调整对象

经济法是不是一个独立的法律部门,决定于经济法是否具有特定的调整对象。经济法的调整对象具有如下两个主要特征:第一,它的调整对象有一定的范围。这个范围就是经济法只调整在国家协调和干预本国经济运行过程中发生的经济关系,不调整其他经济关系,更不调整非经济关系;第二,经济法调整的在国家协调和干预本国经济运行过程中发生的经济关系是有自己的特征的,同其他法的部门的调整对象是有区别的。所以,我们有充分的理由指出,经济法是一个独立的法的部门。

任何一个独立的法的部门,都在法的体系中具有一定的地位。但是,由于它们各自发挥着不同的作用,因此它们在法的体系中的重要程度又是有区别的。要回答经济法在法的体系中的地位问题,还必须说明它的重要性。

(二) 经济法的重要作用

经济法在我国社会主义法律体系中占有十分重要的地位,它是一个独立的法律部门。从根本上来说,经济法在保障和促进以经济建设为中心的社会主义现代化建设中发挥着巨大的作用,反映着我国现阶段经济基础的状况,并积极调整着经济关系,为社会主义经济基础服务。经济法对于我国社会主义经济基础的作用和生产力发展的影响,比其他法律更为直接和明显,这不仅表现在国家通过经济立法来促进社会主义生产关系的建立、完善和巩固,而且表现在国家通过经济执法、司法来实现组织、领导和管理国民经济的职能,合理配置各种市场资源。具体说来,经济法的重要作用主要表现在以下三个方面:

1. 促进以公有制为主体的多种所有制经济的发展

国有经济在整个国民经济中居于主导地位。促进国有经济的发展,是保证社会主义方向和整个经济稳定发展的决定性条件。经济法在加强宏观经济调控,扩大国有企业经营自主权,转换企业经营机制,实行经济责任制,充分发挥中央、地方、企业和职工的积极性,提高经济效益,促进国有经济的发展中起到了重要作用。劳动群众集体所有制经济是社会主义经济的重要组成部分,国家鼓励、指导和帮助集体经济的发展,赋予集体经济组织比国有企业更大的自主权,并且作出了一系列相应的法律规定,有力地保障和促进了集体经济的迅速发展。城乡劳动者个体经济是社会主义经济必要的、有益的补充,对于发展社会生产、方便人民生活和扩大劳动就业具有不可替代的作用。举办中外合资经营企业、中外合作经营企业和外资企业,也是促进我国以公有制为主体的多种所有制经济发展的组成部分,全国人大和国务院还制定了一系列关于外商投资企业的法律、法规,改善了外商来华投资的法律环境,推动了中外合资经营企业、中外合作经营企业和外资企业的迅速发展。

2. 保障经济体制改革的顺利进行

为了保证经济体制改革朝着正确的方向发展,在经济法律、法规中对经济体制改革的措施作出规定,使这些措施规范化、法律化,有助于国家机关、企业和其他社会组织以及公民个人严格地遵守和执行这些措施。同时,规定了经济体制改革措施的经济法律、法规具有强制性,就可以依靠国家强制力来排除经济体制改革中的阻力,有力地贯彻需要采取的措施,推动社会主义市场经济体制的建立和完善。

从法律上保护经济体制改革的成果,有助于改革的不断深化和稳步发展。通过经济立法,不仅可以将经济体制改革中建立起来的适应生产力发展要求的现代企业制度和市场管理制度肯定下来,还能对宏观调控制度和社会保障制度予以明确,对破坏这种新制度的任何单位和个人,要按照情节轻重分别追究责任。这就赋予了上述新制度以高度的权威和必要的稳定性,使其成为人人必须遵守的法律。否则,经济体制改革的成果就不可能得到巩固,社会主义市场经济体制就不可能顺利建立和不断完善。

3. 保证国民经济持续、快速和健康发展

改革开放以来,我国在加强市场管理、反对垄断和不正当竞争方面,以及在计划、投资、财政、税收、金融和价格管理等方面,制定了不少法律、法规。目前,正在进一步加强这些方面的经济立法工作,以适应建立社会主义市场经济体制的需要。应该肯定的是,贯彻执行上述经济法律、法规,有助于实现市场主体行为规范化和市场经济秩序正常化,保证市场机制作用的发挥;同时,还有助于加强和改善宏观调控,弥补市场调节的局限性,有效地解决市场调节不能解决或不能解决好的问题。总之,这些法律、法规的实施,对于充分发挥市场调节和宏观调控的作用,充分发挥计划和市场的长处,提高资源配置的效益,从而保证国民经济持续、快速和健康发展,具有重要的作用。

二、经济法的本质

经济法是“社会本位法”、“利益和资源分配法”和“经济发展法”。而这三个本质属性从三个方面共同构建了经济法的本质。

（一）经济法是社会本位法

“社会利益”是相对于“个人利益”和“国家利益”而独立提出的概念，是为了调和市民社会和政治国家对立的需要而出现的，与个人利益和国家利益并非处于矛盾状态。

（二）经济法是利益和资源分配法

任何法律都必须以保障主体利益并对各种利益进行协调为基础，唯有通过利益保障和协调机制才能引导和规范主体行为，达到法律调整的目的。经济法具有突出的经济性和政策性，因而承担着在经济法主体间分配有限经济利益的重要职能。市场经济要求政府和市场在法治环境下合理分配经济资源，既符合其自发的规律，又符合国家社会的自觉调整，经济法具有的现代法气息的综合性和协调性，保障了“市场之手”和“国家之手”协同并用对稀缺经济资源的合理分配。

（三）经济法是经济发展法

将经济法的本质确定为“经济发展法”是十分确切的：一方面，这种发展是社会整体财富和总体可利用资源的增长，但又不是单纯的、摒弃代际利益和生态利益的经济发展法，而是在稳定中求发展，在发展中求稳定的辩证的逻辑统一；另一方面，可持续发展是对经济法经济发展本质的拓展和深化，而科学发展观要实现全面、协调、可持续发展，无疑又是对可持续发展理念内涵的进一步深化。随着人类对经济法经济发展本质认识的逐步深入，经济法的经济本质也将呈现出愈加丰富多彩的内容。

第五节 经济法的基本原则

我国经济法的基本原则主要有二：一是适当干预原则，二是合理竞争原则。

一、适当干预原则

（一）国家对经济要进行适当干预

现代意义上的经济法是伴随“市场失灵”问题的出现，国家对社会经济生活进行干预得以产生的。19 世纪完全放任的自由主义经济在给社会带来空前财富的同时，也引发了一系列的经济弊害，如可持续发展问题、垄断问题、产品质量、消费者利益保护以及劳动者保护问题等。这些问题仅依靠市场的自发调节是无法有效并从根本上得以解决的，于是，国家便伸出“有形之手”借助财政政策、货币政策等经济手段对社会经济进行有效干预，并取得了令人瞩目的绩效，如一战后德国经济的复兴、20 世纪 30 年代的罗斯福新政等。也许正是基于这样的干预效应，国家便进一步强化其对经济之干预，“有形之手”无微不至地关怀着社会经济的各个层面和角落，这在社会主义国家，如前苏联和中国表现得尤为突出。但适得其反的是，各国经济并未因此而欣欣向荣：西方国家于 20 世纪 60 年代出现了经济的“滞胀”，而前苏联和中国的经济却依然处于“短缺经济”(科尔内语)状态，这些都引发了各国政府对国家干预的深度思考，从而导致“适当干预”理论和政策的出台，并逐渐成为当前各国政府干预经济的主导性思想和方略。

适当干预原则体现了经济法的本质特征，这是因为：一方面，经济法的调整对象决定了适当干预原则应当成为经济法的一项基本原则，虽然学界目前对经济法的调整对象尚未形成共识，但大都认为经济法主要是调整国家对社会经济生活进行干预而产生的社会关系。由此不难认为，适当干预原则反映了经济法各项规则的本质特征，其成为经济法之基本原则顺理成章。另一方面，经济法所体现的国家干预，并不意味着国家对经济生活的介入要回归到计划经济“大而全”的时代，也并不是强调国家干预的至上性，相反，现代市场经济条件下的国家干预，只能是一种在充分尊重私权基础上的国家干预，其在资源配置中的地位和作用，只能从属于市场的自由调节。现代经济法正是在这样的认知前提下建构了自身的规则体系和理论框架。因此，将适当干预作为经济法的基本原则，凸显了现代经济法的发展趋势和本质要求。

（二）适当干预的具体内容

所谓适当干预，是指国家或经济自治团体应当在充分尊重经济自主的前提下对社会经济生活进行一种有效但又合理谨慎的干预。适当干预作为经济法的一项基本原则，确切的内涵包括正当干预和谨慎干预。

1. 正当干预

正当干预是指国家或经济自治团体对社会经济主体及经济活动的干预必须依赖法律的规定，不得与之相抵触，也不得在法律并无授权的情形下擅自干预。为此，必须做到：第一，干预权力拥有者的权力取得必须来源于法律规定。譬如，税收作为国家干预经济的一项重要经济手段，可以有效地促进资源的优化配置，实现社会公平,但税收作为国家干预权的重要内容,却不得任意行使。按照税收法律主义的要求,税收的行使必须依据法律规定,非经法律明文规定,国家不得开征新税种。因而,国家在对社会经济进行干预时,必须做到干预有据。第二,正当干预要求国家的干预必须符合法律规定的程序。我国长期以来就是一个重实体、轻程序的国家,有评论谓"中国的反程序化倾向仍然十分有力。立法上意欲简化程序,实务中试图松弛程序的现象屡见不鲜"。但现代化经济法十分关注程序的法治化建设,强调国家干预的程序化运作,因为只有通过严格的程序,才能在充分对话的基础上实现决策的科学化、民主化,也便于决策的执行。因此,国家在进行干预时,必须严格程序的构建及其实践运作。

2. 谨慎干预

谨慎干预是指国家或经济自治团体在进行干预时应当谨慎从事,符合市场机制自身的运作规律,不可因干预而压制了市场经济主体的经济自主性与创造性。具体讲,这主要是指以下三个方面。

(1) 国家干预不可以取代市场的自发调节成为资源配置的主导性力量。由于市场经济是一种以市场为导向以及作为资源配置主要手段的经济体制,因而它十分强调经济主体的自主性。国家干预作为一种强制性的外部力量,是基于市场失灵、社会有失公平等因素而介入市场的,这种介入是一种目的性极强,并具有明显人为因素的干预,其"有形之手"的运作必然会在一定程度上损伤"无形之手"的运作绩效。因而,国家干预尽管必要,但也应当小心从事,谨慎运作,切不可擅自扩大干预界域,取代市场成为资源配置的基础手段。

(2) 国家干预在面临自由裁量权的行使时应当合乎权力运作的内在要求。面对日趋复杂的现代经济社会,赋予执法者一定的自由裁量权业已成为现实的客观需要和不争的事实,"那种认为自由裁量权与法不相容的观点在今天是不能被接受的"。但是,自由裁量权的行使并不意味着权力拥有者的为所欲为,"自由裁量权,如果没有行使这种权力的标准,便是对专制的认可"。因而在本质上,"自由裁量权是一种明辨真与假、对与错的艺术和判断力,而不以他们的个人意愿和私人感情为转移"。为此,国家在进行干预时,经济法应当为国家干预构建一种限制性的规则框架,使自由裁量权的行使合乎正当目的,并严格遵循既定程序。

(3) 谨慎干预要求国家干预不可以压制经济主体的自主性与创造性。市场之所以是资源配置的基础性力量,根本原因在于借助其利益机制,可以充分调动和激发市场经济主体的积极性和创造性。因而,国家在进行干预时,切不可压制市场经济主体积极性和创造性的发挥。值得指出的是,市场失灵固然存在,政府失效也屡见不鲜,切不可秉持一种干预万能的思想,将政府干预作为市场失灵的必然推论和结果,从而将国家干预回归到计划经济时代,进而高度压制和抹杀市场经济主体的经济自主性与创造性。

适当干预作为经济法的一项基本原则,贯穿于经济法的立法、执法和司法全过程。在立法上强调适当干预,就是要在规则的制定上尽量平衡国家和市场二者的地位,充分发挥它们各自的功效,实现"有形之手"与"无形之手"的有机结合;而在执法和司法中体现适当干预原则,则是要求国家在进行干预时应当谨慎从事,准确地行使自由裁量权,并保障权力行使的合规性与合目的性,充分调动和激发市场经济主体的积极性与创造性,促进社会资源的优化配置。

二、合理竞争原则

竞争是人类文明社会赖以发展的动力源泉,也是市场机制发挥其"看不见的手"的功能的基本要件。产业革命以来的历史表明,竞争有利于最大限度地调动市场经济主体的积极性和创造性,为消费者和全社会带来空前的财富和极大的福利。但是,竞争并不意味着一种纯粹的自由放任,正如经济学家穆勒所指出的那样:"就租金、利息、工资和价格而言,它们由竞争决定,由此要制定法律,假如竞争是它们的唯一调节者和订立概括性的法制,就要根据它们所受到的调节而设计科学性的条款。"因而,以维护市场机制有效运转为重点的经济法便应当将竞争的合理运行纳入自己的调控范围,充分发挥竞争的积极功效,抑制甚而消灭其消极作用,即垄断和不正当竞争。

经济法所维护的竞争是建立在合理竞争原则基础之上的,其旨在实现竞争的有序、有效,这也是合理竞争原则的基本内涵和体现。

(一) 有序竞争

竞争并非自由放任的同义语,而是必须遵循一定的规则,即要实现竞争的秩序化。秩序是人类一切活动的前提,没有秩序,人类便将进入一种混沌无序状态,每个人都无法对明天的生活作出一种确定性安排,人身财产安全也无从维系,从而步入霍布斯所言的"丛林时代"。因而,"秩序作为一种与法律永恒伴随的基本价值",应当成为人类重要的社会活动之一的竞争活动的必要前提和基础。

在经济法中欲促成竞争的有序化,就必须建立合理的竞争规则,防范各种各样的不正当竞争行为,如假冒伪劣行为、低价倾销行为等,并抑制或阻止各种非市场因素对市场经济主体的竞争活动的介入和渗透。譬如,市场竞争的实质应当是各种商品内在要素的比试,类如价格的竞争、质量的竞争、服务的竞争等,但是,行政垄断却将权力因素切入市场竞争中,并使竞争结果不是取决于商品内在要素的优劣,而是商品以外的其他因素。我们可以看到,这种垄断行为显然违背了竞争的内在法则和要求,严重损害了竞争的有序化运作。

(二) 有效竞争

有效竞争是经济法的合理竞争原则以及具体规则和运作结果及表现。伴随资本主义经济的发展以及经济学理论的不断深化,竞争规则所期望达到的目标模式也历经曲折,学者们众说纷纭,但其中影响最大的莫过于自由竞争模式、完全竞争模式、垄断竞争模式以及有效竞争模式,其中,有效竞争模式是当前影响最大的竞争规则模式。

第六节 经济法与其他部门法的区别

一、经济法与民商法的区别

经济法与民商法的区别体现在以下六个方面。

(1) 民商法强调意思自治;而经济法强调限制意思自治。

民商法作为私法,要求任何市场主体在经济活动中仅依自己的个人意志决定行为内容,排除任何形式的意志强制。它具体表现为:一方面,在许多情形下,当事人可以通过自己的意思排除法律的适用;另一方面,法律责任的追究要以当事人主动行使诉权才能实现。经济法则从社会公共利益出发,从财政、金融、社会保障和区域平衡等方面入手,利用国家权力对一切不利于社会公共利益的市场行为给予限制;经济法总是表现为以限制个人自由去争取社会整体的自由,拓宽社会整体发展空间。实质上,经济法产生和发展的过程,也就是法律从个人权利本位到社会权利本位的过程,而社会权利本位实现的法律手段就是对个人权利的限制。

(2) 民商法强调对所有的市场主体都平等保护;而经济法强调对部分市场主体偏重保护。

民商法一般不考虑不同市场主体的强弱关系,给予各种市场主体以同等力度的保护,对每个人都赋予相同的权利、设置同样的义务;民商法几乎不对具体人格进行任何程度的识别,仅以行为能力制度和监护制度对未成年人和精神病人给予最低限度的保护。经济法则常常根据不同市场主体的实力等因素不同,给不同市场主体以不同力度的保护，设定不同的权利义务，如基于经营者与消费者的不同地位而制定的消费者保护规范、基于企业集团或大公司与中小企业的实力差别而制定的中小企业促进法、基于朝阳产业与夕阳产业的差异而制定的产业政策法等，侧重保护社会经济生活中的"弱者"和"希望者"，促进社会持续健康快速发展。

(3) 民商法侧重微观；而经济法侧重宏观。

民商法侧重从微观和经济发展所需的动力层面，通过保障自由交易和自由竞争以提高效率来促进人们的利益。而经济法则侧重(并非全部)从宏观和利益协调方面减少社会经济震荡造成的破坏，优化经济结构来提高效率以促进人们的利益①。也就是说，在微观经济活动中，大量的经济关系是企业等活动个体相互之间的平等经济关系，这些应归民商法调整。经济法侧重规范宏观经济，弱化政府对企业等经济活动个体的直接干预。作为经济法核心组成部分的宏观调控法能够比较突出、直观地表达国家对社会经济生活的干预，体现国家的经济意志。当然，将市场经济划分为宏观领域与微观领域只是便于对经济法与民商法进行简单化区别，实质上，宏观领域与微观领域是市场经济不可分割的两个层次表现。

(4) 民商法主要重视经济目标；经济法则不仅重视经济目标，还重视社会目标和生态目标。

民商法一般只能作用于人与人之间的关系，强调个体的交易安全和利益追求，对于可持续发展来说，有着不可克服的内在缺陷。而经济法将环境、生态和人力资源等与可持续发展密切相关的问题纳入经济立法之中，改善管理体制与制度，有效地使用经济手段与其他措施，避免社会、生态等问题的产生，将国家经济发展导入可持续发展的轨道。传统法学其他学科也有过于注重经济目标的现象，如在我国，过去的盗伐森林罪以被盗伐木材的经济价值为定罪量刑标准，而倘若盗伐珍稀濒危树种则有可能因经济价值不高不够定罪量刑标准，但该行为的后果在环境保护上所造成的损失却更为严重。

(5) 民商法国际通用，强调全球化；经济法有国别特色，突出本土化。

民商法与市场机制相对应，与日常交易规则密切相关，而市场机制、日常交易规则在各国都基本相同，所以，不同国家的民商法往往反映了市场交易的共同基本准则，易于借鉴和移植，从而同大于异，甚至在民商法某些领域已经出现统一实体法的趋势。而经济法与国家干预对应，是国家干预与市场调节相结合的规范，由于国家干预主要是针对市场供求状况实施的，市场供求状况具有多样性和多变性，这

---

① 参见刘水林，"经济法与民法的市场经济学观念基础研究"，《法商研究》，1997年第1期。

就决定了在不同国家或同一国家不同时期国家干预的体制、目标、方式等往往不同。政府必须考虑市场的不同时空因素和不同供需状况，分别对不同领域、不同环节、不同企业给予不同力度、不同方式的干预。

(6) 民商法的稳定性较强；经济法的稳定性较弱。

民商法将市场经济最一般的要求通过确立市场经济生活中最基本主体——民事主体的资格和身份，进而又确立民事主体的基本权利范畴，在建立权利范畴的同时确立基本的民事活动规则——自愿、等价、诚信、有偿，将这些规则以法律的形式固定下来，极为稳定。而经济法的许多内容，如鼓励外商投资的法，向重点产业倾斜和体现产业政策的法，对经济发展进行预测、引导的计划法，国家以法律手段强行改变原属私法范畴的财产权利关系的土地改革法、国有化法等，大都不具备比较长期的稳定性。

二、经济法与行政法的异同

经济法与行政法的相同点，主要表现在以下四个方面：(1) 它们都体现了国家对社会生活的干预或管理；(2) 它们所调整的社会关系都具有隶属性质；(3) 它们都要采取命令与服从的办法调整社会关系；(4) 行政法所调整的社会关系(组织行政关系)和经济法所调整的社会关系(经济行政关系)相互作用。

经济法与行政法的不同点，主要表现在以下五个方面：(1) 主体不同。行政法主体的一方是政府及其非经济主管部门，另一方则是下属的行政机关、企事业单位、社会团体和公民。经济法主体包括国家权力机关、行政机关和司法机关、行政法主体则只限于国家行政机关，同时经济法的主体一方是国家经济管理部门，另一方则是社会经济组织。除此之外，企业内部的管理机构和生产组织不能作为行政法的主体，但它们可以作为经济法的主体。(2) 调整对象不同。行政法调整的社会关系所体现的是一种权力从属关系，同时这种关系在大多数情况下是不直接具有经济内容的行政关系。(3) 调整方法不同。行政法是采取单纯的强制性的办法调整社会关系；而经济法则是采取强制性、指导性和监督性相结合的方法调整社会关系，甚至在条件成熟的时候，要把指导性的方法作为主要的调整方法。(4) 作用不同。行政法着重巩固和发展政治体制改革的成果，为政治体制改革服务；经济法主要是巩固和发展经济体制改革的成果，为经济体制改革服务。(5) 法律适用的程序不同。属于行政法调整范围内的行政纠纷，完全由行政诉讼程序解决；而由经济法调整范围内的经济和行政纠纷，则视问题的不同，分别由民事诉讼程序和行政诉讼程序解决，将来可能由单独的经济诉讼程序解决。

第七节　经济法律关系

一、经济法律关系的特征

（一）经济法律关系具有强烈的国家思想性

1. 经济法是主动干预法

我们知道，经济法是国家运用其能力主动对社会经济活动进行干预的手段，体现着国家的某种意图。如反垄断法，它与国家产业政策的制定和执行关系密切，其要旨是从宏观上防止市场竞争不足，以保持经济活力，提升本国企业和整个经济的竞争力，它具有鲜明的政策性、灵活性和行政主导性等特征。其他经济法律、法规（如反不正当竞争法、财政金融法、外贸法等），均体现着国家的某种意图。所以，经过经济法确认和调整而形成的经济法律关系具有强烈的思想性，这种思想性是民事法律关系所达不到的。

2. 经济法好似国家"有形的手"

经济法律关系强烈的思想性不仅反映了政府"有形之手"与市场"无形之手"的互补性，更反映了政府对社会经济生活的积极参与、促进和监管，以及对在错综复杂的社会中被扭曲的民事生活的纠正。经济法律关系是法律关系之一，它是由经济法律规范在调整社会经济活动过程中形成的具有公共管理内容的权利义务关系。这种关系是一种具体的权利义务关系。经济法正是通过经济法律关系实现其对社会关系的调整，它是经济法调整社会经济关系的具体法律形式。

但是，我们应同时注意到，经济法律关系强烈的思想性仍是以相应物质的社会关系为基础的。这就意味着，无论经济法律关系主体——尤其是政府——的主观性多大，都必须尊重和遵循相应的经济客观规律。如由反垄断法产生的反垄断法律关系，反垄断执法部门不能简单地、机械地照搬和理解反垄断法的规定，更不能意气用事，而应服从相应的经济形势要求。

（二）经济法律关系独具社会公共的经济管理性

经济法律关系区别于民事法律关系和行政法律关系的地方就在于它是具有社会公共性的经济管理关系。

首先，经济法律关系是具有经济管理性的社会关系。经济法律关系是由经济法加以确认和调整而形成的权利义务关系，而经济法是政府干预经济之法，由此决定了经济法律关系必然是具有经济管理性的社会关系。这种管理性首先弥补了民法等传统法律部门的不足，并为恢复和维护其正常、有效的作用而营造良好的宏观环境和秩序空间。无论是宏观调控法所产生的经济法律关系，还是市场管理法产生的经济法律关系，它们都是具有经济管理性的社会关系。

其次，经济法律关系同时具有社会公共性。经济法律关系的经济管理是社会公共性的，换言之，并非所有的具有经济性的社会关系都可成为经济法律关系，它们必须同时具有社会公共性。所谓经济法律关系的社会公共性，是指经济法律关系的运作和实现都是为了社会公共利益，表现为政府及其经济管理机关以社会管理者的名义实施经济管理，这种管理是一种普遍性的措施，着眼于社会整体，而不是着眼于某个个体。因此，在某个具体的经济法律关系中，如工商管理机关依法查处假冒伪劣产品，虽然其表面上是针对某个个体，但其实质是为了维护整个社会经济秩序和保护广大消费者的利益。

二、经济法律关系的构成要素

谈及经济法律关系，必然涉及其构成要素。一般认为，任何法律关系都由主体、客体和内容三要素组成，该三要素缺一不可。

（一）主体

主体即法律关系的参与者。对于经济法律关系而言，则是指依法参与经济法律关系，并因此享有经济权利和承担经济义务的自然人、法人和其他经济组织。

经济法律关系主体具有以下特征：(1) 政府及其经济管理机关具有主导性。经济法是体现国家干预经济之法，因此代表国家进行干预的政府及其经济管理机关在经济法律关系主体中具有主导性。所谓主导性是指在任何一种经济法律关系中，都必然有一方为政府或政府经济管理机关，另一方可能是某个经济组织，也可能为某个公民。而且，政府及其经济管理机关对经济组织或公民具有优先权，即政府及其经济管理机关在行使经济管理权时依法享有职务上的优惠条件，如先行处置权、获得社会协助权、推定有效权等。(2) 经济组织和公民具有独立性。经济法尽管是体现国家干预经济之法，但国家之干预是在维护社会公共利益和充分尊重市场主体合法的前提下而进行的，政府及其经济管理机关行使经济管理权时应首先认识到相对方的独立性，企事业单位和个人不是它们的附属，而是具有相对独立利益的个体。所以，经济组织和个人在经济法律关系中不是被动者，有时甚至是主动者，他们有权依法对抗任何人、任何机关对他们合法权益的侵犯。(3) 主体的法定性。经济法是体现国家干预经济生活的法律,因此,谁有权参与经济法律关系、什么时候参与经济法律关系、如何参与经济法律关系等均应由相关法律明定。这是保证合理干预的需要,反映了经济法是规范和确认国家干预之法的本质。这一点,对于政府及其经济管理机关尤为重要,它们必须严格依法干预。

(二) 内容

法律关系的内容即法律关系主体应享有的权利和承担的义务,它是任何法律关系要素中的核心。这是因为,法律关系主体能够做什么、怎么去做、会产生什么后果等均围绕权利义务而发,离开了权利义务,就不会有什么法律关系。对于经济法律关系而言,其内容是经济法律关系主体的经济权利和经济义务,其中,经济权利包含经济权力,即政府和经济管理机关以及社会经济团体在管理中的权力。

经济权力是基于经济管理机关或社会经济团体的地位和职能由经济法赋予并保证其行使经济管理职权的资格,其实质是经济管理职权。它具有如下特征:第一,主体的特定性。即行使经济权力的只能是依法成立的经济管理机关或社会经济团体,其他任何机关或团体无权为之。第二,权力的法定性或章程的规定性。对于经济管理机关而言,其经济权力只能是明确法定的;对于社会经济团体而言,其权力则来自成员的约定而表现为他们制定的章程。权力的法定性或章程的规定性强调的是经济权力的行使必须严格依法或依章程规定,不能超越,否则会构成权力的滥用而要产生相应的法律后果。第三,权力行使的积极性。任何权力的行使都具有天生的行使冲动性,因而权力的行使具有积极性。对于经济权力而言,它就是体现国家对经济生活的积极干预,所以,经济管理机关应积极主动行使其权力,它不采取不告不理原则,而是要经常发现问题,主动解决问题。对于社会经济团体也是如此,它应经常协调会员之间的行动与利益冲突。

(三) 客体

法律关系客体是法律关系主体权利义务所指向的对象。如果没有客体,主体行使权利、履行义务也就失去了依托。对于经济法律关系而言,其客体是经济法律关系主体的经济权利、经济义务所指向的对象,包括物、行为、智力成果等。

经济法律关系的客体具有如下特征:(1) 该行为是同国家干预经济有关的行为,无论是市场管理行为还是宏观调控行为,都是同国家干预有关的行为;(2) 该行为必须是经济法律、法规规定的行为,这意味着国家的干预行为只能依法进行;(3) 该行为是经济法律关系主体依照经济法律、法规所为的行为,这意味着不是任何组织或公民的行为都能成为经济法律关系的客体,它只能是经济法所规定的组织和公民所实施的该法规定的行为。

三、经济法律关系的分类

经济法律关系可按不同标准予以分类。通过分类，可以明晰不同经济法律关系表现形式的不同，其适用法律规则有异，其运作要求不一。

（一）宏观经济管理法律关系和市场管理法律关系

宏观经济管理法律关系是依宏观经济管理法而产生的具有国家宏观调节和控制内容的权利义务关系。它又可以分为计划法律关系、财政法律关系、金融调控法律关系、产业政策法律关系、物价法律关系等。宏观经济管理法律关系的确立和运行具有宏观性、指导性和政策性。市场管理法律关系是依市场管理法而产生的、以直接对市场进行监督管理为内容的权利义务关系，它又可以分为反不正当竞争法律关系、反垄断法律关系和其他市场管理法律关系。市场管理法律关系的建立和运行具有微观性、直接监管性和严格法定性。

（二）绝对法律关系和相对法律关系

绝对经济法律关系是指权利主体是特定的，而义务主体则是不特定的法律关系，所以，它是以“一个人对其他一切人”的形式表现出来的。“一个人对其他一切人”意味着一个人的行为将影响其他一切人。绝对经济法律关系往往是政府对其他一切社会组织、公民个人所表现出来的，该政府行为必将极大地影响国民经济生活，因此，法律对这种经济法律关系的建立和运行是十分严格的，要求其深思熟虑。政府在作出有关行为时，没有十分的把握，尽量不要为之，否则对国民经济生活带来的负面影响将难以弥补。

相对经济法律关系是指权利主体和义务主体都是特定的经济法律关系，它以“某个人对某个人”的形式表现出来。“某个人对某个人”意味着一个人的行为只能对另一方产生影响，一般不会对他人产生直接的影响。对于相对经济法律关系而言，它一般是某个经济管理机关的管理行为，比如，劳动管理部门对工厂进行劳动安全检查，其主体和义务人都是特定的。

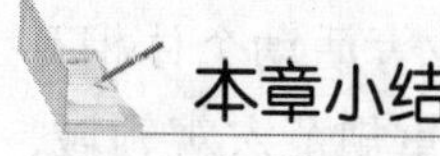

本章小结

本章内容对经济法的产生和发展、概念和特征进行了介绍。通过介绍经济法对我国经济发展的巨大作用，告诉读者经济法这个法律部门的重要性。本章还对经济法的调整对象、调整原则进行了介绍，并介绍了经济法律关系的构成、特点和定义,从而方便读者加深对经济法的理解。

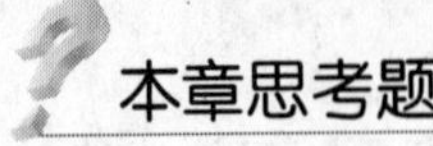

本章思考题

1. 经济法的社会本位思想与个人利益矛盾吗?

2. 经济法、民商法对经济的促进作用有什么不同?

思考题解答

1. 答: 首先,社会利益不是经常以社会公共利益面目出现的国家利益之代名词,国家(政府)并不是社会利益的惟一和终极代表。事实上,众多的经济法主体都可以成为该种利益的代表者和实现者。

其次,社会利益也并非社会所有个体利益的简单集合,其实现需要政府主体和经济个体的经济行为在法治秩序下的"合力"推动。不过仅强调经济法是"社会(公共或整体)利益本位"法尚未完整揭示经济法的本质,它解决了经济法的存在基础和价值取向问题,但还不能完全界定经济法与社会法的区别、"社会公共利益"与"国家利益"的区别,以及社会(公共或整体)利益的实现途径和标准。

"社会本位"的内涵应主要包含以下方面: 以社会整体利益为基础并偏重"社会公利性",主体权利义务的设定以其应承担的社会责任为准则。经济法主体在市场经济环境下通过经济行为实现自己利益的同时,其合力能够首先实现社会整体利益;而主体在承担自己那份责任的同时,也有权利和义务激励和敦促其他主体承担自己的责任,以共同完成社会责任的合理分担。

2. 答: 实质上,宏观领域与微观领域,是市场经济不可分割的两个层次表现。将市场经济划分为宏观领域与微观领域只是便于对经济法与民商法进行简单化区别。

民商法侧重从微观、从经济发展所需动力方面,通过保障自由交易、自由竞争以提高效率来促进人们的利益;而经济法则侧重(并非全部)从宏观、从利益协调方面减少社会经济震荡造成的破坏和优化经济结构,从而提高效率,促进人们的利益。也就是说,在微观经济活动中,大量的经济关系是企业等活动个体相互之间的平等经济关系,这些应归民商法调整;同时,经济法应侧重规范宏观领域,弱化政府对企业等经济活动个体的直接干预。作为经济法核心组成部分的宏观调控法比较突出地、直观地表达了国家对社会经济生活的干预,体现了国家的经济意志。

案例与点评

案例一

江苏金藤影视艺术有限公司与宁波浙汇文化传播中心在南京签订了一份合同书，约定宁波浙汇中心将电视剧《热血情恋》在北京、天津、重庆、山东等七个省市的电视播映权独家转让给江苏金藤公司，金藤公司支付了款项。

国家广播电影电视总局发出《关于立即停止发行和播出电视剧〈热血情恋〉的通知》，通知上载明："经查，以浙江电影制片厂名义制作，由宁波浙汇文化传播中心发行的 25 集电视剧《热血情恋》，实为新加坡电视机构出品的电视剧《真心男儿》。为严肃纪律，整顿电视剧制作、发行和播出秩序，特作如下通知：自即日起，所有广播电视节目制作经营机构和电视播出机构一律不得发行、播出电视剧《热血情恋》，正在发行和播出的要立即停止。"

得悉以上通知，金藤公司认为浙汇中心、浙江电影制片厂和浙江省广播电视局（原名浙江省广播电视厅，以下简称广电厅）三方恶意串通，共同欺诈原告，给原告造成了巨大的经济损失，遂诉至南京市中级法院，请求法院判令三被告返还电视剧《热血情恋》发行转让费 82 万元，赔偿经济损失 57.16 万元并承担本案的全部诉讼费用及原告的律师费用。试问，本案应如何处理？

案例点评

本案中被告浙汇中心、浙江电影制片厂主观上共同恶意串通，欺诈原告，以向原告转让电视播映权的形式收取原告的转让费，客观上给原告造成了经济损失。

根据《合同法》第 52 条："恶意串通，损害国家、集体或者第三人利益的合同为无效合同。"根据《合同法》第 58 条："合同无效或者被撤销后，因该合同取得的财产，应当予以返还。有过错的一方应当赔偿对方因此所受到的损失，双方都有过错的，应当各自承担相应的责任。"

本案中，被告具有明显过错，故应依法承担相应责任，除了要退还向原告收取的转让费以外，还要赔偿原告由此造成的额外损失；法院也据此作出了以上判决。

但是法院判决以浙江省广播电视局实施的是行政行为为道理，没有判决浙江省广播电视局承担连带责任，我们认为不妥，因为广播电视局的行政许可是经济法律行为，广播电视局也可以独立承担民事责任。广播电视局在该问题上存在严重过失，因审核严重不实而没有发现该电视剧是"假货"，它的许可是电视剧得以成为流转的客观条件，因此也应当按照共同侵权理论承担连带责任。

案例二

原告润田公司主要产品“润田太空水”属饮用纯净水，产品销售量在赣州地区同类产品中比较好，是赣州地区生产纯净水的主要厂家之一。华康食品厂生产的“华康活性水”投入市场后，为宣传该产品，华康厂在《××电视报》第8版刊登整版广告，称“活性水是继矿泉水、太空水之后的新一代水饮料，是21世纪的普及型饮品”。该广告在对活性水的优点进行全面宣传的同时，还对“纯净水”进行了评议，提出“纯净水并不等于健康水”。该广告词称：“专家们指出：纯净水往往偏酸性，水分子集团大、无氧，不具备生命活力，难以被人体吸收，长期饮用易患骨质疏松和神经麻痹等症。专家们明示：真正的好水，不仅仅纯净，还应赋予健康特性富氧、活性大、分子集团小，水的生理功能接近人体细胞水，这便是活性水。”该广告刊出后，在客观上对原告生产经销“润田太空水”造成了不利影响。于是润田起诉了华康。

法院判决概况如下：

该广告词中关于纯净水缺陷的论述，仅仅是某个学者的学术观点，这种学术观点尚未得到国家权威机构的评定和认同。广告词中关于经常饮用纯净水会导致某些疾病的见解，也未得到国家医疗机构的科学论证和临床证明。华康厂仅凭某个学者的学术观点，使用商业广告的形式向社会公开宣传纯净水的缺陷，是极不严肃的，也是违反广告法规定的。

一、被告华康厂应当立即停止刊登损害纯净水商品信誉的广告；二、被告华康厂应当在《赣南广播电视报》上公开向“润田太空水”的生产经营者赔礼道歉，赔礼道歉公告须经本院审查认可；三、被告华康厂赔偿原告润田公司经济损失35 000元。

案例点评

《中华人民共和国广告法》第10条规定：“广告使用数据、统计资料、调查结果、文摘、引用语，应当真实、准确，并表明出处。”第12条规定：“广告不得贬低其他生产经营者的商品或者服务。”

被告在报纸上刊登“活性水”广告所引用的专家意见，既未表明出处，且引用也不准确，该广告的刊登客观上贬低了“纯净水”商品，因此，被告的行为同时又违反了我国《广告法》。不过如果该案件中，华康能够证明专家的说法确有依据，且该依据有一定的道理，它只是客观地公允地进行评论，则不一定会败诉。

第二章 经济诉讼与经济仲裁

当经济纠纷出现时，当事人应该选择什么样的途径既可以节约时间、金钱成本，又能够顺利地解决纠纷呢？经济诉讼与经济仲裁的区别是什么？哪一种制度对当事人更为有利？

本章需要掌握的主要内容有：

- 经济诉讼制度体系的构成
- 民事诉讼与刑事诉讼的特点
- 民事诉讼的基本制度
- 经济仲裁的基本制度和基本原则
- 仲裁协议的无效制度及执行制度

在市场经济体制下，经济纠纷的解决有许多途径，最主要的途径包括当事人之间的和解、经济诉讼和经济仲裁等。本章重点介绍经济诉讼和经济仲裁两种途径。

第一节 经济诉讼法律制度

一、经济诉讼概述

（一）诉讼法的概念

“诉讼”一词，来源于拉丁语 Precessus，其含义是指法庭处理案件与纠纷的活动。在我国，“诉讼”一词最早见于元朝《大元通制》，意思是将案件与纠纷告之于官府，由官府来决定争辩双方之间争端的活动。现代意义上的诉讼，是指国家司法机关在当事人和其他诉讼参与人的参与下，依照法定的诉讼程序，解决具体争讼的全部活动。

诉讼法又称程序法,是关于诉讼程序的法律规范的总称。我国现行诉讼法有三类,即刑事诉讼法、民事诉讼法和行政诉讼法。在我国,经济诉讼按照民事诉讼程序进行。

(二) 我国诉讼法的基本原则

诉讼法的基本原则,是指在整个诉讼过程中起指导作用、司法机关和当事人、诉讼参与人都必须遵守的活动准则。

1. 司法机关依法独立行使职权原则

这是我国诉讼法的首要原则。司法独立能否切实得到实现,是我国实施"依法治国"方略成败的关键之一。在我国,根据宪法和法律的规定确立了司法独立原则。这一原则有以下三层含义:

(1) 国家司法权由司法机关统一行使。人民法院统一行使审判权,人民检察院统一行使检察权,公安机关行使侦查权。其他任何机关、团体和个人都无权行使这些权力。

(2) 司法机关独立行使职权,不受行政机关、社会团体和个人的干涉。

(3) 司法机关行使职权必须依法进行。

2. 以事实为根据、以法律为准绳原则

这一原则要求司法机关在诉讼过程中,必须忠于事实、忠于法律,这也是我国法律适用的基本原则。以事实为根据,要求司法机关办案从实际出发,实事求是,注重调查取证,以客观事实为基础而非主观推测或盲目臆断;以法律为准绳,要求以法律规定作为判断罪与非罪、违法与否的唯一尺度。

3. 当事人法律地位平等原则

这是宪法"公民在法律面前一律平等"原则在诉讼法中的具体体现。诉讼中的任一方当事人都平等地享有法律规定的权利和承担法律规定的义务,不因其社会地位、身份、职务等的不同而区别对待。司法机关在适用法律上对当事人双方应一视同仁、不偏不倚,切实保障当事人能够平等地行使权利。没有法律适用上的平等,也就没有司法公正可言。

4. 使用本民族语言文字原则

我国是统一的多民族国家,诉讼法规定各民族公民有权使用本民族语言文字进行诉讼。这既是民族平等原则的体现,也是实现民族平等的重要法律保障。

5. 人民检察院法律监督原则

人民检察院是我国的法律监督机关,监督内容主要包括:

(1) 对人民法院等专门机关的诉讼活动是否合法进行监督。人民检察院对法院审判组织的组成、审判程序和审判结果的公正性、裁判执行情况等实施法律监督;在刑事诉讼中,还有权对公安机关、监狱等专门机关的活动进行监督。

(2) 对诉讼参与人的行为是否合法进行监督。如有无证人作伪证、鉴定人提供虚假鉴定结论,或当事人、辩护人隐匿、毁灭证据等情形。

人民检察院的法律监督,是建立诉讼法制不可缺少的一环。

(三) 我国诉讼的基本制度

诉讼的基本制度是实现程序公正的基本途径和手段。我国诉讼的基本制度包括管辖制度、公开审判制度、合议制度、回避制度、两审终审制和举证责任等六项。

1. 管辖制度

管辖是上下级人民法院及同级人民法院之间受理第一审案件的权限划分。刑事诉讼中的管辖,还包括公检法机关在刑事案件受理范围上的权限划分。

管辖的确立,便于公民、法人或其他组织明确向哪一个法院提起诉讼;对司法机关而言,明确各自受案范围,便于各司其职,防止相互推诿,从而提高诉讼效率。

管辖可以分为审判管辖和职能管辖两大类。

(1) 审判管辖。

人民法院系统内受理第一审案件的权限划分,称为审判管辖。它解决的是某一具体案件应由哪一级、哪一个人民法院受理和审判的问题。根据我国诉讼法的规定,审判管辖包括级别管辖、地域管辖、指定管辖、移送管辖和专门管辖。

① 级别管辖,是指各级人民法院在审判第一审案件上的权限划分。我国法院分四级,它们各自管辖第一审案件的范围是不同的,级别管辖所解决的就是某一具体案件应由哪一级人民法院进行一审,它属于人民法院系统内部的纵向分工。

● 基层人民法院管辖第一审普通刑事案件、第一审民事和行政案件,法律规定应由上级法院管辖的一审案件除外。

● 中级人民法院管辖的范围是:

a. 刑事案件,包括危害国家安全的案件,可能判处无期徒刑、死刑的普通刑事案件,以及外国人犯罪的案件。

b. 民事案件,包括重大涉外案件,在本辖区内有重大影响的案件,以及最高人民法院确定由中级人民法院管辖的案件。

c. 行政案件,包括确认发明专利权的案件、海关处理的案件,对国务院各部门或者省(自治区、直辖市)人民政府所作的具体行政行为提起诉讼的案件,本辖区内重大、复杂的案件。

● 高级人民法院管辖本辖区内(即本省、自治区、直辖市范围内)的重大、复杂的第一审案件。

● 最高人民法院管辖的第一审案件,是全国性的重大案件,以及它认为应当由其审理的第一审民事案件。

② 地域管辖是同级人民法院在审判第一审案件上的权限划分。它属于人民法院系统内的横向分工。地域管辖与级别管辖相结合,才能最终确定某一具体案件应由哪一个法院进行一审审判。

● 刑事诉讼中的地域管辖。

确定刑事案件地域管辖的原则有二:第一,以犯罪地人民法院管辖为主、被告人居住地人民法院管辖为辅。这意味着确定地域管辖时最先考虑的是犯罪地人民法院,但在实践中经常有一个犯罪涉及好几个地方的情形(如流窜作案),同时有几个人民法院有权管辖,遇到此种情形则依据第二个原则确定管辖,即以最初受理的人民法院管辖为主、主要犯罪地人民法院管辖为辅的原则。

● 民事诉讼和行政诉讼中的地域管辖。

民事诉讼和行政诉讼中的地域管辖,分为一般地域管辖和特殊地域管辖。

一般地域管辖遵循"原告就被告"原则,即由被告住所地法院管辖的原则。这样既便于被告应诉,也有利于法院采取执行措施和财产保全措施等。

原告住所地法院管辖是一般地域管辖的例外,主要适用于民事诉讼中被告离开自己住所地或其人身自由受限制的情形,包括对不在我国境内居住的人或下落不明、宣告失踪的人提起的有关身份关系的诉讼,以及对被劳动教养、被监禁的人提起的诉讼,此外还包括在追索赡养费案件中,几个被告住所地不在同一辖区内的情形。

特殊地域管辖相对一般地域管辖而言,是针对特别案件由法律直接规定的管辖,优先于一般地域管辖。如因合同纠纷提起的民事诉讼,由被告住所地或者合同履行地人民法院管辖。

行政诉讼中的特殊地域管辖有两种形式:第一,对限制人身自由的行政强制措施不服的诉讼,由被告所在地或者原告所在地法院管辖;第二,因不动产提起行政诉讼的,由不动产所在地法院管辖。

③ 指定管辖,是指上级人民法院以裁定的形式,指定某一下级人民法院对案件进行管辖。发生指定管辖一般是因为:第一,有管辖权的人民法院由于特殊原因不能行使管辖权。如因自然灾害、战争等不可抗拒的客观事实,或受诉法院全体审判人员应回避而致其无法实际行使管辖权。第二,有管辖权的几个同级法院对管辖权起争议,或互相推诿或互相争夺管辖权。此时,争议法院首先应彼此协商,协商解决不成,则报请共同的上级法院。例如,跨省的两个法院发生管辖权争议且协商不成,则各自上报所在省高级法院,由省高院上报最高人民法院予以指定。

④ 移送管辖,是指受理案件后发现对该案无管辖权的人民法院,将之移送给

有管辖权的法院的一种管辖形式。受理是移送的前提,如果尚未受理,在审查起诉时即发现不属本院管辖的,人民法院应不予受理,并告知原告向有管辖权的法院起诉。所以,未受理则不发生移送的问题。移送在程序法上的效力是,受移送的法院不得拒收、退回或再行移送。假使受移送法院认为本院也没有管辖权的,这就属于前述管辖权争议的一种情形,应报请与移送法院共同的上一级法院决定管辖权归属。

⑤ 专门管辖,是指法院规定特定案件由专门人民法院管辖的制度。我国专门人民法院有海事法院、铁路运输法院、军事法院、森林法院等,所管辖的主要是涉及某些专门业务的案件。其中,有刑事管辖权的是军事法院和铁路运输法院。

(2) 职能管辖。

职能管辖,是指公安机关、人民检察院和人民法院在直接受理刑事案件范围上的分工,是我国刑事诉讼特有的管辖。它所解决的是公、检、法三部门各自受案范围的问题,故又称立案管辖或部门管辖。

2. 公开审判制度

公开审判制度,是指人民法院的审判活动依法向社会公开的制度。

公开审判的内容主要有:

(1) 人民法院在开庭前公告当事人姓名、案由、开庭时间、地点;

(2) 除法律规定不公开审理的案件外,审判过程公开,允许公民到庭旁听,允许新闻记者采访和报道;

(3) 判决必须公开宣告。

公开审判是保障审判民主性和公正性的重要措施,有利于增强审判人员依法判案的责任心,维护诉讼参与人的合法权益,还能起到法制宣传的作用。

当然,公开是有限度的,根据法律规定,涉及个人隐私、国家秘密、商业秘密以及未成年人犯罪的案件,审理是不公开的。

3. 合议制度

合议制度,是指由三名以上审判人员或审判员、人民陪审员组成合议庭,对案件进行审理并作出裁判的制度。

根据我国诉讼法的规定,除适用简易程序的民、刑事案件外,一律组成合议庭审理。合议庭的组成人数为单数,评议案件实行少数服从多数的原则。

合议制有利于集思广益,避免审判人员的个人局限性和片面性,从而保证办案质量。

4. 回避制度

回避制度,是指承办案件的有关人员因与案件、案件的当事人有利害关系或者其他可能影响案件公正处理的关系,不得参与办理该案的诉讼活动的制度。

回避制度的建立,旨在防止办案人员因同案件或案件的当事人之间的某种关系,而先入为主或者徇私舞弊。符合法定情形应当回避的人员包括:侦查人员、检察人员、审判人员、书记员、翻译人员和鉴定人。

(1) 回避的事由。

承办案件的有关人员具有下列情形之一的,应当回避:

① 是本案的当事人或者是当事人的近亲属;

② 本人或其近亲属与本案有利害关系;

③ 与本案当事人有其他关系,可能影响公正审理案件的。

(2) 回避的程序。

回避可以由应当回避的人员主动提出(自行回避);也可以由当事人及其法定代理人在诉讼的各阶段提出(申请回避),还可以由有决定权的办案机关负责人或组织指令有关人员回避(指令回避)。

审判人员、检察人员、侦查人员的回避,分别由法院院长、检察长和公安机关负责人决定;法院院长的回避,由本院审判委员会决定;检察长和公安机关负责人的回避,由同级人民检察院检察委员会决定。

回避决定一经作出立即生效。刑事诉讼中,当事人及其法定代理人对驳回回避申请的决定不服时,可以申请复议一次。对侦查人员的回避作出决定前,侦查人员不能停止对案件的侦查,以保持侦查工作的连续性、及时性。

5. 两审终审制

两审终审制,是指一个案件经两级人民法院审判即告终结的一种审级制度。

具体地说,就是当事人对一审判决、裁定不服的,有权在法定期限内向上一级人民法院提起上诉,人民检察院认为刑事案件一审裁判确有错误时,也可以在法定期限内提出抗诉。上一级人民法院按照二审程序审理后作出的判决、裁定,为终审判决、裁定。

我国原则上实行两审终审制,但须注意以下两点:

(1) 最高人民法院是全国最高审判机关,其特殊地位决定了它的一审判决、裁定就是终局性的,不存在上诉或抗诉的问题;

(2) 刑事诉讼中判处死刑的案件,即使经过二审也还未生效,还必须经死刑复核程序,经该程序核准后的死刑判决才能最终生效。

6. 举证责任

举证责任是法律假定的一种后果,即当事人对自己的诉讼主张,有提供证据加以证明的责任,否则将承担败诉的法律后果。

举证责任包含两层意思:第一,当事人对主张的事实,负有提出证据予以证明的义务,对方当事人不负举证责任;第二,如果双方当事人都提不出足够证据,则负举证责任的一方败诉。所以,举证责任是一种风险义务,与诉讼后果密切相关。

(1) 刑事诉讼的举证责任分配。

公诉案件的公诉人负有举证责任。公诉人应当向合议庭提出证据,证明起诉书对被告人所控诉的犯罪事实。如果公诉人不举证,或者虽然举证但达不到法律所要求的"确实、充分"的程度,法庭应对被告人作出无罪判决。

自诉案件的自诉人负有举证责任。自诉人向人民法院提出控诉时,必须提供证据;人民法院认为缺乏罪证,而自诉人又提不出补充证据时,法院应当说服自诉人撤回自诉或者裁定驳回。

犯罪嫌疑人、被告人不负举证责任①。

(2) 民事诉讼的举证责任分配。

《民事诉讼法》第 64 条第 1 款规定:"当事人对自己提出的主张,有责任提供证据。"该条规定设定了民事诉讼举证责任分担的一般原则,即:第一,当事人双方都应负担举证责任;第二,谁主张事实,谁举证。

在民事诉讼中,举证责任是可以转换的,既可能从原告转移到被告,也可能从被告转移到原告。

(3) 行政诉讼的举证责任分配。

行政诉讼由被告即行政主体(主要是行政机关)负举证责任。

当被告不能证明具体行政行为合法而法院又无法查明案件事实真相时,由被告承担败诉后果;原告不因举不出证据来证明具体行政行为的违法性而败诉。但有关程序上的事实或有关民事上的事实,仍应遵循"谁主张、谁举证"的原则。

综上所述,一方面,作为程序法,无论是刑事诉讼法、民事诉讼法,还是行政诉讼法,在诉讼法的基本原则、诉讼法的基本制度和程序方面有着许多的共性,这些共性体现出我国诉讼法律制度的基本面貌;另一方面,它们毕竟是解决不同实体问题的程序法,各自还有其特有的原则、制度和程序,相互之间存在着不小的差异。

二、民事诉讼法律制度

(一) 民事诉讼和民事诉讼法

民事诉讼是指人民法院在当事人和其他诉讼参与人的参加下审理和解决民事

① 这里有两个例外:巨额财产来源不明案和自诉案件的被告人提起反诉。在巨额财产来源不明案中,国家工作人员的财产和支出明显超过合法收入,且差额巨大的,犯罪嫌疑人必须举证差额部分的来源合法,否则以非法所得论。自诉案件的被告人提起反诉,他在反诉中即成为自诉人,因此对反诉的主张和事实负有举证责任。

案件的活动。

民事诉讼法是调整人民法院、当事人及其他诉讼参与人在民事诉讼中的权利义务关系的法律规范的总称。广义的民事诉讼法包括诉讼程序和执行程序两大部分;狭义的民事诉讼法只包括诉讼程序部分。

(二) 民事诉讼法特有的原则

民事诉讼法特有的原则包括当事人诉讼权利平等原则、法院调解原则、辩论原则和处分原则。

1. 当事人诉讼权利平等的原则

《民事诉讼法》第 8 条规定:"民事诉讼当事人有平等的诉讼权利。人民法院审理民事案件,应当保障和便利当事人行使诉讼权利,对当事人在适用法律上一律平等。"这一规定是当事人诉讼权利平等原则的基本内容。

2. 法院调解原则

《民事诉讼法》第 9 条规定:"人民法院审理民事案件,应当根据自愿和合法的原则进行调解;调解不成的,应当及时判决。"

这一规定确立的法院调解原则,是指在人民法院审判人员的主持下,当事人双方自愿协商达成协议,从而解决民事争议的活动和结案方式。

3. 辩论原则

《民事诉讼法》第 12 条规定:"人民法院审理民事案件时,当事人有权进行辩论。"

这一规定确立的辩论原则,是指双方当事人在审理中,有权就争议的问题陈述各自主张,相互诘问或反驳,以澄清事实、维护自己的权益。

4. 处分原则

《民事诉讼法》第 13 条规定:"当事人有权在法律规定的范围内处分自己的民事权利和诉讼权利。"

这一规定确立的处分原则,是指权利主体对自己享有的民事权利和诉讼权利,有权决定是否行使以及如何行使。

(三) 民事诉讼当事人

1. 当事人的概念和特征

民事诉讼当事人,是指以自己的名义进行诉讼,并受人民法院裁判约束的利害关系人。当事人是民事诉讼的重要主体,没有当事人就没有民事诉讼。

民事诉讼的当事人具有以下特征:

(1) 以自己的名义进行诉讼;

(2) 与案件有直接利害关系;

(3) 受人民法院裁判的约束。

狭义的当事人,指原告和被告。广义的当事人还包括共同诉讼人、诉讼代表人和第三人。当事人的称谓因诉讼阶段不同而有所变化,如一审程序中,称之为原告和被告;二审称之为上诉人和被上诉人;执行程序中称之为申请执行人和被申请执行人。

2. 共同诉讼人

(1) 共同诉讼。

当事人一方或双方为两人以上的诉讼,就是共同诉讼。其中,原告为两人以上的,被称为共同原告;被告为两人以上的,被称为共同被告。我们将共同原告和共同被告统称为共同诉讼人。

共同诉讼实质上是诉讼主体的合并,通过这种合并,人民法院可对数个当事人之间的纠纷一并审理,既便利当事人进行诉讼,又节省了当事人及法院的人力、物力和时间,符合诉讼经济原则。

(2) 必要共同诉讼。

必要共同诉讼,是指当事人一方或双方为两人以上,其诉讼标的是同一的,人民法院认为属不可分之诉,而进行统一审理并作出合一判决的共同诉讼。

必要共同诉讼的必要性就在于诉讼标的的共同性,共同诉讼人必须一同起诉或一同应诉,否则应予追加;人民法院必须合并审理,作出同一判决。

(3) 普通共同诉讼。

普通共同诉讼,是指当事人一方或双方为两人以上、其诉讼标的属同一种类,经当事人同意,法院认为可以将其合并审理的共同诉讼。

普通共同诉讼人是相互独立的,只对自己的行为负责;其中任何一人的诉讼行为,对其他共同诉讼人不发生效力。如其中一人撤诉,效力只及于自身,不影响其他共同诉讼人继续进行诉讼。

3. 诉讼代表人

代表人诉讼,又称群体诉讼,是指当事人一方人数众多,由其中一人或者数人作为代表人进行的诉讼。这一人或数人就是诉讼代表人。诉讼代表人应由全体共同诉讼人推选产生,并以书面形式向受诉人民法院说明。

代表人获得诉讼代表权后,就可以代表其他共同诉讼人起诉或应诉,其诉讼行为对其所代表的当事人发生效力。但是对涉及实体权利和一些重要的诉讼权利的处分权,如撤诉、和解、变更或放弃诉讼请求、承认对方诉讼请求等,法律对代表人的权限是有所限制的,代表人必须征得被代表的当事人同意,否则不对其他当事人发生效力。

4. 第三人

民事诉讼的第三人,是指对原告和被告所争议的诉讼标的有独立请求权,或者虽无独立请求权,但案件处理结果与其有法律上的利害关系,从而参加到诉讼中来的人。第三人可以是自然人,也可以是法人或其他组织;可以是一人,也可以是多人。

(1) 有独立请求权的第三人。

这是指对当事人争议的诉讼标的有独立请求权而参加诉讼的人。有独立请求权的第三人在诉讼中的地位相当于原告,因为他是以提起诉讼的方式加入到诉讼中来的,而且其诉讼请求针对的是本诉讼的原告和被告,本诉中的原告和被告相对于有独立请求权的第三人而言,是共同被告。

有独立请求权的第三人具有独立的诉讼地位,独立地行使其诉讼权利和承担诉讼义务。

(2) 无独立请求权的第三人。

这是指虽对原告与被告之间争议的诉讼标的不主张独立请求权,但案件处理结果与其有法律上的利害关系,从而申请参加诉讼或接法院通知参加诉讼的人。

一方面,无独立请求权的第三人不是完全独立的诉讼当事人,因为他并没有向本诉的原告和被告提出针对性的实体权利请求,他参加诉讼的目的是维护自己的权益,避免法院对他人的判决会对自己不利;另一方面,无独立请求权的第三人在诉讼中仍具有相对的独立性。

(四) 财产保全和先予执行

1. 财产保全

财产保全,是指人民法院根据利害关系人或当事人的申请或者依职权对争议标的物或者当事人的其他财产采取保护性措施,以使利害关系人或当事人的合法权益免受损害,或者使将来的生效判决能顺利执行的制度。财产保全往往因一方当事人欲将有关的财产转移、隐匿、毁灭而发生,财产保全的意义在于保护利害关系人或当事人的合法权益,维护法院判决的权威性。

(1) 财产保全的种类。

财产保全分为诉前财产保全和诉讼中的财产保全两种。

诉前财产保全,是指利害关系人因情况紧急,如不立即申请财产保全将令其合法权益遭受难以弥补的损害,法院根据其在起诉前提出的申请对有关财产采取保护措施。

诉讼中的财产保全,是指人民法院受理案件后,对于可能因当事人一方的行为或者其他原因造成判决不能执行或难以执行的情况,根据对方当事人申请或者依职权,对有关财产采取保护措施。

(2) 财产保全的范围和措施。

根据民事诉讼法的规定,财产保全限于请求的范围或者与本案有关的财物。也就是说,人民法院依当事人申请或者依职权主动采取保全措施,被保全财物的价额应当限定在诉讼请求的范围之内,不应超出请求标的物的价额;被保全的应是争议法律关系所及的财产。对案外人的财产、案外人善意取得的与案件有关的财产,不得采取保全措施。

2. 先予执行

先予执行,是指人民法院在诉讼过程中,为解决原告在生活和生产经营上的紧迫需要,裁定被告预先给付原告一定数额的金钱或其他财物的制度。

(1) 先予执行的条件。

人民法院裁定先予执行,必须具备以下三个条件:

① 当事人之间权利义务关系明确。即就先予执行部分的权利义务关系,谁是实体权利的享有者、谁是义务的承担者,都应清楚明白。

② 有先予执行之必要。先予执行的目的是为解决原告生活或生产急需,如不先予执行,可能给原告的生活带来严重困难或者使企业生产陷入困境,则可以认为有先予执行之必要。

③ 被申请人有履行能力。原告申请先予执行,还须被申请人(被告)客观上具有履行能力,否则即使法院裁定先予执行,也是空纸一张,反而影响了法律文书的权威性。

(2) 适用先予执行的案件。

根据《民事诉讼法》第 97 条,可以裁定先予执行的案件有:

① 追索赡养费、扶养费、抚育费、抚恤金、医疗费用的;

② 追索劳动报酬的;

③ 因情况紧急需要先予执行的。

(五) 第一审程序

我国民事诉讼实行两审终审制,审理第一审民事案件的程序被称为第一审程序,它包括普通程序和简易程序。普通程序是审理一审民事案件通常所适用的程序,而简易程序则是普通程序的简化。除法律另有规定外,第一审民事案件都应当按照普通程序进行。

1. 起诉与受理

起诉,是指当事人依法向人民法院提出请求的诉讼行为。主动提出请求的一方称为原告,被其控告的相对方称为被告。原告起诉,人民法院受理,民事诉讼程序即宣告开始。

起诉必须具备一定的实质要件和形式要件。其实质要件为:

(1) 原告是与本案有直接利害关系的公民、法人和其他组织;

(2) 有明确的被告;

(3) 有具体的诉讼请求和事实、理由;

(4) 属于人民法院受理民事诉讼的范围和受诉人民法院管辖。

其形式要件,原则上要求书面形式。当事人向法院递交起诉状,并按照被告的人数提交副本。只有在书写起诉状确有困难的情况下,允许以口头方式起诉。

人民法院在收到起诉状或口头起诉后进行审查,符合法定受理条件的,应当在7日内立案并通知当事人;不符合的,裁定不予受理。当事人对该裁定不服的,有权提起上诉。

2. 审理前的准备

人民法院受理案件后,还不能立即开庭审理,审判人员须为开庭审理作一些准备工作,包括以下四项:

(1) 在法定期限内向当事人送达诉讼文书。向原告送达案件受理通知书;在立案之日起5日内,向被告送达起诉状副本和应诉通知书。

(2) 告知当事人有关的诉讼权利和义务以及合议庭组成人员。

(3) 审查有关的诉讼材料,了解当事人的争议焦点。

(4) 调查搜集应当由人民法院调查搜集的证据。

3. 开庭审理

开庭审理是整个民事诉讼程序的核心阶段,也是人民法院审理案件的中心环节。除法律另有规定外,庭审一律公开进行。一般按照以下四个阶段依次进行:

(1) 庭审准备。

人民法院审理民事案件,应当在开庭3日前通知当事人和其他诉讼参与人,公告当事人姓名、案由和开庭时间、地点。公告一般张贴于法院门前公告栏内。

开庭前,书记员应当查明当事人和其他诉讼参与人是否到庭,并宣布法庭纪律。然后由审判长宣布开庭,核对当事人,宣布案由、审判人员和书记员名单,告知当事人有关的诉讼权利和义务,询问当事人是否申请回避。

(2) 法庭调查。

法庭调查是开庭审理的中心环节,它的目的和任务是听取当事人陈述,查验、核实各种与案件有关的证据。

(3) 法庭辩论。

法庭辩论是各方当事人在审判长主持下,就案件事实和适用法律阐明本方见解,针对对方观点展开辩论。

辩论终结后,审判长按照原告、被告、第三人的顺序征询各方的最后意见。在各方都同意的前提下,可以进行调解;调解不成,及时作出判决。

(4) 评议和宣判。

法庭辩论终结后,合议庭全体成员退庭,对案件的处理按照少数服从多数的原则进行评议,制作笔录并签名。

合议庭评议后,应公开宣告判决。当庭宣判的,应在宣判后 10 内向当事人发送判决书;定期宣判的,宣告后即应发送判决书。宣判时,应告知当事人有上诉的权利、上诉期限及上诉法院。

4. 庭审中的几种特殊情况

(1) 撤诉。

撤诉,是原告以作为或不作为的方式,在诉讼程序开始后、判决前,向法院提出撤回诉讼请求。

原告可以申请撤诉。如果不申请,但有下列情形之一的,人民法院裁定按撤诉处理:

① 原告经传票传唤,无正当理由拒不到庭的;

② 原告经传票传唤,虽已到庭,但未经法庭许可而中途退庭的;

③ 原告应当预交案件受理费而逾期未预交,又不提出缓交申请的。

撤诉产生结束诉讼程序、诉讼时效重新起算的法律后果。撤诉后,原告的实体权利并未消灭,撤回起诉推定为未起诉,原告可就同一诉讼标的,以同一事实和理由,针对同一被告再次提起诉讼,对此法院应予受理。

(2) 缺席判决。

缺席判决,是指人民法院在一方或部分当事人不在场的情况下依法作出的判决。

适用缺席判决的情况有下列情形:

① 原告或有独立请求权的第三人申请撤诉未获准,经传唤拒不到庭的;

② 被告经传票传唤,无正当理由拒不到庭或中途退庭的;

③ 无独立请求权的第三人经传票传唤,无正当理由拒不到庭或中途退庭的。

(3) 延期审理。

延期审理,是指因某种特殊情况致使无法如期开庭审理,而推迟审理的制度。

对于以下四种情况,人民法院可以决定延期审理:

① 必须到庭的当事人和其他诉讼参与人有正当理由没有到庭的;

② 当事人临时提出回避申请的;

③ 需要通知新的证人到庭,调取新的证据,重新鉴定、勘验或者需要补充调查的;

④ 其他应当延期的情形。

(4) 诉讼中止。

诉讼中止,是指在民事诉讼进行过程当中,因法定原因,人民法院暂时停止诉讼程序的制度。

有下列情形之一的,可导致诉讼中止:

① 一方当事人死亡,需要等待继承人表明是否参加诉讼的;

② 一方当事人丧失诉讼行为能力,尚未确定法定代理人的;

③ 作为一方当事人的法人或者其他组织终止,尚未确定权利义务承受人的;

④ 一方当事人因不可抗拒的事由,不能参加诉讼的;

⑤ 本案必须以另一案的审理结果为依据,而另一案尚未审结的;

⑥ 其他应当中止诉讼的情形。

中止诉讼的原因消除后,诉讼程序继续进行。

(5) 诉讼终结。

诉讼终结,是指因在诉讼过程中发生特殊情况,致使诉讼不可能继续进行或者继续进行没有意义,由人民法院裁定结束诉讼的制度。

有下列情形之一的,可导致诉讼终结:

① 原告死亡,没有继承人,或者继承人放弃诉讼权利的;

② 被告死亡,没有遗产,也没有应当承担义务的人的;

③ 离婚案件一方当事人死亡的;

④ 追索赡养费、抚养费、抚育费以及解除收养关系案件的一方当事人死亡的。

5. 简易程序

简易程序,是基层人民法院及其派出法庭审理简单民事案件所适用的一种独立的第一审程序。对一些难度不大、争议不大的案件,适用简易程序能够迅速解决当事人之间的纷争,提高人民法院办案效率。

适用简易程序审理民事案件的,仅限于基层人民法院和它的派出法庭。能够适用简易程序的民事案件,仅限于事实清楚、权利义务关系明确、争议不大的简单民事案件。"简易"主要表现为以下几个方面:

(1) 原告可以口头起诉,或者双方当事人直接到基层法院或其派出法庭,请求解决纠纷;

(2) 由审判员一人独任审理;

(3) 可以用简便的方式随时传唤当事人和证人;

(4) 庭审阶段不明确划分,由审判员灵活掌握;

(5) 审理期限短,应当在立案之日起 3 个月内审结。

（六）第二审程序

第二审程序，是上一级人民法院对当事人不服一审裁判提出的上诉案件进行重新审理的程序。又称为上诉审程序和终审程序。

1. 上诉的提起

上诉是当事人的一项重要诉讼权利。提起上诉，必须符合法定条件，否则不能引起第二审程序的发生。这些法定条件是：

(1) 有法定的上诉人和被上诉人。

可以提起上诉的人，为第一审程序的原告、被告、有独立请求权的第三人。被上诉人，是第一审程序中的对方当事人。

普通共同诉讼人各自有独立的上诉权，其上诉行为仅对自己有效，效力不及于其他共同诉讼人。必要共同诉讼人可以全体上诉，其中一人提出上诉的，经全体同意对全体发生效力。

(2) 有法定上诉对象。

法定的上诉对象，是指依法可以上诉的判决和裁定。

可以上诉的判决为：第一审判决和二审人民法院发回重审后所作判决。

可以上诉的裁定为：不予受理的裁定、管辖异议裁定、驳回起诉的裁定。

(3) 法定上诉期限。

上诉必须在法定期限内提出。对一审判决不服的，在判决书送达之日起15日内上诉；对裁定不服的，在裁定书送达之日起10日内上诉。

(4) 必须提交上诉状。

当事人提起上诉，应当提交上诉状，不允许口头形式的上诉。

2. 上诉案件的审理

(1) 上诉案件的审理范围。

第二审人民法院对上诉请求的有关事实和适用法律进行审查。这就是说，我国民事诉讼的第二审既是事实审，又是法律审；二审审理的事实和法律，限定在上诉人的上诉请求范围之内。

(2) 上诉案件的审理程序。

第二审法院审理上诉案件，应当由审判员组成合议庭，不能由审判员一人独任审理。合议庭审理有两种方式：一种是开庭审理，即传唤双方当事人和其他诉讼参与人到庭，进行法庭调查、辩论，在此基础上评议并宣判；另一种是不开庭审理，二审法院在经过调查、询问当事人，对事实核对清楚以后，认为不需要开庭审理的，可以径行判决。

根据民事诉讼法的规定，二审法院审理上诉案件，也可以进行调解。双方在二审程序中调解达成协议的，该调解协议与终审判决具有同等的法律效力，第一审法院作出的判决、裁定即视为撤销。

（七）审判监督程序

审判监督程序，又称再审程序，是指发现已经生效的判决、裁定或调解协议确有错误，依法提起再审时适用的程序。审判监督程序不是民事诉讼的第三审程序，而是纠正人民法院所作生效裁判错误的一种补救性的独立审判程序。

（八）民事非讼程序

1. 民事非讼程序概述

(1) 民事非讼案件。

民事案件包括民事诉讼案件和民事非讼案件。当事人之间发生民事权利义务争议引起的案件，称为民事诉讼案件；不具有民事权利义务之争，但又必须由人民法院依法处理的案件，就称为民事非讼案件，又称民事非争议案件。

民事非讼案件具有以下四个特点：

① 这类案件的主体通常只有一方当事人，另一方当事人不明确或明确但不需要在审理中出现，或者下落不明无法出现。

② 这类案件的事实不具有民事权利义务之争，而是经过法定程序后能够产生一定民事法律后果的事实，如公民患精神病的事实、票据遗失的事实等。

③ 这类案件的诉讼请求不是解决某种纠纷，而是请求法院确认某一事实、处理基于该事实的有关民事问题。如认定某公民无民事行为能力，并为其指定监护人。

④ 此类案件适用民事非讼程序。前述普通程序、简易程序和第二审程序均不适用于民事非讼案件。

(2) 民事非讼程序的特点。

民事非讼程序，是指人民法院审理民事非讼案件所适用的程序。它包括特别程序、督促程序和公示催告程序。

它具有以下三个特点：

① 独立性。民事非讼程序不是一个统一的程序，而是由若干个独立的程序组成，每一个独立的程序适用于特定的对象。

② 非对抗性。民事非讼案件的事实不具有权利义务之争，且只有一方当事人，所以审理过程中不会有不同的主张和请求。

③ 由基层人民法院适用，一审终审。中级以上人民法院不受理民事非讼案件，基层法院作出的判决是终审判决。

2. 特别程序

特别程序，是指人民法院审理选民资格案件和特定类型的民事非讼案件所适用的程序。

(1) 选民资格案件的审判程序。

选民资格案件，是指公民认为选举委员会公布的选民名单有错误，在向选举委员会申诉后，不服选举委员会对其申诉作出的处理决定的，而依法向选区所在地的基层人民法院提起诉讼的案件。

(2) 宣告失踪、宣告死亡案件的程序。

宣告公民失踪、死亡的程序由利害关系人的申请开始。在被申请人下落不明满法定期限后，利害关系人可向该公民住所地基层人民法院提出宣告失踪或宣告死亡的书面申请。

法院受理后，发出寻找下落不明人的公告。宣告失踪的公告期为 3 个月，宣告死亡为 1 年。因意外事故下落不明、经有关机关证明该公民不可能生存的，宣告死亡的公告期为 3 个月。公告期间届满，被申请人仍然下落不明的，人民法院根据事实作出宣告失踪、宣告死亡的判决。

(3) 认定公民无民事行为能力、限制民事行为能力案件的程序。

认定公民无民事行为能力或限制民事行为能力的程序由利害关系人的申请开始。

这类案件由该公民住所地基层人民法院管辖。法院受理后，必要时可对该公民是否患精神疾病、是否丧失民事行为能力进行医学鉴定。经审理认定申请有事实根据的，判决认定该公民为无民事行为能力人或限制民事行为能力人。

(4) 认定财产无主案件的程序。

公民、法人或其他组织可作为申请人，向无主财产所在地基层人民法院提出申请。法院受理后，发出财产认领公告，公告期为 1 年。

公告期内有人对该财产主张权利从而形成权利归属争议的，法院应当裁定终结特别程序，告知申请人另行起诉。公告期间届满无人认领的，判决认定财产无主，收归国家或集体所有。

3. 督促程序

督促程序，是人民法院依债权人申请，以支付令的形式催促债务人在法定期限内履行还债义务的程序。督促程序虽然适用于债务案件，但在审理过程中只有债权人参加，不具有通常民事案件的对抗性，所以属于非讼程序。

督促程序适用于特定的债务案件，债权人请求给付的只能是金钱或有价证券。债权人向债务人住所地基层人民法院提交书面申请。法院受理后，可以不经开庭审理，通过书面审查债权人提供的事实、证据，认为债权债务关系明确、合法，且支付令能够送达债务人的，即向其发出支付令。

债务人收到支付令之日起 15 日内，必须清偿债务或者提出书面异议。债务人提出书面异议的，则督促程序终结，支付令失效，债权人可以起诉；债务人既不清偿债务又不提出异议的，债权人可以申请强制执行。

4. 公示催告程序

公示催告程序，是人民法院根据票据持有人的申请，以公告方式通知不明利害关系人在法定期限内主张权利，如无人主张则作出除权判决的程序。

公示催告程序适用于可以背书转让的票据被盗、遗失、灭失或依法可以申请公示催告的其他事项。这类案件的被申请人不明确，在申请时不存在民事权利义务之争，所以具有非讼性质。

票据持有人向票据支付地基层人民法院提交书面申请。人民法院以书面审查和公告方式进行审理。法院受理后，应当同时通知支付人停止支付；并在 3 日内发出公告，催促利害关系人申请权利。公示催告期间由法院决定，但不得少于 60 日。公示催告期间，转让票据行为无效。催告期间，人民法院若收到利害关系人的申报，应当裁定终止公示催告程序，并通知申请人和支付人；期间届满，若没有利害关系人申报权利的，法院将作出除权判决，即宣告票据无效。

（九）执行程序

执行程序，是指人民法院的执行组织对不履行已发生法律效力的法律文书的当事人，依法强制其履行义务的程序。

1. 执行组织

人民法院根据需要，依据有关法律的规定，设立执行机构，专门负责执行工作。可见执行组织是法院的重要组成部分，代表国家行使执行权。

2. 执行根据

执行根据，即人民法院执行机构据以执行的各种生效法律文书，包括：具有给付内容的各种生效民事判决、裁定、支付令、调解书(或调解协议)、刑事判决和裁定的财产部分、仲裁裁决书等。

3. 执行措施

执行措施是人民法院行使国家执行权时所必须采取的各种手段和方法，具有强制力。执行措施大致有以下六种：

(1) 冻结、划拨、扣留和提取被执行人的存款或收入；

(2) 查封、扣押、冻结、变卖、拍卖被执行人的财产；

(3) 搜查；

(4) 强制交付法律文书指定的财产或票证；

(5) 强制被执行人迁出房屋或退出土地;

(6) 强制完成法律文书指定的行为。

4. 执行程序

(1) 执行开始。

执行开始的条件是:

① 作为执行根据的法律文书已经生效;

② 生效文书中具有给付内容;

③ 申请执行人是生效法律文书确定的权利人;

④ 执行标的和被执行人明确,且被执行人履行义务期限已满并拒绝履行或规避履行;

⑤ 未超过执行时效。双方当事人是公民的,执行时效为 1 年;一方是公民,一方是法人,执行时效也为 1 年;双方都是法人,执行时效为 6 个月。

⑥ 执行案件属于受申请的人民法院管辖。

同时具备上述条件,人民法院就可依当事人申请而开始强制执行程序。

(2) 执行过程。

执行员在执行前,要做好充分准备工作。执行中手续一定要绝对合法。采取有关措施时,要全面维护双方当事人的合法权益。整个执行过程,应当制作笔录。

(3) 执行过程中可能会出现以下五种特殊情况。

① 执行担保:在执行中,被执行人向人民法院提供担保,经申请人同意,法院可以决定暂缓执行。担保的期限最长不得超过 1 年。

② 执行异议:第三人对执行标的提出权利主张,理由成立的,原执行程序应当中止。

③ 执行中止:执行过程中因发生了阻碍执行程序正常进行的情况,导致执行程序暂时停止。如第三人对执行标的异议成立的,或者一方当事人死亡、需要等待继承人继承权利或承担义务的情形等。

④ 执行终结:执行过程中出现某种法定理由导致执行程序不得不宣告结束。如申请人撤销执行申请,据以执行的法律撤销的,被执行人死亡无遗产可供执行的,等等。

⑤ 执行回转:执行完毕后,因执行所依据的法律文书被撤销,由执行人员责令当事人返还执行标的。

关于执行程序,须明确的是:一方面,它不是审判程序后的必经程序,当事人正常地履行生效的法律文书,就不会“启动”执行程序;另一方面,执行程序也不绝对地依赖审判程序而存在,因为其执行的依据有多种,如仲裁机构制作的仲裁裁决书等。

（十）涉外民事诉讼程序

涉外民事诉讼程序，是人民法院审理和执行具有涉外因素的民事案件的程序。

“涉外因素”是指案件的主体、客体或双方争议的法律事实发生在国外。涉外因素有下列三种情况：

- 诉讼当事人一方或双方是外国人、无国籍人、外国企业和组织；
- 诉讼当事人之间的民事法律关系发生、变更和消灭的法律事实存在于国外；
- 诉讼当事人争执的财产在国外。

以上三种涉外因素情形，只要具备其一，就是涉外民事案件。涉及华侨和港、澳、台同胞的民事诉讼，不属于涉外民事诉讼。但是，根据该类诉讼的特殊性和人民法院审判实践的惯例，在主要适用《民事诉讼法》的一般规定的同时，也可参照涉外民事诉讼程序的特别规定办理。

1. 涉外民事诉讼程序应当遵循的原则

(1) 适用我国民事诉讼法的原则。

人民法院审理涉外民事案件，首先应当适用我国《民事诉讼法》第四编的特别规定。

(2) 国家主权原则。

人民法院审理涉外民事案件，应当坚持国家主权原则。例如，坚持我国法院的司法管辖权；案件中的外国人起诉、应诉需要委托律师时，必须委托中国律师等。

(3) 适用我国缔结或参加的国际条约原则。

人民法院审理涉外民事案件，如果民事诉讼法与我国缔结或参加的国际条约相冲突，适用该国际条约的规定，但我国声明保留的条款除外。

(4) 司法豁免权原则。

对享有外交特权和豁免权的外国人、外国组织或国际组织提起的民事诉讼，应当依照我国有关法律和我国缔结或参加的国际条约的规定办理。

2. 涉外民事案件的管辖

(1) 因合同纠纷或其他财产权益纠纷，对在我国领域内没有住所的被告提起的诉讼，按属地管辖原则，一般由合同签订地、合同履行地、诉讼标的物所在地、可供扣押财产所在地、侵权财产所在地或者代表机构住所地人民法院管辖。

(2) 涉外合同或涉外财产权益纠纷的当事人，可以用书面协议选择与争议有实际联系的地点的法院管辖。选择我国法院管辖的，不得违反级别管辖和专属管辖的规定。

(3) 涉外民事诉讼的被告对人民法院管辖不提出异议，并应诉答辩的，视为承认该人民法院有管辖权。

(4) 因在我国履行的中外合资经营企业合同、中外合作经营企业合同、中外合作勘探开发自然资源合同发生纠纷提起的诉讼,由我国法院管辖。

第二节　经济仲裁法律制度

一、仲裁的概念

仲裁是指发生争议的双方当事人,根据其在争议发生前或争议发生后所达成的协议,自愿将该争议提交中立的第三者进行裁判的争议解决制度和方式。

众所周知,解决争议的方式主要有三种,即调解、仲裁和诉讼。虽然目前在我国调解协议书也具有法律效力,但毫无疑问仲裁是司法途径之外且具有法律约束力的一种最有效率的争议解决方式。这一方式不仅被广泛应用于民商事领域,在劳动纠纷以及农业承包合同的纠纷中,仲裁也日益发挥出它巨大的作用。

二、仲裁的特征

仲裁之所以在调解和诉讼之外能作为一种独立的制度而发挥特殊的作用,是由它的特点决定的。具体而言,相比于调解和诉讼,仲裁具有以下六个特点。

(1) 自愿性。自愿性贯穿在仲裁的整个过程中,从当事人是否选择仲裁作为解决争议的方式,到由谁仲裁、仲裁庭如何组成,以及仲裁的审理方式、开庭形式等,处处都由当事人在自愿的基础上协商确定。

(2) 专业性。仲裁所要解决的争议往往涉及复杂的技术问题和法律问题,只有这些领域的专才才可能作出正确的裁判,正是由于这个原因,各国对仲裁员的资格都作出严格的限制,一般都由专家担任仲裁员,以确保仲裁裁决的专业权威。

(3) 保密性。不公开审理是仲裁的基本原则,同时一些相关法律和仲裁规则也规定仲裁员及秘书的保密义务,正是从这个意义上讲,仲裁能够确保当事人的商业秘密不被泄露。

(4) 迅速性。仲裁实行一裁终局,相对于诉讼的两审终审,其解决争议更为迅速。

(5) 经济性。仲裁和诉讼相比,在时间和费用等方面当事人的耗费更小,并且由于保密的关系,对当事人今后商业机会的影响也较小,所以仲裁更为经济和有效。

(6) 独立性。仲裁机构独立于行政机构,并且仲裁机构之间也没有隶属关系。在仲裁过程中,坚持独立仲裁的原则,不受任何机关、社会团体和个人的干涉。

仲裁与诉讼之间的关系,可以从以下几个方面认识。首先,当事人达成仲裁协议,选择由仲裁机构仲裁的,人民法院则丧失了对该双方当事人争议案件的管辖权,除非仲裁协议无效。其次,仲裁程序的某些事项需要按诉讼的程序办理,如财产保全措施、执行措施。最后,诉讼对仲裁起到监督作用,如仲裁裁决作出后,如果当事人认为仲裁裁决确有错误,可以在法定期间内向人民法院申请撤消仲裁裁决。

三、仲裁法概述

(一) 仲裁法的概念

仲裁法是国家制定或认可的,规范仲裁法律关系主体的行为和调整仲裁法律关系的法律规范的总称。我国于 1994 年 8 月 31 日第八届全国人民代表大会常务委员会第九次会议通过了《中华人民共和国仲裁法》(以下简称《仲裁法》),这是我国最主要的一部仲裁法律。

(二) 仲裁法的基本原则

1. 自愿原则

仲裁作为一种非司法途径的解决争议的方式,自始至终贯穿着自愿原则。仲裁的自愿原则主要体现在以下五个方面: (1) 当事人是否将他们之间发生的争议提交仲裁,由当事人自主协商决定; (2) 当事人将哪些争议提交仲裁,由双方自行约定; (3) 当事人将他们之间的争议提交哪一个仲裁机构仲裁,亦由当事人协商约定; (4) 仲裁庭的组成方式、仲裁员由何人担当,由当事人自主选定; (5) 与仲裁的审理方式、开庭形式等有关的仲裁程序事项,当事人仍然享有自主约定权。

2. 根据事实、符合法律规定、公平合理解决纠纷原则

这一原则是对"以事实为依据、以法律为准绳"原则的肯定和发展。即仲裁要坚持以事实为依据、以法律为准绳的裁决原则,同时,在法律没有明确规定或者规定不完备的情况下,仲裁庭可以按照公平合理的原则来解决纠纷。

3. 独立仲裁原则

《仲裁法》第 8 条明确规定:"仲裁依法独立进行,不受行政机关、社会团体和个人的干涉。"独立仲裁原则首先体现在机构独立上,仲裁委员会独立于行政机关,与行政机关没有任何隶属关系,仲裁委员会之间也没有隶属关系。仲裁庭独立处理裁决案件,仲裁委员会以及其他机关、社会团体和个人不得干预。

（三）仲裁法的基本制度

1. 协议仲裁制度

仲裁程序启动的前提是当事人之间定有有效的仲裁协议，否则，仲裁无从谈起。当事人申请仲裁、仲裁委员会受理仲裁，甚至仲裁委员会审理案件，都要始终依据当事人之间的有效的仲裁协议。因为仲裁协议体现了当事人自主自愿的原则，是仲裁机构受理案件的依据，也是仲裁裁决能够被自觉履行的一个保障。

2. 或裁或审制度

诉讼和仲裁都是重要的争议解决方式，但作为司法途径和非司法途径，二者在同一案件中却是不能并存的，一旦发生争议，当事人只能选择其中一个作为争议的解决方式，或者是仲裁，或者是诉讼。也就是说，有效的仲裁协议即可排除法院的管辖，只有在没有仲裁协议或者仲裁协议违法的情况下，法院才享有管辖权。或裁或审制度充分体现了效率原则，避免司法机关和仲裁机关的重复劳动，降低了争议的解决成本。

3. 一裁终局制度

我国《仲裁法》第 9 条明确规定："仲裁实行一裁终局制度。裁决作出后，当事人就同一纠纷再申请仲裁或者向人民法院起诉的，仲裁委员会或人民法院不予受理。"这一制度表明，仲裁裁决是终局裁决，裁决作出后，当事人必须立即自动履行。一裁终局制度相比于诉讼中的两审终审制度，程序简洁，时间较短，更为快捷，更能满足当事人迅速解决争议的愿望。

四、仲裁协议

（一）仲裁协议的概念

仲裁协议是指双方当事人自愿将他们之间已经发生或者可能发生的争议提交仲裁解决的协议。仲裁协议的存在，是进行仲裁的先决条件。

仲裁协议具有以下特征：(1) 仲裁协议体现了双方当事人的合意，即双方当事人在自愿协商的基础上，作出共同的意思表示，将他们之间的争议提交仲裁。(2) 仲裁协议在时间上的灵活性。仲裁协议既可以事先达成，也可以在争议发生后，由双方共同商讨拟订。(3) 仲裁协议的要式性。即仲裁协议应当以书面的方式订立，原则上不允许采取口头的形式。

（二）仲裁协议的类型

我国《仲裁法》第 16 条规定："仲裁协议包括合同中订立的仲裁条款和以其他

书面方式在纠纷发生前或者纠纷发生后达成的请求仲裁的协议。"具体而言，以仲裁协议存在的方式不同，可以将其分为以下三种类型：

1. 仲裁条款

所谓仲裁条款，是指双方当事人在签订的合同中，在自愿的基础上所订立的将有关合同的争议提交仲裁的条款。仲裁条款是仲裁实践中最常见的仲裁协议的形式。仲裁条款订立于纠纷发生前，它虽然只是合同中的一个条款，却具有与合同其他条款不同的性质和效力，其他条款无效，并不必然引起仲裁条款的无效。除了订立于合同中的仲裁条款外，双方当事人在补充合同、协议或备忘录中对仲裁意思表示的修改或补充，也构成合同中仲裁条款的一部分。

2. 仲裁协议书

所谓仲裁协议书，是指在争议发生之前或者之后，双方当事人在自愿的基础上订立的、同意将争议提交仲裁的一种独立协议。仲裁协议书是独立于合同而存在的契约，是将订立于该仲裁协议书中特定争议事项提交仲裁的意思表示。相比于仲裁条款而言，仲裁协议书的内容可能更为详尽，也可能是仲裁条款的补充或修订。

3. 其他文件中包括的仲裁协议

随着经济活动的日益频繁，当事人之间的民商事行为，除了采取传统的合同形式之外，越来越采取多种多样的形式，比如信函、电报、电传、传真或其他书面材料（如经确认的电话记录）。这些文件中如果包含双方当事人同意将他们之间已经或将来可能发生的争议提交仲裁的内容，那么，这些文件即可构成仲裁协议。当然，这类仲裁协议与前两类不同，仲裁的意思表示一般不集中表现于某一份文件中，而往往分散在当事人之间彼此多次往来的不同文件中。

（三）仲裁协议的内容

依照《仲裁法》第16条，一份完整、有效的仲裁协议至少包括以下三部分内容。

1. 请求仲裁的意思表示

仲裁法的一条基本原则就是自愿原则，而当事人主动选择仲裁作为解决纠纷的方式，正是通过仲裁协议中请求仲裁的意思表示体现出来的。而且由于有效的仲裁协议具有排除法院管辖的效力，所以仲裁协议对于当事人权利义务的影响是相当大的，正是从这个意义上讲，仲裁协议中请求仲裁的意思表示必须明确、肯定，不能含糊闪烁，以便迅速解决纠纷。

2. 仲裁事项

仲裁事项是指双方当事人提交仲裁的争议范围，即双方当事人将何种性质的争议提交仲裁机构仲裁。按照国际上通行的做法，当事人只有把订在仲裁协议中的事项提交仲裁时，仲裁机构才予受理，否则，仲裁机构不能受理。如果一方当事人擅自将不属于仲裁协议中约定的事项提交仲裁，另一方当事人有权提出异议；即使仲裁庭未能及时发现，而作出了仲裁裁决，另一方当事人也有权拒绝履行，并可向法院申请撤消仲裁裁决。

3. 选定的仲裁委员会

仲裁委员会是受理仲裁案件的机构，是对双方争议进行裁决的机构，在整个仲裁程序中居于核心的地位，所以在仲裁协议中必须明确指定仲裁事项由哪一个仲裁机构仲裁，否则仲裁无从谈起。

（四）仲裁协议的效力

所谓仲裁协议的效力，是指一项有效的仲裁协议在仲裁中对有关当事人和机构的作用或约束力。关于仲裁协议的效力，有关的国际条约和各国的仲裁立法都作了比较一致的规定，我国《仲裁法》及相关法律也有类似内容，一般而言，有以下三个方面。

1. 对双方当事人的法律效力——约束双方当事人对纠纷解决方式的选择权

仲裁协议一经合法成立，首先对双方当事人产生直接的法律效力，当事人因此丧失了就特定争议向法院起诉的权利，而相应地承担着将争议提交仲裁并服从仲裁裁决的义务；如果一方当事人违反仲裁协议，就仲裁协议规定范围内的争议事项向法院起诉，另一方当事人有权依据仲裁协议要求法院停止诉讼程序，法院也应当驳回当事人的起诉。

2. 对仲裁机构的效力——授予仲裁机构仲裁管辖权并限定仲裁的范围

我国《仲裁法》第 4 条规定："没有仲裁协议，当事人一方申请仲裁的，仲裁委员会不予受理。"由此可见仲裁协议的存在是仲裁委员会受理案件的前提，是仲裁庭审理和裁决仲裁案件的依据。同时，仲裁机构管辖权受到仲裁协议的严格控制，它只能对当事人在仲裁协议中约定的事项进行仲裁，而对仲裁协议约定范围以外的任何争议都无权仲裁，否则，即使作出裁决对当事人也无约束力。

3. 对法院的法律效力——排除法院的司法管辖权

在存在有效的仲裁协议的情况下，仲裁管辖应当优先于司法管辖。我国《仲裁法》第 5 条明确规定："当事人达成仲裁协议，一方向人民法院起诉的，人民法院不予受理，但仲裁协议无效的除外。"当事人达成仲裁协议，一方向人民法院起诉未声明有仲裁协议的，人民法院受理后，另一方在首次开庭前提交仲裁协议的，人民法院应当驳回起诉，但仲裁协议无效的除外。

在谈到仲裁协议的法律效力的问题时，我们必须明确，依据我国《仲裁法》第 20 条的规定，当事人对仲裁协议的效力有异议的，可以请求仲裁委员会作出决定或者请求人民法院作出裁定。一方请求仲裁委员会作出决定,另一方请求人民法院作出裁定的,由人民法院裁定。

(五) 仲裁协议的无效和失效

1. 仲裁协议的无效

我国《仲裁法》明确规定仲裁协议应当采取书面的形式,在第 16 条又详细列举了仲裁协议应当具有的三项内容,这些都是一份仲裁协议有效的积极要件,同时,结合我国《仲裁法》第 17 条的规定,我们可以推导出在以下情形下仲裁协议无效:

(1) 以口头的方式订立的仲裁协议无效。我国《仲裁法》第 16 条规定了仲裁协议的形式要件,即仲裁协议必须以书面的方式订立,因此以口头方式订立的仲裁协议不受法律保护。

(2) 约定的仲裁事项超出法律规定的范围。我国《仲裁法》第 2 条规定:"平等主体的公民、法人和其他组织之间发生的合同纠纷和其他财产权益纠纷,可以仲裁。"《仲裁法》第 3 条规定,下列纠纷不能仲裁:

① 婚姻、收养、监护、抚养、继承纠纷;

② 依法应当由行政机关处理的行政争议。

(3) 无民事行为能力人或者限制民事行为能力人订立的仲裁协议。订立仲裁协议,将会产生一系列的法律后果,因此,即使对成年人而言,也是一项应当慎重的法律行为。为了维护民商事关系的稳定性,以及保护无民事行为能力人、限制民事行为能力人的合法权益,各国通常都有类似规定,我国也不例外。

(4) 一方采取胁迫手段迫使对方订立的仲裁协议。仲裁法的一条基本原则就是自愿原则,仲裁协议的订立,必须是双方当事人在平等协商基础上的真实意思表示,绝对不允许一方当事人用胁迫手段迫使对方当事人订立仲裁协议。所谓胁迫,就是一方当事人以威胁加害另一方当事人或其亲友的生命健康、名誉、荣誉或财产等为手段,迫使另一方当事人不得不接受苛刻条件而作出违背真实意思的行为。

2. 仲裁协议的失效

仲裁协议的失效是指一项有效的仲裁协议因特定事由的发生而丧失其原有的法律效力。仲裁协议的失效不同于仲裁协议的无效,它们的根本区别在于:仲裁协议的失效是原本有效的仲裁协议在特定条件下失去了其效力,而仲裁协议的无效是该仲裁协议自始就没有法律效力。

仲裁协议在以下情形下失效:(1) 仲裁裁决得以履行或执行,提交仲裁的争议事项得到最终解决,该仲裁协议因此而失效;(2) 因当事人放弃而致仲裁协议失效;(3) 仲裁裁决被法院裁定撤消或者不予执行而致仲裁协议失效。

（六）仲裁条款的独立性

仲裁条款的独立性，也称仲裁条款的可分割性或可分离性。它是指作为主合同的一个条款，尽管仲裁条款依附于主合同，但仍然是与主合同的其他条款可以分离而独立存在的。即仲裁条款不因主合同的无效而无效，也不因主合同的被撤消而失效，仲裁机构仍然可以依照该仲裁条款取得和行使仲裁管辖权，在该仲裁所确定的提交仲裁的争议事项范围内，解决当事人之间的纠纷。我国《仲裁法》第 19 条规定："仲裁协议独立存在，合同的变更、解除、终止或者无效，不影响仲裁协议的效力。"《中国国际经济贸易仲裁委员会仲裁规则》第 5 条规定："合同中的仲裁条款应视为与合同其他条款相分离的、独立地存在的一个部分；合同的变更、解除、终止或者无效，均不影响仲裁条款或仲裁协议的效力。"

五、仲裁程序

（一）仲裁当事人

仲裁当事人是指在协商一致的基础上依法以自己的名义独立地提出或参加仲裁，并接受仲裁裁决约束的地位平等的公民、法人或其他组织。仲裁当事人至少具备以下特征：(1) 当事人的法律地位是平等的；(2) 当事人之间必须订有有效的仲裁协议；(3) 当事人之间的纠纷必须具有可仲裁性。

（二）申请和受理

1. 申请仲裁

我国《仲裁法》第 21 条规定，当事人申请仲裁应当符合下列条件：第一，有仲裁协议；第二，有具体的仲裁请求和事实、理由；第三，属于仲裁委员会的受理范围。

当事人申请仲裁，应当采取书面的方式。《仲裁法》第 22 条规定："当事人申请仲裁，应当向仲裁委员会递交仲裁协议、仲裁申请书及副本。"

2. 审查和受理

仲裁委员会收到仲裁申请书之日起 5 日内，认为符合受理条件的，就应当受理，并通知当事人；认为不符合条件的，应当书面通知当事人不予受理，并说明理由。

仲裁委员会受理仲裁申请后，应当在仲裁规则规定的期限内将仲裁规则和仲裁员名册送达申请人，并将仲裁申请书副本和仲裁规则、仲裁员名册送达被申请人。被申请人收到仲裁申请书副本后，应当在仲裁规则规定的期限内向仲裁委员会提交答辩书。仲裁委员会收到答辩书后,应当在仲裁规则规定的期限内将答辩书副本送达申请人。被申请人未提交答辩书的,不影响仲裁程序的进行。

(三) 仲裁庭的组成

仲裁庭是依仲裁规则的规定或双方当事人的约定而由仲裁员组成的审理案件的临时性组织。

1. 仲裁庭的组成形式

我国《仲裁法》第 30 条规定:"仲裁庭可以由三名仲裁员或一名仲裁员组成。由三名仲裁员组成的,设首席仲裁员。"在理论上,我们通常将三名仲裁员组成的仲裁庭称为合议仲裁庭,将一名仲裁员组成的仲裁庭称为独任仲裁庭。

2. 仲裁庭的组成程序

第一步,确定仲裁庭的形式。当事人应当在合议仲裁庭和独任仲裁庭之间作出选择,如果未能在规定期限内选定,则由仲裁委员会主任根据具体情况来指定。第二步,确定仲裁员。如果是独任仲裁庭,则仲裁员应由双方当事人共同协商确定。如果是合议仲裁庭,双方当事人应当各自选定一名仲裁员,而第三名仲裁员则由双方当事人共同选定。上述选定事宜,也可由当事人委托仲裁委员会主任进行。若当事人在规定的时间内未选定,则仲裁委员会主任有权选定。

3. 仲裁员的回避

依照《仲裁法》的规定,如果有以下情形,仲裁员必须回避:(1) 是本案当事人或当事人、代理人的近亲属;(2) 与本案有利害关系;(3) 与本案当事人、代理人有其他关系,可能影响公正仲裁的;(4) 私自会见当事人、代理人,或者接受当事人、代理人请客送礼的。回避可以是自行回避,也可以是申请回避。仲裁员是否回避,由仲裁委员会主任决定;仲裁委员会主任担任仲裁员时,由仲裁委员会集体决定。

(四) 仲裁审理

1. 仲裁审理的方式

仲裁审理的方式可以分为开庭审理和书面审理,并以开庭审理为仲裁审理的主要方式。仲裁审理一般不公开进行。当事人协议公开的,可以公开进行,但涉及国家机密的除外。

2. 开庭审理程序

(1) 开始。首席仲裁员或者独任仲裁员在核对双方当事人及其代理人后,宣布案由,宣布仲裁庭组成人员和书记员名单,在双方当事人无异议的情况下,仲裁庭正式宣布开庭。

(2) 庭审调查按以下顺序进行:当事人陈述;告知证人的权利义务,证人作证,宣读未到庭的证人证言;出示书证、物证和视听资料;宣读勘验笔录和鉴定结论。

(3) 按以下顺序进行辩论:申请人及其仲裁代理人发言;被申请人及其仲裁代理人发言;双方互相辩论;按申请人、被申请人顺序征询当事人的最后意见。

(五) 仲裁中的和解、调解和裁决

1. 仲裁和解

仲裁和解是指仲裁当事人通过协商,自行解决已提交仲裁的争议事项的行为。仲裁和解是仲裁当事人行使处分权的表现。《仲裁法》第 49 条规定:“当事人申请仲裁后,可以自行和解。”

2. 仲裁调解

仲裁调解是指在仲裁庭主持下,仲裁当事人在自愿协商、互谅互让的基础上达成协议,从而解决纠纷的一种制度。《仲裁法》第 51 条规定:“仲裁庭在作出裁决前,可以先行调解。当事人自愿调解的,仲裁庭应当调解。调解不成的,应当及时作出裁决。”

3. 仲裁裁决

仲裁裁决是指仲裁庭对当事人之间所争议的事项进行审理后所作出的终局权威性判定。仲裁裁决可以按照多数仲裁员的意见作出,也可以按照首席仲裁员的意见作出。

六、申请撤消仲裁裁决

所谓撤消仲裁裁决,是指对于有符合法律规定情况的仲裁裁决,经由当事人提出申请,人民法院组成合议庭审查核实,裁定撤消仲裁裁决的行为。我国《仲裁法》实行一裁终局的制度,仲裁裁决一经作出,即发生法律效力,当事人不能就同一纠纷向人民法院起诉或上诉。这种规定固然有利于提高效率,但一旦仲裁裁决出现错误,造成的不良后果就无法挽回。正是为了确保仲裁的公正性与合法性,《仲裁法》中设置了申请撤消仲裁裁决的监督程序。

(一) 申请撤消仲裁裁决的条件

申请撤消仲裁裁决须满足以下条件:

(1) 提出申请的主体必须是当事人。由于仲裁裁决的结果直接关系到当事人的切身利益,并且当事人最清楚自己的合法权益是否受到侵害,所以申请的主体必然是当事人,包括仲裁申请人和被申请人。

(2) 必须向有管辖权的法院提出申请。当事人提出撤消仲裁裁决申请的,必

须向仲裁委员会所在地的中级人民法院提出。

(3) 必须在规定的期限内提出申请。当事人申请撤消仲裁裁决的,应当自收到裁决书之日起 6 个月内提出。

(4) 必须有证据证明仲裁裁决有法律规定的应予撤消的情形。没有证据,人民法院不予受理。

(二) 申请撤消仲裁裁决的理由

《仲裁法》第 58 条规定,有下列情形之一的,当事人可以申请撤消仲裁裁决:

(1) 没有仲裁协议。仲裁协议是仲裁机构受理案件的依据,如果仲裁机构对没有仲裁协议的案件予以受理并作出了裁决,则违反了当事人的自愿原则,是违法裁决,当事人有权向人民法院申请撤消仲裁裁决。

(2) 仲裁的事项不属于仲裁协议的范围,或者仲裁委员会无权仲裁。仲裁机构只能就当事人订立的仲裁协议范围内的事项进行仲裁,超出协议范围的事项仲裁机构无权仲裁;同时,仲裁机构无权对婚姻、收养、监护、抚养、继承纠纷和依法应当由行政机关处理的行政争议进行仲裁,违反上述规定的仲裁裁决都应撤消。

(3) 仲裁庭的组成或者仲裁的程序违反法律规定程序。仲裁庭的组成应当遵循当事人自愿的原则,无论组成方式还是仲裁员人选,都应充分贯彻自愿原则。仲裁程序是仲裁裁决公正的重要保证,所以必须遵循法定程序。如果仲裁庭的组成没有体现当事人的自主权,仲裁程序有违反法定程序的情形,仲裁裁决就应当被撤消。

(4) 裁决所依据的证据是伪造的。仲裁坚持以事实为依据的原则,如果裁决所依据的证据是伪造的,势必影响裁决的公正性和准确性,这类裁决应予撤消。

(5) 对方当事人隐瞒了足以影响公正裁决的证据。一方当事人为了自身利益,如果隐瞒了一些可能对自己不利的且不为他人所掌握的证据,那么仲裁庭对事实的判断和对责任的划分,就会和实际情况不符,这种不公正的裁决应该予以撤消。

(6) 仲裁员在仲裁该案时有索贿受贿、徇私舞弊、枉法裁判的行为。仲裁员的上述违法行为必然影响案件的公正审理和裁决,损害一方当事人的合法权益,在此基础上作出的仲裁裁决应予撤消。

(三) 申请撤消仲裁裁决的后果

人民法院受理当事人提出的撤消仲裁裁决的申请后,必须组成合议庭对当事人的申请及仲裁裁决进行审查,经过审查,可能作出以下三种处理:(1) 通知仲裁庭重新仲裁;(2) 撤消仲裁裁决;(3) 驳回撤消仲裁裁决的申请。

七、仲裁裁决的执行

仲裁裁决的执行，是指人民法院经当事人申请，采取强制措施将仲裁裁决的内容付诸实践的行为和程序。

（一）执行仲裁裁决的条件

执行仲裁裁决须满足以下条件：

(1) 必须有当事人的申请。一方当事人不履行仲裁裁决时，另一方当事人须向人民法院提出执行申请，人民法院才可能启动执行程序。

(2) 当事人必须在法定期限内提出申请。申请执行的期限，双方或一方当事人是公民的为1年，双方是法人或者其他组织的为6个月。

(3) 当事人须向有管辖权的人民法院提出申请。当事人应当向被执行人住所地或者被执行人财产所在地人民法院申请执行仲裁裁决。

（二）执行仲裁裁决的程序

1. 申请执行

义务方当事人在规定的期限内不履行仲裁裁决时，权利方当事人在符合上述条件的情况下，有权向人民法院申请强制执行。当事人向人民法院申请执行时，应当递交申请书。

2. 执行

人民法院的执行工作由执行员进行。执行员接到申请执行书后，应当向被执行人发出执行通知。被执行人未按执行通知履行仲裁裁决确定的义务，人民法院有权采取一系列强制措施，迫使被执行人履行义务，当然，在执行程序中，双方当事人可以自行和解。

本章小结

仲裁作为解决民事、商事纠纷的一种有效方法，具有悠久的历史，在经济日益发达今天，它越来越焕发出旺盛的生命力。为什么在司法如此完备的今天，仲裁仍能一枝独秀呢？这就不能不谈到仲裁与诉讼相比的一些优势。

首先，仲裁更能体现当事人的意愿。选不选择仲裁作为解决纠纷的方式，解决哪些纠纷，选择哪些仲裁员来居中评判，甚至选择哪些仲裁规则，都由当事人自主决定。而在诉讼中，无论当事人还是法院，都必须按照法律的明文规定，谨慎从事，很难谈到自主性。

其次，仲裁更为经济。仲裁实行一裁终局的制度，与诉讼的两审终审制度相比，毫无疑问更为节省当事人的人力、物力和财力。而且仲裁程序也可经当事人约定，更为简化，仲裁期间的缩短和裁决的快速，大大降低了解决纠纷的费用。

最后，仲裁具有更强的保密性。诉讼一般是公开开庭审理，裁判公开作出。而仲裁一般是不公开进行，案情不公开，裁决不公开。但当事人如果协议公开，也可公开。因此可见，仲裁更有利于保护当事人的商业秘密，维护商业信誉，在日益注重保护商业秘密和个人隐私的今天，仲裁必然成为人们解决纠纷的首选。

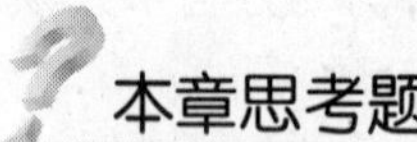

本章思考题

1. 仲裁协议的效力如何？
2. 申请撤消仲裁裁决的条件和理由是什么？

思考题解答

1. 答：仲裁协议具有以下效力：

(1) 对双方当事人的法律效力——约束双方当事人对纠纷解决方式的选择权。仲裁协议一经合法成立，首先对双方当事人产生直接的法律效力，当事人因此丧失了就特定争议向法院起诉的权利，相应地承担将争议提交仲裁并服从仲裁裁决的义务，如果一方当事人违反仲裁协议，就仲裁协议规定范围内的争议事项向法院起诉，另一方当事人有权依据仲裁协议要求法院停止诉讼程序，法院也应当驳回当事人的起诉。

(2) 对仲裁机构的效力——授予仲裁机构仲裁管辖权并限定仲裁的范围。我国《仲裁法》第 4 条规定："没有仲裁协议，当事人一方申请仲裁的，仲裁委员会不予受理。"由此可见仲裁协议的存在是仲裁委员会受理案件的前提，是仲裁庭审理和裁决仲裁案件的依据。同时，仲裁机构管辖权受到仲裁协议的严格控制，它只能对当事人在仲裁协议中约定的事项进行仲裁，而对仲裁协议约定范围以外的任何争议都无权仲裁，即使作出裁决对当事人也无约束力。

(3) 对法院的法律效力——排除法院的司法管辖权。在存在有效的仲裁协议的情况下，仲裁管辖应当优先于司法管辖。我国《仲裁法》第 5 条明确规定："当事人达成仲裁协议，一方向人民法院起诉的，人民法院不予受理，但仲裁协议无效的除外。当事人达成仲裁协议，一方向人民法院起诉未声明有仲裁协议的，人民法院受理后，另一方在首次开庭前提交仲裁协议的，人民法院应当驳回起诉，但仲裁协议无效的除外。"

2. 答：申请撤消仲裁裁决的条件和理由分别是：

第一，申请撤消仲裁裁决的条件。

(1) 提出申请的主体必须是当事人。

(2) 必须向有管辖权的法院提出申请。当事人提出撤消仲裁裁决申请的，必须向仲裁委员会所在地的中级人民法院提出。

(3) 必须在规定的期限内提出申请。当事人申请撤消仲裁裁决的，应当自收到裁决书之日起6个月内提出。

(4) 必须有证据证明仲裁裁决有法律规定的应予撤消的情形，没有证据，人民法院不予受理。

第二，申请撤消仲裁裁决的理由。

《仲裁法》第58条规定，有下列情形之一的，当事人可以申请撤消仲裁裁决：

(1) 没有仲裁协议。

(2) 仲裁的事项不属于仲裁协议的范围，或者仲裁委员会无权仲裁。

(3) 仲裁庭的组成或者仲裁的程序违反法律规定程序。

(4) 裁决所依据的证据是伪造的。

(5) 对方当事人隐瞒了足以影响公正裁决的证据。

(6) 仲裁员在仲裁该案时有索贿受贿、徇私舞弊、枉法裁判的行为。

案例与点评

案例一

1999年9月1日，宏大贸易加工厂(以下简称买方)与吉瑞毛纺厂(以下简称卖方)签订毛呢买卖合同。合同约定：买方向卖方购买17 023人字呢一等品1 000米，每米价格14.5元，合计价款14 500元。交货时间：1999年10月1日。交货地点及验收：在卖方工厂交货及验收。

1999年10月1日，卖方按照合同约定通知买方验收了货物，货物验收后，买方未提出任何异议。10月3日由卖方派车，双方各派一人押车，向买方送货。途中货车起火，烧坏衣料300米。10月6日运送货车到达买方后，买方出具了接收人字呢700米，支付价款10 150元的凭证，对烧坏的300米，以质量不合格为由，拒付货款。

争议发生后，双方经协商达成书面仲裁协议书，但对纠纷的解决未能达成一致意见。事后，卖方向仲裁委员会申请仲裁，买方却以仲裁协议的签订未经其同意，并且事后达成的仲裁协议无效为由，向人民法院提出诉讼，人民法院不予受理，某仲裁委员会受理了该案。

试问：

1. 本案中仲裁委员会是否有权受理该案？

2. 双方当事人在纠纷发生后达成的仲裁协议书是否有效?

案例点评

1. 本案中仲裁委员会能否受理该案?——仲裁管辖与司法管辖的冲突。

本案是由于货物风险责任的承担而引起的纠纷。买卖双方各执一词,双方虽然在纠纷发生后达成仲裁协议书,但对纠纷的解决仍未能达成一致意见,以至于卖方向仲裁委员会申请仲裁,买方向人民法院起诉,在这种情况下,该案究竟该由哪个机构受理呢?

我国《仲裁法》第5条规定:"当事人达成仲裁协议,一方向人民法院起诉的,人民法院不予受理,但仲裁协议无效的除外。"我国《民事诉讼法》第121条在规定法院对各类案件是否应当受理时指出:"依照法律规定,双方当事人对合同纠纷自愿达成书面仲裁协议向仲裁机构申请仲裁,不得向人民法院起诉,告知原告向仲裁机构申请仲裁。"

从以上规定可以看出:一项有效的仲裁协议具有排除法院对相同当事人之间就同一争议标的进行实体审判的权力。换言之,当仲裁管辖与司法管辖发生冲突时,仲裁管辖应当优先。在本案中,买方宏大贸易加工厂在双方当事人达成有效的书面仲裁协议的情况下,仍向人民法院起诉,是违反仲裁协议约定的。人民法院对买方的起诉作出不予受理的裁定是正确的。仲裁委员会有权受理该案。

2. 双方当事人在纠纷发生后达成的书面仲裁协议书是否有效?——仲裁协议的形式。

本案双方当事人是购销合同中的买卖双方,他们在签订购销合同时并未在购销合同中定明仲裁条款,而是在纠纷发生后,双方当事人协商达成仲裁协议,并根据该仲裁协议向仲裁机构申请仲裁。该仲裁协议是在纠纷发生后达成的,仲裁机构是否应依该仲裁协议受理该案?

我国《仲裁法》第16条规定:"仲裁协议包括合同中订立的仲裁条款和其他以书面方式在纠纷发生前或者在纠纷发生后达成的请求仲裁的协议。"根据该条的规定,仲裁协议必须是书面形式的。书面的仲裁协议可以分为合同中的仲裁条款和当事人在纠纷发生前或者纠纷发生后达成的书面仲裁协议。本案中的仲裁协议书采取书面的形式,并且是在纠纷后达成的,符合法律的规定,所以买方所辩称的纠纷后达成的仲裁协议无效的理由不能成立。

案例二

宁远机械厂(以下简称甲方)与振华农机公司(以下简称乙方)在上海签订了一份购销合同,合同规定在南京交货。后双方因履行合同发生争议,双方当事人均同意上海市仲裁委员会仲裁。经审理,仲裁委员会裁决由乙方给付甲方货款 100 万元,在裁决生效后 3 个月内分 3 次付清。在收到裁决书的第 20 日,甲方要求强制执行。

试问:

1. 甲方的做法是否正确?为什么?

2. 乙方提出,仲裁员王某在仲裁过程中有受贿行为,因而对仲裁裁决不服。请问:

(1) 乙方能否就仲裁裁决向人民法院起诉?

(2) 乙方采取何种措施、提起何种程序能保护自己的利益不受侵犯?

案例点评

1. 甲方的做法不正确。根据《仲裁法》规定,当事人对于已经生效的调解书和裁决书,应当按照规定期限自动履行,一方不履行的,另一方可以申请执行。在本案中,裁决书一经作出,即发生法律效力。一方当事人申请强制执行,必须是另一方当事人未在裁决书规定的期限内自动履行义务。本案裁决书规定乙方在裁决书生效后 3 个月内分 3 次履行,甲方在收到裁决书之日起第 20 日即申请强制执行不符合法律规定,其请求无法律根据。

2. 乙方有关问题:

(1) 乙方不能就仲裁裁决向人民法院起诉。因为我国《仲裁法》规定,仲裁实行一裁终局的制度,裁决作出后,当事人就同一纠纷再向人民法院起诉,人民法院不予受理。

(2) 乙方可以向上海市中级人民法院申请撤消仲裁裁决,并提出证据证明王某在审理该案中有受贿、枉法裁判的行为。如果甲方向人民法院申请执行,乙方可以向该法院申请裁定不予执行,并且提出证据证明该仲裁员的违法行为,这样,乙方才能维护自己的合法权益。

第二编 JING JI FA GAI LUN

经济组织法律制度

第一章 公司法律制度

什么是公司？公司在历史上是怎么来的？我国公司的法定形式是什么？怎样设立有限责任公司和股份有限公司？

本章需要掌握的主要内容有：

- 公司的定义
- 公司产生的历史
- 我国公司种类及区分
- 有限责任公司与股份有限公司的概念
- 有限责任公司与股份有限公司的设立条件

第一节 公司的概述

一、公司的定义

《中华人民共和国公司法》(以下简称《公司法》)第2条规定："本法所称公司是指依照本法在中国境内设立的有限责任公司和股份有限公司。"在我国，公司是企业法人，有独立的法人财产，享有法人财产权。公司以其全部财产对公司的债务承担责任。有限责任公司的股东以其认缴的出资额为限对公司承担责任；股份有限公司的股东以其认购的股份为限对公司承担责任。

二、公司的产生与发展

1492年哥伦布"发现新大陆"和1497年葡萄牙航海家达·伽马绕过好望角

航行到印度,开辟了远洋贸易大发展的时期。贸易能力的发展迫切需要组建一些大型贸易企业,以从事远洋贸易。然而由于当时西欧政府不承认贸易自由,建立贸易公司要取得皇家的特许,由此成立的公司叫"特许贸易公司"。这些特许贸易公司拥有垄断特权:它们或垄断经营某一行业,或垄断海外特定地区的殖民活动。

英国于詹姆士一世(1566—1625)在位时期确认了上述特许贸易公司的法人地位,公司的设立随着公司数量的逐渐增多而被程序正规化。后来随着资本主义商品经济的发展,公司的组建和活动不再需要经过皇帝和教皇的命令和敕令,只需要政府的控制和征税。从这时起,现代意义上的公司已经产生,如 1554 年成立的俄罗斯公司、1600 年成立的东印度公司、1609 年成立的弗吉利亚公司、1629 年成立的萨诸塞公司等,它们是现代公司的发端。

到了 1806 年,法国制定《法国商法典》,承认了股份有限公司即社团法人形式的存在。与此同时,一些普通法国家也开始采用判例和法律规定建立了法人制度。1844 年,英国颁布了《股份有限公司法》,其中规定了公司非依法登记不得成立的原则,成为以后英国公司立法的基础。此后,英国通过了《有限责任法》,从法律上正式确立了公司法人的有限责任原则,现代意义上的有限公司就此诞生了。

三、公司的种类

根据不同的标准可以对公司进行不同的分类。以股东对公司债务所承担的责任为依据,可以将公司分为有限责任公司、无限责任公司、两合公司、股份有限公司和股份两合公司;以公司对外信用基础为依据,可以将公司分为人合公司和资合公司;以公司的国籍为划分依据可分为本国公司、外国公司和跨国公司;以公司间的控制与依附关系为依据可分为母公司和子公司,等等。本书主要介绍以股东对公司债务所承担的责任为依据而对公司进行的分类。

1. 有限责任公司

有限责任公司是指由一个或一个以上的股东共同出资,股东以其出资额为限对公司债务承担责任,公司以其全部资产为限对公司债务承担有限责任的公司。

2. 无限责任公司

无限责任公司是指由两人以上的股东组织,不论股东出资额的多寡,股东对公司债务均承担无限连带责任的公司。无限连带责任则是指当公司的财产不足以清偿其对外债务时,股东除了以自己对公司的出资进行清偿外,还必须以自己所有个人财产对公司债务进行清偿;公司的债务人有权请求公司股东中的任何一人或数人承担全部债务清偿责任。

3. 两合公司

两合公司是指由一个以上对公司债务承担无限责任的股东与一个以上有限责任的股东所共同组织的公司。

4. 股份有限公司

股份有限公司是指公司的全部资本分为等额股份，股东以其所持股份为限对公司债务承担责任，公司以其全部资产为限对公司债务承担责任的公司。

5. 股份两合公司

股份两合公司是指由对公司债务承担无限责任的股东和部分承担有限责任的股东所共同组织的公司。

根据我国《公司法》的规定，我国的公司分为有限责任公司和股份有限公司两类。

第二节　公司的设立及章程

一、公司的法定设立条件

（一）公司设立的概念

公司的设立即公司的组建和创设，是指公司的创办人为使公司成立而依照法律规定的条件和程序所进行的一系列行为的总称。它是发起人通过提交相关材料、满足一定的法定条件创立法律认可的公司，从而使公司具有法人资格的行为。公司在社会经济生活中作用的发挥以公司有效的存在为前提。设立公司的行为就是使公司取得法人资格，能够从法律上使之成立。

（二）公司设立的法定条件

关于公司设立的法定条件，我国《公司法》对有限责任公司和股份有限公司分别作了规定。

1. 有限责任公司的设立

设立有限责任公司，应当具备下列条件：

(1) 股东符合法定人数。根据我国《公司法》的规定，有限责任公司的股东由50个以下股东出资设立。

(2) 股东出资达到法定资本最低限额。有限责任公司的注册资本为在公司登记机关登记的全体股东认缴的出资额。公司全体股东的首次出资额不得低于注册资本的20%,也不得低于法定的注册资本最低限额,其余部分由股东自公司成立之日起2年内缴足;其中,投资公司可以在5年内缴足。有限责任公司注册资本的最低限额为人民币3万元。

股东可以用货币出资,也可以用实物、知识产权和土地使用权等能用货币估价并可依法转让的非货币财产作价出资。对作为出资的非货币财产应当评估作价,核实财产,不得高估或者低估作价。全体股东的货币出资金额不得低于有限责任公司注册资本的30%。以非货币财产出资的,应当依法办理其财产权的转移手续。

(3) 股东共同制定公司章程,股东应当在公司章程上签名、盖章。

(4) 有公司名称,并建立符合有限责任公司要求的组织机构。我国《公司法》第8条规定:"依照本法设立的有限公司,必须在公司名称中标明有限责任公司或有限公司字样。"

(5) 有公司住所,公司以其主要办事机构所在地为住所。

2. 股份有限公司的设立

设立股份有限公司,应当具备下列条件:

(1) 发起人符合法定人数。设立股份有限公司,应当有2人以上200人以下的发起人,其中须有半数以上的发起人在中国境内有住所。

(2) 发起人认购和募集的股本达到法定资本的最低限额。股份有限公司采取发起设立方式设立的,注册资本为在公司登记机关登记的全体发起人认购的股本总额。公司全体发起人的首次出资额不得低于注册资本的20%,其余部分由发起人自公司成立之日起2年内缴足;其中,投资公司可以在5年内缴足。在缴足前,不得向他人募集股份。股份有限公司采取募集方式设立的,注册资本为在公司登记机关登记的实收股本总额。股份有限公司注册资本的最低限额为人民币500万元,法律、行政法规对股份有限公司注册资本的最低限额有较高规定的,从其规定。以募集设立方式设立股份有限公司的,发起人认购的股份不得少于公司股份总数的35%,法律、行政法规另有规定的,从其规定。

股东可以用货币出资,也可以用实物、知识产权和土地使用权等能用货币估价并可依法转让的非货币财产作价出资。对作为出资的非货币财产应当评估作价,核实财产,不得高估或者低估作价。全体股东的货币出资金额不得低于股份有限公司注册资本的30%。以非货币财产出资的,应当依法办理其财产权的转移手续。

(3) 股份发行、筹办事项符合法律规定。

(4) 发起人制定公司章程,采用募集方式设立的经创立大会通过。

(5) 有公司名称，并建立符合股份有限公司要求的组织机构。设立股份有限公司，必须在公司名称中标明“股份有限公司”或“股份公司”字样。

(6) 有公司住所。

(三) 公司的发起人和公司的设立方式

1. 公司的发起人

公司发起人是指通过自身的积极行为，依照法定程序创办公司的人。一定数额的发起人是设立公司的先决条件。关于发起人的国籍，大多数国家的公司法均不作限制。

2. 公司发起人的责任

我国公司法分别对有限责任公司和股份有限公司作了不同规定。其中，有限责任公司股东的责任比较简单，各股东应当足额缴纳约定的出资额，否则应当向已足额缴纳出资额的股东承担违约责任。

股份有限公司的发起人则包括以下三个方面的责任：(1) 公司不能成立时，对设立行为所产生的债务和费用负连带责任；(2) 公司不能成立时，对认股人已缴纳的股款，负返还股款并加算银行同期存款利息的连带责任；(3) 在公司设立过程中，由于发起人的过失致使公司利益受到损害的，应当对公司承担赔偿责任。

3. 公司的设立方式

公司的设立方式主要是对股份有限公司而言的。各国公司法对股份有限公司一般都规定了两种设立方式，即发起设立和募集设立。根据我国《公司法》的规定，发起设立是指由发起人认购公司应发行的全部股份而设立公司；募集设立是指由发起人认购公司应发行股份的一部分，其余股份向社会公开募集或者向特定对象募集而设立公司。

二、公司章程

(一) 公司章程的定义

公司章程是规定公司的性质、宗旨和任务等内容的文件，是公司组织及其行动的基本规则。有了公司章程，公司的组织、行为才有依据。同时，公司的章程还可以作为公司外部人了解公司的途径。

(二) 公司章程的主要内容

(1) 有限责任公司章程应当载明下列事项：① 公司名称和住所；② 公司经营

范围；③ 公司注册资本；④ 股东的姓名或者名称；⑤ 股东的出资方式、出资额和出资时间；⑥ 公司的机构及其产生办法、职权、议事规则；⑦ 公司法定代表人；⑧ 股东会会议认为需要规定的其他事项。股东应当在公司章程上签名、盖章。

(2) 股份有限公司章程应当载明下列事项：① 公司名称和住所；② 公司经营范围；③ 公司设立方式；④ 公司股份总数、每股金额和注册资本；⑤ 发起人的姓名或者名称、认购的股份数、出资方式和出资时间；⑥ 董事会的组成、职权、任期和议事规则；⑦ 公司法定代表人；⑧ 监事会的组成、职权、任期和议事规则；⑨ 公司利润分配办法；⑩ 公司的解散事由与清算办法；⑪ 公司的通知和公告办法；⑫ 股东大会会议认为需要规定的其他事项。

公司的法定代表人依照公司章程的规定，由董事长、执行董事或者由经理担任，并依法进行登记。公司法定代表人需要变更时，应当办理变更登记。

（三）公司章程的变更

公司章程的变更，是指变更公司成立时的章程内容。按照我国《公司法》的规定，公司可以修改章程，但是必须符合法定程序。有限责任公司修改公司章程，必须由股东会决议，经代表 2/3 以上表决权的股东通过；股份有限公司修改公司章程，必须由股东大会决议，经出席股东大会的股东所持表决权的 2/3 以上通过。另外，公司章程的变更，还必须履行变更登记手续。

第三节 公司的名称、组织机构及变更

一、公司的名称

（一）公司名称的概念

公司的名称是公司作为法人所享有的一种人身性质的财产权。名称的选用必须符合法律规定，才能依法获得保护，并享有排他使用权。

（二）公司名称的要求

1. 必须标明公司身份

依照《公司法》设立的有限责任公司，必须在公司名称中标明“有限责任公司”或者“有限公司”字样。依照本法设立的股份有限公司，必须在公司名称中标明“股

份有限公司”或者“股份公司”字样。

2. 公司名称的其他要求

根据国家工商行政管理局发布的《企业名称登记管理条例》规定：企业只准使用一个名称。在登记主管机关辖区内不得与已经登记的同行业企业名称相同或近似。

公司名称一般依次由以下四个部分组成：行政区划、商号(字号)、行业和组织形式。例如，“广东生辉电子设备股份有限公司”。除国务院特别决定设立的企业外，企业名称中不得使用“中国”、“中华”、“全国”、“国家”和“国际”等字样，并不得使用外国文字、汉语拼音字母和阿拉伯数字。

二、公司的股东与组织机构

（一）股东

1. 股东的概念

股东是指因出资而取得公司股份的公司成员，也就是说，股东既是股份的所有人，又是公司的组成人员。

2. 股东的权利

股东有权查阅、复制公司章程、股东会会议记录、董事会会议决议、监事会会议决议和财务会计报告。股东可以要求查阅公司会计账簿。股东要求查阅公司会计账簿的，应当向公司提出书面请求，说明目的。

公司有合理根据认为股东查阅会计账簿有不正当目的，可能损害公司合法利益的，可以拒绝提供查阅，并应当自股东提出书面请求之日起 15 日内书面答复股东并说明理由。公司拒绝提供查阅的，股东可以请求人民法院要求公司提供查阅。

（二）股东会

1. 股东会的概念

根据《公司法》的规定，股东会是公司的权力机构。股东会的特点在于，它是一种非常设的公司机关，是定期或临时举行的由全体股东出席的会议。股东会是公司的最高权力机构，但是并不具体执行公司业务，也不能对董事会的业务决策任意干预，而只是对公司的重大问题进行决策。

2. 股东会的职权

关于股东会的职权，我国《公司法》针对有限责任公司和股份有限公司分别作了规定。

(1) 有限责任公司股东会的职权。

股东会行使下列职权：① 决定公司的经营方针和投资计划；② 选举和更换非由职工代表担任的董事、监事，决定有关董事、监事的报酬事项；③ 审议批准董事会的报告；④ 审议批准监事会或者监事的报告；⑤ 审议批准公司的年度财务预算方案、决算方案；⑥ 审议批准公司的利润分配方案和弥补亏损方案；⑦ 对公司增加或者减少注册资本作出决议；⑧ 对发行公司债券作出决议；⑨ 对公司合并、分立、变更公司形式、解散和清算等事项作出决议；⑩ 修改公司章程；⑪ 公司章程规定的其他职权。对前款所列事项股东以书面形式一致表示同意的，可以不召开股东会会议，直接作出决定，并由全体股东在决定文件上签名、盖章。

(2) 股份有限公司股东大会的职权。

股东大会行使下列职权：① 决议公司转让、受让重大资产或者对外提供担保等事项；② 选举董事和监事；③ 决议修改公司章程、增加或者减少注册资本，以及公司合并、分立、解散或者变更公司形式等。

(三) 董事

1. 董事与董事职权

股份有限公司设董事会，其成员为5～19人。董事会设董事长一人，可以设副董事长。董事长和副董事长由董事会以全体董事的过半数选举产生。

有限责任公司设董事会，其成员为3～13人。董事会设董事长一人，可以设副董事长。董事长、副董事长的产生办法由公司章程规定。

董事会对股东会负责，行使下列职权：(1) 召集股东会会议，并向股东会报告工作；(2) 执行股东会的决议；(3) 决定公司的经营计划和投资方案；(4) 制订公司的年度财务预算方案、决算方案；(5) 制订公司的利润分配方案和弥补亏损方案；(6) 制订公司增加或者减少注册资本以及发行公司债券的方案；(7) 制订公司合并、分立、变更公司形式和解散方案；(8) 决定公司内部管理机构的设置；(9) 决定聘任或者解聘公司经理及其报酬事项，并根据经理的提名决定聘任或者解聘公司副经理、财务负责人及其报酬事项；(10) 制定公司的基本管理制度；(11) 公司章程规定的其他职权。

2. 董事会的决议规则

董事会会议应有过半数的董事出席方可举行。董事会作出决议，必须经全体董事的过半数通过。董事会决议的表决，实行一人一票。

3. 董事会的召开

董事会每年度至少召开两次会议，每次会议应当于会议召开10日前通知全体董事和监事。代表1/10以上表决权的股东、1/3以上董事或者监事会，可以提议召开董事会临时会议。董事长应当自接到提议后10日内，召集和主持董事会会议。

4. 董事的任职期

董事任期由公司章程规定,但每届任期不得超过 3 年。董事任期届满,可以连选连任。董事任期届满未及时改选,或者董事在任期内辞职导致董事会成员低于法定人数的,在改选出的董事就任前,原董事仍应当依照法律、行政法规和公司章程的规定,履行董事职务。

(四) 监事会

1. 监事会的概念

监事会是指依照公司法和公司章程所设立的、对公司事务实行监督的机构。

2. 监事会的组成

我国《公司法》分别就此对有限责任公司和股份有限公司作了规定:有限责任公司设立监事会,其成员不得少于 3 人。股东人数较少或者规模较小的有限责任公司,可以设 1～2 名监事,不设立监事会。监事会应当包括股东代表和适当比例的公司职工代表,其中职工代表的比例不得低于 1/3,具体比例由公司章程规定。

股份有限公司设立监事会,其成员不得少于 3 人。监事会应当包括股东代表和适当比例的公司职工代表,其中职工代表的比例不得低于 1/3,具体比例由公司章程规定。监事会中的职工代表由公司职工通过职工代表大会、职工大会或者其他形式民主选举产生。监事会设主席一人,可以设副主席。监事会主席和副主席由全体监事过半数选举产生。

3. 监事的职权和任期

监事行使下列职权:(1) 检查公司财务;(2) 对董事、高级管理人员执行公司职务的行为进行监督,对违反法律、行政法规、公司章程或者股东会决议的董事、高级管理人员提出罢免的建议;(3) 当董事、高级管理人员的行为损害公司的利益时,要求董事、高级管理人员予以纠正;(4) 提议召开临时股东会会议,在董事会不履行《公司法》规定的召集和主持股东会会议职责时召集和主持股东会会议;(5) 向股东会会议提出提案;(6) 依照《公司法》第 152 条的规定,对董事和高级管理人员提起诉讼;(7) 公司章程规定的其他职权。

监事的任期每届为 3 年,任期届满,可以连选连任。

(五) 不得担任公司高级管理人员的人

有下列情形之一的,不得担任公司的董事、监事或高级管理人员:(1) 无民事行为能力或者限制民事行为能力;(2) 因贪污、贿赂、侵占财产、挪用财产或者破坏社会主义市场经济秩序被判处刑罚,执行期满未逾五年,或者因犯罪被剥夺政治权利,执行期满未逾五年;(3) 担任破产清算的公司、企业的董事或者厂长、经理,对该公司、企业的破产负有个人责任的，自该公司、企业破产清算完结之日起未逾 3 年；(4) 担任因违法被吊销营业执照、责令关闭的公司、企业的法定代表人，并负有个人责任的，自该公司、企业被吊销营业执照之日起未逾 3 年；(5) 个人所负数额较大的债务到期未清偿。

三、公司的合并与分立

（一）公司合并

公司合并，是指依照法律规定和合同约定，将两个以上的公司合并为一个公司的法律行为。公司合并可以采取吸收合并或者新设合并。一个公司吸收其他公司为吸收合并，被吸收的公司解散。两个以上公司合并设立一个新的公司为新设合并，合并各方解散。

（二）公司的分立

公司的分立，是指一个公司变为两个或者两个以上公司的法律行为。公司分立也有两种方式，即存续分立和新设分立。

（三）公司合并与分立的法律程序及后果

公司合并时，首先，由股东会决定，并且必须经代表 2/3 以上表决权的股东通过；其次，公司合并，应当由合并各方签订合并协议，并编制资产负债表及财产清单。公司应当自作出合并决议之日起 10 日内通知债权人，并于 30 日内在报纸上公告。公司合并时，合并各方的债权和债务，应当由合并后存续的公司或者新设的公司承继。

公司分立时，其财产作相应的分割。公司分立应当编制资产负债表及财产清单。公司应当自作出分立决议之日起 10 日内通知债权人，并于 30 日内在报纸上公告。公司分立前的债务由分立后的公司承担连带责任。

公司合并或者分立，登记事项发生变更的，应当依法向公司登记机关办理变更登记。

四、公司的解散、清算和破产

（一）公司的解散

公司解散，是指已经成立的公司，因公司章程或者出现法定事由而停止公司的经营活动，并开始公司的清算，使公司法人资格消灭的行为。

公司解散具有以下几个特点：第一，公司解散是针对已经依法成立的公司而言的。没有依法成立的公司或者设立失败、设立无效的公司不存在解散之说。第二，公司解散系公司法人资格终止的前奏和原因，但公司解散并不意味着法人资格当然消灭。对于清算中的公司而言，其法人资格依然存续，但其权利能力和行为能力大大缩减，其业务范围被严格局限于与解散公司债权债务的清理、处理和清算公司未了结的业务及剩余财产的处置等以清算为目的的民事行为之内，不得再开展新的商业活动。公司在清算阶段进行的经营活动一律无效。第三，公司解散必须依法进行清算。在有限责任公司和股份有限公司中，公司的财产就是对公司债权人唯一的担保，所以除因合并、分立的事由解散时不需清算外，公司出现其他类型的解散事由后，为保护债权人利益，应当立即组成清算组织进行清算。清算必须严格依照法律规定的程序进行。

1. 解散事由

公司可能因下列原因解散：(1) 公司章程规定的营业期限届满或者公司章程规定的其他解散事由出现；(2) 股东会或者股东大会决议解散；(3) 因公司合并或者分立需要解散；(4) 依法被吊销营业执照、责令关闭或者被撤销；(5) 公司经营管理发生严重困难，继续存续会使股东利益受到重大损失，通过其他途径不能解决的，持有公司全部股东表决权 10%以上的股东，可以请求人民法院解散公司。

2. 解散的后果

应当在解散事由出现之日起 15 日内成立清算组开始清算，逾期不成立清算组进行清算的，债权人可以申请人民法院指定有关人员组成清算组进行清算。人民法院应当受理该申请，并及时组织清算组进行清算。

(二) 解散后公司的清算

1. 清算组的职权

清算组在清算期间行使下列职权：(1) 清理公司财产，分别编制资产负债表和财产清单；(2) 通知、公告债权人；(3) 处理与清算有关的公司未了结的业务；(4) 清缴所欠税款以及清算过程中产生的税款；(5) 清理债权、债务；(6) 处理公司清偿债务后的剩余财产；(7) 代表公司参与民事诉讼活动。

2. 清算的程序

清算组应当自成立之日起 10 日内通知债权人，并于 60 日内在报纸上公告。债权人应当自接到通知书之日起 30 日内，未接到通知书的自公告之日起 45 日内，向清算组申报其债权。清算组在清理公司财产、编制资产负债表和财产清单后，应当制定清算方案，并报股东会、股东大会或者人民法院确认。

清算组在清理公司财产、编制资产负债表和财产清单后，发现公司财产不足清偿债务的,应当依法向人民法院申请宣告破产。

(三) 清算后公司的破产

公司经人民法院裁定宣告破产后,清算组应当将清算事务移交给人民法院。公司被依法宣告破产的,依照有关企业破产的法律实施破产清算。

1. 破产财产的范围

破产财产由下列财产构成: (1) 宣告破产时企业经营管理的全部财产; (2) 破产企业在破产宣告后至破产程序终结前所取得的财产; (3) 应当由破产企业行使的其他财产权利。另外,需要注意: 已作为担保物的财产不属于破产财产;担保物的价款超过其所担保的债务数额的,超过部分属于破产财产。

2. 破产财产的分配

破产财产优先拨付破产费用后,按照下列顺序清偿: (1) 破产企业所欠职工工资和劳动保险费用; (2) 破产企业所欠税款; (3) 破产债权。

3. 破产的后果

破产财产分配完毕后,由清算组提请人民法院终结破产程序。破产程序终结后,未得到清偿的债权不再清偿。破产程序终结后,由清算组向破产企业原登记机关办理注销登记。

第四节　公司的义务及其他事项

一、公司的社会义务和公司高级管理人员对公司的义务

(一) 公司的社会责任

公司是社会中存在的团体,因此,公司也应对社会负有责任,具体包括以下四项:

(1) 公司必须保护职工的合法权益,依法与职工签订劳动合同,参加社会保险,加强劳动保护,实现安全生产;

(2) 公司应当采用多种形式,加强公司职工的职业教育和岗位培训,提高职工素质。

(3) 公司应当为本公司工会提供必要的活动条件;

(4) 公司中,根据《中国共产党章程》的规定,设立中国共产党的组织,开展党

的活动。公司应当为党组织的活动提供必要条件。

（二）公司高级管理人员对公司的忠实义务

董事、监事和高级管理人员不得利用职权收受贿赂或者其他非法收入，不得侵占公司的财产。董事、高级管理人员不得有下列行为：(1) 挪用公司资金；(2) 将公司资金以其个人名义或者以其他个人名义开立账户存储；(3) 违反公司章程的规定，未经股东会、股东大会或者董事会同意，将公司资金借贷给他人或者以公司财产为他人提供担保；(4) 违反公司章程的规定或者未经股东会、股东大会同意，与本公司订立合同或者进行交易；(5) 未经股东会或者股东大会同意，利用职务便利为自己或者他人谋取属于公司的商业机会，自营或者为他人经营与所任职公司同类的业务；(6) 接受他人与公司交易的佣金归为已有；(7) 披露公司秘密；(8) 违反对公司忠实义务的其他行为。董事和高级管理人员违反这些规定所得的收入应当归公司所有。董事、监事和高级管理人员执行公司职务时违反法律、行政法规或者公司章程的规定，给公司造成损失的，应当承担赔偿责任。

二、外国公司在我国的分支机构

（一）外国公司的分支机构

外国公司是指依照外国法律在中国境外设立的公司。外国公司在中国境内设立分支机构，必须向中国主管机关提出申请，并提交其公司章程和所属国的公司登记证书等有关文件。经批准后，向公司登记机关依法办理登记，领取营业执照。

（二）外国公司在我国设立分支机构的法律要求

我国《公司法》规定：外国公司在中国境内设立分支机构，必须在中国境内指定负责该分支机构的代表人或者代理人，并向该分支机构拨付与其所从事的经营活动相适应的资金。也就是说，外国公司在中国设立分支机构需要有：(1) 代表人；(2) 相应的资金；(3) 在名称中标明该外国公司的国籍及责任形式；(4) 外国公司的分支机构应当在本机构中置备该外国公司章程。

（三）外国公司在中国活动承担的法律责任

外国公司在中国境内设立的分支机构不具有中国法人资格，它在中国范围内的活动应当遵守中国的法律，主要表现在以下三个方面：(1) 外国公司对其分支机构在中国境内进行经营活动承担民事责任；(2) 在中国境内从事业务活动，必须遵守中国的法律,不得损害中国的社会公共利益,其合法权益受中国法律的保护;(3) 外国公司撤销其在中国境内的分支机构时,必须依法清偿债务,依照我国《公司法》有关公司清算程序的规定进行清算。未清偿债务之前,不得将其分支机构的财产移至中国境外。

三、一人公司的特别规定

(一) 一人有限公司的概念

我国《公司法》所称一人有限责任公司,是指只有一个自然人股东或者一个法人股东的有限责任公司。

(二) 一人公司的特殊规定

为更好保护交易安全,降低交易风险,《公司法》对一人公司设计了多项防弊措施: (1) 更高的注册资本门槛(10 万元人民币),且股东应一次足额缴纳章程所载出资额。(2) 一个自然人只能投资设立一家一人公司,且一人公司不能再设立新的一人有限责任公司。(3) 名称披露要求。一人公司应在公司登记中注明自然人独资或法人独资。(4) 特别股东决策要求。一人股东行使股东会决策范围内的决策权应以书面形式作出,并由股东签字后置备于公司。(5) 法定强制审计。自然人投资设立的一人公司在每一会计年度终了时应编制财务会计报告,并经会计师事务所审计。(6) 法人人格滥用推定制度。根据《公司法》第 64 条的规定,倘若一人公司的股东不能证明公司财产独立于股东自己的财产的,应当对公司债务承担连带责任。

本章小结

经过本章的学习,我们可以发现,有限责任公司与股份有限公司之间存在着许多不同之处,两者的不同之处具体体现在什么地方,本书不详细加以阐述。关键问题在于: 如果我们在设立公司时,在有限责任公司与股份有限公司设立的条件都具备的情况下,我们对两者如何进行选择?

有限责任公司可以由多个主体投资参股而设立。股东可以是 50 人以下,规模可大可小,经营方式灵活多样。从法律的规定中我们可以看出,有限责任公司的设立程序具有投资简便、设立简单、经营合理及风险有限的特征。有限责任公司的股东对公司债务的责任只以其出资额为限,无须为公司债务承担连带责任。这样一来,投资者既可以以投资追求高额利益回报,又可以规避风险,所以在一定的程度上免除了投资者的顾虑。因此,投资有限责任公司是一种备受投资者青睐的投资形式,也是被广泛采用的一种公司形式。

股份有限公司是现代企业制度中最具有典型意义的公司制度,这种公司的规模一般情况下都比较大。在这种公司制度下既可以最大限度地向社会公众筹集公司生产经营所需的大量资金,又可以将投资者对公司债务的责任最大限度地限制在自己的投资范围内。这种公司形式可以在较短的时间内形成强大的生产能力,能够很容易地筹集到少数人或少数较小型企业所不容易筹集到的生产经营所需的大量资金,加上在股份有限公司形式下,公司的经营权和所有权相分离,公司管理阶层可以充分发挥自己的能力。所以,股份有限公司成为一种迄今为止世界上较为完备的公司形态,具有规模大、效率高、股东责任有限和融资能力强等特征,也正是这些特征,吸引着投资者前赴后继地投资股份有限公司、进行公司并购。

投资者在对以上两种投资形式进行选择时,可以根据自己的条件和需要加以确定。在选择了其中的一种形式加以投资的情况下,也并不说明在以后的生产经营中只能固守该形式而不可改变。在满足法律规定的条件下,有限责任公司可以变更为股份有限公司。

本章思考题

1. 有限责任公司与股份有限公司的共同点和区别有哪些?

2. 如果你的朋友聘请你做法律顾问,让你帮他起草一个有限责任公司的章程,你该怎样写?

思考题解答

1. 答:有限责任公司与股份有限公司的共同点表现在:

(1) 股东都对公司承担有限责任。无论在有限责任公司中,还是在股份有限公司中,股东都对公司承担有限责任,“有限责任”的范围,都以股东公司的投资额为限。

(2) 股东的财产与公司的财产是分离的,股东将财产投资公司后,该财产即构成公司的财产,股东不再直接控制和支配这部分财产。

(3) 有限责任公司和股份有限公司对外都是以公司的全部资产承担责任。也就是说,公司对外也只承担有限的责任,“有限责任”的范围,就是公司的全部资产,除此之外,公司不再承担其他的财产责任。

有限责任公司与股份有限公司的不同点表现在:

(1) 两种公司在成立条件和募集资金方面有所不同。有限责任公司的成立条件比较宽松一点,股份有限公司的成立条件比较严格;有限责任公司只能由发起人集资,不能向社会公开募集资金,股份有限公司可以向社会公开募集资金;有限责任公司的股东人数,有最高和最低的要求,股份有限公司的股东人数,只有最低要求,没有最高要求。

(2) 两种公司的股份转让难易程度不同。有限责任公司具有一定人合性,股东转让自己的出资有严格的要求,受到的限制较多,比较困难;在股份有限公司中,股东转让自己的股份比较自由,不像有限责任公司那样困难。

(3) 两种公司的股权证明形式不同。在有限责任公司中,股东的股权证明是出资证明书,出资证明书不能转让、流通;在股份有限公司中,股东的股权证明是股票,即股东所持有的股份以股票的形式来体现,股票是公司签发的证明股东所持股份的凭证,股票可以转让、流通,并且分为等额。

(4) 两种公司公开程度不同。在有限责任公司中,由于公司的人数有限,财务会计报表可以不经过注册会计师的审计(一人公司除外),也可以不公告,只要按照规定期限送交各股东就行了;在股份有限公司中,法定必须向有关部门提交一定的真实材料,并对这些材料进行公布。

2. 答:可以参考以下格式。

××有限责任公司章程

第一章　总　　则

第一条　依据《中华人民共和国公司法》(以下简称《公司法》)及有关法律、法规的规定,由________等________方共同出资,设立________有限责任公司(以下简称公司),特制定本章程。

第二条　本企业依法开展经营活动,法律、行政法规、国务院决定禁止的,不经营;需要前置许可的项目,报审批机关批准,并经工商行政管理机关核准注册后,方开展经营活动;不属于前置许可项目,法律、法规规定需要专项审批的,经工商行政管理机关登记注册,并经审批机关批准后,方开展经营活动;其它经营项目,本公司领取《营业执照》后自主选择经营,开展经营活动。

第三条　本章程中的各项条款与法律、法规、规章不符的,以法律、法规、规章的规定为准。

第二章　公司名称和住所

第四条　公司名称:________________________________

第五条　住所:________________________________

邮政编码:________________________________

第三章 公司经营范围

第六条 公司经营范围：

法律、法规禁止的，不经营；应经审批的，未获批准前不经营；法律、法规未规定审批的，自主选择经营项目，开展经营活动。（注：企业经营国家法律、法规规定应经许可和××市人民政府规定应在《营业执照》明示的经营项目，则除将上述内容表述在经营范围中，还应将有关项目在经营范围中明确标明。例如，餐饮、零售药品。）

第四章 公司注册资本

第七条 公司注册资本为________万元人民币。

第八条 公司增加或减少注册资本，必须召开股东会并做出决议。公司减少注册资本，还应当自做出决议之日起10日内通知债权人，并于30日内在报纸上至少公告3次。公司变更注册资本应依法向登记机关办理变更登记手续。

第五章 股东的姓名(名称)、出资方式、出资额、分期缴付数额及期限

第九条 股东的姓名(名称)、出资方式、出资额、分期缴资情况如下：

股东姓名或名称	出资数额	出资方式	设立时缴付数额	一期		二期	
				数额	期限	数额	期限

第十条 股东承诺：各股东以其全部出资额为限对公司债务承担责任。

第十一条 公司成立后向股东签发出资证明书。

第六章 股东的权利和义务

第十二条 股东享有如下权利：

(一) 参加或推选代表参加股东会并按照其出资比例行使表决权；

(二) 了解公司经营状况和财务状况；

(三) 选举和被选举为董事会成员(执行董事)或监事会成员(监事)；

(四) 依据法律、法规和公司章程的规定获取股利并转让出资额；

(五) 优先购买其他股东转让的出资；

(六) 优先认缴公司新增资本；

(七) 公司终止后，依法分得公司的剩余财产；

(八) 有权查阅股东会会议记录和公司财务会计报告。

第十三条 股东履行以下义务：

(一) 遵守公司章程；

(二) 按期缴纳所认缴的出资；

(三) 以其所认缴的全部出资额为限对公司的债务承担责任；

(四) 在公司办理登记注册手续后，不得抽回投资。

第七章 股东转让出资的条件

第十四条 股东之间可以相互转让其部分或全部出资。（注：由两个股东共同出资设立的有限责任公司，股东之间只能转让其部分出资。）

第十五条 股东向股东以外的人转让其出资时，必须经全体股东过半数同意；不同意转让的股东应当购买该转让的出资，如果不购买该转让的出资，视为同意转让。

第十六条 股东依法转让其出资后，由公司将受让人的姓名、住所以及受让的出资额记载于股东名册。

第八章 公司的机构及其产生办法、职权、议事规则

第十七条 股东会由全体股东组成，是公司的权力机构，行使下列职权：

(一) 决定公司的经营方针和投资计划；

(二) 选举和更换董事，决定有关董事的报酬事项；

(三) 选举和更换由股东代表出任的监事，决定有关监事的报酬事项；

(四) 审议批准董事会(或执行董事)的报告；

(五) 审议批准监事会或监事的报告；

(六) 审议批准公司的年度财务预算方案、决算方案；

(七) 审议批准公司的利润分配方案和弥补亏损的方案；

(八) 对公司增加或者减少注册资本作出决议；

(九) 对发行公司债券作出决议；

(十) 对股东向股东以外的人转让出资作出决议；

(十一) 对公司合并、分立、变更公司形式、解散和清算等事项作出决议；

(十二) 修改公司章程。

第十八条 股东会的首次会议由出资最多的股东召集和主持。

第十九条 股东会会议由股东按照出资比例行使表决权。

第二十条 股东会会议分为定期会议和临时会议，并应当于会议召开 15 日以

前通知全体股东。定期会议每＿＿＿＿＿(年或月)召开一次。临时会议由代表 1/4 以上表决权的股东,1/3 以上董事,或者监事提议方可召开。股东出席股东会议也可书面委托他人参加股东会议,行使委托书中载明的权力。

第二十一条　股东会会议由董事会召集,董事长主持。董事长因特殊原因不能履行其职责时,由董事长指定的副董事长或其他董事主持。(注:不设立董事会的,股东会会议由执行董事召集主持。)

第二十二条　股东会会议应对所议事项作出决议,决议应由代表＿＿＿＿＿以上表决权的股东表决通过。但股东会对公司增加或者减少注册资本、分立、合并、解散或者变更公司形式、修改公司章程所作出的决议,应由代表 2/3 以上表决权的股东表决通过。股东会应当对所议事项的决定作出会议记录,出席会议的股东应当在会议记录上签名。(注:空格中所填的数应少于后面的"2/3",一般为 1/2 比较合适,这样才能与第六章第十条中的"过半数"相一致。这里应注意,股东的表决权按其出资比例来行使。)

第二十三条　公司设董事会,成员为＿＿＿＿＿人,由股东会选举。董事任期＿＿＿＿＿年,任期届满,可连选连任。董事在任期届满前,股东会不得无故解除其职务。董事会设董事长一人,副董事长＿＿＿＿＿人,由董事会选举产生。(注:两个以上国有企业或其他两个以上国有投资主体投资设立的有限责任公司,其董事会成员中应有公司职工代表;董事会中的职工代表由公司职工民主选举产生。)

第二十四条　董事会行使下列职权:

(一) 负责召集股东会,并向股东会议报告工作;

(二) 执行股东会的决议;

(三) 审定公司的经营计划和投资方案;

(四) 制定公司的年度财务预算方案、决算方案;

(五) 制定公司的利润分配方案和弥补亏损方案;

(六) 制定公司增加或者减少注册资本方案;

(七) 拟订公司合并、分立、变更公司形式、解散的方案;

(八) 决定公司内部管理机构的设置;

(九) 聘任或者解聘公司经理(总经理,以下简称经理),根据经理的提名,聘任或者解聘公司财务负责人,决定其报酬事项;

(十) 制定公司的基本管理制度。

第二十五条　董事会会议由董事长召集并主持;董事长因特殊原因不能履行职务时,由董事长指定副董事长或者其他董事召集和主持。1/3 以上的董事可以提议召开董事会会议。并应于会议召开 10 日以前通知全体董事。

第二十六条　董事会对所议事项作出的决定应由________以上的董事表决通过方为有效,并应作成会议记录,出席会议的董事应当在会议记录上签名。

第二十七条　公司设经理一名,由董事会聘任或者解聘。经理对董事会负责,行使下列职权:

(一) 主持公司的生产经营管理工作,组织实施董事会决议;

(二) 组织实施公司年度经营计划和投资方案;

(三) 拟订公司内部管理机构设置方案;

(四) 拟订公司的基本管理制度;

(五) 制定公司的具体规章;

(六) 提请聘任或者解聘公司副经理、财务负责人;

(七) 聘任或者解聘除应由董事会聘任或者解聘以外的负责管理人员;经理列席董事会会议。

第二十八条　公司设监事会成员________人,并在其组成人员中推选一名召集人。监事会中股东代表监事与职工代表监事的比例为________:________。监事会中股东代表监事由股东会选举产生,职工代表监事由公司职工民主选举产生。监事的任期每届三年,任期届满,可连选连任。(注:股东人数较少规格较小的公司可以设一至二名监事)

第二十九条　监事会或者监事行使下列职权:

(一) 检查公司财务;

(二) 对董事、经理履行职责时违反法律、法规或者公司章程的行为进行监督;

(三) 当董事和经理的行为损害公司的利益时,要求董事和经理予以纠正;

(四) 提议召开临时股东会;

(五) 监事列席董事会会议。

第三十条　公司董事、经理及财务负责人不得兼任监事。

第九章　公司的法定代表人

第三十一条　董事长为公司的法定代表人,任期________年,由董事会选举产生,任期届满,可连选连任。

第三十二条　董事长行使下列职权;

(一) 主持股东会和召集主持董事会议;

(二) 检查股东会议和董事会议的落实情况,并向董事会报告;

(三) 代表公司签署有关文件;

(四) 在发生战争、特大自然灾害等紧急情况下,对公司事务行使特别裁决权和处置权,但这类裁决权和处置权须符合公司利益,并在事后向董事会和股东会报告。

第十章　财务、会计制度、利润分配及劳动制度

第三十三条　公司应当依照法律、行政法规和国务院财政主管部门的规定建立本公司的财务会计制度，并应在每一会计年度终了时制作财务会计报告，经审查验证后于第二年____月____日前送交各股东。

第三十四条　公司利润分配按照《公司法》及法律、法规、国务院财政主管部门的规定执行。

第三十五条　劳动用工制度按国家法律、法规及国务院劳动部门的有关规定执行。

第十一章　公司的解散事由与清算办法

第三十六条　公司的营业期限为________年，从《企业法人营业执照》签发之日起计算。

第三十七条　公司有下列情况之一的，可以解散：

(一) 公司章程规定的营业期限届满；

(二) 股东会决议解散；

(三) 因公司合并或者分立需要解散的；

(四) 公司违反法律、行政法规被依法责令关闭的；

(五) 因不可抗力事件致使公司无法继续经营时；

(六) 宣告破产。

第三十八条　公司解散时，应依据《公司法》的规定成立清算小组，对公司资产进行清算。清算结束后，清算小组应当制作清算报告，报股东会或者有关主管机关确认，并报送公司登记机关，申请公司注销登记，公告公司终止。

第十二章　股东认为需要规定的其他事项

第三十九条　公司根据需要或涉及公司登记事项变更的可修改公司章程，修改后的公司章程不得与法律、法规相抵触，并送交原公司登记机关备案，涉及变更登记事项的，应同时向公司登记机关申请变更登记。

第四十条　公司章程的解释权属于董事会。（注：公司设执行董事的情况下，“公司章程的解释权”应属于股东会。）

第四十一条　公司登记事项以公司登记机关核定的为准。

第四十二条　本章程由全体股东共同订立，自公司设立之日起生效。

第四十三条　本章程一式________份，并报公司登记机关备案一份。

全体股东亲笔签字、盖章：

年　　月　　日

案例与点评

案例一

A、B、C和D共同组建一个有限责任公司，以电子设备为生产经营范围，他们共同来给公司取名，A说叫“上海大地Earth电贸公司”，B说叫“上海888666电子设备有限责任公司”，C说叫“中国上海大地国际贸易发展有限责任公司”，D说叫“上海大地电子设备有限责任公司”。请问，哪个名字符合我国法律规定？

案例点评

“上海大地Earth电贸公司”违反了公司名称中不能使用英文的规定；“上海888666电子设备责任有限公司”违反了公司名称中不能使用数字的规定；“中国上海大地国际贸易发展有限责任公司”的名字又违反了企业名称中不得使用“中国”、“中华”、“全国”、“国家”或“国际”等字样的规定（国务院特别决定设立的企业除外）。因此，其中可能被工商部门批准的名称只有D提出的名称。

案例二

江苏无锡某服饰公司以国际知名商标“登喜路”注册公司字号，并销售标有“登喜路”商标的商品，被英国“登喜路”商标合法持有人告上法庭。“登喜路”商标合法持有人艾尔弗雷德·邓希尔有限公司（下称邓希尔公司）成立于1893年，是当今世界上最有影响力的知名企业之一，主要从事皮具、服装、眼镜等领域的生产和销售商业活动。

2003年10月，原无锡市某制衣有限公司将企业名称改为无锡登喜路有限公司，经营范围包括针织内衣、羊毛衫、纺织服装等的加工销售。该公司法定代表人周某又以董事身份在香港注册了英国登喜路公司。据查，无锡登喜路公司在其专卖店的营业招牌、厂房显要位置及其公司网站上突出标示“登喜路服饰”字样，同时以对外宣称英国登喜路公司授权的方式生产、销售其商品，并在其商品上标注“英国登喜路公司授权、无锡登喜路公司制造”的字样。

2005年1月，邓希尔公司代理人在无锡登喜路公司的专卖店、河北某购物广场等购买了标有“英国登喜路公司授权、无锡登喜路公司制造”字样的衬衫，在其开具的收据上也有“登喜路”等相关字样。同时，北京某公证处对无锡登喜路公司网站内容进行了公证并记载，页面上均显示有“登喜路公司”字样，且在显要位置注明无锡登喜路公司是英国登喜路公司在亚太地区总代理等内容。

无锡登喜路公司则认为其没有使用登喜路公司的企业名称，香港注册的英国登喜路公司授权的只是“bebalcan”牌产品的销售、开发，并且产品的英文注册商标是“bebalcan”，没有使用登喜路注册商标。

案例点评

无锡登喜路公司将与“登喜路”注册商标相同的文字作为企业字号在相同商品上突出使用，使公众产生误认，这种行为侵犯了邓希尔公司的注册商标专用权。同时，无锡登喜路公司以对外宣称英国登喜路公司授权的方式生产、销售其商品，并在其商品上标注“英国登喜路公司授权、无锡登喜路公司制造”的字样。该行为主观意图上具有较明显的利用知名企业的公司名称和商业声誉的故意，违反了诚实信用的商业道德，破坏了公平有序的竞争秩序，构成了不正当竞争。因此，无锡登喜路公司立即停止使用“登喜路”字样进行生产、销售、宣传等经营活动，并赔偿原告经济损失。

第二章 合伙企业法律制度

你知道合伙是什么样的经济组织吗？如果我们自己也是合伙企业的合伙人，在市场经济的无情竞争下，我们会由于合伙人承担的无限连带责任而倾家荡产吗？

本章需要掌握的主要内容有：

- 合伙企业的概念及类型
- 普通合伙人的无限连带责任
- 设立合伙企业在人数上的限制
- 我国对合伙企业合伙人资格的限制
- 合伙企业依法应当解散的情形

第一节　合伙企业与合伙企业法

一、合伙企业与合伙企业法

所谓合伙企业，是指自然人、法人和其他组织依法在中国境内设立的普通合伙企业和有限合伙企业。普通合伙企业由普通合伙人组成，合伙人对合伙企业债务承担无限连带责任。有限合伙企业由普通合伙人和有限合伙人组成，普通合伙人对合伙企业债务承担无限连带责任，有限合伙人以其认缴的出资额为限对合伙企业债务承担责任。此外，我国现行的《合伙企业法》在"普通合伙企业"一章中，还增加了关于"特殊的普通合伙企业"的规定。所谓特殊的普通合伙企业是指一个合伙人或者数个合伙人在执业活动中因故意或者重大过失造成合伙企业债务的，应当承担无限责任或者无限连带责任，其他合伙人以其在合伙企业中的财产份额为限承担责任。合伙人在执业活动中非因故意或者重大过失造成的合伙企业债务以及合伙企业的其他债务,由全体合伙人承担无限连带责任。

合伙企业法就是指确认合伙企业的法律地位,调整合伙企业经济关系的法律规范的总称。

二、合伙企业的法律地位

传统民法认为民事主体只有自然人和法人两种,不存在第三种民事主体,因此,合伙的主体资格一直都不为民法所承认。但随着经济的不断发展,现代各国立法日趋将合伙企业视为一个独立的法律实体,使其能够以自己的名义从事经营活动,并能够以自己的名义起诉和应诉。我国法律沿引传统民法的观点,至今仍不承认合伙企业的法人资格,但为了合伙企业能够以自己的名义进行生产经营活动,享有起诉应诉资格,将合伙企业视为一类特殊法律关系的主体。

第二节　合伙企业的设立、变更、解散和清算

一、合伙企业的设立

《中华人民共和国合伙企业法》(以下简称《合伙企业法》)第 14 条规定,设立普通合伙企业,应当具备下列五项条件。

1. 有两个以上合伙人,合伙人为自然人的,应当具有完全民事行为能力

根据我国《合伙企业法》的规定,合伙人必须为两人以上,可以是自然人,也可以为法人或其他组织。当合伙人为自然人时,应当具有完全民事行为能力。但法律、行政法规禁止从事营利性活动的人都不能成为合伙人,如国家公务员、人民警察、法官和检察官等。同时,为了防止国有企业和上市公司等因参加合伙可能使企业全部财产面临承担无限连带责任的风险,保护国家利益和公共利益,维护股东利益,《合伙企业法》规定:"国有独资企业、国有企业、上市公司以及公益性的事业单位、社会团体不得成为普通合伙人。"

2. 有书面合伙协议

合伙协议是合伙人经协商一致订立的确定合伙人权利义务的书面协议,是合伙企业设立的基础。合伙协议应载明以下事项:

(1) 合伙企业的名称和主要经营场所的地点;

(2) 合伙目的和合伙企业的经营范围；

(3) 合伙人的姓名或者名称、住所；

(4) 合伙人出资的方式、数额和缴付期限；

(5) 利润分配、亏损分担方式；

(6) 合伙事务的执行；

(7) 入伙与退伙；

(8) 争议解决办法；

(9) 合伙企业的解散与清算；

(10) 违约责任。

合伙协议经全体合伙人签名、盖章后生效。合伙人应按照合伙协议享有权利，履行义务。修改或者补充合伙协议，应当经全体合伙人一致同意，但合伙协议另有约定的除外。合伙协议未约定或者约定不明确的事项，由合伙人协商决定；协商不成的，依照《合伙企业法》和其他有关法律、行政法规的规定处理。

3. 有合伙人认缴或者实际缴付的出资

合伙人的出资是合伙企业成立的必要条件。合伙协议生效后，合伙人应当按照合伙协议的规定缴纳出资。根据我国《合伙企业法》的规定，合伙人可以用货币、实物、知识产权、土地使用权或者其他财产权利出资，也可以用劳务出资。合伙人以实物、知识产权、土地使用权或者其他财产权利出资，需要评估作价的，可以由全体合伙人协商确定，也可以由全体合伙人委托法定评估机构评估。合伙人以劳务出资的，其评估办法由全体合伙人协商确定，并在合伙协议中载明。

4. 有合伙企业的名称和生产经营场所

合伙人在成立合伙企业时必须确定其合伙名称，并将其载入合伙协议。普通合伙企业名称中应当标明“普通合伙”字样，有限合伙企业名称中应当标明“有限合伙”字样。

合伙企业的经营场所是合伙企业经常性、持续性地从事生产经营活动的必要场所，没有经营场所就无法进行生产经营活动。

5. 法律、行政法规规定的其他条件

根据《合伙企业法》的相关规定，若设立有限合伙企业，应有 2 个以上 50 个以下合伙人，而且至少应当有一个普通合伙人。有限合伙人可以用货币、实物、知识产权、土地使用权或者其他财产权利作价出资，但不得以劳务出资。

在具备上述条件的前提下，合伙人可向企业登记机关提交有关文件申请设立登记。企业登记机关对于符合条件的申请人应当予以登记，并发给营业执照。合伙企业的营业执照签发日期即为合伙企业的成立日期。在领取营业执照前，合伙人不得以合伙企业名义从事合伙业务。

二、合伙企业的变更

合伙企业的变更是指合伙企业的登记事项发生变更以及新合伙人入伙、合伙人退伙以及合伙人出资份额转让等情况。

1. 入伙

我国《合伙企业法》规定，新合伙人入伙，应当经全体合伙人一致同意，并依法订立书面入伙协议。订立入伙协议时，原合伙人应当告知新合伙人原合伙企业的经营状况和财务状况。新合伙人对入伙前合伙企业的债务承担无限连带责任。

2. 退伙

退伙是指依法设立的合伙企业中的某一合伙人因各种原因与其他合伙人脱离合伙关系，退出合伙企业，使其合伙人身份归于消灭的法律行为。合伙人退伙包括法定退伙、自愿退伙和除名退伙三种形式。

《合伙企业法》第 45 条规定，合伙协议约定合伙期限的，在合伙企业存续期间，有下列情形之一的，合伙人可以退伙：(1) 合伙协议约定的退伙事由出现；(2) 经全体合伙人一致同意；(3) 发生合伙人难以继续参加合伙的事由；(4) 其他合伙人严重违反合伙协议约定的义务。此条规定的四种情形属于合伙人的法定退伙。同时，《合伙企业法》第 46 条又对自愿退伙作了规定：合伙协议未约定合伙期限的，合伙人在不给合伙企业事务执行造成不利影响的情况下，可以退伙，但应当提前 30 日通知其他合伙人。此外，该法第 48 条还规定，合伙人有下列情形之一的，当然退伙：(1) 作为合伙人的自然人死亡或者被依法宣告死亡；(2) 个人丧失偿债能力；(3) 作为合伙人的法人或者其他组织依法被吊销营业执照、责令关闭撤销，或者被宣告破产；(4) 法律规定或者合伙协议约定合伙人必须具有相关资格，而该合伙人丧失了该资格；(5) 合伙人在合伙企业中的全部财产份额被人民法院强制执行。

合伙人违反法律规定退伙的，应当赔偿由此给合伙企业造成的损失。退伙人对基于其退伙前的原因发生的合伙企业债务，须承担无限连带责任。

合伙企业登记事项发生变更的，执行合伙事务的合伙人应当自己作出变更决定，或者于发生变更事由之日起 15 日内，向企业登记机关申请办理变更登记。

三、合伙企业的解散与清算

1. 合伙企业的解散

合伙企业的解散是指合伙企业因某些法律事实的发生而使合伙归于消灭的行

为。根据《合伙企业法》第85条的规定,合伙企业有下列情形之一的,应当解散:

(1) 合伙期限届满,合伙人决定不再经营;

(2) 合伙协议约定的解散事由出现;

(3) 全体合伙人决定解散;

(4) 合伙人已不具备法定人数满30天;

(5) 合伙协议约定的合伙目的已经实现或者无法实现;

(6) 依法被吊销营业执照、责令关闭或者被撤销;

(7) 法律、行政法规规定的其他原因。

2. 合伙企业的清算

合伙企业解散,应当由清算人进行清算,并要通知债权人和进行公告。清算人由全体合伙人担任;经全体合伙人过半数同意,可以自合伙企业解散事由出现后15日内指定一个或者数个合伙人,或者委托第三人担任清算人。自合伙企业解散事由出现之日起15日内未确定清算人的,合伙人或者其他利害关系人可以申请人民法院指定清算人。

在清算期间,合伙企业存续,但不得开展与清算无关的经营活动。根据《合伙企业法》第87条的规定,清算人在清算期间执行下列事务:

(1) 清理合伙企业财产,分别编制资产负债表和财产清单;

(2) 处理与清算有关的合伙企业未了结的事务;

(3) 清缴所欠税款;

(4) 清理债权、债务;

(5) 处理合伙企业清偿债务后的剩余财产;

(6) 代表合伙企业参加诉讼或者仲裁活动。

合伙企业财产在支付清算费用、职工工资、社会保险费用、法定补偿金以及缴纳所欠税款和清偿债务后的剩余财产,首先按合伙协议的约定分配;合伙协议未约定或者约定不明确的,由合伙人协商决定;协商不成的,由合伙人按照实缴出资比例分配;无法确定出资比例的,由各合伙人平均分配。若合伙企业的全部财产不足清偿全部债务的,由全体普通合伙人对合伙企业债务承担无限连带责任。

清算结束后,清算人应当编制清算报告,经全体合伙人签名、盖章后,在15日内向企业登记机关报送清算报告,申请办理合伙企业注销登记。一经注销,合伙企业的主体资格即告消灭。

本章小结

虽然传统民法认为合伙在本质上是一种合同关系,而不承认合伙的主体资格地位，但总的来说，当今各国的法律普遍强调合伙企业的团体人格，这就使得合伙企业不但可以以自己的名义进行生产经营活动，也可以以自己的名义独立承担责任，还可以以自己的名义起诉和应诉。与其他企业形式相比，合伙企业具有以下一些优点：第一，企业组织形式简单，集资迅速灵活，创办手续简便且费用低廉；第二，合伙人的出资形式诸多，且法律未对设立合伙企业的资金作出最低限额的规定，只要投资的合伙企业具备必要的生产经营条件即可设立；第三，企业内部关系紧密，成员相对稳定，凝聚力较强；第四，企业经营管理方式灵活多样，有利于适应多变的市场竞争；第五，企业中的普通合伙人对债务承担无限连带责任，有利于增强合伙人的责任心和增加合伙企业的对外信用。

上述优点使得合伙企业在现代公司制度高度发展的今天，仍然是经济生活中充满活力并深受投资者喜爱的一种企业形式。

本章思考题

根据我国《合伙企业法》的规定，合伙企业合伙人在什么情况下才能退伙？

思考题解答

答：合伙人的退伙可以分为自愿退伙、法定退伙和除名退伙三种情况，合伙企业合伙人的退伙由于情况的不同而存在着区别。

(1) 自愿退伙。

自愿退伙也叫声明退伙，它是指合伙人基于自愿的意思表示而退伙，这种意思表示既可以是事前协议，即协议退伙，也可以是届时通知，即通知退伙。

我国《合伙企业法》第 45 条对合伙人协议退伙进行了如下规定：合伙协议约定合伙期限的，在合伙企业存续期间，有下列情形之一的，合伙人可以退伙：

① 合伙协议约定的退伙事由出现；

② 经全体合伙人一致同意；

③ 发生合伙人难以继续参加合伙的事由；

④ 其他合伙人严重违反合伙协议约定的义务。

我国《合伙企业法》第 46 条对通知退伙规定：合伙协议未约定合伙期限的，合伙人在不给合伙企业事务执行造成不利影响的情况下可以退伙，但应当提前 30 日通知其他合伙人。

如果合伙人违反前述规定擅自退伙，应当赔偿由此给其他合伙人造成的损失。

(2) 法定退伙。

法定退伙，是指合伙人因出现法律规定的事由退伙的情形，法定退伙也称为当然退伙。

《合伙企业法》第48条规定，合伙人有下列情形之一的，当然退伙：

① 作为合伙人的自然人死亡或者被依法宣告死亡；

② 个人丧失偿债能力；

③ 作为合伙人的法人或者其他组织依法被吊销营业执照、责令关闭、撤销，或者被宣告破产；

④ 法律规定或者合伙协议约定合伙人必须具有的相关资格丧失；

⑤ 合伙人在合伙企业中的全部财产份额被人民法院强制执行。

当然退伙的日期，为法定事由实际发生之日。

(3) 除名退伙。

《合伙企业法》第49条规定了除名退伙的情形，合伙人有下列情形之一的，经其他合伙人一致同意，可以决议将其除名：

① 未履行出资义务；

② 因故意或者重大过失给合伙企业造成损失；

③ 执行合伙事务时有不正当行为；

④ 发生合伙协议约定的事由。

对合伙人的除名决议应当书面通知被除名的合伙人。被除名人自接到除名通知之日起，除名生效，被除名人退伙。

案例与点评

案例一

王汉、张阳和李春于2007年6月10日分别出资5 000元、10 000元和15 000元成立了普通合伙企业——旺财商社。三人约定按出资比例分享利润和分担亏损。2007年10月，三人共分配利润6 000元。2007年12月，三人发生矛盾，张阳扬言退出合伙企业，并抽走了自己的10 000元投资。此时，王汉与李春经查账发现，旺财商社的亏损为3 000元。到2008年3月，合伙企业共亏损5 000元。至此，王汉与李春宣告旺财商社解散，二人分别分得商社4 000元和2 000元的商品，但对债务未做处理。

旺财商社的债权人四海公司得知旺财商社解散的消息后，首先找到张阳索讨5 000元债款，张阳声称其早已退出旺财商社，对商社的债务没有责任。于是，四海公司又找到王汉索要债款，王汉说，他们按比例分摊债务，因为他只占有商社1/6的股份，所以只负责偿还800元。四海公司最后只好找李春还债，李春却说，商社欠四海公司的债，三个合伙人都有份，既然王、张二人不还，自己也不承担责任，即便要还，也是用其分到的商社商品进行抵债。在这种情况下，四海公司只好向法院提起诉讼。

问：

1. 张阳关于其早已退伙因而不对合伙债务承担责任的想法正确吗？为什么？
2. 王汉、李春的想法正确吗？理由是什么？
3. 旺财商社的债务应如何处理？
4. 对四海公司的债务应如何进行清偿？

案例点评

1. 张阳的想法不正确。首先，我国《合伙企业法》规定了合伙人退伙的条件，张阳要退伙必须满足一定的条件，不能擅自退伙。即使张阳的退伙行为有效，根据我国《合伙企业法》的规定：退伙人对其退伙前已发生的债务应承担连带责任。本案中，张阳在退伙时，旺财商社已经负有 3 000 元的债务，这3 000元的债务是在张退伙之前发生的，因此，按照法律规定，张阳应该对此3 000元债务承担连带清偿责任。四海公司可以就这 3 000 元债务要求张阳进行清偿。

2. 本案中王汉与李春关于四海公司债务偿还问题的想法也是错误的。我国《合伙企业法》规定，普通合伙人对合伙存续期间的债务承担无限连带责任。按此规定，四海公司可以要求王汉或李春中的任何一人清偿 5 000 元的债务，王汉与李春都不能拒绝。两者中的任何一人在清偿合伙债务后，可依照合伙协议中按比例承担债务的约定，就超出约定而清偿的部分向另外两个合伙人进行追偿。但必须注意的是，若张阳的退伙行为有效，则只需在 3 000 元的债务范围内按比例承担清偿责任。

3. 旺财商社的债务应分为两个部分：张阳退伙前的 3 000 元债务和其退伙后的 2 000 元债务。对于张退伙前的 3 000 元债务，张、王、李三人共同对四海公司承担无限连带责任，在合伙内部按投资比例分别承担；对于张退伙后的 2 000 元债务，应该由王汉与李春两人承担，两人对四海公司承担无限连带责任，在合伙内部，王、李两人按张抽回投资后的投资比例进行分担。张、王、李三人对合伙债务应承担的偿还责任如下：

第一部分债务：张阳退伙前的 3 000 元债务：

张阳的投资为 10 000 元，其投资比例为三人总投资的 10 000 /30 000，即 1/3，则张阳对于其退伙前的 3 000 元债务应予以清偿 1 000 元；

王汉的投资为 5 000 元，其投资比例为三人总投资的 5 000 /30 000，即

1/6，则王汉对于张阳退伙前的3 000债务负有500元的清偿责任；

李春的投资为15 000元，其投资比例为三人总投资的15 000/30 000，即1/2，则李春对于该3 000元负有1 500元的清偿义务。

第二部分债务：张阳退伙后的2 000元债务：

王汉的投资为5 000元，其投资为二人总投资的5 000/20 000，即1/4，则王汉对于该2 000元负有500元的清偿义务；

李春的投资为15 000元，其投资为二人总投资的15 000/20 000，即3/4，则李春对于该2 000元债务负有1 500元的清偿责任。

综上所述，对于四海公司的5 000元债务，三位合伙人的清偿义务分别是：

张阳：1 000元；

王汉：500元+500元=1 000元；

李春：1 500元+1 500元=3 000元。

对于上述5 000元债务，王汉与李春应该将自己在合伙企业解散时所分得的商品（即全部4 000元的商品和2 000元商品一起，也即合伙企业的财产）进行折价后对四海公司进行清偿。如果合伙企业的财产作价后仍不足清偿这5 000元债务，合伙人各自再根据合伙协议按比例承担自己的清偿责任（即按照上述两部分债务分别计算的步骤确定各自的清偿责任），但每个合伙人对于四海公司的债务都必须承担连带清偿责任。

4. 四海公司的债务清偿可以有以下几种清偿方式：

第一，四海公司可以向王汉或李春中的任何一个人要求5 000元的债务清偿；

第二，四海公司可以向张阳要求其清偿3 000元债务，剩下的2 000元债务可以向王汉也可以向李春请求清偿。

三位合伙人在对四海公司承担了连带清偿责任以后，可以就超出自己应承担的那部分数额向其他两位合伙人追偿。

案例二

李明，男，30岁，在某市工商局担任办公室主任。李明与哥哥李军及好友刘朋（现为服装生意个体户）三人经协商拟共同成立一家合伙企业，经营商品买卖。三方由于关系亲密，仅口头约定了有关合伙事项。由于李明在工商局工作，该合伙企业顺利成立。刘朋在合伙前因生意往来曾欠周浩5万元未还，合伙企业成立以后，周浩因为生意上的事情又欠下了该合伙企业3万元的债务。在这种情况下，周浩提出以其对刘朋的债权抵销对合伙企业的债务，抵销后剩下的2万元债权由其代行刘朋在合伙企业中的权利。

一天，李军在进货途中因违章驾驶发生车祸，造成路人张扬受伤，张扬花去治疗费 4 500 元。对于这 4 500 元由谁承担的问题，李明与刘朋认为：车祸是因李军的个人过错造成的，应由李军承担，与合伙企业无关。一周后，刘朋提出退伙，并私自拿走了作为出资的货架及其他物品。张扬伤愈后找到刘朋，要求其支付治疗费用，但他的要求被刘朋拒绝。

问：本案中存在哪些违法之处？

案例点评

本案且不追究该合伙企业的成立是否合法，我们只在该合伙企业有效成立的前提下对本案进行讨论。在合伙企业有效成立的前提下，本案存在以下违法之处：

1. 李明作为国家公务员，按照法律规定不能成为合伙企业的合伙人。

2. 合伙企业的合伙协议按规定应当采取书面形式，并由全体合伙人签名、盖章后才生效。本案中三合伙人只是口头订立了合伙协议，此行为不符合我国《合伙企业法》的规定。

3. 我国《合伙企业法》明确规定：对于合伙人的个人债务，其债权人不得代为行使该合伙人在合伙企业中的权利；合伙企业中某一合伙人的债权人，不得以该债权抵销其对合伙企业的债务。因此，周浩提议以其对刘朋 5 万元的债务抵销对合伙企业的 3 万元债务是不合法的，他以剩下的 2 万元债权用来代行刘朋在合伙企业中的权利的提议也是不合法的。

4. 李军因进货发生车祸而给张扬造成的损害，虽说是由于李军违章造成，但李军是在为合伙企业工作的过程中发生的，应当属于合伙企业的债务，合伙企业应对张扬的损害负责，不能推诿。

5. 刘朋擅自退伙的行为不合法，他拿走自己出资的行为也不合法。按照法律规定：如果合伙协议约定了经营期限，合伙人退伙，应当经过全体合伙人同意或必须符合其他条件；若合伙协议没有约定经营期限，合伙人退伙应当提前 30 天通知其他合伙人，并且该合伙人的退伙不能给其他合伙人造成不利影响。

6. 本案中，由于刘朋的擅自退伙无效，其作为合伙企业的合伙人应该对合伙企业的债务承担连带清偿责任。而张扬的损害在本案中为合伙企业的债务，因此，刘朋对张扬的损害负有清偿义务；即使刘朋的退伙行为有效，由于张扬的车祸损害是在其退伙以前产生的合伙债务，刘朋对张扬的损害仍应承担连带清偿责任。

第三章 个人独资企业法律制度

只投资1元钱就可以成立一个独资企业吗？设立个人独资企业是否是投资越少，投资者个人所负责任就越少？

本章需要掌握的主要内容有：

- 个人独资企业的概念
- 个人独资企业的设立条件
- 个人独资企业应当解散的情况

第一节 个人独资企业与个人独资企业法

个人独资企业是指依照《中华人民共和国个人独资企业法》(以下简称《个人独资企业法》)在中国境内设立，由一个自然人投资，财产为投资人个人所有，投资人以其个人财产对企业债务承担无限责任的经营实体。由于个人独资企业的投资人对企业债务承担的是无限责任，因此，个人独资企业不具有法人资格。

个人独资企业的投资主体必须是一个自然人，并由该投资人独立经营、独立享受收益、独立承担风险，投资人以自己所有个人财产对企业债务承担无限责任。我国《个人独资企业法》第19条规定："个人独资企业投资人可以自行管理企业事务，也可以委托或者聘用其他具有民事行为能力的人负责企业的事务管理。"个人独资企业的投资人对本企业的财产依法享有所有权，其有关权利可以依法进行转让或继承。

个人独资企业法就是指用以确认个人独资企业的法律地位，调整个人独资企业经济关系的法律规范的总称。

第二节　个人独资企业的设立、解散和清算

一、个人独资企业的设立

1. 个人独资企业设立的条件

我国《个人独资企业法》第 8 条规定，设立个人独资企业应当具备下列五个条件。

(1) 投资人为一个自然人。

根据我国法律的规定，这里的“一个自然人”必须是具有中国国籍的人，如果是外国人，其个人投资的外商独资企业不适用本法。另外，法律、行政法规禁止从事营利性活动的人作为投资人申请设立个人独资企业。国家公务员、国有企业和事业单位在职人员等也不能申办个人独资企业，但国有企业、集体企业职工和事业单位在职职工可以申办科技创业型个人独资企业。

(2) 有合法的企业名称。

个人独资企业的设立与所有其他企业或公司的设立一样，企业的名称必须首先由企业登记机关预先核准。个人独资企业的名称应当与其责任形式及从事的营业相符合。由于个人投资者对企业债务承担的是无限责任，所以，个人独资企业的名称中不得有“有限”、“有限责任”或“公司”等字样。

(3) 有投资人申报的出资。

投资人不论以何种方式进行出资，其申报的出资必须与实际情况相符合，投资人必须如实进行申报。个人独资企业投资人在申请企业设立登记时，明确以其家庭所有财产作为个人出资的，应当依法以家庭共有财产对企业债务承担无限责任。

(4) 有固定的生产经营场所和必要的生产经营条件。

个人独资企业固定的生产经营场所是指个人投资企业的主要办事机构所在地。个人独资企业应当具备与其从事的营业相符合的必要生产经营条件，这是个人独资企业进行生产经营必需的物质条件，否则，该个人独资企业将不能成立。

(5) 有必要的从业人员。

即个人独资企业要有与其生产经营范围、规模相适应的从业人员。关于从业

人员的数量,法律并没有作出具体规定,由企业视情况而定。

2. 个人独资企业的设立与变更登记

申请设立个人独资企业,应当由投资人或者其委托的代理人向个人独资企业所在地的企业登记机关提交设立登记申请书。企业登记机关应当在收到申请登记之日起 15 日内,对符合设立条件的,予以登记,发给营业执照;对不符合登记条件的,不予登记,并应当给予书面答复,说明理由。个人独资企业的营业执照的签发日期,为个人独资企业成立日期。在领取个人独资企业营业执照前,投资人不得以个人独资企业的名义从事经营活动。

个人独资企业存续期间登记事项发生变更的,应当在作出变更决定之日起的 15 日内依法向登记机关申请变更登记。

二、个人独资企业的解散和清算

1. 个人独资企业的解散

我国《个人独资企业法》第 26 条规定,个人独资企业有下列情形之一时,应当解散:

(1) 投资人决定解散。

无论出于何种原因,只要投资人不愿继续经营个人独资企业而决定解散的,该个人独资企业都应当予以解散。

(2) 投资人死亡或者被宣告死亡,无继承人或者继承人决定放弃继承。

个人独资企业的投资人本人虽然不愿意对企业予以解散,但是由于本人的死亡,并且又没有继承人或者虽然投资人死亡后有继承人,但该继承人无论出于何种原因,不愿继承该独资企业,在这种情况下,个人独资企业也应当解散。

(3) 被依法吊销营业执照。

个人独资企业的营业执照被依法吊销的,由于无法继续经营,该独资企业应当解散。

(4) 法律、行政法规规定的其他情形。

2. 个人独资企业的清算

个人独资企业解散,应由投资人自行清算或者由债权人申请人民法院指定清算人进行清算。投资人自行清算的,应当在清算前 15 日内书面通知债权人,无法通知的,应当予以公告。清算期间,个人独资企业不得开展与清算目的无关的经营活动。在按清偿顺序规定清偿债务前,投资人不得转移、隐藏财产。

个人独资企业解散时,个人独资企业的财产应当按照下列顺序进行清偿:

(1) 个人独资企业所欠职工工资和社会保险的费用;

(2) 个人独资企业所欠税款；

(3) 个人独资企业的其他债务。

个人独资企业财产不足以清偿债务的，投资人应当以其个人的其他财产予以清偿。个人独资企业清算结束后，投资人或者人民法院指定的清算人应当编制清算报告，并于15日内到登记机关办理注销登记。

个人独资企业解散后，原投资人对个人独资企业存续期间的债务仍应承担偿还责任，但债权人在5年内未向债务人(个人独资企业的投资人)提出偿债请求的，该责任消灭。

本章小结

按照法律规定，个人独资企业由一个自然人投资设立而成。虽然法律没有直接规定这个自然人必须具有完全行为能力，但是从民法角度看，如果该自然人不具有民事行为能力，那么，其所进行的个人独资企业的设立行为就缺乏效力。

个人独资企业在设立条件上非常宽松灵活。合伙企业的设立条件虽然也较宽松，但至少还有一个相当于公司章程的书面合伙协议。而个人独资企业的设立条件宽松到只要有“企业的名称”和“固定的生产经营场所和必要的生产经营条件”即可。对个人独资企业的注册资本既没有规定最低出资额，也没有规定投资人用非货币投资必须经法定验资机构评估，而且法律对“必要的生产经营条件”也没有明确界定。再加上个人独资企业的设立手续简便易行，投资者不需要太多的投入，就可以很轻易地设立一个独资企业。

由于个人独资企业的规模常常较小，法律为保护其正常的生产经营和发展还特别规定：任何单位和个人不得违反法律、行政法规的规定，以任何方式强制个人独资企业提供财力、物力和人力，对于违法强制提供财力、物力和人力的行为，个人独资企业有权拒绝。

实践证明，个人独资企业这种企业形式特别适合我国现在的国情，既可以广泛吸收社会劳动力，增加社会就业，又可以用较少的投入创造出巨大的社会财富。总而言之，在我国现阶段，个人独资企业有着其他企业形式所不可比拟的优越性。我国有许多民营企业家，其创业的前身就是创办个人独资企业，在利用独资企业灵活经营积累资本的基础上，进一步扩大生产经营规模而发展壮大的。

本章思考题

1. 为什么说个人独资企业不具有法人资格？

2. 个人独资企业的投资人对企业债务的无限责任与合伙企业中合伙人的无限连带责任有什么区别?

思考题解答

1. 答:所谓法人,指的是与公民相对应的另一类民事主体,是基于法律规定享有权利能力和行为能力,具有独立的财产和经费,依法独立承担民事义务和民事责任的社会组织。根据以上定义可以看出:法人必须是一种社会组织;必须拥有自己独立的财产;必须有自己独立的法律人格——以自己的名义参与民事活动;必须能以自己的名义独立地参与诉讼。

我国《个人独资企业法》所规定的个人独资企业是指依照该法在中国境内设立,由一个自然人投资,财产为投资人个人所有,投资人以其个人财产对企业债务承担无限责任的经营实体。根据以上定义,我国的个人独资企业具有如下特征:个人独资企业是一种社会组织;企业财产为投资人个人所有;投资人对企业债务承担无限责任。个人独资企业的财产在归属于投资人个人所有的情况下,独资企业的财产与投资人个人的其他财产便难以区分,法人所必须的拥有自己独立财产的要求便无法达到。另外,法律规定,个人独资企业的投资人以其个人财产对公司债务承担无限责任,这一点也证明了个人独资企业不能以自己的独立财产为企业债务承担责任,也不能以自己的名义独立承担民事责任,所以,个人独资企业依照我国法律的规定,不具有法人资格。

2. 答:两者的区别应主要从以下几个方面理解:

因为个人独资企业的投资人只有一个,所以该唯一的投资人对企业债务的无限责任即是以其个人全部财产对企业债务予以承担,如果企业解散,以投资人全部财产仍不足清偿债务的,该投资人仍应为该未清偿的债务继续承担责任。也就是说,企业的所有债务均只有由该投资人承担。

而合伙企业的合伙人为两人以上的数个投资人的,按照法律规定,合伙人对企业债务承担无限连带责任。合伙人的无限连带责任又分为对外方面与对内方面两个层次:

第一,在对外关系上,合伙企业对外是一个整体,任何一个合伙人都可以代表合伙企业对第三人作出法律行为。合伙企业的债权人可以请求企业的任何一个合伙人承担自己的部分或全部债务的清偿责任,该被要求偿还债务的合伙人不能对债权人的请求予以拒绝。

第二,在对内关系上,合伙企业的合伙人在一般情况下都是按照合伙协议中有关债务承担的比例对企业的债务承担责任(常常是按照投资比例进行承担)。在其中的一个合伙人对企业的债务进行了偿还的情况下,该合伙人依法有权对超过自己应承担的数额部分向其他合伙人追偿。如果合伙企业解散,所有合伙人的全部财产仍不足以清偿企业债务,则合伙人在企业解散后仍然必须对未清偿的企业债务承担责任。

案例与点评

案例一

孙斌是一家国有企业职工,由于所在的国有企业效益连连滑坡,已经濒临破产。2000 年 1 月 1 日,《中华人民共和国个人独资企业法》正式施行,孙斌想借此机会成立一家属于自己的独资企业,"振兴"自己的经济。他根据自己对《个人独资企业法》的理解,制定了如下计划:

拟将设立的企业名称为"洁面面点制作有限公司",自己担任企业董事长。听说个人独资企业的注册资本只需 1 元钱,象征性地作出一点投资就可以了,故决定企业的注册资本为 500 元,他认为注册资本越少,自己所承担的责任也就越少。另外,企业需要固定的经营场所和必要的经营设备分别是离自己家不远处的一处即将拆迁的临街小屋和一些碗筷及几张桌椅。

另外,孙斌还计划聘请 2～3 名雇员。由于是个人独资企业,所以企业无需解决雇员的社会养老金、失业保险金和医疗保险金等社会保险,这些问题由雇员自己想办法解决。面点公司的业务不多,因而企业也没有设置账簿及配备专门财会人员的必要。

法律规定个人独资企业不具有法人资格,所以孙斌认为设立个人独资企业不需要进行登记,自己做一块企业的招牌挂在营业场所即可开业。

试问,根据我国《个人独资企业法》的规定,孙斌的计划可否顺利实现?他的计划存在哪些不合法的地方?

案例点评

本案涉及的内容主要是关于个人独资企业的设立问题。尽管法律对个人独资企业的设立要求比对公司设立的要求低得多,且申办条件宽松、手续简便,但个人独资企业的创建及经营活动仍然必须遵守法律的规定。法律并非对个人独资企业放任不管。

根据我国《个人独资企业法》的规定,孙斌的计划不能顺利实现,他的计划存在以下不合法之处:

第一,本案中孙斌的主体资格不合法。法律对个人独资企业的投资人有限制。国家公务员、国有企业和事业单位的在职人员等不能申办个人独资企业。虽然法律规定国有企业、集体企业及事业单位在职职工可以申办科技创业型个人独资企业,但孙斌作为国有企业职工,欲成立的个人独资企业为非科技创业型企业,不符合法律规定的投资人条件。如果孙斌一定要创办自己的面点企业,应该首先辞职。

第二,法律对个人独资企业的注册资本虽然没有规定最低限额,对于投资人的投资也没有规定必须经法定验资机构验资,但是个人独资企业的投资人对企业债务承担的是无限责任,并不以投资额为限。孙斌的"投资越少,自己所承担的责任越少"的想法是错误的。即使个人独资企业的注册资本只有1元,投资人仍然必须以自己的全部财产对企业债务承担责任。如果投资人以自己的全部财产仍不能偿还企业债务的,在独资企业解散后,投资人还必须对企业债务加以承担。

第三,计划中的独资企业的名称不合法。法律规定,个人独资企业的投资人对企业债务承担的是无限责任,所以独资企业的名称中不能有"有限"、"有限责任"或"公司"(因为在我国公司投资人承担的都是有限责任)等字样。个人独资企业的名称一般根据其经营范围或所从事的行业来确定,可以称作"商店"或"商行"等。

第四,孙斌的计划中关于企业所必需的固定经营场所存在着不合法之处。个人独资企业要求有固定的经营场所。我国法律对该种场所的面积虽未作规定,但个人独资企业的生产经营是一个长期和持续的行为,其生产经营的场所必须长时间地加以固定。如果由于企业生产经营的需要而对企业的生产经营场所予以变更的,必须进行变更登记。孙拟用作为经营场所的房屋属于一处即将拆迁的房屋,不适宜用来作为企业的生产经营的固定场所。

第五,孙斌认为个人独资企业无需登记的想法也是错误的。法律规定,个人独资企业的设立必须经企业登记机关的登记,并由企业登记机关签发营业执照。登记机关签发营业执照之日,即为个人独资企业的成立之日。个人独资企业在领取营业执照之前,不得以个人独资企业的名义从事经营活动。所以,孙斌认为个人独资企业不具有法人资格就不需进行登记的想法是不对的。

第六,根据我国《个人独资企业法》中第三章"个人独资企业的投资人及事务管理"中的规定(详细规定见《个人独资企业法》,本教材略):"个人独资企业应当依法设置会计账簿,进行会计核算;个人独资企业应当按照国家规定参加社会保险、为职工缴纳社会保险费。"所以,本案中孙的有关想法是错误的,他如果要聘用雇员,就应当为雇员缴纳社会保险费;他也不应因为企业业务不多就不设置会计账簿及配备专门会计人员等。

案例二

赵刚，男，22 岁，高中毕业后一直待业在家，现欲成立一家有关电脑软件开发方面的个人独资企业。由于其个人财产有限，东拼西凑，好不容易才凑齐 1 万元，家人为了支持他创业，给了他 5 万元作为出资。

由于赵刚自己对电脑软件方面的知识不精通，想聘请邻家的张强来管理自己的企业。张强今年只有 15 岁，由于醉心于电脑，初中一年级时就辍学在家专搞电脑软件开发方面的事情，在当地是众人周知的电脑高手。赵刚在申请企业设立登记时，当地工商行政局的主管工作人员李林指出张强的年龄不满 18 岁，赵刚不能聘请他管理企业，但他又暗示，如果赵刚在其企业中为自己的女友安排一个职位，且月薪不低于 800 元，则企业可以顺利拿到营业执照。赵刚对李林的作法十分反感，但又怕不同意李林的提议，李林会对企业登记进行刁难，只好答应。

请问：

1. 赵刚聘请张强的行为是否真如李林所说的不合法？

2. 李林的要求是否合法？赵刚可以拒绝吗？

3. 如果赵刚的企业顺利成立，按照法律规定，对个人独资企业的债务承担无限责任，用来承担该无限责任的财产应该是赵刚个人的财产，还是赵刚家人的财产？

案例点评

本案应该从以下几个方面来进行分析：

1. 赵刚聘请张强来管理企业的行为不合法。张强只有 15 岁，为限制民事行为能力人，按照我国《民法通则》的规定，他还不具有管理企业事务的资格。

2. 李林的要求不合法。我国《个人独资企业法》第 25 条规定：任何单位和个人不得违反法律、行政法规的规定，以任何方式强制个人独资企业提供财力、物力、人力；对于违法强制提供财力、物力、人力的行为，个人独资企业有权拒绝。李林的行为属于向个人独资企业变相强制提供财力，因此，赵刚对李的行为可以拒绝。如果李林以此刁难赵刚的独资企业登记，赵刚可以向有关部门进行举报。

3. 如果赵刚的企业顺利成立，对企业债务的承担问题应视具体情况而定。如果赵刚在进行企业设立登记时只向工商行政管理局表明，企业为自己个人投资，企业所有财产都属于自己，则在企业债务的承担上仅以赵刚的个人财产承担无限责任；但如果赵刚在进行企业设立登记时，明确申明是以家庭的共有财产出资的，则应该以其家庭的共有财产对企业债务承担无限责任。

第四章 外商投资企业法律制度

实行对外开放，引进外资，发展我国经济，是我国的基本国策。那你是否知道，我国外商投资企业有哪些类型？它们又是如何设立的呢？

本章需要掌握的主要内容有：

- 中外合资经营企业的概念和特征
- 中外合作经营企业的概念和特征
- 外商独资企业的概念和特征
- 三类企业的设立和组织形式
- 中外合资经营企业的注册资本和出资方式
- 三类企业的终止和清算

外商投资企业是指依照外商投资企业的法律制度，外国投资者经中国政府批准，在中国境内投资举办的企业。外商投资企业有以下特点：

第一，外商投资企业是外商直接投资举办的企业。直接投资是投资者将资金投入企业，并不同程度地参与企业经营决策，通过企业盈利分配获取投资收益的投资方法，具有较大的稳定性。

第二，外商投资企业是吸引外国私人投资举办的企业。私人投资是指以公司、企业和其他经济组织或个人的名义进行的投资。

第三，外商投资企业是依照中国的法律和行政法规，经中国政府批准，在中国境内设立的企业。所以外商投资企业必须遵守中国的法律，同时也受中国法律的保护。

根据我国相关法律规定，我国目前的外商投资企业主要有：中外合资经营企业、中外合作经营企业和外商独资企业。以下分别予以介绍。

第一节　中外合资经营企业法

一、中外合资经营企业概述

中外合资经营企业是指外国投资者经中国政府批准在中国境内同中国合营者共同投资、共同经营管理，按照各自的出资比例共担风险、共负盈亏的企业。它具有以下四个特点：

(1) 合营一方为外国合营者，另一方为中国合营者。外方合营者可以是外国公司、企业、其他经济组织或个人。港、澳、台地区的投资者，华侨来国内的投资者，原则上也视为外方合营者①。中方合营者可以是公司、企业或其他经济组织，合伙企业、独资企业可以作为中方合营者，但公民个人不得作为中方合营者。

(2) 中外合营各方共同投资、共同经营，按各自的出资比例共担风险、共负盈亏。合营各方以其投资的数额对合营企业承担责任，合营企业以其全部财产对其债务承担责任。

(3) 合营企业的组织形式为有限责任公司，不设股东会，其最高权力机构为董事会，实行董事会领导下的总经理负责制。

(4) 合营企业是经中国政府批准设立的中国法人，必须遵守中国的法律和行政法规，并受中国的法律、行政法规的保护。

二、中外合资经营企业的设立

在中国境内设立合营企业，必须经中华人民共和国商务部审查批准。批准后，由商务部发给批准证书。凡具备下列条件的，国务院授权省、自治区、直辖市人民政府或者国务院有关部门审批，但应当报商务部备案：(1) 投资总额在国务院规定的投资审批权限以内，中国合营者的资金来源已经落实的；(2) 不需要国家增拨原材料，不影响燃料、动力、交通运输和外贸出口配额等方面的全国平衡的。

申请设立合营企业，由中外合营者共同向审批机构报送下列文件：

(1) 设立合营企业的申请书；

(2) 合营各方共同编制的可行性研究报告；

---

① 张士元，《企业法》，法律出版社，2005 年，第 371 页。

(3) 由合营各方授权代表签署的合营企业协议、合同和章程;

(4) 由合营各方委派的合营企业董事长、副董事长、董事人选名单;

(5) 审批机构规定的其他文件。

上述所列文件必须用中文书写,其中第(2)、(3)和(4)项文件可以同时用合营各方商定的一种外文书写。两种文字书写的文件具有同等效力。审批机构发现报送的文件有不当之处的,应当要求其限期修改。

审批机构自接到全部文件之日起,3个月内决定批准或者不批准。申请者应当自收到批准证书之日起1个月内,按照国家有关规定向工商行政管理机关办理登记手续。合营企业的营业执照签发日期,即为该合营企业的成立日期。

三、中外合资经营企业的注册资本和投资总额

(一) 注册资本

注册资本是指为设立合营企业在工商行政管理机关登记注册的资本,应为合营各方认缴的出资额之和。具体来说,应注意以下三个方面:

(1) 在中外合资企业中,外国合营者的投资比例一般不低于合营企业注册资本的25%,但《中华人民共和国中外合资经营企业法》(以下简称《中外合资经营企业法》)对外国合营者投资的最高比例没有作明确规定,一般认为不得超过99%。

(2) 中外合资经营企业在合营期限内,不得减少注册资本,但法律没有禁止合营企业在合营期内增加注册资本。

(3) 合营企业的注册资本一般应以人民币表示,也可以用合营各方约定的外币表示。

(二) 出资方式

1. 货币出资

合营各方用货币出资时,必须是出资者自己所有的货币,任何一方都不得用以合营企业名义取得的贷款作为自己的出资,也不得以合营企业或合营某方的财产或其他权益为其出资担保。

2. 实物出资

实物出资一般是以机器设备、原材料、零部件、建筑物和厂房作为投资。在实践中,外方投资者一般以机器设备和其他物料投资,中方投资者一般以现有厂房、建筑物和辅助设备等作为投资。作为外国合营者出资的机器设备或其他物料,必须符合下列各项条件:(1) 为合营企业生产所必不可少的;(2) 中国不能生产,或

虽能生产,但价格过高或在技术性能和供应时间上不能保证需要的;(3) 作价不得高于同类机器设备或其他物料当时的国际市场价格。

3. 场地使用权出资

中方投资者可以用场地使用权作为出资。如果未用场地使用权作为中方投资者出资的,则外商投资企业应向中国政府缴纳场地使用费。

4. 工业产权、专有技术出资

根据中国有关法律规定,外方投资者出资的工业产权、专有技术必须符合下列条件之一:(1) 能生产中国急需的新产品或出口适销产品的;(2) 能显著改进现有产品的性能、质量,提高生产效率;(3) 能显著节约原材料、燃料、动力。

5. 其他财产权利出资,如公司股份等

中外投资者用作投资的实物、工业产权、专有技术和场地使用权,必须符合我国法律对这些出资的有关规定,由合营各方按照公平合理的原则,经各方同意聘请有权进行资产评估的机构对其评估作价,核实财产。出资时,出资者应当出具其拥有所有权和处置权的有效证明,且未设立任何担保物权,方可作为出资。外国合营者作为出资的实物和工业产权等应经中国合营者的企业主管部门审查同意。

(三) 出资期限

根据我国法律和行政法规的规定,外商投资企业的投资应按照项目进度,在合同和章程中明确规定出资期限。未作规定的,审批机关不予批准,登记机关不予登记注册。

外商投资合同中规定一次缴付出资的,投资各方应当自营业执照签发之日起6个月内缴清;合同中规定分期缴付出资的,投资各方第一期出资不得低于各自认缴出资额的15%,并且应当自营业执照签发之日起3个月内缴清。余下的出资,应在规定期限内缴清。如合营各方未能在规定期限内缴付出资,视为合营企业自动解散,有关部门批准设立的证书自动失效。合营一方未按合同规定如期缴付或缴清出资的,即构成违约。守约方应催告违约方在1个月内缴付或缴清出资,逾期没有履约的,视为违约方放弃在合营合同中的一切权利,自动退出合营企业。守约方可依法要求对方赔偿因未履行出资义务而造成的损失。

(四) 投资总额

合营企业的投资总额,是指按照合营企业的合同、章程规定的生产规模需要投入的基本建设资金和生产流动资金的总和,由注册资本和借款构成。合营企业的借款是指为弥补投资总额的不足,以合营企业的名义向金融机构借入的款项。

为了保证合营企业的正常经营,维护合营企业债权人和第三方的利益,合营企业的注册资本和投资总额之间应当保持正确、合理的比例关系。其具体比例是:(1) 投资总额在 300 万美元以下的(含 300 万),注册资本至少应占投资总额的 7/10; (2) 投资总额在 300 万美元以上至 1 000 万美元的(含 1 000 万),注册资本至少应占投资总额的 1/2,其中投资总额在 420 万美元以下的,注册资本不得低于 210 万美元; (3) 投资总额在 1 000 万美元以上至 3 000 万美元的(含 3 000 万),注册资本至少应占投资总额的 2/5,其中投资总额在 1 250 万美元以下的,注册资本不得低于 500 万美元; (4) 投资总额在 3 000 万美元以上的,注册资本至少应占投资总额的 1/3,其中投资总额在 3 600 万美元以下的,注册资本不得低于 1 200 万美元。

《中外合资经营企业法实施条例》还规定,凡合营企业增加投资的,其追加的注册资本与增加的投资比例,也须按上述规定的比例执行。另外,中外合作经营企业、外资企业的注册资本与投资总额的比例,也应参照上述规定执行。

(五) 出资额的转让

合营企业出资额的转让,是指在合营企业中合营一方将其全部或部分出资额转让给合营企业另一方或第三方。

合营企业出资额的转让须符合下列条件: (1) 合营企业出资额的转让须经合营他方同意; (2) 合营企业出资额的转让,应由董事会会议通过,并报原审批机构批准; (3) 合营一方转让其全部或部分出资额时,合营他方有优先购买权。合营一方向第三方转让出资额的条件,不得比向合营他方转让的条件优惠,否则其转让无效。

四、中外合资经营企业的组织机构

中外合资经营企业在组织形式上是有限责任公司,在管理体制上的一个特点是不设股东会。董事会既是企业的决策机构,也是企业的权力机构。董事会下设经理机构,实行董事会领导下的总经理负责制。企业的董事、董事长和总经理对企业和股东所负的责任,应适用《公司法》的有关规定。

(一) 董事会

董事会是合营企业的权力机构,它就合营企业的一切重大问题作出决定。董事会由董事长、副董事长及董事组成。董事会的人数组成,由合营各方协商,在合同、章程中明确规定,并由合营各方委派和撤换。一般来讲,董事会人员不得少于三人,原则上由各方依出资比例协商确定。董事的任期为四年,可以连任。合营的一方董事担任董事长时,另一方的董事任副董事长。

董事会至少每年召开一次董事会会议,经 1/3 以上董事提议,可以召开临时会议。董事会会议讨论的重大问题具体包括：企业发展规划、生产经营活动方案、收支预算、利润分配、劳动工资计划、停业，以及总经理、副总经理等高级管理人员的任命或聘请及其职权和待遇等。董事会会议应有2/3以上董事出席方能举行，董事因故不能出席，可出具委托书委托他人代表出席并表决，其决议方式可以根据合营企业章程载明的议事规则作出。但涉及合营企业的下列事项，必须经出席董事会会议的董事一致通过方可作出决议：(1) 合营企业章程的修改；(2) 合营企业的终止、解散；(3) 合营企业注册资本的增加及减少；(4) 合营企业的合并与分立。

（二）经营管理机构

经营管理机构负责合营企业的日常管理工作。根据《中外合资经营企业法》及其实施条例的规定，合营企业应设立正、副总经理，全面主持企业的日常管理工作。正、副总经理的聘请、解聘、职权和待遇都由董事会决定。总经理的主要职责是执行董事会会议的各项决议，组织领导日常的经营管理工作。在董事会授权范围内，总经理对外代表合营企业，对内任免下属人员，行使董事会授予的其他职权。副总经理应协助总经理工作。总经理和副总经理不得兼任其他经济组织的总经理或副总经理，不得参与其他商业组织对本企业的竞争。

五、中外合资经营企业的财务会计制度和利润分配

（一）财务会计制度

合营企业的财务与会计制度，应当按照中国有关法律和财务会计制度的规定，结合合营企业的情况加以制定，并报当地财政部门和税务机关备案。

合营企业会计年度采用日历年制，自公历每年1月1日起至12月31日止为一个会计年度。

合营企业会计采用国际通用的权责发生制和借贷记账法记账。一切自制凭证、账簿和报表必须用中文书写，也可以同时用合营各方商定的一种外文书写。

合营企业原则上采用人民币作为记账本位币，经合营各方商定，也可以采用某一种外国货币作为记账本位币。合营企业的账目，除按记账本位币记录外，对于现金、银行存款、其他货币款项以及债权债务、收益和费用等，与记账本位币不一致时，还应当按实际收付的货币记账。以外国货币作为记账本位币的合营企业，其编报的财务会计报告应当折算为人民币。因汇率的差异而发生的折合记账本位币差额，作为汇兑损益列账。记账汇率变动，有关外币各账户的账面余额，于年终结账时，应当按照中国有关法律和财务会计制度的规定进行会计处理。

（二）利润分配

合营企业按照《中华人民共和国企业所得税法》缴纳所得税后的利润分配原则如下：

(1) 提取储备基金、职工奖励及福利基金、企业发展基金，提取比例由董事会确定；

(2) 储备基金除用于垫补合营企业亏损外，经审批机构批准也可以用于本企业增加资本，扩大生产；

(3) 按照规定提取三项基金后的可分配利润，董事会确定分配的，应当按合营各方的出资比例进行分配。在以前年度的亏损未弥补前不得分配利润。以前年度未分配的利润，可以并入本年度利润分配。

六、中外合资经营企业的解散、清算与争议的解决

（一）合营企业的期限

合营企业的合营期限，按不同行业、不同情况作不同的约定。有的行业的合营企业，应当约定合营期限；有的行业的合营企业，可以约定合营期限，也可以不约定合营期限。约定合营期限的合营企业，合营各方同意延长合营期限的，应在合营期满 6 个月前向审查批准机关提出申请。审查批准机关应自接到申请之日起 1 个月内决定批准或不批准。

（二）合营企业的解散

根据《中外合资经营企业法》及其实施条例的规定，合营企业解散的原因主要有：(1) 合营期限届满，合营各方又不愿继续合资举办该企业的；(2) 合营企业发生了严重亏损，无力继续经营的；(3) 合营一方不履行合营企业的协议、合同、章程规定的义务，致使合营企业无法继续经营的；(4) 因自然灾害、战争等不可抗力遭受严重损失，企业无法继续经营的；(5) 合营企业未达到其经营目的，同时又无发展前途的；(6) 合营企业合同、章程所规定的其他解散原因已经出现。

合营企业的解散应按法定程序进行。上述第(2)、(4)、(5)和(6)项情况发生的，由董事会提出解散的申请，报审批机关审批。属于第(3)种情况的，由履行合同的一方提出申请，报审批机关审批，违约方应对此而造成的损失承担赔偿责任。

根据《中华人民共和国破产法》规定，企业无力偿还到期债务的，企业债权人可以向法院要求宣告该企业破产，企业也可以自行申请破产。法院宣告该企业破产后，企业应予解散。

（三）合营企业的清算

合营企业宣告解散时，除企业破产应当按照有关法律规定的程序进行清算外，企业的董事会应提出清算的程序、原则和清算委员会的人选，报企业主管部门审核并监督清算。

清算委员会的成员一般应在合营企业的董事中选任。董事不能担任或者不适合担任清算委员会成员时，合营企业可聘请在中国注册的会计师、律师担任。审批机关认为必要时，可以派人进行监督。

清算委员会的任务主要有：(1) 对合营企业的财产、债权债务进行全面清查；(2) 编制资产负债表和财产目录，提出财产作价和计算依据，制定清算方案；(3) 履行企业偿债义务；(4) 在清算期间内代表合营企业起诉和应诉。

合营企业以其全部资产对其债务承担责任。合营企业清偿债务后的剩余财产按照合营各方出资比例进行分配，但合营企业协议、合同和章程另有规定的除外。清算工作结束以后，由清算委员会提出清算结果的报告，提请董事会会议通过后，报告原审批机构，并向原登记管理机构办理注销登记手续，缴销营业执照。合营企业解散后，各项账册及文件由原中方合营者保存。

（四）合营企业争议的解决

合营各方如在解释或履行合营企业协议、合同、章程时发生争议，应尽量通过友好协商或调解解决。如经过协商或调解无效，则提请仲裁或司法解决。合营各方根据有关仲裁的书面协议，提请仲裁。可以向中国国际贸易促进委员会对外经济贸易仲裁委员会提起仲裁，按该会的仲裁程序规则进行。如当事各方同意，也可以向被诉一方所在国或第三国的仲裁机构提起仲裁，按该机构的仲裁程序规则进行。如合营各方之间没有仲裁的书面协议，发生争议的任何一方都可以依法向中国法院起诉。在解决争议期间，除争议事项外，合营各方应继续履行合营企业协议、合同和章程所规定的其他各项条款。

第二节　中外合作经营企业法

一、中外合作经营企业概述

中外合作经营企业亦称契约式合营企业，它是由外国的公司、企业和其他经济组织或者自然人同中国的公司、企业和其他经济组织,依照中国的法律和行政法规,经中国政府批准,设在中国境内的,由双方通过合作经营企业合同约定各自的权利和义务的企业。

中外合作经营企业具有如下五个特征:

(1) 合作企业的一方为外国合作者,另一方为中国合作者。外方合作者可以是公司、企业、其他经济组织或者自然人,中方合作者可以是公司、企业或者其他经济组织。

(2) 合作经营合同是企业成立并发展的基本依据。企业合作各方的权利和义务都在签订的合同中确定,包括投资或者提供合作条件、利润或者产品的分配、风险和亏损的分担、经营管理的方式和合作企业终止时财产的归属等事项。

(3) 合作企业可以是依法取得中国法人资格的企业,为有限责任公司;也可以是不具备法人资格的企业,不具备法人资格的合作企业及其合作各方,依照中国民事法律的有关规定承担民事责任。

(4) 合作企业中的外国合作者可以先行收回投资。合作期满后,合作企业的全部资产一般归中方合作者所有。

(5) 合作企业的管理机构具有多样性。合作企业可以采用董事会制,也可以采用联合管理委员会制,还可以采用委托管理制,即委托中外合作者以外的他人经营管理。

二、中外合作经营企业的设立

(一) 设立合作企业的条件

国家鼓励举办的合作企业的条件一般是:第一,产品出口的生产型合作企业;第二,技术先进的生产型合作企业。这是指外国合作者提供先进技术,从事新产品的开发,实现产品升级换代,以增加出口创汇或者替代进口的生产型合作企业。

(二) 设立合作企业的法律程序

(1) 设立合作企业,应当由中国合作者向审查批准机关报送下列文件:① 设立合作企业的项目建议书,并附送主管部门审查同意的文件;② 合作各方共同编制的可行性研究报告,并附送主管部门审查同意的文件;③ 由合作各方法定代表人或其授权的代表签署的合作企业协议、合同、章程;④ 合作各方的营业执照或者注册登记证明、资信证明及法定代表人的有效证明文件,外国合作者是自然人的,应当提供有关其身份、履历和资信情况的有效证明文件;⑤ 合作各方协商确定的合作企业董事长、副董事长、董事或者联合管理委员会主任、副主任、委员的人选名单；⑥ 审查批准机关要求报送的其他文件。

(2) 审查批准机关应当自收到规定的全部文件之日起 45 天内决定批准或者不批准；审查批准机关认为报送的文件不全或者有不当之处的，有权要求合作各方在指定期间内补全或者修正。

商务部和国务院授权的部门批准设立的合作企业，由商务部颁发批准证书。国务院授权的地方人民政府批准设立的合作企业，由有关地方人民政府颁发批准证书，并自批准之日起 30 天内将有关批准文件报送商务部备案。

申请设立合作企业，有下列情形之一的，不予批准：① 损害国家主权或者社会公共利益的；② 危害国家安全的；③ 对环境造成污染损害的；④ 有违反法律、行政法规或者国家产业政策的其他情形的。

(3) 设立合作企业的申请经批准后，应当自接到批准证书之日起 30 天内向工商行政管理机关申请登记，领取营业执照。合作企业的营业执照签发日期为该企业的成立日期。合作企业应当自成立之日起 30 天内向税务机关办理税务登记。

三、中外合作经营企业的合同和章程

（一）合作企业的合同

合作企业的合同，是指合作各方为设立合作企业就相互之间的权利、义务关系达成一致意见后形成的书面文件。也就是说，合作企业中合作各方的权利、义务都是在合作企业合同中确定的。

合作企业合同自审查机关颁发批准证书之日起生效。在合作期限内，合作企业合同有重大变更的，须经审查机关批准。

（二）合作企业的章程

合作企业的章程，是指按照合作企业合同约定，经合作各方一致同意，约定合作企业的组织原则和经营管理方法等事项的书面文件。合作企业章程的内容与合作企业的合同不一致的，以合作企业合同为准。我国《中外合作经营企业法》及其实施细则对合作企业的合同及章程应载明的事项均作了明确的规定。

四、中外合作经营企业的组织机构

合作企业应当设立董事会或者联合管理机构，依照合作企业合同或者章程的规定,决定合作企业的重大问题。具备法人资格的合作企业,一般设立董事会;不具备法人资格的合作企业一般设立联合管理委员会。董事会或者联合管理委员会成员不得少于三人,其名额的分配由中外合作者参照其投资或者提供的合作条件协商确定。董事会董事或者联合管理委员会委员由合作各方自行委派或者撤换。董事会董事长、副董事长或者联合管理委员会主任、副主任的产生办法由合作企业章程规定;中外合作者的一方担任董事长、主任的,副董事长、副主任由他方担任。董事长或者主任是合作企业的法定代表人。董事或者委员的任期由合作企业章程规定,但每届任期不得超过三年。董事或者委员任期届满,委派方继续委派的,可以连任。

董事会会议或者联合管理委员会会议每年至少召开一次。由董事长或者主任召集并主持。董事长或者主任因特殊原因不能履行职务时,由董事长或者主任指定副董事长、副主任或者其他董事委员召集并主持。1/3 以上董事或者委员可以提议召开董事会会议或者联合管理委员会会议。董事会会议或者联合管理委员会会议应当有 2/3 以上董事或者委员出席方能举行,不能出席董事会会议或者联合管理委员会会议的董事或者委员长应当书面委托他人代表其出席和表决。董事会会议或者联合管理委员会会议作出的决议,须经全体董事或者委员的过半数通过。但下列事项由出席董事会会议或者联合管理委员会会议的董事或者委员一致通过,方可作出决议:(1) 合作企业章程的修改;(2) 合作企业注册资本的增加或者减少;(3) 合作企业的解散;(4) 合作企业的资产抵押;(5) 合作企业合并、分立和变更组织形式;(6) 合作各方约定由董事会会议或者联合管理委员会会议一致通过方可作出决议的其他事项。

董事会或者联合管理机构可以决定任命或者聘请总经理负责合作企业的日常经营管理工作。合作企业设总经理一人,对董事会或者联合管理机构负责。总经理及其他高级管理人员可以由中国公民担任,也可以由外国公民担任。

合作企业成立后委托合作各方以外的他人经营管理的,必须经董事会或者联合管理委员会一致同意,并应当与被委托人签订委托经营管理合同。合同企业应当将董事会或者联合管理委员会的决议、签订的委托经营管理合同,连同被委托人的资信证明等文件,一并报送审查机关批准,并向工商行政管理机关办理变更登记手续。

五、外商先行回收投资的规定

(一) 外商先行回收投资的方式

中外合作者在合作企业合同中约定合作期满时合作企业的全部固定资产归中国合作者所有的,可以在合作企业合同中约定外国合作者在合作期限内先行回收投资的办法。外国合作者在合作期限内可以申请按下列方式先行回收其投资：(1) 在按照投资或者提供合作条件进行分配的基础上，在合作企业合同中约定扩大外国合作者的收益分配比例；(2) 经财政税务机关审查批准，外国合作者在合作企业缴纳所得税前回收投资；(3) 经财政税务机关和审查批准机关批准的其他回收投资方式。

(二) 外商先行回收投资的法定条件

根据《中外合作经营企业法》及其实施细则的规定，外方合作者在合作期限内先行回收投资应符合下列法定条件：(1) 中外合作经营者在合作企业合同中约定合作期满时，合作企业的全部固定资产无偿归中方合作者所有；(2) 对于税前回收投资的，必须向财政税务机关提出申请，并由财政税务机关依法审查批准；(3) 中外合作者应当依照有关法律的规定和合作企业合同的约定，对合作企业的债务承担责任；(4) 外方合作者提出先行回收投资的申请，并具体说明先行回收投资的总额、期限和方式，经财政税务机关审查同意后，报审查批准机关审批；(5) 外方合作者应在合作企业的亏损弥补之后，才能先行回收投资。

中外合作者履行合作企业合同、章程发生争议时，应当通过协商或者调解解决。中外合作者不愿通过协商、调解解决的，或协商、调解不成的，可以依照合作企业合同中的仲裁条款或者事后达成的书面仲裁协议，提交中国仲裁机构或者其他仲裁机构仲裁。中外合作者没有在合作企业合同中订立仲裁条款，事后又没有达成书面仲裁协议的，可以向中国法院起诉。

六、中外合作经营企业的解散和清算

(一) 合作企业的期限

合作企业的期限由中外合作者协商确定，并在合作企业合同中订明。合作期限的长短往往与外方的投资规模和回收周期有关系，投资大、回收周期长的企业则期限要长一些；反之，则会短一些。一般来讲，如回收周期为 10 年，合作企业的时间在 15～20 年为宜；如回收周期为 8 年，合作企业的时间在 10～15 年为宜。如果约定利润分配和投资回收同时进行的，则期限短些或与回收周期一致。

合作企业期限届满，合作各方协商同意要求延长合作期限的，应当在期限届满的 180 天前向审查批准机关提出申请，说明原合作企业合同执行情况和延长合同期限的原因，同时报送合作各方就延长的期限内各方的权利、义务等事项所达成的协议。审查批准机关应当自接到申请之日起 30 天内，决定批准或者不批准。经批准延长合作期限的，合作企业凭批准文件向工商行政管理机关办理变更登记手续，延长的期限从期限届满后的第一天起计算。

合作企业合同约定外方合作者先行回收投资，并且投资已经回收完毕的，合作企业期限届满不再延长；但是，外国合作者增加投资的，经合作各方协商同意，可以依照《中华人民共和国中外合作经营企业法实施细则》第 47 条第 2 款的规定，向审查批准机关申请延长合作期限。

（二）合作企业的解散

合作企业因下列情形之一出现时解散：(1) 合作期限届满；(2) 合作企业发生严重亏损，或者因不可抗力遭受严重损失，无力继续经营；(3) 中外合作者一方或者数方不履行合作企业合同、章程规定的义务，致使合作企业无法继续经营；(4) 合作企业合同、章程中规定的其他解散原因已经出现；(5) 合作企业违反法律、行政法规，被依法责令关闭。

上述第(2)项、第(4)项所列情形发生时，应当由合作企业的董事会或者联合管理委员会作出决定，报审查批准机关批准。在前款第(3)项所列情形下，不履行合作企业合同、章程规定的义务的中外合作者一方或者数方，应当对履行合同的他方因此遭受的损失承担赔偿责任；履行合同的一方或者数方有权向审查批准机关提出申请，解散合作企业。

（三）合作企业的清算

合作企业期满或者提前终止时，应当依照法定程序对资产、债权和债务进行清算。中外合作者应当依照合作企业合同的约定确定合作企业财产的归属，并应当向工商行政管理机关和税务机关办理注销登记手续。

第三节　外资企业法

一、外资企业概述

外资企业亦称外商独资经营企业，它是指外国的公司、企业和其他经济组织或者自然人，依照中国的法律和行政法规，经中国政府批准，设在中国境内的，全部资本由外国投资者投资的企业。外资企业不包括外国公司、企业和其他经济组织在中国境内设立的分支机构。外资企业具有以下三个特征：

(1) 外资企业的全部资本是由外国投资者投资的，企业的利润全归外国投资者,风险和亏损也由外国投资者独立承担。这也是外资企业与中外合资经营企业、中外合作经营企业的主要区别。

(2) 外资企业是外国投资者依照中国的法律在中国境内设立的。外资企业必须遵守中国的法律、行政法规,不得损害中国社会的公共利益。同时,外资企业受到中国法律的管辖和保护。

(3) 外资企业在中国应是一个经济实体,在中国以自己的名义自主经营。

二、外资企业的设立

(一) 设立外资企业的条件

设立外资企业,必须有利于中国国民经济的发展。国家鼓励举办产品出口或者技术先进的外资企业。设立外资企业,除应能够获得显著的经济效益外,还应当至少符合下列条件之一:(1) 采用先进技术和设备,从事新产品开发,节约能源和原材料,实现产品升级换代,可以替代进口的;(2) 年出口产品的产值达到当年全部产品产值的50%以上,实现外汇收支平衡或者有余的。

下列行业禁止设立外资企业:(1) 新闻、出版、广播、电视、电影;(2) 国内商业、对外贸易、保险;(3) 邮电通信;(4) 中国政府规定禁止设立外资企业的其他行业。

下列行业限制设立外资企业:(1) 公用事业;(2) 交通运输;(3) 房地产;(4) 信托投资;(5) 租赁。

申请设立外资企业,有下列情况之一的,不予批准:(1) 有损中国主权或者社会公共利益的;(2) 危及中国国家安全的;(3) 违反中国法律、法规的;(4) 不符合中国国民经济发展要求的;(5) 可能造成环境污染的。

(二) 设立外资企业的审批机关

设立外资企业的申请,由商务部审查批准后,发给批准证书。设立外资企业的申请属于下列情形的,国务院授权省、自治区、直辖市和计划单列市、经济特区人民政府审查批准后,发给批准证书:(1) 投资总额在国务院规定的投资审批权限以内的;(2) 不需要国家调拨原材料,不影响能源、交通运输、外贸出口配额等全国综合平衡的。

省、自治区、直辖市和计划单列市、经济特区人民政府在国务院授权范围内批准设立外资企业,应当在批准后15天内报商务部备案(商务部和省、自治区、直辖市和计划单列市、经济特区人民政府,以下统称审批机关)。

(三) 设立外资企业的法律程序

设立外资企业的法律程序包括以下四个主要步骤:

(1) 外国投资者在提出设立外资企业的申请前，应当就下列事项向拟设立外资企业所在地的县级或者县级以上地方人民政府提交报告。报告内容包括：① 设立外资企业的宗旨；② 经营范围、规模；③ 生产产品；④ 使用的技术设备；⑤ 产品在中国和国外市场的销售比例；⑥ 用地面积及要求；⑦ 需要用水、电、煤、煤气或者其他能源的条件及数量；⑧ 对公共设施的要求等。县级或者县级以上地方人民政府应当在收到外国投资者提交的报告之日起 30 天内以书面形式答复外国投资者。

(2) 外国投资者设立外资企业，应当通过拟设立外资企业所在地的县级或者县级以上地方人民政府向审批机关提出申请，并报送下列文件：① 设立外资企业申请书；② 可行性研究报告；③ 外资企业章程；④ 外资企业法定代表人(或者董事会人选)名单；⑤ 外国投资者的法律证明文件和资信证明文件；⑥ 拟设立外资企业所在地的县级或者县级以上地方人民政府的书面答复；⑦ 需要进口的物资清单；⑧ 其他需要报送的文件。

两个或者两个以上外国投资者共同申请设立投资企业，应当将其签订的合同副本报送审批机关备案。

(3) 审批机关应当在收到申请设立外资企业的全部文件之日起 90 天内决定批准或者不批准。审批机关如果发现上述文件不齐备或者有不当之处，可以要求限期补报或者修改。

(4) 设立外资企业的申请经审批机关批准后，外国投资者应当在收到批准证书之日起 30 天内向工商行政管理机关申请登记，领取营业执照。外资企业的营业执照签发日期为该企业的成立日期。外国投资者在收到批准证书之日起 30 天内未向工商行政管理机关申请登记的，外资企业批准证书自动失效。

外资企业应当在企业成立之日起 30 天内向税务机关办理税务登记。

外资企业的分立、合并或者由于其他原因导致资本发生重大变动，须经审批机关批准，并应当聘请中国的注册会计师验证和出具验资报告；经审批机关批准后，向工商行政管理机关办理变更登记手续。

三、外资企业的出资

(一) 外资企业的出资方式

(1) 外国投资者可以用可自由兑换的外币出资，也可以用机器设备、工业产权和专有技术等作价出资。经审批机关批准，外国投资者也可以用其在中国境内举办的其他外商投资企业获得的人民币利润出资。

(2) 外国投资者以机器设备作价出资的，该机器设备必须符合下列要求：

① 外资企业生产所必需的；② 中国不能生产，或者虽能生产，但在技术性能或者供应时间上不能保证需要的。该机器设备的作价不得高于同类机器设备当时的国际市场正常价格。

(3) 外国投资者以工业产权、专有技术作价出资时，该工业产权、专有技术必须符合下列要求：① 外国投资者自己所有的；② 能生产中国急需的新产品或者出口适销产品的；该工业产权、专有技术的作价应当与国际上通常的作价原则相一致，其作价金额不得超过外资企业注册资本的20%。

（二）外资企业的出资期限

外国投资者缴付出资的期限应当在设立外资企业申请书和外资企业章程中载明。外国投资者可以分期缴付出资，但最后一期出资应当在营业执照签发之日起3年内缴清。其中，第一期出资不得少于外国投资者认缴出资额的15%，并应当在外资企业营业执照签发之日起90天内缴清。

外国投资者未能在上述规定的期限内缴付第一期出资的，外资企业批准证书即自动失效。外资企业应当向工商行政管理机关办理注销登记手续，缴销营业执照；不办理注销登记手续和缴销营业执照的，由工商行政管理机关吊销其营业执照，并予以公告。

第一期出资后的其他各期的出资，外国投资者应当如期缴付。外国投资者有正当理由要求延期出资的，应当经审批机关同意，并报工商行政管理机关备案。外国投资者缴付每期出资后，外资企业应当聘请中国的注册会计师验证，并出具验资报告，报审批机关和工商行政管理机关备案。

四、外资企业的组织形式和组织机构

（一）组织形式

外资企业的组织形式为有限责任公司，经批准也可以为其他组织形式。外资企业为有限责任公司的，外国投资者对企业的责任以其认缴的出资额为限；外资企业为其他责任形式的，外国投资者对企业的责任适用中国法律和法规的规定。在实践中，外商投资企业大都采取了有限责任公司形式。当然，经过批准，外商投资企业也可以采取独资企业、合伙企业等形式。

（二）组织机构

外资企业的组织机构可以由外国投资者根据企业不同的经营内容、经营规模和经营方式,本着精简、高效率、科学合理的原则自行设置,中国政府不加干涉。但是,按照国际惯例,设立外资企业的权力机构应遵循资本占有权同企业控制权相统一的原则,根据这一原则,外资企业的最高权力机构由资本持有者组成。

外资企业的领导机构可以是法定代表人独任领导体制,也可以是董事会领导体制。法定代表人独任领导体制一般只适用于作为个人一人投资的外商投资有限责任公司,而国外母公司投资建立子公司以及两个以上股东共同投资举办有限责任公司时,应当成立董事会。

五、外资企业的终止和清算

(一) 外资企业的期限

外资企业的经营期限,根据不同行业和企业的具体情况,由外国投资者在设立外资企业的申请书中拟订,且须经审批机关批准。外资企业的经营期限,从其营业执照签发之日起计算。由于国家对外资企业的经营期限未作出限制性规定,外资企业投资者可参照《中外合资经营企业法实施条例》的规定酌定。

外资企业经营期满需要延长经营期限的,应当在经营期满 180 天前向审批机关报送延长经营期限的申请书。审批机关应当在收到申请书之日起 30 天内决定批准或者不批准。外资企业经批准延长经营期限的,应当自收到批准延长期限文件之日起 30 天内,向工商行政管理机关办理变更登记手续。

(二) 外资企业的终止

外资企业有下列情形之一的,应予终止:(1) 经营期限届满;(2) 经营不善,严重亏损,外国投资者决定解散;(3) 因自然灾害、战争等不可抗力而遭受严重损失,无法继续经营;(4) 破产;(5) 违反中国法律、法规、危害社会公共利益被依法撤销;(6) 外资企业章程规定的其他解散事由已经出现。

外资企业如存在上述第(2)、(3)和(4)项所列情形的,应当自行提交终止申请书,报审批机关核准。审批机关作出核准的日期为企业的终止日期。

(三) 外资企业的清算

外资企业宣告终止时,应当进行清算。除企业破产或者被依法撤销,应当按照中国有关法律规定进行清算外,外资企业的清算应由外资企业提出清算程序、原则及清算委员会人选,报审批机关审核后进行清算。清算委员会应当由外资企业的法定代表人、债权人代表以及有关主管机关的代表组成,并聘请中国的注册会计师、律师等参加。清算费用从外资企业现有财产中优先支付。

外资企业清算结束,其资产净额和剩余财产超过注册资本的部分视为利润,应当依照中国税法缴纳所得税。同时,应当向工商行政管理机关办理注销登记手续,缴销营业执照。外资企业清算财产时,在同等条件下,中国的企业或者其他经济组织有优先购买权。

本章小结

三资企业是我国外商投资企业的主要形式。

中外合资经营企业是指外国投资者经中国政府批准在中国境内同中方合营者共同投资、共同经营管理,按照各自的出资比例共担风险、共负盈亏的企业。中外合资经营企业在组织形式上是有限责任公司,其在管理体制上的一个特点是不设股东会。董事会既是企业的决策机构,也是企业的权力机构。董事会下设经理机构,实行董事会领导下的总经理负责制。

中外合作经营企业亦称契约式合营企业,它是由外国的公司、企业和其他经济组织或者个人同中国的公司、企业和其他经济组织,依照中国的法律和行政法规,经中国政府批准,设在中国境内的,由双方通过合作经营企业合同约定各自的权利和义务的企业。具备法人资格的合作企业,一般设立董事会;不具备法人资格的合作企业一般设立联合管理委员会。董事会或者联合管理机构可以决定任命或者聘请总经理负责合作企业的日常经营管理工作。合作企业设总经理一人,对董事会或者联合管理机构负责。

外资企业亦称外商独资经营企业,它是指外国的公司、企业和其他经济组织或者个人,依照中国的法律和行政法规,经中国政府批准,设在中国境内的,全部资本由外国投资者投资的企业。外资企业的组织形式为有限责任公司,经批准也可以为其他责任形式。外资企业的领导机构可以是法定代表人独任领导体制,也可以是董事会领导体制。

外国投资者可以根据自己的条件和需要来确定自己的投资形式,选择组建适当的企业类型。

本章思考题

1. 中日两个企业,双方签署了一份合营企业合同,请指出条款中的错误:

(1) 双方根据中华人民共和国《中外合资经营企业法》和中国其他法律以及日本的法律,同意在中国境内设立中外合资经营企业;

(2) 公司的名称为“中日某某印染公司”;

(3) 甲乙双方对合营企业的债务承担连带无限责任;

(4) 双方出资方式如下：甲方现金200万元,厂房折合30万元,场地使用权为20万元;乙方现金100万元,工业产权100万元,双方出资额在营业执照签发之日前一次交清;

(5) 乙方从企业获利后的第二年,每年从企业利润中提取10%的出资额;

(6) 总经理是公司的法定代表人;

(7) 本合同从签字起生效,中方上级总管批准之日为企业成立之日;

(8) 对本合同及其附件的修改,经甲、乙双方签署书面协议后即告生效。

2. 中外合资经营企业的出资方式有哪些?

3. 中外合作经营企业外商先行收回投资的条件是什么?

4. 外资企业终止的原因有哪些?

思考题解答

1. 答：存在以下几点错误：

(1) 因为中外合资经营企业是在中国境内设立的,只能遵循中国的法律;

(2) 名称应为“中日某某印染有限责任公司”或“有限责任公司”,必须写清“有限责任”;

(3) 甲、乙双方承担有限责任;

(4) 乙方工业产权出资额超过双方投资总额(450万)的法定规定的20%;

(5) 中外合资与中外合作不同,乙方不能提前收回投资,应删除此规定;

(6) 法定代表人应为董事长;

(7) 本合同自审批机关批准后生效,营业执照签发之日为企业成立之日。

(8) 应改为：对本合同及其附页的修改,经甲、乙双方签署书面协议,并报审批机关批准后即告生效。

2. 答：(1)货币出资。

合营各方用货币出资时,必须是出资者自己所有的货币,任何一方都不得用合营企业名义取得的贷款作为自己的出资,也不得以合营企业或合营某方的财产或其他权益为其出资担保。

(2) 实物出资。

实物出资一般是以机器设备、原材料、零部件、建筑物、厂房作为投资。在实践中,外方投资者一般以机器设备和其他物料投资,中方投资者一般以现有厂房、建筑物、辅助设备等作为投资。作为外国合营者出资的机器设备或其他物料,必须符合下列各项条件：① 为合营企业生产所必不可少的；② 中国不能生产,或虽能生产,但价格过高或在技术性能和供应时间上不能保证需要的; ③ 作价不得高于同类机器设备或其他物料当时的国际市场价格。

(3) 场地使用权出资。

中方投资者可以用场地使用权作为出资。如果未用场地使用权作为中方投资者出资的,则举办的外商投资企业应向中国政府缴纳场地使用费。

(4) 工业产权、专有技术出资。

根据中国有关法律规定,外方投资者出资的工业产权、专有技术必须符合下列条件之一: ① 能生产中国急需的新产品或出口适销产品的; ② 能显著改进现有产品的性能、质量,提高生产效率; ③ 能显著节约原材料、燃料、动力。

(5) 其他财产权利出资,如公司股份等。

3. 答: (1)中外合作经营者在合作企业合同中约定合作期满时,合作企业的全部固定资产无偿归中国合作者所有;

(2) 对于税前回收投资的,必须向财政税务机关提出申请,并由财政税务机关依法审查批准;

(3) 中外合作者应当依照有关法律的规定和合作企业合同的约定,对合作企业的债务承担责任;

(4) 外国合作者提出先行回收投资的申请,并具体说明先行回收投资的总额、期限和方式,经财政税务机关审查同意后,报审查批准机关审批;

(5) 外国合作者应在合作企业的亏损弥补之后,才能先行回收投资。

4. 答: (1)经营期限届满; (2) 经营不善,严重亏损,外国投资者决定解散; (3) 因自然灾害、战争等不可抗力而遭受严重损失,无法继续经营; (4) 破产; (5) 违反中国法律、法规、危害社会公共利益被依法撤销; (6) 外资企业章程规定的其他解散事由已经出现。

案例与点评

案例一

2001 年 6 月,新加坡 A 公司与中国 B 公司签订了中外合资××有限公司合同,共同投资设立中外合资经营企业,生产新型蓄电池。合资合同规定: 合资公司的注册资本为 160 万美元,A 公司以现金形式出资 120 万美元,占注册资本总额的 75%,B 公司以厂房、设备形式出资 40 万美元,占注册资本总额的 25%,双方按出资比例分享利润和分担风险。2001 年 8 月,经有关机关批准,并在领取了营业执照后公司正式成立。之后,A、B 两公司依约及时地履行了出资义务。2002 年 3 月,合资公司召开董事会,鉴于股东 A 公司身处新加坡,不方便参与合资公司经营管理这一情况，董事会作出决议，由B公司全权负责合资公司的生产和经营管理。A公司采取保底分红的方式分取利润，即A公司每年可分得其出资金额25%的利润，A公司不承担企业经营上的风险，盈亏由B公司单方面承担。该决议作出后的头三年，合资公司业绩良好，A公司取得了约定的利润。此后几年，因市场竞争激烈、企业经营管理不善等原因，合资公司长期处于亏损状态，便未再向A公司支付决议中约定的利润。2005年12月，合资公司召开董事会，作出提前终止合资合同、注销合资公司的决议，双方就偿还A公司投资款等事宜发生纠纷，经协商未能解决。A公司便依合资合同中的仲裁条款向仲裁委员会提起仲裁，要求解除合资合同，并要求B公司返还其出资120万美元及支付所欠保底利润。

仲裁结果：仲裁庭裁决终止合资合同，A公司和B公司应当依照中国法律的规定，对合资公司进行清算。对于A公司要求返还其出资及支付所欠保底利润的仲裁请求，仲裁庭认为无合法依据，予以驳回。

案例点评

中外合资经营企业是指外国的公司、企业和其他经济组织或个人同中国的公司、企业或其他经济组织依照中国法律在中国境内共同投资、共同经营、共担风险、共负盈亏的企业法人。根据《中华人民共和国中外合资经营企业法》(以下称《合资企业法》)第4条的规定，中外合资经营企业的合营各方应按注册资本比例分享利润和分担风险及亏损。本案中，2002年3月的董事会决议规定将合资公司的经营管理权交予B公司，并且由B公司单独承担合资公司的风险与亏损，而A公司则可每年从合资公司取得其出资25%的利润。该决议违反了合资合同中关于双方按出资比例分享利润和分担风险的约定，也不符合《合资企业法》要求合营各方共同经营、共担风险、共负盈亏的合资经营法律原则，因此该董事会决议是无效的，A公司与B公司在该决议中的任何约定均不应予以认定。A公司在合资公司处于亏损的状态下仍要求支付利润的主张没有合法依据，得不到支持。

至于A公司投入合资公司的120万美元，虽为A公司的出资，但该笔资金在合资公司成立后，已属于合资公司的财产，该财产的处理应当通过合资公司的清算来解决。且该财产的投入，是A公司赖以获得利润的必要成本支出。由于合资公司已经成立、运营，A公司也应当在该出资范围内承担责任，因此，A公司要求返还其投资款的请求没有理由，不应予以支持。

案例二

2003年8月某市一计算机制造厂欲引进国外先进技术生产家用电脑，经与某国一家电脑公司协商，达成了建立中外合资经营企业的协议。该协议主要内容包括：双方投资总额为600万美元，其中注册资本为250万美元；中方以货币、厂房、机器设备、土地使用权出资，出资额为180万美元；外方以生产计算机的专利技术作价70万美元作为出资；以中方名义向银行贷款300万美元，作为合资企业的流动资金，并约定由中方所在地的财政局作担保人；在合营期间，经双方协商同意可减少企业注册资本；双方同意选择适用外国法律。审批机构指出了协议中存在的问题，经修改后，签发了批准证书。双方办理登记后，领取了营业执照。该合营企业经营两年后，经董事会会议决定，从利润中拨出10万美元先行返还外方投资。

请问：

1. 该合营企业协议存在哪些问题？其法律根据是什么？

2. 能否先行返还外方投资？为什么？

案例点评

1. 该合营协议存在下列问题：(1) 注册资本与投资总额的比例不符合法律要求。根据工商局《关于中外合资经营企业注册资本与投资总额比例的暂行规定》，投资总额在300万美元以上1 000万美元以下的，其注册资本至少应占投资总额的1/2。因此该合营企业的注册资本至少应为300万美元；(2) 该协议中，“专利技术”作价70万美元，占注册资本的24%，不符合法律规定的20%的比例规定；(3) 不能以中方名义向银行贷款作为合营企业的流动资金。合营企业的流动资金只能以合营企业的名义贷款；(4) 根据《担保法》的规定，国家机关不能为企业贷款提供担保。财政局的担保是违法的；(5) 协议规定的经双方同意可减少注册资本是错误的。中外合资经营企业法规定，合营企业在经营期间不得减少注册资本；(6) 协议选择外国法律是错误的。中外合资经营企业是中国法人，适用中国的法律。

2. 不能先行返还外方投资。先行返还外方投资是中外合作经营企业特有的方式，合资经营企业不得减少注册资本，也不能先行返还外方的投资。

案例三

某西方跨国公司(以下简称“西方公司”)拟向中国内地投资，并拟定了一份投资计划。该计划要点如下：在中国北京寻求一位中国合作者，共同成立一家生产净水设备的中外合作经营企业(以下简称合作企业)。合作期限为8年。合作企业注册资本总额拟定为250万美元，西方公司出资额占注册资本总额的70%，中方合作者出资占注册资本总额的30%。西方公司除以机器设备、工业产权折合125万美元出资外，还由合作企业作担保向中国的外资金融机构贷款50万美元作为其出资；中方合作者可用场地使用权、房屋及辅助设施出资75万美元。西方公司与中方合作者在合作企业合同中规定：西方公司在合作企业正式投产之后的头5年分别先行回收投资，每年先行回收投资的支出部分可计入合作企业当年的成本；合作企业的税后利润以各占50%的方式分配；在合作期限届满时，合作企业的全部固定资产归中国合作者所有，但中国合作者应按其残余价值的30%给予西方公司适当的补偿。

要求：根据上述各点，请分别回答以下问题：西方公司拟在中国北京与中方合作者共同举办的合作企业的出资方式、利润分配比例、约定先行回收投资的办法以及合作期限届满后的全部固定资产的处理方式是否符合有关规定，并说明理由。

案例点评

1. 西方公司拟在中国北京与中方合作者共同举办的合作企业的出资方式有不符合规定之处。因为，合作企业任何一方都不得由合作企业为其出资提供担保，西方公司由合作企业作担保向中国的外资金融机构贷款50万美元作为其出资违反了这一规定。

2. 合作各方有关利润分配比例的约定符合相关规定。因为，根据相关法律规定，合作企业各方可以自行约定利润分配的比例。

3. 西方公司先行回收投资的支出部分可计入合作企业当年的成本不符合规定。因为外国合作者只有在合作企业的亏损弥补之后，才能先行收回投资，先行回收投资的支出部分不能计入合作企业当年的成本。

4. 在合作期限届满时，合作企业的全部固定资产归中国合作者所有，但中国合作者应按其残余价值的30%给予西方公司适当的补偿这一约定不合法。外方合作者在合作期限内先行收回投资的，在合作期限届满时，合作企业的全部固定资产无偿归中国合作者所有。

第三编

JING JI FA GAI LUN

市场运行法律制度

第一章 合同法律制度

合同存在于我们生活中的方方面面，即使是在小店里购买油盐酱醋这种“小事”，也都是合同行为……

本章需要掌握的主要内容有：

◆ 什么是合同？合同是怎样订立的？

◆ 我国《合同法》的调整对象有哪些？

◆ 合同的效力状态有哪几种情形？

◆ 什么是无效合同、可撤销合同与效力未定合同？

◆ 什么是违约？违约方应当承担什么样的法律责任？

◆ 什么是买卖合同？出卖人与买受人各自应当承担怎样的权利义务？

◆ 什么是借款合同？借款人与贷款人依法享有哪些权利？承担哪些义务？

在我们的生活中，合同无处不在，对一个正常营业的商业组织来说更是如此。举个例子来说，对于一个个人独资的小商店，顾客对于商店中标价待售的商品进行购买的行为是一种顾客与商店经营者之间的合同行为；小商店的经营者进货也需要与供货方签订货物买卖合同；为了货物的方便运送，商店的经营者还可能与运输方订立货物运输合同……合同行为贯穿整个商业经营行为的始终。

第一节 合同与合同法

合同也可以称为契约、协议或合意。《中华人民共和国合同法》(以下简称《合同法》)第2条规定：“本法所称合同是平等主体的自然人、法人、其他组织之间设立、变更、终止民事权利义务关系的协议。”从此定义中可以看出，除了我国《合同法》所规定的平等主体间的有关设立、变更或终止民事权利义务的合同外，还有其他类型的合同，如不平等主体之间的行政合同、劳动合同以及平等主体间的婚姻合同等。本章所要讲述的合同仅指狭义的合同，即我国《合同法》规定的平等主体间以财产关系为内容的合同。

除法律特别规定的以外，合同既可以采用书面形式，也可以采用口头或其他形式。依照法律规定，合同的内容可以由当事人进行约定，一般包括以下条款：

(1) 当事人的名称或者姓名和住所；

(2) 标的；

(3) 数量；

(4) 质量；

(5) 价款或者报酬；

(6) 履行期限、地点和方式；

(7) 违约责任；

(8) 解决争议的方法。

当事人以订立合同为目的的行为就是前文所提及的合同行为。由于合同是自然人、法人或其他组织的一系列行为，所以合同的当事人必须有两个或两个以上，不可能只有一个当事人。也就是说，合同只能是双方或多方法律行为，不可能是单方法律行为。

合同法是调整合同法律关系的所有法律规范的总称，它并不只局限于专门法典意义上的合同法，还包括散见于其他各种法律规定中有关合同的规定。广义的合同法包括合同法法典和其他多种法律制度中有关合同的规定；而狭义的合同法则专指合同法法典，在我国，即指 1999 年 10 月 1 日正式施行的《中华人民共和国合同法》。

第二节　合同的订立、生效与履行

一、合同的订立

合同的订立是合同当事人通过协商达成一致意思表示的过程。一般来说，合同的订立有两种形式，即合同的一般订立形式和特殊订立形式。合同的一般订立形式包括要约和承诺两个阶段；合同的特殊订立形式因合同的不同而存在差异。

订立合同的当事人应当具有民事权利能力和相应的民事行为能力。

（一）合同订立的一般形式

我国《合同法》第13条规定："当事人订立合同，采取要约、承诺方式。"也就是说，在合同订立的一般形式中，合同通常要经过要约和承诺两个程序才能成立。

1. 要约与要约邀请

(1) 要约。

要约是要约人向特定相对人发出的以缔结合同为目的的具有拘束力的意思表示。根据法律规定，要约自到达相对人时生效。要约可以以口头形式、书面形式或数据电文形式发出。因此，不同形式的要约决定了要约在生效的时间上也存在差别：

第一，以口头形式发出的要约，自受要约人了解该要约的意思时生效；

第二，以书面形式发出的要约，在到达受要约人时生效；

第三，以数据电文形式发出的要约，其生效时间有以下两种不同情况：

① 收件人指定了特定系统接收数据电文的，该数据电文进入该特定系统的时间，视为到达时间，即要约生效时间；

② 收件人未指定特定接收系统的，该数据电文进入收件人的任何系统的首次时间，视为到达时间，即要约生效时间。

要约可以撤回也可以撤销。为了维持交易的稳定和交易公平，法律对要约的撤回和撤销都规定了一定的限制条件。我国《合同法》第17条规定："要约可以撤回。但撤回要约的通知应当在要约到达受要约人之前或者与要约同时到达受要约人。"我国《合同法》第18条规定："要约可以撤销。但撤销要约的通知应当在受要约人发出承诺通知之前到达受要约人。"

要约人向特定相对人发出的要约生效后，其效力并不一直都存在。按照法律规定，要约的效力只在一定的时间内存在。法律如此规定是为了保护商业交易的稳定和安全，提高商业交易的效率。只在一定的时间内对要约的效力进行保护，促使相对人尽快地对生效的要约进行承诺，加速交易的流转。

我国《合同法》第20条规定，有下列情形之一的，要约失效：

第一，拒绝要约的通知到达要约人；

第二，要约人依法撤销要约；

第三，承诺期限届满，受要约人未作出承诺；

第四，受要约人对要约的内容作出实质性变更。

(2) 要约邀请。

所谓要约邀请，又称要约引诱，是指希望他人向自己发出要约的意思表示，如寄送的价目表、拍卖公告、招标公告、招股说明书和商业广告等行为都是要约邀请。要约邀请仅为当事人订立合同的预备行为，而非订立合同的必经阶段。

(3) 要约与要约邀请的主要区别在于以下四点：

第一，要约是当事人(要约人)主动向受要约人提出的以订立合同为目的的意思表示；要约邀请是当事人(要约邀请人)向他人发出的，希望他人向自己发出要约的意思表示。

第二，要约一般向特定的当事人发出；而要约邀请往往是向不特定的当事人发出的。

第三，要约人向受要约人发出的要约中，内容必须包括未来可能成立的合同的主要内容，如标的、质量、价格、数量、履行时间及地点等内容；而要约邀请则不一定包含这些内容，在实践中，包含了合同成立的主要内容的要约邀请，往往被视为要约。

第四，要约中必须包含当事人在要约生效后愿意接受要约拘束的意思表示；要约邀请则没有此类规定。

2. 承诺

我国《合同法》第 21 条规定："承诺是受要约人同意要约的意思表示。"由此可见，承诺必须由受要约人(承诺人)向要约人作出。同时又规定："承诺的内容应当与要约的内容一致，受要约人对要约的内容作出实质性变更的，为新要约。"有关合同标的、数量、质量、价款或者报酬、履行期限、履行地点和方式、违约责任和解决争议方法等内容的变更，都是对要约内容的实质性变更。

根据要约对受要约人承诺的作出是否规定了期限为依据，可以将承诺分为规定了承诺期限的承诺和未规定承诺期限的承诺。有期限限制的承诺必须在要约规定的承诺期限内到达要约人；而没有规定承诺期限的承诺应当在何时到达要约人则视具体情况而定：以口头形式发出的要约，受要约人的承诺应当在了解要约内容后的当时就向要约人作出，除非当事人另有约定；以非口头形式发出的要约(包括以书面形式和数据电文形式发出的要约)，法律规定，承诺应在合理期限内到达要约人。所谓合理期限，主要根据要约发出的客观情况和交易习惯进行确定，这个合理期限包括受要约人对要约内容进行充分考虑的时间，以及要约和承诺到达对方当事人必需的时间。在这段时间内，法律还要保护要约人的利益不受损害。

承诺通知到达要约人时生效。承诺不需要通知的，根据交易习惯或要约的要求作出承诺的行为时生效。当事人采用信件或数据电文形式订立合同的，一方当事人也可以要求签订确认书。当事人采用确认书确认承诺的效力的，承诺自确认书签订时成立。

依照《合同法》的规定，承诺可以撤回，但撤回承诺的通知应先于承诺或与承诺同时到达要约人。

《合同法》第 25 条规定，"承诺生效时合同成立"；第 34 条规定，"承诺生效的地点为合同成立的地点"。

（二）合同订立的特殊形式

合同订立的特殊形式包括前文所述的拍卖、招标、悬赏广告等。当事人参与前述行为到了一定的阶段，合同即告成立。虽然这几类合同的订立并不像一般的合同订立一样可以十分清楚地将要约阶段与承诺阶段区分开来，但其中的某个阶段可以视为要约或承诺，这也是世界各国学者的共识。例如，顾客在商店与售货员进行货物购买的行为也是一个订立合同的行为，购买过程即为双方货物买卖合同的订立过程。具体分析如下：

首先，货物在商店里按一定的标准标价陈列的行为可以视为要约，这种要约也可以称为现货要约。

其次，收到要约的顾客向商店售货员表示的购买货物的行为可以视为其向商店做出买的承诺。而承诺生效，合同成立。

最后，合同成立后，该顾客依照规定的价格交纳价金，以及商店将货物交与顾客的行为可以视为双方当事人对自己合同义务的履行。出卖方有义务按照商店陈列的样品和标出的内容保证货物的质量，若存在不相符合，则其应承担违约责任。

由此例可以看出，即使是合同订立的特殊形式也可以用要约和承诺对行为的过程进行阶段划分，承诺一经作出生效，合同成立。

二、合同的成立与生效

（一）合同的成立

合同的成立是指合同当事人意思表示一致而达成协议的过程。但合同当事人意思表示一致而达成的协议多种多样，只有依法成立的合同才能受到法律的保护，非依法成立的合同却不能受到法律的保护。由此可见，当事人协商一致而达成的合同包括了合法合同与不合法合同两种情况：

(1) 合法合同。合法合同的依法成立包括合同的订立依据合法、订立程序合法、内容合法、形式合法，并且内容和形式与社会公德及社会公共利益相符，不得扰乱社会经济秩序。

(2) 不合法合同。不合法合同包括无效合同、可撤销合同和效力未定合同等形式。

我国《合同法》第44条规定："依法成立的合同，自成立时生效。"可见，合同的成立与生效并非同一概念，两者并非同时发生的。

（二）合同的生效

合同的生效是指已经成立的合同具备了法定的生效要件，受到法律的保护，并能够产生合同当事人所预期的法律后果。按照法律规定，合同的生效要件如下：

第一，当事人在订立合同时必须具有相应的民事行为能力；

第二，当事人的意思表示真实；

第三，合同内容不违反法律或行政法规的强制性规定，不违反社会公德和社会公共利益。

在多数情况下，合同都是依法成立的，在成立时即具备了生效的要件。因此，这类合同的成立和生效时间是一致的。但如果合同当事人在订立合同时欠缺生效要件，就会导致无效合同、可撤销合同或效力未定合同的产生。

1. 无效合同

根据《合同法》第52条的规定，导致合同无效的情形有以下几种情况：

(1) 一方以欺诈、胁迫的手段订立合同，损害国家利益；

(2) 恶意串通，损害国家、集体或者第三人利益；

(3) 以合法形式掩盖非法目的；

(4) 损害社会公共利益；

(5) 违反法律、行政法规的强制性规定。

此类合同也可以称为违法合同或非法合同，是不合法合同中的一种，无论当事人出于故意或过失订立，都是无效的。

另外，《合同法》第53条规定，合同中的下列免责条款无效：

(1) 造成对方人身伤害的；

(2) 因故意或者重大过失造成对方财产损失的。

根据法律的规定，合同被确认无效以后，当事人因该无效合同而取得的财产，应当予以返还；不能返还或者没有必要返还的，应当折价补偿。有过错的一方应当赔偿对方因此所遭受的损失；双方都有过错的，应当承担相应的责任。

2. 可变更、可撤销合同

可变更、可撤销合同又被称为可撤销合同，它是指因欠缺生效要件或内容有瑕疵，合同的一方当事人依法以自己的意思变更合同的内容，或使合同已经发生的效力归于消灭的合同。根据上述定义，我们可以将可撤销合同分为可变更的合同与可撤销的合同两类。

我国《合同法》第 54 条规定，以下合同，当事人一方有权请求人民法院或者仲裁机构变更或者撤销：

(1) 因重大误解订立的合同；

(2) 在订立时显失公平的合同；

(3) 一方以欺诈、胁迫的手段或者乘人之危，使对方在违背真实意思的情况下订立的合同。

对于可撤销合同，当事人请求变更的，人民法院不得撤销。可撤销合同被撤销后，其法律后果与无效合同被确认无效后的法律后果是一样的。若当事人订立合同时恶意串通，损害国家、集体或第三人利益的，因此取得的财产应收归国家所有或者返还集体或第三人。

3. 效力未定合同

所谓效力未定合同指的是合同的有效或者无效处于不确定状态，是否有效尚待有权利的第三人的确认。

效力未定合同主要表现为以下几类：

(1) 当事人行为能力欠缺而订立的合同。法律规定：无民事行为能力人可以订立纯获利性质的合同；限制民事行为能力人除可订立纯获利性质的合同及与其年龄、智力和精神健康状况相适应的合同外，其他合同须经法定代理人追认后，才能生效；法定代理人的追认期限为 1 个月。

(2) 无权代理人以被代理人名义订立的合同。无权代理人以被代理人名义订立合同的情形主要有以下三种：

① 行为人没有代理权而以被代理人名义与他人订立合同；

② 行为人超越代理权限而以被代理人名义与他人订立的合同。对于一般的越权代理合同要取得效力，必须经过被代理人的追认。但《合同法》第 50 条又规定，法人或者其他组织的法定代表人、负责人超越权限订立的合同，除相对人知道或者应当知道其超越权限的以外，该代表行为有效。

③ 行为人的代理权已经终止，但仍以被代理人名义与他人订立合同。

无代理权人以被代理人名义订立的合同只要在法定期限内为被代理人所追认，合同便自始有效；如果被代理人不予追认，则合同自始无效。

(3) 无权处分人处分他人财产而订立的合同。此类合同若在法定期限内被财产的有权处分人追认，则合同自始有效；若不被追认，则合同自始无效。另外，无权处分人若在合同订立后取得该财产的处分权则合同自始有效；否则，自始无效。

三、合同的履行

(一) 关于合同履行的一般规定

合同生效以后,合同的当事人应该本着诚实信用的原则,全面、正确地履行合同约定的权利义务。生效的合同是符合合同生效要件的合同,其必定包含了合同成立的主要条款,包括当事人的名称或者姓名和住所、合同标的、数量、质量、价款或者报酬、履行地点和方式等,合同当事人应当完全按照以上内容履行合同。如果对以上内容的履行与约定不相符合,则构成违约。违约方应当承担违约责任,若因此给对方当事人造成损失,还应当承担相应的损失赔偿责任。

(二) 关于合同履行的特殊规定

在合同履行的过程中,常常会出现各种各样的情况,有的情况是不以人的意志为转移的。在这些情况下,如果仍按照合同约定的权利义务要求当事人全面、正确地进行履行,对其中一方当事人往往会有失公平。因而,我国《合同法》出于对以上情况的考虑,规定了关于双务合同履行的抗辩权,即同时履行抗辩权、不安抗辩权和后履行抗辩权。在出现法律规定的情形时,合同的当事人可以中止合同的履行或者行使解除权以解除合同。

1. 同时履行抗辩权

《合同法》第 66 条对同时履行抗辩权的规定如下:当事人互负债务,没有先后履行顺序的,应当同时履行;一方在对方履行之前有权拒绝其履行要求;一方在对方履行债务不符合约定的,有权拒绝其相应的履行要求。

2. 不安抗辩权

我国《合同法》第 68 条对当事人的不安抗辩权作了如下规定:应当先履行债务的当事人,有确切证据证明对方有下列情形之一的,可以中止履行(合同):

(1) 经营状况严重恶化;

(2) 转移财产、抽逃资金,以逃避债务;

(3) 丧失商业信誉;

(4) 有丧失或者可能丧失履行债务能力的其他情形。

合同当事人因行使其不安抗辩权而中止履行合同的,应当及时通知对方当事人。

3. 先履行抗辩权

《合同法》关于先履行抗辩权的规定如下:当事人互负债务,有先后履行顺序,先履行一方未履行的,后履行一方有权拒绝其履行要求;先履行一方履行不符合约定的,后履行一方有权拒绝其相应的履行要求。

(三) 关于合同履行的补充规定

为了有利于交易的正常进行与公平,法律除了对合同履行规定了有关的抗辩权以保证交易公平、维护诚信当事人的权利以外,还规定了在当事人对合同的有关内容约定不明的情况下,如何对合同内容进行确定的方法,以确保合同顺利、正确地履行。

《合同法》第 61 条规定,合同生效后,当事人就合同标的的质量、价款或者报酬、履行地点等内容没有约定或者约定不明确的,当事人可以进行协议补充,该补充协议亦为原合同的组成部分,与原合同具有同等效力。如果当事人不能就有关内容达成协议,则根据合同原有的有关条款进行推定或者根据当地的交易习惯进行确定。如果以上三种方法都不能对合同的有关内容进行确定,则依照《合同法》第 62 条的规定予以确定:

(1) 质量要求不明确的,按照国家标准、行业标准来履行;没有国家标准、行业标准的,按照通常标准或者符合合同目的的特定标准履行。

(2) 价款或者报酬不明确的,按照订立合同时履行地的市场价格履行;依法应当执行政府定价或者政府指导价的,按照规定履行。

(3) 履行地点不明确时,给付货币的,在接受货币一方所在地履行;交付不动产的,在不动产所在地履行;其他标的,在履行义务一方所在地履行。

(4) 履行期限不明确的,债务可以随时履行,债权人也可以随时要求履行,但应当给对方必要的准备时间。

(5) 履行方式不明确的,按照有利于实现合同目的的方式履行。

(6) 履行费用的负担不明确的,由履行义务一方负担。

第三节　合同的变更、转让、终止与违约责任

一、合同的变更和转让

我国《合同法》规定的合同变更主要指的是狭义的合同变更,即合同内容的变更,是指合同有效成立后而尚未履行完毕前,由双方当事人依法对原合同的内容进行修改的行为。这种变更仅仅是合同中的权利义务内容的变更,而合同的当事人

也即合同的权利义务承受主体并没有发生改变。合同变更后,变更后的合同取代了原来的合同,当事人必须按照变更了的合同履行。

我国《合同法》所指的合同转让是指合同当事人依法将合同的全部或者部分权利义务转让给他人的合法行为。在合同的转让中,发生变化的只是合同中承受权利义务的主体,而合同的内容并未发生变化。根据《合同法》对合同转让的界定,合同的转让可以分为合同权利的转让、合同义务的转让与合同权利义务的概括转让三种形式。

二、合同权利义务的终止

合同的终止又称合同的消灭,是指因一定法律事实的发生或出现而使合同权利义务归于消灭。我国《合同法》第 91 条规定,有下列情形之一的,合同的权利义务终止:

(1) 债务已经按照约定履行;

(2) 合同解除;

(3) 债务相互抵销;

(4) 债务人依法将标的物提存;

(5) 债权人免除债务;

(6) 债权债务同归于一人;

(7) 法律规定或者当事人约定终止的其他情形。

综上所述,合同权利义务的终止可以分为合同权利义务的正常终止和非正常终止。

在前述的第(1)种情形中,"债务按照约定履行"而使合同的权利义务终止,即为合同的正常终止。合同债权债务的正常履行,是当事人订立合同的宗旨所在,当合同被全面、正确地履行完毕后,合同所规定的权利义务理所应当地发生终止。

合同的非正常终止指的是在合同的履行过程中,由于发生了当事人事先没有预料到的情况,在合同没有正常履行完毕前,根据当事人的协议或者根据法律规定而终止的情况。前述法律规定的第(2)至第(7)种情况都是合同非正常终止的事由。

三、违约责任

(一) 关于违约责任的定义与分类

1. 违约责任的定义

违约责任是指合同当事人因违反合同所规定的权利义务所应承担的民事责任。合同当事人对合同义务的履行应当是全面、正确、适当地履行,如果当事人不履行合同义务或者对合同义务的履行不符合合同约定的,则该方合同当事人的行为就是违约,按照合同约定或者法律规定应该承担违约责任。

2. 违约责任的分类

违约行为按照该行为是否已经实际发生,可以分为实际违约和预期违约,前者是指当事人的违约行为已经实际发生;后者是指根据一方当事人掌握的证据推定出另一方当事人将来有违约的可能性。

(二) 关于违约的几种救济方式

对于合同一方当事人的违约行为,《合同法》第107条规定了三种救济方式:继续履行、采取补救措施和赔偿损失。如果法律另有规定或当事人另外约定了其他违约责任形式的,按照该规定或约定执行。

由于法律强调并保护当事人的意思自治,所以,当事人订立合同时,在不违反法律规定的情况下可以对合同内容及当事人的违约责任形式自由约定。常见的约定违约责任有定金和违约金两种形式。

1. 定金

定金是指为了担保合同债权的实现,依据法律规定或当事人的约定,由一方当事人在合同订立时或合同订立后到履行前的时间内,按照合同标的额的一定比例,预先给付对方当事人一定数额的货币。我国《担保法》第89规定,当事人可以约定一方向对方给付定金作为债权的担保。债务人履行债务后,定金应当抵作价款或者收回。给付定金的一方不履行约定债务的,无权要求返还定金;收受定金的一方不履行约定债务的,应当双倍返还定金。虽然定金在《担保法》中是作为一项担保制度规定的,但在合同中,定金可以作为一种违约责任形式由当事人约定,在这里,定金就成了一种违约责任形式。

2. 违约金

违约金是指在合同的一方当事人违约时,按照合同的约定或法律的规定,作为对非违约方的补偿由违约方支付给非违约方的一定数额的货币。如果当事人在合同中既约定了定金,又约定了违约金,非违约方只能在定金和违约金两种责任形式中选择一种,而不能要求违约方既承担定金责任,又承担违约金责任,我国《合同法》第116条规定:"当事人既约定违约金,又约定定金的,一方违约时,对方可以选择适用违约金或者定金条款。"

(三) 违约损害赔偿的范围

1. 约定损害赔偿的范围

双方可以根据自己的需要,约定违约金或损害赔偿的计算方式,但是,当事人在同一个违约行为中，就违约金和损害赔偿的计算方式只能二者选一，不能同时约定。如果当事人没有约定违约金或损害赔偿的计算方式，则按照法律的规定来进行确定。

2. 法定损害赔偿的范围

根据《合同法》第 113 条的规定，当事人一方不履行合同义务或者履行合同义务不符合约定，给对方造成损失的，损失赔偿额应当相当于因违约所造成的损失，包括合同履行后可以获得的利益，但不得超过违约方订立合同时预见到或者应当预见到的因违反合同可能造成的损失。也就是说，违约方对于受害方因违约行为所遭受的全部损失应当承担全部的赔偿责任，既包括实际发生的损失，又包括可得利益的损失。实际损失又称为信赖利益的损失，是指受害人因信赖合同能够履行而支出的全部费用或其财产因一方违约而遭受的损失；可得利益损失又可以称为期待利益损失，是指如果合同能够按约定履行，非违约方因此应当得到的经济利益之损失，一般包括利润损失、利息损失或其他预期的利益损失等。

第四节　买卖合同与借款合同

一、买卖合同

买卖合同是我们生活中最基本、最重要的合同之一。我国《合同法》中所称的买卖合同指的是出卖人转移标的物的所有权于买受人，买受人支付价款的合同。

（一）出卖人的义务

1. 依约或依法交付标的物

出卖人在交付合同标的物时，负有以下义务：

(1) 按照约定的种类、规格、质量、数量、时间、地点、方式等交付标的物；

(2) 标的物有从物的，若无另外约定，从物应随主物一并交付；

(3) 按照约定或者交易习惯向买受人提交标的物单证以外的有关单证和资料，如产品使用说明书、产品合格证书、保修证书等。

2. 转移标的物的所有权

法律规定，出卖人出卖的标的物，应当属于出卖人所有或者出卖人有权处分；买受人订立买卖合同的目的是获得标的物的所有权或处分权。转移标的物的所有权包括标的物的实际交付和交付标的物的有关产权凭证及有关权利证明等。所有权自标的物交付时起转移,法律另有规定或者当事人另有约定的除外。

3. 标的物权利的瑕疵担保责任

出卖人必须担保其出卖的标的物不存在权利瑕疵。所谓权利瑕疵是指出卖人出卖的标的物上负担有除买受人以外的第三人的合法权利,第三人于标的物交付买受人后,向买受人主张自己的合法权利,从而妨碍买受人取得标的物的所有权或处分权,使得买受人从出卖人处所获得的权利存在瑕疵。一般来说,第三人对标的物享有的合法权利主要有:抵押权、留置权、租赁权、地役权和质权等。《合同法》规定,出卖人就交付的标的物负有保证第三人不得向买受人主张任何权利的义务,但法律另有规定的除外。

出卖人除了应当保证其出卖的标的物不存在权利瑕疵以外,还应当保证标的物没有侵犯他人的知识产权,如果标的物存在侵权,则应由出卖人承担侵权责任,并赔偿因此给买受人造成的损失。

4. 标的物质量的瑕疵担保责任

出卖人的此种担保责任是指出卖人必须保证其所出卖的标的物在适用、安全和效用等方面符合合同规定的标准或者应符合国家标准、行业标准的义务。如果出卖的标的物质量与约定或法律规定的不符,即为标的物存在瑕疵,出卖人应承担违约责任,若因此给买受人或买受人以外的其他人造成了人身或财产方面的损害,出卖人还应承担侵权责任。

(二) 买受人的义务

1. 支付合同规定的价款

买卖合同中,买受人以支付价款为代价取得出卖人的标的物的所有权或处分权。因此,买受人必须按照合同的规定支付相应价款。在支付价款时,买受人必须按照合同规定的时间、地点和数额进行支付。

2. 接受标的物及通知义务

买受人必须按照合同规定的时间、地点和方式接受出卖人交付的标的物。买受人收到标的物时应当在约定的检验期内对标的物进行检验。没有约定检验期间的,应当及时检验。当事人约定检验期间的,买受人应当在检验期间内将标的物的数量或者质量不符合约定的情形通知出卖人。买受人怠于通知的,视为标的物的数量或质量符合约定;当事人没有约定检验期间的,买受人应当在发现或者应当发现标的物的数量或者质量不符合约定的合理期间内通知出卖人。买受人在合理期间内未通知或者自标的物收到之日起两年内未通知出卖人的,视为标的物的数量或者质量符合约定,但对标的物的质量有保证期的,适用保证期,不适用该两年的规定。如果交付的标的物不符合合同的约定,买受人有权拒绝接受;如果出卖人按照合同规定,全面、正确地履行了合同义务,买受人必须接受,延迟接受或者拒绝接受都构成违约,应当承担违约责任。

(三) 标的物风险的承担

标的物风险是指买卖合同成立后至合同履行完毕前的时间内,标的物由于意外而发生的毁损或者灭失的风险。由于标的物风险是由不可归责于合同当事人的意外原因造成的,因此不能根据当事人的过错来确定标的物风险的承担问题,而标的物风险的承担对合同当事人来说又具有十分重要的意义。

我国《合同法》第 142 条规定:"标的物毁损、灭失的风险,在标的物交付之前由出卖人承担,交付之后由买受人承担,但法律另有规定或者当事人另有约定的除外。"另外,《合同法》还对以下三种情形进行了规定。

1. 买受人违约时的风险承担

(1) 因买受人的原因致使标的物不能按照约定的期限交付的,买受人应当自违反约定之日起承担标的物毁损、灭失的风险。

(2) 出卖人按照约定或者依照法律规定,将标的物置于交付地点,买受人违反约定没有收取的,标的物毁损灭失的风险自违反约定之日起由买受人承担。

2. 出卖人违约时的风险承担

(1) 因标的物质量不符合要求,致使不能实现合同目的的,买受人可以拒绝接受标的物或者解除合同。因买受人拒绝接受标的物或者解除合同的,标的物毁损、灭失的风险由出卖人承担。

(2) 出卖人未按照约定交付有关标的物的单证和资料的,不影响标的物毁损、灭失风险的转移。

3. 需要运输的标的物的风险承担

(1) 出卖人出卖交由承运人运输的在途标的物,除当事人另有约定的以外,毁损、灭失的风险自合同成立时起由买受人承担(这里的合同指的是当事人之间订立货物买卖合同)。

(2) 当事人没有约定交付地点或者约定不明确,且依照法律规定标的物需要运输的,出卖人标的物交付给第一承运人后,标的物毁损、灭失的风险由买受人承担。

(四) 买卖合同的解除

买卖合同的解除分为法定解除和约定解除。只要合同的当事人依照法定或者约定享有解除权,即可行使解除权对买卖合同予以解除。因为买卖合同具有特殊性，所以法律规定合同当事人在以下情况下亦可行使解除权：

(1) 因标的物的主物不符合约定而解除合同的，解除合同的效力及于从物。

(2) 标的物为数物，其中一物不符合约定的，买受人可以就该物解除，但该物与他物分离使得物的价值显受损害的，当事人可以就数物解除合同。

(3) 出卖人分批交付标的物的，出卖人对其中一批标的物不交付或者交付不符合约定，致使不能实现合同目的的，买受人可以就该批标的物解除(合同)；出卖人不交付其中一批标的物或者交付不符合约定，致使今后其他各批标的物的交付不能实现合同目的的，买受人可以就该批以及今后其他各批标的物解除(合同)；买受人如果就其中一批标的物解除，该批标的物与其他各批标的物相互依存的，可以就已经交付和未交付的各批标的物解除(合同)。

(4) 分期付款的买受人未支付到期价款的金额达到全部价款的 1/5 的，出卖人可以要求买受人支付全部价款或者解除合同。出卖人解除合同的，可以向买受人要求支付该标的物的使用费。

二、借款合同

《合同法》规定，借款合同是借款人向贷款人借款，到期返还借款并支付利息的合同。借款合同应采用书面形式订立，自然人之间的借款合同除外。借款合同包括借款种类、币种、用途、数额、利率、期限和还款方式等内容。借款合同按照贷款人身份的不同可以分为银行借款合同与民间借款合同(即自然人之间的借款合同)。

(一) 银行借款合同

1. 借款人的权利和义务

借款人的主要权利是依照合同约定请求贷款人交付贷款，并取得贷款货币的所有权。根据中国人民银行 1996 年 6 月发布的《贷款通则》规定，借款人享有的具体权利如下：

(1) 有权自主向主办银行或其他银行的经办机构申请贷款并依条件取得贷款；

(2) 有权按合同约定提取和使用全部贷款；

(3) 有权拒绝借款合同以外的附加条件；

(4) 有权向贷款人的上级和中国人民银行反映、举报有关情况；

(5) 在征得同意后，可向第三人转让债务。

按照《合同法》的有关规定，借款人主要应当承担以下义务：

(1) 按照贷款人要求提供有关真实情况；

(2) 按照约定用途、额度使用贷款；

(3) 按照约定期限归还贷款；

(4) 按照约定支付利息。

2. 贷款人的权利和义务

根据法律规定，贷款人的主要权利有：

(1) 依照合同约定收取贷款的本金和利息；

(2) 对借款人贷款的使用享有监督权和检查权；

(3) 若借款人未能履行合同义务，可依约要求借款人提前还贷，或停止支付借款人尚未使用的贷款；

(4) 在贷款即将或已经受到损失的情况下，可依约采取使贷款免受损失的措施。

贷款人的主要义务是按照合同规定提供贷款，若贷款人不能按照合同约定的时间、数额等提供贷款，应当赔偿因此给借款人造成的损失。

（二）民间借款合同

民间借款合同也称自然人之间的借款合同。该借款合同可以是有偿合同也可以是无偿合同，即当事人之间可以约定利息也可以不约定利息。我国《合同法》规定："自然人之间的借款合同，自贷款人提供借款时生效。自然人之间的借款合同对支付利息没有约定或者约定不明确的，视为不支付利息。自然人之间的借款合同约定支付利息的，利息不得违反法律的规定。"

本章小结

我们在上一章讲述了商业组织的设立问题。商业组织成立以后，首先面临的问题就是以营利为目的进行交易。在为交易行为时，当事人第一要为的是与对方当事人签订合同。如本章所述，即使是商店里的货物买卖也实际上是一个出卖者与顾客之间的合同行为。如果当事人诚实信用，严格按照合同规定办事，全面正确地履行合同义务，则可以顺利达到订立合同的宗旨。若产生合同纠纷，当事人应当怎样运用法律来保护自己的权利呢？法律所保护的合同仅仅只限于依法成立且生效的合同，因此，当事人要想通过签订合同以达到自己预期的利益，必须依法签订有关合同，否则就不能受到国家强制力的保护。

我国《合同法》首先要求参与签订合同的当事人具有合格的主体资格：即具有相应的民事权利能力和民事行为能力；其次要求符合主体资格的当事人在签订合

同时必须本着公平的原则，且双方意思表示必须真实，签订的合同在内容和形式上必须符合法律的规定；第三，合同成立并生效后，要求当事人全面正确地履行合同义务，严格按照合同规定办事，对合同履行中产生的纠纷双方应协商一致进行解决；第四，对于不能协商解决的合同纠纷，国家运用强制力，以法律的手段进行解决，为此法律规定了违约责任，强制违约方对自己的违约行为给予对方当事人以一定的补偿，以保护诚实交易的当事人，维持社会经济秩序。

《合同法》根据生活中存在的一些典型合同行为，对一些典型合同的具体情形进行了规定，如买卖合同、借款合同、租赁合同、运输合同等，本教材只简单介绍了买卖合同与借款合同。

本章思考题

1. 要约在什么情况下不可以撤销?

2. 什么是格式合同? 法律对合同的格式条款有哪些限制?

3. 是否所有的违约行为都应该承担违约责任?

4. 银行借款合同的订立程序是怎样的?

5. 只有《合同法》规定了的合同种类才受法律保护吗? 当事人之间自由订立的、法律没有规定的合同种类是否就不能受到法律的保护?

6. 公民之间的借贷利率应当怎样约定?

7. 哪些借贷关系法律不予保护?

思考题解答

1. 答：根据我国法律规定，要约人向相对人发出要约后，在满足法律规定的情形下可以对已经发出的要约予以撤销，条件是：撤销要约的通知应当在受要约人发出承诺通知之前到达受要约人。然而，并不是所有的要约撤销通知只要是在受要约人发出承诺通知前到达受要约人，该要约都可以撤销。我国《合同法》第19条作出了有关要约撤销的例外规定，有下列情形之一的，要约不得撤销：

第一，要约人确定了承诺期限或者以其他形式明示要约不可撤销；

第二，受要约人有理由认为要约是不可撤销的，并已经为履行合同作了准备工作。

法律之所以对上述情况作出例外规定，是因为受要约人因为信任要约的不可撤销而对要约进行承诺，在承诺的同时就为合同成立后的履行进行准备，如果法律准允将此类要约撤销，则受要约方将会因此而受到损失，法律为了保护诚实行为人的利益而规定了要约撤销的例外。

2. 答：在追求效率的现代市场经济社会中，格式合同广泛地存在于我们的生活中。劳动者与用人单位的劳动合同、银行里反复使用的存折、商店里的店堂告示等都是格式合同的具体表现形式。所谓格式合同就是指为了供当事人反复使用，提高工作效率而由当事人一方预先拟定，在订立合同时未与对方当事人协商的合同。格式合同有两种形式：一种是合同的所有条款都是格式条款，该类合同又可称为标准合同或定式合同；另一种格式合同是合同中的一部分条款为格式条款，合同提供方当事人制定这些条款时不与对方当事人进行协商，而其余部分为非格式条款，由双方当事人共同协商订立。我国《合同法》只对格式条款进行了规定：格式条款是当事人为了重复使用而预先拟定，并在订立合同时未与对方协商的条款。

合同的格式条款具有以下特点：

第一，格式条款的合同文本由合同的一方当事人根据自己的需要预先拟定；

第二，格式条款的内容具有完整性和定型化的特点，可以重复使用；

第三，格式条款合同的对方当事人为不特定的人，且一般情况下处于劣势地位；

第四，格式条款合同的提供方必须在相对方接受格式条款之前，向相对方公示格式条款，并履行有关条款的提示和说明义务。

由于格式条款合同的相对方往往处于劣势地位，为了限制格式合同提供方利用自己的优势地位将一些不公平的条款列入合同，保护相对人的利益，法律对格式条款的适用予以限制，规定了格式条款无效的一些情况：

第一，格式条款因违法而无效；

第二，因故意或重大过失造成相对方财产损失的格式条款无效；

第三，免除提供格式条款一方当事人的主要义务，排除相对方当事人主要权利的格式条款无效；

第四，提供格式条款一方当事人未尽有关提示义务或者说明义务的格式条款无效。提供格式条款一方当事人的提示义务是指提供格式条款当事人所负有的提示相对方注意格式条款中对有关当事人权利的限制和免责条款的义务；提供格式条款当事人的说明义务是指提供格式条款当事人负有的在相对方不理解有关格式条款时就有关条款的内容进行说明的义务。如果提供格式条款当事人未尽有关提示义务或说明义务，该有关格式条款无效。

另外，《上海市合同格式条款监督条例》规定，格式条款中不能有免除格式条款提供方下列责任的内容：

第一，造成消费者人身伤害的责任；

第二，因故意或者重大过失造成消费者财产损失的责任；

第三,对提供的商品或者服务依法应当承担的保证责任;

第四,因违约依法应当承担的违约责任;

第五,违约依法应当承担的其他责任。

3. 答:违约责任的最大特点在于先有违约行为,然后才有违约责任。在合同行为中,只要当事人承担了违约责任,该当事人肯定有违约行为;但并不是当事人一旦违约都必须承担违约责任。

合同当事人发生违约,在以下情况下可以不承担违约责任:

第一,违约方当事人存在法定免责事由,即不可抗力。由于不可抗力引起的违约,根据法律规定,当事人可以部分或者全部免除责任(法律另有规定的除外)。

第二,违约方当事人存在合同约定的免责事由。双方当事人在合同中商定,在某些情况下违约当事人可以免除责任。

第三,在违约责任与侵权责任发生竞合的情况下,如果非违约方当事人选择让违约方当事人承担侵权责任而非违约责任,则违约方当事人可免除承担违约责任。

4. 答:商业组织在商业活动中经常要向银行贷款。一般情况下,银行借款合同的订立程序如下:

首先,由借款人向贷款银行提出借款申请。

其次,由贷款银行对借款人的有关材料进行审查,审查的项目包括:(1) 借款人是否具有借贷资格;(2) 借款人的贷款而投入的经营项目是否符合社会需要,是否符合国家经济政策;(3) 贷款项目可行性及经济效益如何;(4) 贷款的额度、用途、自有资金比例等是否符合贷款条件;(5) 借款人的偿还能力。

第三,贷款人与借款人签订借款合同。

5. 答:并不是只有《合同法》规定了的合同种类才能受到法律的保护。合同存在于社会生活的方方面面,当事人为了满足自己的不同需要而订立的合同林林总总,多种多样,法律不可能面面俱到,将社会生活中的每一细节都用法律来进行规定和调整,因而法律的规定是有限的,而社会生活中的合同却是无限的。合同法与民法一样,强调和保护当事人的意思自治,当事人可以随心所欲地签订自己想要的合同。但当事人不管订立什么样的合同,法律规定了一个总的原则,即:合同无论是在内容和形式上都必须合法,不得违反社会公德,不得损害社会公共利益,不得扰乱社会经济秩序。当事人之间订立的合同只要满足这个原则,则其签订的合同就会受到法律的保护。

6. 答:最高人民法院《关于人民法院审理借贷案件的若干规定》和《关于如何确认公司与企业之间借贷行为效力问题的批复》规定:民间借贷利率可以适当高

于银行的利率,但不得高于银行同类型利率(包括利率本数)的二至四倍。当事人协议的利率在此限度内的,按照协议计算利息;超过此限度的,超过部分的利息,法律不予保护。

7. 答:最高人民法院《关于人民法院审理借贷案件的若干规定》和《关于如何确认公民与企业之间借贷行为效力问题的批复》规定有下列情形之一的借贷关系不受法律保护:

第一,借贷利率超过银行同期同类贷款利率四倍的,超过四倍部分不予保护;

第二,一方以欺诈、胁迫等手段使对方在违背真实意思的情况下所形成的借贷关系;

第三,出借人明知借款人是为了进行非法活动而借款的;

第四,出借人将利息计入本金谋取高利的;

第五,企业以借贷名义向职工非法集资;

第六,企业以借贷名义非法向社会集资;

第七,企业以借贷名义向社会公众发放贷款;

第八,其他违反法律、行政法规的借贷行为。

案例与点评

案例一

2008 年 6 月 5 日,上海某毛纺厂与重庆某服装厂签订了一份羊毛购销合同意向书,意向书包含了如下内容:"服装厂向毛纺厂购买该厂优质羊毛(一等品)50 吨,由服装厂携带货款至毛纺厂验货并提货,有关价格问题提货时面议。"意向书签订以后,毛纺厂多次去电催告服装厂提货,但服装厂却一直以货款短缺为由拒绝前往提货。2008 年 12 月底,毛纺厂派车将 50 吨羊毛送往重庆该服装厂,但服装厂以只与毛纺厂签订的是意向书而非购销合同为由拒绝收货。经过协调,服装厂同意将该批羊毛暂时存放在制衣厂的仓库中。半个月后,毛纺厂前来检查货物时却发现该批羊毛已短缺 10 吨,此时服装厂承认自己由于急需原料已经用去了 10 吨羊毛,但对于剩下的 40 吨羊毛却拒绝接受。毛纺厂认为服装厂的行为已经构成违约,遂向法院提起诉讼,要求服装厂支付全部 50 吨羊毛的货款,并承担违约责任。

试问:

本案中,重庆该服装厂的行为是否构成违约?本案应该如何处理?

案例点评

本案涉及合同的定义及合同成立及生效等问题。

第一，我国《合同法》第2条规定："本法所称合同是平等主体的自然人、法人、其他组织之间设立、变更、终止民事权利义务关系的协议。"所以，合同是当事人就有关问题在协商一致的基础上的一种合意。本案中，双方当事人签订了一份有关羊毛买卖的意向书，只表明了双方愿意在今后订立有关羊毛购销合同，并没有就有关购销中的事项达成真正的合意，双方连羊毛的价款问题都没有达成一致，双方之间还没有正式为自己设立有关的权利义务关系。本案中的合同意向书不是合同，由此而产生的一系列问题，不应用合同法进行调整，因而无所谓违约。

第二，即使把该意向书视为合同，但该意向书的内容根本就不包含合同成立的有关内容，没有有关的价款、履行的时间、履行的方式、违约责任等主要内容。因而，即使把该意向书视为一个有关内容约定不明的合同，该合同依法仍不能成立，合同不成立，当事人之间就不存在违约问题。

第三，双方既然不存在合同关系，那么，毛纺厂将羊毛送往服装厂的行为应该如何理解呢？既然当事人双方不存在合同关系，毛纺厂将货物运送到服装厂所在地的行为只能被认定为一种现货要约的行为，该行为与商店陈列待售货物的行为性质是一样的，也就是说，毛纺厂作为要约人，对服装厂以现货为标的向服装厂发出了以订立购销合同为目的的要约。如果服装厂对该行为进行承诺，则双方的购销合同成立。如同顾客在商店购买商品一样，服装厂也可以就该批羊毛的全部或者一部分进行承诺购买，也可以不进行承诺。从本案中可见服装厂明确表示拒绝接受该批货物，因此双方之间并没有成立购销合同关系。

第四，服装厂拒绝接受毛纺厂的货物，其行为应如何定性呢？服装厂拒绝接受毛纺厂的羊毛，但经与毛纺厂协商，同意毛纺厂将羊毛暂时存放于自己的仓库，双方的行为构成了借用仓库存放货物的保管合同。在此合同关系中，服装厂负有善良保管人的义务，但该保管行为与羊毛的购销合同之间没有关系。

第五，服装厂在替毛纺厂保管货物期间，由于自己急需原料而擅自使用了所保管的毛纺厂的羊毛，已经构成了无权处分行为。我国《合同法》第51条规定："无处分权的人处分他人财产，经权利人追认或者无处分权的人订立合同后取得处分权的，该合同有效。"在这种情况下，如果毛纺厂对服装厂使用10

吨羊毛的行为进行承认，意味着双方就这10吨羊毛的买卖行为达成了合意，即此10吨羊毛的买卖合同成立；如果毛纺厂对服装厂擅自使用该10吨羊毛的行为不予承认，则服装厂的行为构成了对毛纺厂10吨羊毛所有权的侵害，是一种侵权行为，毛纺厂对此可以追究服装厂的侵权责任。但本案中毛纺厂却以服装厂违约为由，要求服装厂支付全部50吨羊毛的货款，由此可见毛纺厂是同意服装厂使用该10吨羊毛的。本案争议的核心是剩下的40吨羊毛是应该由服装厂接受，还是由毛纺厂自己收回，服装厂既然承认自己由于急需使用了10吨羊毛，但拒绝接受剩下的40吨羊毛，表明服装厂愿意就10吨羊毛的货款进行支付。

根据以上分析，服装厂的行为不构成违约，不应承担违约责任。本案的处理方法可以是：毛纺厂的送货行为是一个现货要约行为，对于此要约，服装厂以明示方式进行了拒绝；服装厂使用10吨羊毛的行为是一个无权处分行为，可视为对毛纺厂的一个反要约(新的要约)，因为毛纺厂事先并没有声明：如果服装厂接受一部分货物就必须将整批货物全部接受，毛纺厂的行为可以推断为对服装厂的行为进行了承认(也即进行了承诺)，双方就此10吨羊毛的买卖合同成立并已经生效，由此可判令服装厂支付毛纺厂10吨羊毛的货款及其运输和其他必要费用，其余40吨羊毛应当由毛纺厂收回。

案例二

2007年9月，王平与张林两人经过协商达成口头协议：王平将自己位于某市解放路25号的2间房屋以50万元的价格出售给张林。同年10月12日，两人为了达到少交税费的目的，在签订由房地产交易管理部门印制的房屋买卖合同时，商定将上述交易价格写为人民币30万元。该合同还进一步规定：张林向王平支付定金15万元，合同经房地产交易主管部门批准后，该定金充抵房款。

此后，王张两人于10月23日又签订了一份房屋买卖合同，该合同确定了解放路的房屋买卖价格为50万元，张林应在2007年10月31日前向王平支付首期房款30万元，王平在收到该30万元款项后的两日内将房屋钥匙交给张林，余下的20万元房款应在2008年3月底之前付清。两人还在此合同中约定2007年10月12日订立的合同只是为了应付房产证过户之用，不是双方买卖解放路房屋的正式合同，双方当事人的权利义务按照10月23日订立的合同承担和履行。

同年10月31日，张林依照合同的规定向王平支付了首期房款30万元，王平依约将房屋交付给了张林。2008年1月15日，两人前往房地产交易所办理了房屋过户手续，双方按照30万元的价格缴纳了有关的手续费和税费等费用。2008年4月8日，张林开出一张金额20万元的转账支票给王平，用以支付剩余的房款，但因为张的存款不足而遭退票。同年 4 月 20 日与 5 月 1 日，张林分别支付王平房款 2 万元与 4 万元，之后，在王的多次催讨下，张向王出具了一张 14 万元的欠条，并说明还款期为 2 个月。由于还款期届满，之后很长一段时间内王不断催讨而张仍不归还，王平于是向法院提起了诉讼。

试问：本案应该如何处理？

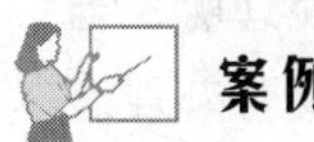

案例点评

解决本案的关键在于区分合同的成立与生效关系上。合同的成立与生效是两个不同的概念，有些合同因为法律有不同的要求，所以生效的时间与成立的时间并不是同时发生的。

根据我国《合同法》的规定，只有具有生效要件的合同才能受到法律的保护，本案当事人就同一宗房屋买卖而订立的两个合同中，究竟哪一个合同具有法律规定的生效要件，哪一个应该受到法律保护?

第一，当事人双方都是具有民事权利能力与行为能力的成年人，按照法律规定，两人具有签订合同的主体资格，因此，只要双方就合同内容协商一致，并且合同的内容具备了合同成立的主要条款，则两人签订的合同就可以成立。本案中，两人签订的两个合同都具备合同成立的主要内容，并且，双方对合同的规定都达成了一致意见，从以上情况可以看出，两人签订的两个合同都可以成立。

第二，既然两个合同都成立，是否两个合同都已经生效了呢？我们在分析此问题时可以根据《合同法》的有关规定进行确定。合同的生效要件包括：合同已经成立；合同当事人就合同内容双方意思表示真实；合同的内容和形式都符合法律规定及社会公共利益等。

根据我国《合同法》规定：依法成立的合同，自成立时生效。法律、行政法规规定应当办理批准、登记手续生效的依照其规定。根据我国《城市房地产管理办法》的规定，房地产转让应当依法办理房地产权属登记。因此，本案中虽然当事人前后订立的两个合同都已经成立，但只有 10 月 12 日签订的合同于 2008 年 1 月 15 日办理了有关过户手续，因此，在形式上只有 10 月 12 日订立的合同才具备了生效要件。

此外，本案中我们可以从当事人于 2007 年 10 月 23 日签订的合同中看出：当事人双方于 2007 年 10 月 12 日所签订的合同并非为双方当事人的真实意思表示，当事人的真实意思是以 50 万元的价格对王平所有的两间房屋进行买卖，并非 10 月 12 日合同上所规定的 30 万元。另外，我国《合同法》第 52 条规定：恶意串通，损害国家、集体或者第三人利益；以合法形式掩盖非法目的的合同无效。当事人两人为了达到少缴税费的目的而恶意串通，损害了国家的利益；两人以合法的形式掩盖自己逃避国家税费的目的，在这种情况下，当事人于 10 月 12 日所订立的合同纵使在形式上完全具备了生效要件，但该合同应视为无效合同。

第三，在确认 30 万元合同无效的基础上，本案应该如何进行处理呢？当事人 10 月 23 日订立的合同有效成立后，由于王在提起诉讼时仍没有办理过户手续，合同在形式上仍然不具备生效要件，在这种情况下当事人的第二个合同是否也应该确定为无效呢？根据我国最高人民法院关于适用《中华人民共和国合同法》若干问题的解释(一)第 9 条规定：依照合同法第 44 条第 2 款的规定，法律、行政法规规定合同应当办理批准手续，或者办理批准、登记等手续才生效，在一审法庭辩论终结前当事人仍未办理批准手续的，或者仍未办理批准、登记等手续的，人民法院应当认定该合同未生效；法律、行政法规规定合同应当办理登记手续，但未规定登记后生效的，当事人未办理登记手续不影响合同的效力，合同标的物所有权及其他特权不能转移。据此可以认定当事人于 2007 年 10 月 23 日成立的合同是有效合同，只是由于当事人没有履行过户手续而不能将房屋的所有权有效转让给张林。本案的处理方法是：判决 30 万元的合同无效，确认 50 万元合同的效力，当事人双方应该按照 50 万元合同的规定履行各自的义务。张应当按照合同的规定支付剩余的 16 万元房款；双方当事人应当按照 50 万元的成交价格办理房屋过户手续，补交有关税费方面的差价，以保护国家利益。

第二章 担保法律制度

你可以为朋友的借贷进行担保吗？如果作为担保人，应该承担什么样的担保责任？贷款方可以直接要求你替朋友偿还贷款吗？

本章需要掌握的主要内容有：

- 担保的定义和种类
- 一般保证与连带责任保证的区别
- 什么是抵押？抵押人的权利和义务有哪些？
- 什么是动产质押？什么是权利质押？哪些权利可以进行质押？
- 什么是留置权？
- 什么是定金？

第一节 担保法律制度概述

所谓债的担保，是指法律为确保特定的债权人实现其债权，以债务人或第三人的信用或者特定财产来督促债务人履行债务的制度。它是一种依照法律规定或当事人的约定，为确保债务履行、债权实现而采取的法律措施。

债的担保可以分为人的担保、金钱担保和物的担保三种方式。所谓人的担保，是指由自然人或法人以其自身的资产和信誉为他人的债务提供担保，债务人不履行债务时，则由担保人负责清偿的担保方式；金钱担保指的是债务人在约定给付以外交付一定数额的金钱，该金钱的返还与丧失与债务履行与否联系在一起，使当事人双方产生心理压力，从而促其积极履行债务，保障债权实现的制度；而物的担保，则是指债务人或第三人以特定的财产或权利作为债务人履行债务的保障，在债务人不履行到期债务或者发生当事人约定的实现担保物权的情形时,债权人依法享有就担保财产优先受偿的权利。1995 年颁布的《中华人民共和国担保法》(以下简称《担保法》),规定了保证、抵押、质押、留置和定金五种担保方式,其中,保证属于人的担保,定金属于金钱担保,而抵押、质押和留置则属于物的担保。2007 年 10 月 1 日起实施的《中华人民共和国物权法》(以下简称《物权法》),对抵押、质押和留置三种担保物权方式单独设编予以规范,其中内容与《担保法》及《最高人民法院关于适用〈中华人民共和国担保法〉若干问题的解释》(以下简称《司法解释》)有诸多不同。

担保法的法律渊源主要包括《担保法》、《司法解释》和《物权法》。对于三个法律规范彼此间的冲突,我国《物权法》第 178 条作出了明确规定:"担保法与本法规定不一致时,适用本法。"也就是说,《担保法》将继续有效,但《物权法》关于抵押、质押和留置三种担保物权方式的规定与《担保法》和《司法解释》不一致时,优先适用《物权法》。

第二节　我国担保法律制度中的五种主要担保方式

一、保证

所谓保证,是指保证人和债权人约定,当债务人不履行债务时,保证人按照约定履行债务或者承担责任的行为。从概念中可以看出,保证法律关系由三方当事人构成:债权人、被保证人(债务人)和保证人。其中,保证人与被保证人的关系可以理解为两者的内部关系。保证人为被保证人提供保证的原因,以及保证人在被保证人到期不履行债务时,由保证人承担保证责任后,保证人向被保证人的追偿权问题等都属于该内部关系;债权人与保证人的关系可以理解为外部关系(或称为保证合同关系,因为保证的具体表现形式是保证合同),当债务人不履行到期债务时,债权人根据法律规定或约定请求保证人承担保证责任,而债务人不履行债务的理由与保证人有否关系则在所不问。

(一) 保证成立的条件

保证的成立须满足以下五个条件:

(1) 根据法律或当事人约定需要债务人提供保证。

(2) 被保证债务合法有效。保证合同在性质上是从属于主债务合同的从合同,如果主债合同的债务是因违法无效,则保证合同亦归于无效。

(3) 保证人的主体资格合格。保证人应当是除债权人以外的具有行为能力和偿债能力除债权人以外的法人、其他组织和公民。另外,国家机关除经国务院批准为使用外国政府或者国际经济组织贷款而进行转贷的情况外,不得充当保证人;学校、幼儿园、医院等以公益为目的的事业单位、社会团体不得充当保证人;企业法人的分支机构、职能部门不得充当保证人(企业法人的分支机构有法人书面授权的可以在授权范围内提供保证)。

(4) 保证人有明确的承担保证责任的意思表示,且保证人意思表示真实。如果债权人与债务人双方串通,骗取保证人提供保证或者债权人以欺诈、胁迫等手段使保证人提供保证的,保证合同无效,保证人不需承担保证责任。

(5) 保证人与债权人应当以书面形式订立保证合同。

(二) 保证的方式

保证的方式有一般保证和连带责任保证两种。

1. 一般保证

一般保证是指当事人在保证合同中约定,债务人不能履行债务时,由保证人承担保证责任的保证形式。法律规定,一般保证的保证人在主合同纠纷未经审判或者仲裁,并就债务人财产依法强制执行仍不能履行债务前,其对债权人要求的承担保证责任的请求可以拒绝。一般保证责任是在债务人自己以其所有财产承担了债务清偿责任以后才承担的一种责任,如果在对债务人财产强制执行后,债务人仍不能或不足以清偿债务,此时保证人才就该不能清偿或不足部分承担保证责任。因此,一般保证责任也可以称为补充保证责任。以上规定是保证人承担保证责任的一般性规定,此外,在下列情形下,保证人不能以主合同纠纷未经审判或者仲裁,债务人财产未依法强制执行为由拒绝承担保证责任:

(1) 债务人住所变更,致使债权人要求其履行债务发生重大困难的;

(2) 人民法院受理债务人破产案件中,中止执行程序的;

(3) 保证人以书面形式放弃前款规定的权利的。

2. 连带责任保证

连带责任保证是指当事人在保证合同中约定保证人与债务人对债务承担连带责任的保证。连带责任保证的债务人在主合同规定的债务履行期届满没有履行债务的,债权人可以要求债务人履行债务,也可以要求保证人在保证范围内承担保证责任。

根据法律对两种保证方式的规定可以看出,保证人在不同的保证方式中所处的地位也不相同,其利益由此而受到法律保护的程度也存在差异:保证人在一般保证中所处的地位比较优越,只承担补充保证责任,待法律对债务人财产进行强制执行后,保证人往往实际并不承担多大的责任;而在连带责任保证方式中,保证人所处的地位就不如一般保证有利,只要债务人不履行到期债务,保证人就与债务人处于同等地位,债权人可以就自己的未清偿债务任意提请债务人或保证人进行清偿,而实践中,债权人在债务人到期不履行债务时,往往会对保证人提出偿还债务的请求。因此,保证方式对于保证人承担的保证责任来说就显得十分重要,在签订保证合同时必须认真对待,明确保证方式:即保证人以何种保证方式承担保证责任,保证人与债权人在订立保证合同时应明确约定。我国《担保法》规定,如果当事人对保证方式没有约定或者约定不明的,按照连带责任保证承担保证责任。

(三) 保证责任的期间

保证人只在保证的有效期间内承担责任。当事人可以在保证合同中约定保证责任的期间,如果没有约定这个期间的,一般保证和连带责任保证的保证期间均为主债务履行期届满之日起 6 个月。保证责任期间是一个除斥期间,期间届满,保证人的保证责任即解除。

二、抵押

(一) 抵押的概念

抵押是指为担保债务的履行,债务人或者第三人不转移财产的占有,将该财产抵押给债权人,债务人不履行到期债务或者发生当事人约定的实现抵押权的情形,债权人有权就该财产优先受偿的一种担保方式。债务人或者第三人为抵押人,债权人为抵押权人,提供担保的财产为抵押财产。

(二) 抵押权的设立

设立抵押权须经过以下三个步骤。

1. 债务人或愿意为债务人提供抵押财产的第三人有适合抵押的财产

根据我国《物权法》规定,下列财产可以作为抵押物:

(1) 建筑物和其他土地附着物;

(2) 建设用地使用权;

(3) 以招标、拍卖、公开协商等方式取得的荒地等土地承包经营权;

(4) 生产设备、原材料、半成品、产品;

(5) 正在建造的建筑物、船舶、航空器；

(6) 交通运输工具；

(7) 法律、行政法规未禁止抵押的其他财产。

抵押人可以将前款所列财产一并抵押。

同时，该法还规定，下列财产不可抵押：

(1) 土地所有权；

(2) 耕地、宅基地、自留地、自留山等集体所有的土地使用权，但法律规定可以抵押的除外；

(3) 学校、幼儿园、医院等以公益为目的的事业单位、社会团体的教育设施、医疗卫生设施和其他社会公益设施；

(4) 所有权、使用权不明或者有争议的财产；

(5) 依法被查封、扣押、监管的财产；

(6) 法律、行政法规规定不得抵押的其他财产。

与《担保法》仅允许在依法可抵押的财产上设立抵押相比，《物权法》大大地增加了可抵押财产的种类，所允许抵押的财产包括所有法律、行政法规未禁止抵押的财产。

2. 订立抵押合同

设立抵押权必须由债权人与债务人或者同意为债务人提供抵押财产的第三人签订书面抵押合同。抵押合同可以单独订立，也可以采取在主债权合同上以载明抵押条款的方式订立。无论当事人以何种方式订立抵押合同，其所订立的抵押合同都应是书面形式，并且，当事人不得在合同中预先约定：当债务人到期不履行债务时，抵押财产转移为债权人所有。

抵押合同一般包括以下条款：被担保债权的种类和数额；债务人履行债务的期限；抵押财产的名称、数量、质量、状况、所在地、所有权归属或者使用权归属；担保的范围以及当事人认为需要明确的其他事项。

3. 抵押登记

按照我国《物权法》的规定，以建筑物和其他土地附着物、建设用地使用权，以招标、拍卖、公开协商等方式取得的荒地等土地承包经营权，及正在建造的建筑物、船舶、航空器进行抵押的，都必须办理抵押物登记，抵押权自登记时设立。

当事人以上述财产以外的其他财产抵押的，可以自愿办理抵押物登记，也可以不办理抵押物登记，抵押合同自成立时生效，抵押权自抵押合同生效时设立。当事人未办理抵押物登记的，其抵押权不发生对抗第三人的效力，也就是说，在抵押人将抵押物出卖给第三人时，由于抵押权未进行登记，抵押权人不能以抵押物上设定了抵押权为由向该买受抵押物的第三人行使追索权。

（三）抵押合同当事人的主要权利

1. 抵押人的权利

由于抵押权是一种物权，物权具有占有、使用、收益和处分权能。抵押人在对自己的财产没有设定抵押权时，其对自己财产拥有以上完整的四项权能。但抵押人在其财产上设定了抵押权后，其所拥有的物权在行使时便受到了限制。由于抵押权是一种不转移占有的物权，这种物权使抵押物的价值与使用价值进行分离：以抵押物的价值设定抵押权，抵押人占有抵押物，就抵押物的使用价值进行利用，所以，其在一定的范围内，还可以享有有关的使用、收益和处分权利，这些权利的享有主要体现在以下三个方面。

(1) 抵押人的占有权和使用权。

由于抵押不转移占有，所以抵押人在占有抵押物的基础上可以继续行使自己对抵押物的使用权，如抵押人将自己所有的房屋设定抵押，抵押人还可以继续居住在已经设定的抵押权的房屋里。

(2) 抵押人的处分权。

抵押期间，抵押人经抵押权人同意可转让抵押财产，但应当将转让所得的价款向抵押权人提前清偿债务或者提存。转让的价款超过债权数额的部分归抵押人所有，不足部分由债务人清偿。抵押人未经抵押权人同意，不得转让抵押财产，但受让人代为清偿债务消灭抵押权的除外。抵押人可以就抵押物再行设定抵押权。抵押人的抵押财产进行抵押后，抵押人可以就其财产的价值大于抵押物所承担债权的余额部分再行设立抵押权，再行抵押的价值不得超过该余额部分。

(3) 抵押物的收益权。

在抵押期间，抵押人对抵押物享有收益权。我国《物权法》规定，订立抵押合同前抵押财产已出租的，依据“买卖不破租赁”原则，原租赁关系不受该抵押权的影响，抵押人可以继续以收取房屋的租金为目的，将房屋租借给他人；抵押权设立后抵押财产出租的，该租赁关系不得对抗已登记的抵押权。这意味着，已登记的抵押财产在抵押设立后出租的，实现抵押权后，抵押财产的买受人可以解除租赁合同，承租人不得要求继续履行。

2. 抵押权人的权利

根据法律的规定，抵押权享有以下四项权利。

(1) 抵押权的处分权。

抵押权人可以根据自己的意志对抵押权进行转让，可以就抵押权设定担保，可以抛弃抵押权。抵押权人在为上述行为时，不得与债权分离而单独转让或者作为其他债权的担保。

(2) 优先受偿权。

当债务人不履行到期债务或者发生当事人约定的实现抵押权的情形,抵押权人可以与抵押人协议以抵押财产折价或者以拍卖、变卖该抵押财产所得的价款优先受偿。抵押物折价或者拍卖、变价后,其价款超过债权数额的部分归抵押人所有,不足部分由债务人清偿。

(3) 特定情形下对抵押物孳息的收益权。

债务人不履行到期债务或者发生当事人约定的实现抵押权的情形,致使抵押财产被人民法院依法扣押的,自扣押之日起抵押权人有权收取该抵押财产的天然孳息或者法定孳息,但抵押权人未通知应当清偿法定孳息的义务人的,抵押权的效力不及于该孳息。抵押权人对于收取的上述孳息应当先充抵收取孳息的费用。

(4) 抵押权的保全权。

由于抵押权人依法并不直接占有抵押物,抵押人又依法可以对抵押物进行处分,抵押人如果存有恶意或其他原因处分抵押物以致损害抵押权时,法律规定抵押权人享有对抵押权进行保全的权利。根据我国《物权法》第 193 条的规定,抵押人的行为足以使抵押财产价值减少的,抵押权人有权要求抵押人停止其行为。抵押财产价值减少的,抵押权人有权要求恢复抵押财产的价值,或者提供与减少的价值相应的担保。抵押人不恢复抵押财产的价值也不提供担保的,抵押权人有权要求债务人提前清偿债务。

(四) 抵押权的实现

抵押权的实现是指抵押权人行使抵押权,以抵押物的价值优先偿还其债权的行为。当债务人不履行到期债务或者发生当事人约定的实现抵押权的情形时,抵押权人可以与抵押人协议以抵押财产折价或者以拍卖、变卖该抵押财产所得的价款优先受偿。协议损害其他债权人利益的,其他债权人可以在知道或者应当知道撤销事由之日起一年内请求人民法院撤销该协议。

抵押权人与抵押人未就抵押权实现方式达成协议的,抵押权人可以请求人民法院拍卖、变卖抵押财产。抵押财产折价或者变卖的,应当参照市场价格。

三、质押

(一) 质押的概念

质押是指为了担保债权的实现,债务人或第三人将其动产或权利移交债权人占有,在债务人不履行到期债务或者发生当事人约定的实现质权的情形时,债权人就其占有的动产或权利的价值优先清偿其债权的一种担保方式。享有质权的债权人是质权人,为提供担保而移交财产或权利的人是出质人,出质人所提供的标的物为质物。

(二)质押的方式

从质押的定义可以看出,质押有两种方式:一种是以转移动产的占有为担保的质押方式,即动产质押;另一种是以转移权利的占有为担保的质押方式,即权利质押。

1. 动产质押

(1) 动产质押的概念。

动产质押是指为担保债务的履行,债务人或者第三人将其动产出质给债权人占有的,债务人不履行到期债务或者发生当事人约定的实现质权的情形,债权人有权就该动产优先受偿。

(2) 动产质押合同。

当事人设立动产质押,首先应当以书面形式订立质押合同。质押合同与抵押合同一样为要式合同。质押合同一般包括以下条款:

① 被担保债权的种类和数额;

② 债务人履行债务的期限;

③ 质押财产的名称、数量、质量、状况;

④ 担保的范围;

⑤ 质押财产交付的时间。

其次,必须将质物转移给质权人占有。我国《物权法》规定,质权自出质人交付质押财产时设立。同时,质权人在债务履行期届满前,不得与出质人约定债务人不履行到期债务时质押财产归债权人所有。

(3) 质押当事人的权利与义务。

① 质权人的权利与义务。

按照我国《物权法》和《担保法》的相关规定,动产质权人在质押法律关系中享有以下权利:

第一,占有质物和收取质物孳息的权利。质权人对质物的占有一般为直接占有,质权人基于对质物的占有而依法规定取得质物的孳息,如果质押合同另有规定的,从其规定。另外,质权人收取的孳息应当先充抵收取孳息的费用。

第二,保全质权的权利。保全质权的权利是指在质权的存续期间,当出现质物损坏或者价值明显减少的可能性时,质权人为保全质权标的物的价值,依法可以实施的保全质权的行为。因不能归责于质权人的事由可能使质押财产毁损或者价值明显减少，足以危害质权人权利的，质权人有权要求出质人提供相应的担保；出质人不提供的，质权人可以拍卖、变卖质押财产，并与出质人通过协议将拍卖、变卖所得的价款提前清偿债务或者提存。

第三，就质物价值优先受偿的权利。债务人不履行到期债务或者发生当事人约定的实现质权的情形，质权人可以与出质人协议以质押财产折价，也可以就拍卖、变卖质押财产所得的价款优先受偿。质押财产折价或者变卖的，应当参照市场价格。

根据我国《物权法》的相关规定，动产质权人在质押法律关系中主要承担以下义务：

第一，妥善保管质物的义务。质权人负有妥善保管质押财产的义务；因保管不善致使质押财产毁损、灭失的，应当承担赔偿责任。质权人的行为可能使质押财产毁损、灭失的，出质人可以要求质权人将质押财产提存，或者要求提前清偿债务并返还质押财产。

第二，返还质物的义务。债务人履行债务或者出质人提前清偿所担保的债权的，质权人应当返还质押财产。债务人履行债务或者出质人提前清偿所担保的债权，被质权所担保的主债权消灭，主债权消灭后，作为从债权的质权也因此而消灭。质权的消灭导致质权人对质物的占有失去了法律依据，因此质权人应当将质物返还给出质人。

② 出质人的权利与义务。

出质人依法享有如下权利：

第一，保全质物所有权的权利。在质押关系中，虽然质物的占有权归质权人行使，但质物的所有权依然归属出质人。当质物出现毁损或灭失的危险时，出质人为维护质物的安全，保全自己对质物的所有权可以依法采取一定的措施。当质权人的行为可能使质押财产毁损、灭失的，出质人可以要求质权人将质押财产提存，或者要求提前清偿债务并返还质押财产。

第二，清偿债务，取回质物的权利。由于质物是担保债权的实现而由出质人提供的转移占有的动产，所以当债务人清偿债务而消灭质押关系后，出质人可以取回质物，质权人不得拒绝。

第三，质物的损害赔偿请求权。当质权人由于保管上的过失而造成质物的毁损或灭失时，出质人有权请求质权人对造成的损失予以赔偿。

2. 权利质押

权利质押是指当事人为了担保债权的实现，以转移债务人或第三人的财产权利的占有为担保的质押行为。根据我国《物权法》的规定，以下权利可以进行质押。

(1) 债权权利质押,包括汇票、支票、本票、债券、存款单、仓单、提单。

以汇票、支票、本票、债券、存款单、仓单、提单出质的,当事人应当订立书面合同。质权自权利凭证交付质权人时设立;没有权利凭证的,质权自有关部门办理出质登记时设立。汇票、支票、本票、债券、存款单、仓单、提单的兑现日期或者提货日期先于主债权到期的,质权人可以兑现或者提货,并与出质人协议将兑现的价款或者提取的货物提前清偿债务或者提存。

(2) 基金份额、股权权利质押。

以基金份额、股权出质的,当事人应当订立书面合同。以基金份额、证券登记结算机构登记的股权出质的,质权自证券登记结算机构办理出质登记时设立;以其他股权出质的,质权自工商行政管理部门办理出质登记时设立。基金份额、股权出质后,不得转让,但经出质人与质权人协商同意的除外。出质人转让基金份额、股权所得的价款,应当向质权人提前清偿债务或者提存。

(3) 知识产权权利质押,包括依法可以转让的商标专用权,专利权、著作权中的财产权。

以注册商标专用权、专利权、著作权等知识产权中的财产权出质的,当事人应当订立书面合同。质权自有关主管部门办理出质登记时设立。知识产权中的财产权出质后,出质人不得转让或者许可他人使用,但经出质人与质权人协商同意的除外。出质人转让或者许可他人使用出质的知识产权中的财产权所得的价款,应当向质权人提前清偿债务或者提存。

(4) 应收账款质押。

以应收账款出质的,当事人应当订立书面合同。质权自信贷征信机构办理出质登记时设立。应收账款出质后,不得转让,但经出质人与质权人协商同意的除外。出质人转让应收账款所得的价款,应当向质权人提前清偿债务或者提存。

(5) 依法可以质押的其他权利。

权利质押关系中当事人的权利义务与动产质押中当事人的权利义务相当。除了有关质押的标的、质押合同生效时间等问题由《物权法》进行专门规定以外,权利质押的其他问题都适用《物权法》中有关动产质押的规定。

四、留置

(一) 留置的概念

留置是指依照法律的规定,债权人按照合同约定占有债务人的动产,债务人不按照合同约定的期限履行债务的,债权人有权依法留置该财产,以该财产折价或者以拍卖、变卖该财产的价款优先受偿的一种担保方式。留置这种担保方式与其他几种担保方式不同，其他担保方式由当事人的约定而产生，而当事人要以留置方式担保债权的实现，则不能以当事人的约定为基础，必须依照法律的有关规定进行。

我国《物权法》第 230 条规定，债务人不履行到期债务，债权人可以留置已经合法占有的债务人的动产，并有权就该动产优先受偿。债权人留置的动产，应当与债权属于同一法律关系，但企业之间留置的除外。法律规定或者当事人约定不得留置的动产，不得留置。

根据前述规定可以看出，所谓留置权，是指按照合同约定占有债务人财产的债权人，在债务人不按期履行合同债务的条件下，享有的留置其占有物以保证其债权实现的担保物权。在留置法律关系中，享有留置权的债权人是留置权人，留置权人留置的财产是留置物。

(二) 留置权人的权利和义务

1. 留置权人的权利

依照我国《物权法》的规定，留置权人享有如下权利。

(1) 留置标的物。

债务人不履行到期债务，债权人依法可以留置债务人根据与债权的合同而提交给债权人的标的物，并有权拒绝债务人关于返还标的物的请求。留置标的物为可分物的，债权人所留置的标的物的价值应当相当于其所担保的债务的金额，其余剩余部分应当交还债务人。债权人可以在其债权受到全部清偿前继续占有债务人财产的权利，以迫使债务人履行债务。另外，在以下情况下，债务人不履行到期债务，而债权人也不能留置其依照合同占有的债务人的标的物：

① 留置物是双方事先约定不得留置的动产；

② 留置债务人的财产违反社会公德；

③ 留置财产与债权人应承担的义务相抵触。

(2) 收取留置物孳息的权利。

基于对留置物的占有权，留置权人有权收取留置物的孳息。这里所称的孳息是指留置物的天然孳息；若债权人要收取留置物的法定孳息，由于涉及留置物的处分权问题，应当经过债务人的同意。收取的孳息应当先充抵收取孳息的费用。

(3) 请求偿还留置物保管费用的权利。

债权人因保管留置物所支出的必要费用应当由债务人承担，债权人有权就此支出向债务人请求偿还。

(4)就留置物价值优先受偿的权利。

留置权人与债务人约定的或法定的留置财产后的债务履行期间届满后，债务人逾期未履行债务的,留置权人可以与债务人协议以留置财产折价,也可以就拍卖、变卖留置财产所得的价款优先受偿。留置财产折价或者变卖的,应当参照市场价格。

2. 留置权人的义务

留置权人负有的义务如下:

(1) 妥善保管留置物的义务。

留置权人应当按照诚实信用的原则妥善保管留置物。因保管不善而使留置物毁损或者灭失的,留置权人应当承担赔偿责任。若留置物的毁损或灭失是由于不可抗力或意外事故所致的风险造成,则留置物的有关损失应由债务人承担。

(2) 返还留置物的义务。

债务人清偿债务后,债权人的留置权消灭;或者留置权虽未消灭,但债务人提供了另外的担保时,留置权人应当将留置物返还债务人。

五、定金

定金是指合同当事人为了确保合同的履行,依据法律规定或者当事人双方的约定,由当事人一方在合同订立时或合同成立后至履行前的时期内,预先给付对方当事人一定数额的金钱或其他有价物。

我国《担保法》对定金的使用作了如下规定:

(1) 当事人可以约定一方向对方给付定金作为债权的担保。债务人履行债务后,定金应当抵作价款或者收回。给付定金的一方不履行约定的债务的,无权要求返还定金;收受定金的一方不履行约定的债务的,应当双倍返还定金。

(2) 定金应当以书面形式约定。当事人在定金合同中应当约定交付定金的期限。定金合同从实际交付定金之日起生效。

(3) 定金的数额由当事人约定,但不得超过主合同标的数额的20%。

本章小结

本章简单介绍了担保的五种类型:保证、抵押、质押、留置和定金。其中,保证的担保形式适用得最为广泛,当事人在订立借贷、买卖、货物运输、加工承揽等合同时,只要符合法律要求的保证人愿意为债务人充当保证人,在不违反法律规定的前提下,保证都可以成立;抵押合同是将抵押物的使用价值与价值分开使用的完美结合,抵押人所有或有处分权的不动力和大型动产可以因为其占有的不转移,丝毫不影响抵押人或第三人对抵押物的继续占有及使用。抵押作为一种典型的担保形式被广泛应用;质押由于可以将有关的财产权利作为质押物,这种担保形式较其他担保形式来更具有灵活性;留置是五类担保方式中唯一的种法定担保方式;定金因为其具有的多重功能而被广泛地运用于买卖合同之中。由于各种担保类型各具特点,当事人在选择适合自己情况的担保类型时,对自己承担的担保责任应该有一个充分的认识,以确保合同纠纷发生时能运用法律最大限度地保护自己应有的权利。

本章思考题

1. 根据我国《担保法》和《物权法》的规定,在保证、抵押、质押、留置和定金五种担保方式中,担保人承担的担保责任范围应该各为什么?

2. 房地产抵押应具备什么条件?

思考题解答

1. 答:根据我国《担保法》和《物权法》的规定,在保证、抵押、质押、留置和定金五种担保方式中,担保人承担的担保责任范围如下:

(1) 保证担保的范围包括:主债权及利息、违约金、损害赔偿金和实现债权的费用。保证合同另有约定的,按照约定。

(2) 抵押担保的范围包括:主债权及利息、违约金、损害赔偿金和实现抵押权的费用。抵押合同另有约定的,按照约定。

(3) 质押担保的范围包括主债权及利息、违约金、损害赔偿金、质物保管费用和实现质权的费用。质押合同另有约定的,按照约定。

(4) 留置担保的范围包括主债权及利息、违约金、损害赔偿金、留置物保管费用和实现留置权的费用。

(5) 定金的数额由当事人约定,但不得超过主合同标的额的20%。给付定金的一方不履行约定债务的,无权要求返还定金;收受定金的一方不履行约定债务的,应当双倍返还定金。

2. 答:第一,根据我国有关法律的规定,在进行房地产抵押时,抵押人应具备以下条件:

(1) 完全拥有该抵押的房地产,取得合法的房地产权凭证;共有产权时,应取得其他产权人的同意;用期房进行抵押时,抵押人应具备预售合同和相应的付款凭证;以在建工程进行抵押时的,抵押人应具有土地使用证和建筑承包合同。

(2) 可以进行抵押的房地产属于非文物、保护性建筑,未冻结的,也非其他限制性房地产。

(3) 抵押人具有相应的民事行为能力。

第二，抵押权人应具备的条件是：

(1) 具有相应的民事行为能力；

(2) 法人与法人、个人之间的抵押应符合中国人民银行有关金融管理的规定；

(3) 期房或在建工程的抵押权人应为银行。

案例与点评

案例一

某地乡镇企业因购置设备需向银行贷款人民币30万元。为了保证该乡镇企业能够按时还款，贷款银行要求该企业提供担保。该企业以自己仅有的工具车一辆(价值人民币10万元)进行抵押，考虑到该工具车的价值不足30万元，为了提高自己的信用，另要求该地乡政府充当保证人为其贷款提供担保。乡政府出于对乡镇企业的扶持，同意充当保证人，并与银行签订的书面保证合同。

由于该乡镇企业经营不当，当贷款到期后，该企业所有的财产仅能归还15万元贷款，其余款项及利息均无力偿还。为此，贷款银行向法院提起诉讼，要求由乡政府承担连带清偿责任。

试问：

1. 该乡政府是否应为该乡镇企业的贷款承担连带清偿责任？为什么？

2. 法院对此案应如何处理？

3. 如果本案中，保证人不是该乡政府而是某依法成立的一有限责任公司，本案又该如何处理？

案例点评

本案涉及保证人的主体资格及担保物权与保证并存时的债务清偿问题。

根据我国《担保法》的规定，保证人应当是具有行为能力和偿债能力除债权人以外的法人、其他组织和公民。国家机关除经国务院批准为使用外国政府或者国际经济组织贷款而进行转贷的情况外，不得充当保证人；学校、幼儿园、医院等以公益为目的的事业单位、社会团体不得充当保证人；企业法人的分支机构、职能部门不得充当保证人。因此，本案中，

1. 乡政府不应承担连带责任。因为乡政府是国家机关，国家机关不能成为保证人，因此，乡政府的保证行为无效，其不应承担连带保证责任。

2. 法院对于本案的处理应是：对该乡镇企业进行抵押的工具车进行拍卖或变卖，用其所得价款对银行的贷款进行清偿；不足清偿的部分，由乡镇企业通过其他方式继续清偿，包括由银行提出向法院提出申请，要求宣告该乡镇企业破产，对企业的财产进行破产清算，以偿还银行贷款等方式。

3. 如果本案保证人不是乡政府而是某依法成立的一有限责任公司，由于有限责任公司是依法成立的法人，其具有保证人应当具备的行为能力和偿债能力，因此应当承担保证责任。我国《物权法》第 176 条规定："被担保的债权既有物的担保又有人的担保的，债务人不履行到期债务或者发生当事人约定的实现担保物权的情形，债权人应当按照约定实现债权；没有约定或者约定不明确，债务人自己提供物的担保的，债权人应当先就该物的担保实现债权；第三人提供物的担保的，债权人可以就物的担保实现债权，也可以要求保证人承担保证责任。"因此，当该乡镇企业不能清偿债务时，贷款银行应首先按照其与乡镇企业的约定实现债权；如果双方未作约定的，由于抵押物是由债务人乡镇企业自己提供的，因此，贷款银行应当先就该抵押物的价值优先受偿，不足部分再要求保证人有限责任公司承担。

案例二

2005 年 3 月，刘明因经营需要向王洪借款 4 万元，双方为此订立了书面借款合同，合同中约定还款期为 2 年，合同同时还载明，李万作为保证人保证刘明到期归还借款。2006 年 4 月，刘明提前归还王洪借款 2 万元。2006 年 6 月，刘明又因急需资金，向王洪借款 4 万元，双方约定：此次借款与前次剩下的借款到期一并还清。关于此次借款行为，双方均未告知李万。2 年还款期届满时，刘明因经营不善，无力偿还所欠 6 万元借款。王洪在此情形下请求保证人李万偿还借款 6 万元。

试问：

1. 李万是否对 6 万元借款负有偿还责任？
2. 李万应当偿还的数额为多少？
3. 李万在偿还借款后，可否向刘明进行追索？

案例点评

本案涉及的主要问题是保证合同中保证人承担保证责任的方式问题及保证人与被保证之间的追索权问题。我国《担保法》规定：当事人对保证方式没有约定或者约定不明确的，按照连带责任保证承担保证责任。保证人承担保证责任后，有权向债务人追偿。根据上述规定，本案的处理方法如下：

1. 李万对刘明所欠王洪的6万元借款只承担部分偿还责任。原因如下:

刘明与王洪第一次签订借款合同时,李万作为保证人其与王洪的保证合同也有效成立。由于李万与王洪并没有在书面保证合同中约定李所承担的保证责任的承担方式,根据《合同法》第19条的规定,李万所承担的保证责任为连带责任保证。因此,就该次签订的借款合同而言,如果刘明到期不偿还王的4万元借款,李万对此4万元借款承担连带清偿责任。但本案中,刘明于1996年4月在还款期并未截止的情况下,提前归还了借款2万元,则此2万元的归还行为对李万也是有效的,李万的保证责任也由4万元减少到了2万元。至于刘明的第二次借款行为,由于李万根本不知道,那么,刘与王两人第二次达成的借款协议应当视为两人的另外一个新的借款合同,该借款合同并没有保证人,与李万根本就不相干。因此,李不应该对第二次借款的4万元负偿还责任。

2. 如前所述,李万只应当对王洪的欠款承担2万元的保证责任。

3. 根据《担保法》第31条的规定,李万偿还王洪2万元借款后,可以向刘明进行追索,向刘明要求偿还人民币2万元。

第三章 金融法律制度

第一节 银行法律制度

我们平时经常会和银行打交道，那你是否知道银行分几种？是否所有银行都能承办个人业务？

本节需要掌握的主要内容有：

- 中国人民银行的法律地位及职能
- 中国人民银行的业务
- 商业银行的设立条件及业务范围

一、中国人民银行法

（一）中国人民银行的概念和法律地位

中国人民银行是我国制定和实施货币政策、调节货币流通与信用活动、对金融业进行宏观调控的国家金融行政机关。

《中华人民共和国中国人民银行法》(以下简称《中国人民银行法》)第2条规定:"中国人民银行是中华人民共和国的中央银行。中国人民银行在国务院领导下,制定和执行货币政策,防范和化解金融风险,维护金融稳定。"中国人民银行是代表国家进行金融管理和金融调控的特殊的金融机构,是我国金融活动的中心,处于金融组织体系的最高地位。中国人民银行的全部资本由国家出,属国家所有。

在隶属关系上,中国人民银行直属国务院领导,但同时接受国家权力机关的指导和监督。

中国人民银行在国务院领导下依法独立制定和实施货币政策,履行职责,开展业务,同时不与政府财政、地方政府和政府部门发生信贷关系,以保证中国人民银行的独立性。

我国《中国人民银行法》于 1995 年 3 月 18 日第八届全国人大第三次会议通过,2003 年 12 月,第十届全国人大常委会第六次会议对该法作了修改。

(二) 中国人民银行的职能

1. 发行的银行

中国人民银行是全国唯一拥有货币发行垄断权的银行,我国的法定货币是人民币。根据《中国人民银行法》的规定,人民币由中国人民银行统一印制和发行。中国人民银行可以通过货币发行调节货币的供应量和流通量,稳定货币币值。

2. 政府的银行

中国人民银行作为政府的银行,与政府有着密切的联系。一方面,中国人民银行代表政府制定和执行货币政策,对国民经济进行宏观调控;另一方面,中国人民银行对政府提供服务,如代理国库、经营国家外汇储备和黄金储备、代表政府从事国际金融活动、充当政府的金融政策顾问等。

3. 银行的银行

中国人民银行对商业银行和其他金融机构开展业务,包括要求银行业和金融机构按规定比例交存存款准备金、向商业银行提供贷款、办理再贴现、提供清算服务等。

4. 金融监管的银行

《中国人民银行法》第 31 条规定:"中国人民银行依法监测金融市场的运行情况,对金融市场实施宏观调控,促进其协调发展。"这就规定了中国人民银行对金融监管的职能。但中国人民银行不是对银行业金融机构的日常性监管,而是以强化宏观调控、防范和化解金融风险、维护宏观金融稳定为目的的,以市场为主要对象的功能性监管①。

(三) 中国人民银行的组织机构

1. 行长

中国人民银行实行行长负责制,设行长一人,副行长若干人协助行长工作。行

① 朱崇实,《金融法教程》(第二版),法律出版社,2005 年,第 32 页。

长由国务院总理提名，由全国人民代表大会或其常务委员会决定，由国家主席任免；副行长由国务院总理任免。

2. 货币政策委员会

货币政策委员会是中国人民银行设立的法定咨询性机构，其目的是为了有助于国家货币政策的正确制定。由于货币政策委员会组成单位的调整、委员的任免均由国务院决定，所以货币政策委员会虽然是中国人民银行的内设机构，但仍具有一定的独立性，其职责是在综合分析宏观经济形势的基础上，依据国家的宏观经济调控目标，讨论货币政策的制定，调整一定时期内的货币政策控制目标、货币政策工具的运用、有关货币政策的重要措施、货币政策与其他宏观经济政策的协调事项，并提出建议。

3. 职能部门和分支机构

中国人民银行的职能部门是中国人民银行为履行职责而设立的内部机构。

分支机构是中国人民银行的派出机构，接受总行的统一领导和管理。分支机构根据中国人民银行的授权，维护辖区的金融稳定，承办有关业务①。

（四）中国人民银行的业务

1. 货币政策工具

货币政策工具是指中国人民银行为实现货币政策目标，在执行货币政策时根据国民经济宏观调控的要求所采取的措施或手段。中国人民银行通过运用货币政策工具控制货币供应量和信用量，影响消费、投资的方向、结构和规模，实现货币政策目标。

根据《中国人民银行法》第 23 条的规定，中国人民银行为了执行货币政策，可以运用以下货币政策工具：

(1) 存款准备金。这是指金融机构按照中国人民银行规定的比率，在其吸收的存款总额中依法缴存中央银行的存款。

(2) 基准利率。利率是利息占本金的比率，基准利率是中央银行对商业银行等金融机构存款、贷款的利率，在利率体系中居于核心地位。

(3) 再贴现。这是指银行业金融机构以未到期的贴现票据向中央银行的贴现，再贴现的对象是在中国人民银行及其分支机构开立存款账户的银行业金融机构。

(4) 再贷款。这是指中国人民银行在符合货币政策目标的前提下，向商

---

① 中国人民银行根据履行职责需要设立分支机构的原则，按经济区域和金融业务量的大小，在沈阳、天津、济南、上海、南京、武汉、广州、西安、成都设立了 9 个跨省、自治区、直辖市分行。

业银行提供的短期贷款。目前,再贷款是我国中央银行最重要的货币政策工具。

(5) 公开市场业务。这是指中国人民银行为实现货币政策目标,公开买卖国债和其他政府债券、金融债券及外汇,以调节货币供应量的行为。

(6) 国务院确定的其他货币政策工具。

2. 经理国库和清算服务

国库即国家金库,是负责办理国家预算资金的收入和支出的机构。我国实行委托国库制①,经理国库是中国人民银行的法定职责。国库机构按照国家财政管理体制设立,原则上,一级财政设立一级国库。

清算是银行之间对相互代收、代付票据,按照规定的时间通过票据交换所集中进行的交换并清偿资金的制度。提供清算服务既是中国人民银行的业务,也是其职责。中国人民银行的清算业务包括组织清算系统、协调清算事项和提供清算服务三个方面。因此,银行业金融机构之间的应收、应付款项都可以通过中国人民银行转账结算,这就形成了以中央银行为中心的清算系统。

3. 禁止性业务

《中国人民银行法》对中国人民银行的业务作了以下禁止性规定:

(1) 不得向金融机构账户透支;

(2) 不得向政府财政透支;

(3) 不得向地方政府和各级政府部门提供贷款;

(4) 不得向非银行金融机构提供贷款;

(5) 不得向单位和个人提供贷款;

(6) 不得向任何单位和个人提供担保。

4. 金融监督管理业务

《中国人民银行法》第 32 条规定,中国人民银行对与其制定和执行货币政策、开展业务、从事金融服务等相关的金融机构、其他单位和个人的下列行为进行检查、监督:

(1) 执行有关存款准备金管理规定的行为;

(2) 与中国人民银行特种贷款有关的行为;

(3) 执行有关人民币管理规定的行为;

(4) 执行有关银行间同业拆借市场、银行间债券市场管理规定的行为;

(5) 执行有关外汇管理规定的行为;

(6) 执行有关黄金管理规定的行为;

---

① 刘次邦、郑曙光,《金融法》,人民法院出版社,2004 年,第 58 页。

(7) 代理中国人民银行经理国库的行为;

(8) 执行有关清算管理规定的行为;

(9) 执行有关反洗钱规定的行为。

另外,《中国人民银行法》赋予了国务院增加规定中国人民银行职责的权力。根据国务院的相关规定,中国人民银行负责"管理信贷征信业,推动建立社会信用体系"。据此,中国人民银行成立了征信管理局,具体承办信贷征信管理工作①。

(五) 人民币

1. 我国的货币制度

货币制度是国家法律规定的货币流通的结构和组织形式。我国现行货币制度是人民币制度。人民币是中国人民银行改选的信用货币,包括纸币和硬币;人民币的单位为元,人民币辅币单位为角、分。人民币无论主币、辅币,都具有无限偿还能力,以人民币支付我国境内的一切公私债务,任何单位和个人不得拒收。

2. 人民币的法律地位

《中国人民银行法》第 16 条规定:"中华人民共和国的法定货币是人民币。"这一规定表明了人民币的法律地位,它是我国境内流通、使用的唯一合法货币。我国实行独立、统一、稳定的货币政策,国家禁止金银、外币在国内市场自由流通。

但由于我国实行"一国两制",香港特别行政区和澳门特别行政区分别以港元和澳元为法定货币。此外,由于政治和历史原因,我国台湾地区流通新台币。

3. 人民币的发行

我国货币发行权集中在中国人民银行。根据《中国人民银行法》第 18 条的规定,人民币由中国人民银行统一印制、发行,其他任何单位和个人都无权发行人民币或印制、发售代币票券代替人民币在市场流通。

由于人民币的发行是基础货币的投放,它直接关系到我国货币币值的稳定,关系到整个国民经济的稳定,所以,我国人民币发行遵循集中统一发行、经济发行和计划发行三大原则,以保障正常的货币金融秩序。

4. 人民币的管理

根据《中国人民银行法》的规定,对人民币的管理主要包括发行管理、兑换回收

---

① 朱崇实,《金融法教程》(第二版),法律出版社,2005 年,第 33 页。

管理和流通管理等。

二、商业银行法

（一）商业银行法概述

1. 商业银行的概念

商业银行是依照《中华人民共和国商业银行法》(以下简称《商业银行法》)和《中华人民共和国公司法》(以下简称《公司法》)设立的吸收公众存款、发放贷款和办理结算等业务的企业法人。

商业银行是以金融资产和负债为经营对象,以利润最大化或股东收益最大化为主要目标,提供多样化服务的综合信用中介机构,是金融企业的一种。相比于其他金融机构和一般企业法人,商业银行具有以下特征:

(1) 商业银行是以营利为目的的企业法人。以营利为目的是商业银行区别于中央银行和政策性银行的主要特点。

(2) 商业银行是具备《商业银行法》规定条件的企业法人。《商业银行法》对商业银行的设立条件作了具体而严格的规定。正因为商业银行是依照银行法成立的,所以在名称中使用“银行”字样,这是商业银行与非银行金融机构的区别。

(3) 商业银行以经营吸收公众存款、发放贷款和办理结算业务为主体业务。这是商业银行区别于主要从事投资业务的投资银行的特点。

(4) 商业银行是按照公司制度建立的企业法人。《商业银行法》规定,商业银行的组织形式适用《公司法》的规定。商业银行可以是有限责任公司,也可以是股份有限公司。

2. 商业银行法的概念

商业银行法是调整商业银行的组织及其业务经营的法律规范的总称。我国《商业银行法》于 1995 年 5 月 10 日第八届全国人民代表大会常务委员会第十三次会议上通过,2003 年 12 月 27 日第十届全国人民代表大会常务委员会第六次会议作了修改,已于 2004 年 2 月 1 日起施行。

我国的商业银行法调整商业银行在设立、变更和终止及其业务活动和监督管理过程中发生的社会关系,为我国商业银行的健康发展提供了法律保证。

（二）商业银行的设立

设立商业银行,应当经国务院银行业监督管理机构审查批准,并符合以下五项条件。

1. 有符合《商业银行法》和《公司法》规定的章程。

银行章程是关于银行组织和行为的基本准则，银行章程一经有关部门批准，即产生法律效力。商业银行的章程应当符合《商业银行法》和《公司法》的规定。

2. 有符合《商业银行法》规定的注册资本最低限额。

注册资本是指银行在有关部门登记的资本总额，既是银行经营所需要的资本，又是银行对外承担民事责任的保障。我国《商业银行法》规定，设立全国性商业银行的注册资本最低限额为10亿元人民币；设立城市商业银行的注册资本最低限额为1亿元人民币；设立农村商业银行的注册资本最低限额为5 000万元人民币；注册资本应当是实缴资本。

3. 有具备任职专业知识和业务工作经验的董事和高级管理人员。

银行是一种特殊企业，它经营的对象不是一般商品，而是货币这种特殊商品。因此，银行必须具备懂得金融专业知识、熟悉银行业务且拥有丰富工作经验的金融管理人员，否则就不能有效地开展经营活动。2000年中国人民银行《金融机构高级管理人员任职资格管理办法》规定，担任金融机构高级管理职务的人员，应接受和通过中国人民银行任职资格审核。

4. 有健全的组织机构和管理制度。

商业银行的组织机构是指实施银行决策、经营管理和监督稽核的银行内部组织系统。健全的组织机构和管理制度是商业银行有效经营的组织保证。

5. 有符合要求的营业场所、安全防范措施和与业务有关的其他设施。

没有经营场所，银行就无法从事经营活动。所以，设立银行必须具有固定的、符合要求的营业场所。营业场所必须具有防盗、报警、通讯和消防等安全防范设施和安全防范的规章、制度，以及与业务有关的其他设施，如电子计算机等。

（三）商业银行的业务

1. 商业银行的业务经营原则

(1) 安全性原则。即要使商业银行的资产尽可能地免遭或降低风险，使其经营保持长期稳定，保证各方利益不受损失。由于商业银行自有资本所占比重很小，主要依赖负债经营，因此，资产的安全性主要是通过对风险的防范和控制来实现的。

(2) 流动性原则。即银行资金的流动和融通，能够随时应付客户的提存和借款的需求。对于银行来讲，保持资金的流动性十分重要。银行的大部分资金是通过存款吸纳的，存款人随时可能取款，而资金不贷出去又很难创造效益，因此，保证资金的周转和流动，才能服务好客户并保证其信用。

(3) 效益性原则。即强调经济效益，也就是银行的盈利性。获取利润是商业银行经营所追求的目标，银行只有盈利才可以增加银行自身的经营实力，提高银行的信用，更好地服务于社会。

商业银行安全性、流动性和效益性的经营原则有其内在的逻辑关系，只有在保证安全性和流动性的基础上才能争取更大的效益性①。

2. 商业银行业务的种类

(1) 负债业务。这是商业银行资金来源的重要渠道之一，其主要方式是接受存款。在负债业务中，商业银行是债务人，融资或投资者是债权人。《商业银行法》规定，办理个人储蓄存款业务，应当遵循存款自愿、取款自由、存款有息和为存款人保密的原则。对于个人储蓄存款和单位存款，商业银行有权拒绝任何单位或个人查询、冻结或扣划，但法律另有规定的除外。此外，商业银行应当按照中国人民银行规定的存款利率的上下限，确定存款利率，并予以公告；应当保证存款本金和利息的支付，不得拖延或拒绝支付存款本金和利息。

(2) 资产业务。这代表了银行对资金的运用，其主要方式是银行贷款。在资产业务中，商业银行是债权人，借款人是债务人。商业银行贷款，应当与借款人订立书面信贷合同。信贷合同是贷款人将货币借给借款人，借款人按期归还贷款并支付规定利息的协议，它是表现信贷业务的法律形式。商业银行应当按照中国人民银行规定的贷款利率的上下限，确定贷款利率。但商业银行不得向关系人发放信用贷款，向关系人发放担保贷款的条件不得优于其他借款人同类贷款的条件；商业银行也有权拒绝任何单位和个人要求其发放贷款或者提供担保。

(3) 中间业务。这是指不构成商业银行表内资产、表内负债，形成银行非利息收入的业务。经营此类业务时，商业银行并不运用自有资金或借入的资金，也就是说这种业务并不引起资产与负债比例变化。商业银行既不是债权人，也不是债务人，而是代理人或者中介人。我国《商业银行法》规定了下列中间业务：办理国内外结算，发行金融债券，代理发行、代理兑付，承销政府债券，买卖和代理买卖外汇，提供信用证服务及担保，代理收付款项及代理保险业务，提供保险箱服务等。

（四）法律责任

1. 商业银行的法律责任

(1) 商业银行无故拖延、拒绝支付存款本金和利息等给存款人或其他客户，造

---

① 王胜明，《中华人民共和国商业银行法释义》，法律出版社，2004年，第12页。

成损害的,应当承担迟延履行的利息及其他民事责任,由国务院银行业监督管理机构责令改正。有违法所得的,没收违法所得;违法所得 5 万元以上的,并处违法所得 1 倍以上 5 倍以下罚款;没有违法所得或者违法所得不足 5 万元的,处 5 万元以上 50 万元以下罚款。

(2) 违反国家规定从事信托投资和证券经营业务、向非自用不动产投资或者向非银行金融机构和企业投资,向关系人发放信用贷款或者发放担保贷款的条件优于其他借款人同类贷款条件的,由国务院银行业监督管理机构责令其改正。有违法所得的;没收违法所得;违法所得 50 万元以上的,并处违法所得 1 倍以上 5 倍以下罚款;没有违法所得或者违法所得不足 50 万元的,处 50 万元以上 200 万元以下罚款;情节特别严重或者逾期不改正的,可以责令其停业整顿或者吊销其经营许可证;构成犯罪的,依法追究其刑事责任。

(3) 拒绝或者阻碍中国人民银行检查、监督,或提供虚假的、隐瞒重要事实的财务会计报告、报表和统计报表,或未按照中国人民银行规定的比例交存存款准备金的,由中国人民银行责令其改正,并处 20 万元以上 50 万元以下罚款。情节特别严重或者逾期不改正的,中国人民银行可以建议国务院银行业监督管理机构责令其停业整顿或者吊销其经营许可证;构成犯罪的,依法追究其刑事责任。

2. 商业银行工作人员的法律责任

(1) 商业银行工作人员利用职务上的便利,索取、收受贿赂或者违反国家规定收受各种名义的回扣、手续费,构成犯罪的,依法追究其刑事责任;尚不构成犯罪的,应当给予其纪律处分。

(2) 商业银行工作人员利用职务上的便利,贪污、挪用、侵占本行或者客户资金,构成犯罪的,依法追究其刑事责任;尚不构成犯罪的,应当给予其纪律处分。

(3) 商业银行工作人员违反本法规定玩忽职守造成损失的,应当给予其纪律处分;构成犯罪的,依法追究其刑事责任。违反规定徇私向亲属、朋友发放贷款或者提供担保造成损失的,应当承担全部或者部分赔偿责任。

(4) 商业银行工作人员泄露在任职期间知悉的国家秘密、商业秘密的,应当给予其纪律处分;构成犯罪的,依法追究其刑事责任。

(5) 商业银行违反《商业银行法》规定的,国务院银行业监督管理机构可以区别不同情形取消其直接负责的董事、高级管理人员一定期限直至终身的任职资格;禁止直接负责的董事、高级管理人员和其他直接责任人员一定期限直至终身从事银行业工作。

3. 其他机构、人员的法律责任

(1) 未经批准在名称中使用“银行”字样、未经批准购买商业银行股份总额 5%

以上以及将单位资金以个人名义开立账户存储的，由国务院银行业监督管理机构责令其改正。有违法所得的，没收违法所得；违法所得5万元以上的，并处违法所得1倍以上5倍以下罚款；没有违法所得或者违法所得不足5万元的，处5万元以上50万元以下罚款。

(2) 未经国务院银行业监督管理机构批准擅自设立商业银行，或者非法吸收公众存款及变相吸收公众存款构成犯罪的，依法追究其刑事责任，并由国务院银行业监督管理机构予以取缔。伪造、变造、转让商业银行经营许可证构成犯罪的，依法追究其刑事责任。

(3) 单位或者个人强令商业银行发放贷款或者提供担保的，应当对直接负责的主管人员和其他直接责任人员或个人给予纪律处分；造成损失的，应当承担全部或者部分赔偿责任①。

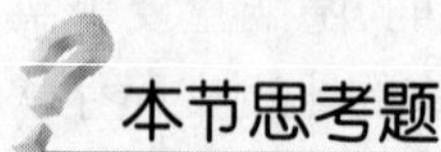

本节思考题

1. 中国人民银行的职能是什么？
2. 中国人民银行的禁止性业务有哪些？
3. 商业银行的设立条件是什么？
4. 商业银行的业务经营原则有哪些？
5. 商业银行的业务种类。

思考题解答

1. 答：(1) 发行的银行；(2) 政府的银行；(3) 银行的银行；(4) 金融监管的银行。

2. 答：《中国人民银行法》对中国人民银行的业务作了以下禁止性规定：

(1) 不得向金融机构账户透支；

(2) 不得向政府财政透支；

(3) 不得向地方政府和各级政府部门提供贷款；

(4) 不得向非银行金融机构提供贷款；

(5) 不得向单位和个人提供贷款；

(6) 不得向任何单位和个人提供担保。

3. 答：(1) 有符合《商业银行法》和《公司法》规定的章程；

(2) 有符合《商业银行法》规定的注册资本最低限额；

① 潘静成、刘文华，《经济法》(第二版)，中国人民大学出版社，2005年，第462页。

(3) 有具备任职专业知识和业务工作经验的董事、高级管理人员;

(4) 有健全的组织机构和管理制度;

(5) 有符合要求的营业场所、安全防范措施和与业务有关的其他设施。

4. 答:(1) 安全性原则;(2) 流动性原则;(3) 效益性原则。

5. 答:(1) 负债业务;(2) 资产业务;(3) 中间业务。

第二节　票据法律制度

什么是票据?票据上应当记载哪些事项?票据的无因性、文义性指的是什么?关于票据的背书和追索有哪些法律规定?

本节需要掌握的主要内容有:

- 票据上的记载事项
- 票据的挂失和追索

一、概述

(一) 票据的发展历史

在我国,票据印刷的历史可以追溯到唐朝。当时市场上出现的作为商人纳税凭证的"印纸"和作为存款收据的"飞钱"可以认为是票据的前身。出现于公元 11 世纪北宋时期的"交子"是中国最早出现的纸币,比欧洲最早出现的瑞典纸币要早 600 多年。

到了现代,世界法律体系大致可分英美法系和大陆法系,世界票据法体系也可分为英美法系的票据法和大陆法系的票据法。英美法系国家的票据法是以《英国票据法》为蓝本的;大陆法系国家的票据法则以《日内瓦统一法》为依据。

英国于 1882 年颁布、施行票据法,美国及大部分英联邦成员国,如加拿大、印度等都以此为参照制定本国的票据法。美国在 1952 年制定《统一商法法典》,其中第三章"商业证券",即是关于票据的法律规定,也就是美国的票据法,它在英美法系国家的票据法中也具一定的代表性和影响力。美国和其他英联邦国家的票据法虽在具体法律条文上与英国票据法有所不同,但总体说来,英美法系国家的票据法基本上是统一的,这种统一建立在《英国票据法》的基础上。

以法国、德国等欧洲大陆国家为主的20多个国家参加了1930年在日内瓦召开的国际票据法统一会议,并签订了《日内瓦统一汇票、本票法公约》;1931年又签订了《日内瓦统一支票法公约》,这两个公约合称为《日内瓦统一法》。在实际内容上大陆法系国家的票据法基本趋于统一。由于英美两国及其他一些英美法系国家并未参加日内瓦公约,因此在当今世界上存在两大票据法体系——大陆法系(也称日内瓦法系)和英美法系。虽然1982年联合国国际贸易法律委员会公布了《国际汇票和国际本票公约(草案)》,设想将两大票据法体系统一在一个"公约"范围内,至今因签字国过少而未果。

(二) 我国法律上的票据

票据可以从不同的角度进行不同的分类。票据按照付款时间分类,可以分为即期票据和远期票据。即期票据是指付款人见票后必须立即付款给持票人,如支票及见票即付的汇票、本票。远期票据是付款人见票后在一定期限或特定日期付款的票据。票据按收款人的记载方式不同可以分为记名票据和不记名票据。记名票据是指在票据上注明收款人姓名,可由收款人以背书方式转让,付款人只能向收款人或其指定的人付款的票据。不记名票据是指票面上不记载收款人姓名,可不经背书而直接以交付票据为转让,付款人可以对任何持票人付款的票据。

我国票据法上所称的票据,是指汇票、本票和支票。汇票是出票人签发的,委托付款人在见票时或者在指定日期无条件支付确定的金额给收款人或者持票人的票据。汇票分为银行汇票和商业汇票。本票是出票人签发的,承诺自己在见票时无条件支付确定的金额给收款人或者持票人的票据。《中华人民共和国证券法》(以下简称《证券法》)所称本票,是指银行本票。支票是出票人签发的,委托办理支票存款业务的银行或者其他金融机构在见票时无条件支付确定的金额给收款人或者持票人的票据。

二、票据上记载的内容

票据是要式证券,只有在形式上符合要求,才有效。根据票据记载事项效力的不同,可分为应当记载的事项和可以记载的事项。

应当记载的事项,是指依《中华人民共和国票据法》(以下简称《票据法》)的规定必须记载的事项。根据效力不同分为绝对必要记载事项和相对必要记载事项。绝对必要记载事项,是指如果记载不完整或不符合法律规定,将导致票据无效的事项。

汇票必须记载下列事项：(1) 表明“汇票”的字样；(2) 无条件支付的委托；(3) 确定的金额；(4) 付款人名称；(5) 收款人名称；(6) 出票日期；(7) 出票人签章。

本票必须记载下列事项：(1) 表明“本票”的字样；(2) 无条件支付的承诺；(3) 确定的金额；(4) 收款人名称；(5) 出票日期；(6) 出票人签章。

支票必须记载下列事项：(1) 表明“支票”的字样；(2) 无条件支付的委托；(3) 确定的金额；(4) 付款人名称；(5) 出票日期；(6) 出票人签章。

按照我国法律规定，未记载上述规定事项之一的，该票据无效。票据金额以中文大写和数字同时记载，二者必须一致，二者不一致的，票据无效。票据金额、日期和收款人名称不得更改，更改的票据无效。对票据上的其他记载事项，原记载人可以更改，更改时应当由原记载人签章证明。

《票据法》上票据记载的相对必要记载事项是指：票据上欠缺该类事项的记载，就按照法律的补充规定，票据不因该类事项的欠缺而无效的事项。这包括：(1) 票据的到期日。对于汇票而言，若票据上无到期日的记载，则被视为即期票据，应见票即付。(2) 票据付款地。票据上未记载付款地的，汇票付款人的营业场所、住所或者经常居住地为付款地，本票、支票付款人的营业场所为付款地。(3) 票据出票地。票据上未记载出票地的，汇票、支票出票人的营业场所、住所或者经常居住地为付款地，本票出票人的营业场所为付款地。

三、票据的无因性

(一) 票据无因性的概念

所谓无因性，是指行为的效力不受其基础行为效力的左右，或者不受其基础行为不成立、无效或被撤销命运的牵连。换言之，行为的效力不以其基础行为的有效为依据。在《票据法》中，依无因性理论，票据关系一经形成即与基础关系相分离，基础关系是否存在、是否有效，对票据关系存在及有效不起影响，票据关系与基础关系各自独立。因而，票据持有人行使票据权利无须证明其取得票据的原因，义务人也无审查的权利，由此，我们又称票据为无因证券。

票据无因性的具体含义可以概况为以下四点：

(1) 即使票据原因不存在或者无效、被撤销，只要出票、背书等票据行为依法成立，则出票人、背书人仍须承担票据责任，持票人仍能享有票据权利。

(2) 即使票据上记载的内容与票据原因关系的内容不一致或者不完全一致，

票据关系中的权利义务内容仍应当按照票据文义决定,不能以票据外的事实来改变票据关系的内容。

(3) 只要票据上的背书符合法律规定的连续性,持票人即可依照票据上记载的内容向票据债务人主张相应的票据权利,而无须向票据债务人证明自己取得票据的原因内容,票据债务人也无须对持票人取得票据的原因进行实质上的审查,即可依法向持票人履行票据债务。

(4) 在英美法系中,票据关系与票据原因关系的分离还体现在:在票据仅凭交付的转让中,只要受让人取得票据时是善意的,并支付了对价,他便获得该票据及其代表的全部财产的完全所有权,不受其他权益的约束。

(二) 票据需要具有无因性的原因

票据无因性的确立与票据本身的特征关系密切。票据是商品经济的产物,随着商品经济的发达而发达,票据无因性是信用经济高度发达和充分发展的产物,并对信用经济的发展起促进作用。票据是流通证券,不同于一般的债券凭证。一般的债券凭证必须通过书面的债权让渡手续,通知债务人之后,才能生效。而票据的转让,得依背书或交付的方式转移其权利(除发票人有禁止转让记载外,均可以背书方式或交付方式转让)。因此,出售商品而取得票据的债权人,就能简易地以交付方式或背书方式抵销其欠他人的另一笔债务,或向银行贴现以取得资金周转。

同时,票据是文义证券,票据权利的内容以及与票据有关的一切事项都以票据上记载的文字为准,不受票据上文字以外事项的影响。例如:票据上记载的发票日与实际发票日不一致时,以票据上记载的为准。

因此,在《票据法》上,为了保障票据的流通证券和文义证券的基本效力,便须创立票据行为不受基础行为效力牵连的制度。如果票据行为的效力受基础行为效力的左右,即无异于宣布接受票据是不可靠的,将会导致无人愿意或敢于接受票据,票据的流通证券性和文义证券性便会因此大打折扣,票据作为支付手段、信用手段、结算手段以及融资手段的作用将会大大受阻。所以,必须使票据行为仅为其本身而独立存在,与基础关系分离,这样才能更好地促进信用经济的发展。

四、票据的背书

(一) 票据背书的概念

票据背书是指持票人为了转让票据权利或者为了将票据权利授予他人行使,

在票据的背面或粘单上记载法律要求的事项并签章，然后把票据交付给被背书人的票据行为。

（二）背书的连续性

背书连续，是指在票据转让中，转让票据的背书人与受让票据的被背书人在票据上的签章依次前后衔接。以背书转让的票据，背书应当连续。

（三）背书的法律作用

一般的票据法都不限制票据的流通，因为通过流通，票据的多种经济职能才能在更大空间里发挥，对一国经济发展起积极的推进作用。而票据流通的方式只有背书和直接交付两种，记名式票据必须依背书而转让；无记名票据可直接交付转让。在这两种转让方式中，直接交付更方便，但不甚安全，因为转让人没有在票据上作任何记载，不属于票据债务人。最后的持票人一旦被拒绝付款或者被拒绝承兑，则不能向转让人行使票据权利。基于此，票据法在追求方便使用票据的同时，也十分重视安全性。不少国家，如奉行日内瓦票据法律制度的法国、德国、瑞士和日本等国的票据法都规定，出票人不得签发无记名的汇票和本票。这也就是要求在转让汇票、本票时必须依背书进行。背书人依票据法的要求在票据上作一定的记载并签名盖章，从而成为票据债务人，担保票据能够得到承兑和付款。所以，我国《票据法》规定持票人以背书的连续，证明其票据权利。如果一个票据非经背书转让，而以其他合法方式取得该票据的，需要依法举证，才能证明其票据权利。

（四）背书不得附有条件

如果票据在背书时附有条件，所附条件不具有汇票上的效力。同时，票据是不可分割的，将汇票金额的一部分转让的背书或者将汇票金额分别转让给二人以上的背书无效。如果背书人在汇票上记载“不得转让”字样，其后手再背书转让的，原背书人对后手的被背书人不承担保证责任。

五、票据的丧失与挂失止付

（一）票据的丧失

票据是完全有价证券，票据权利人如不出示票据，就不能行使票据权利；如不缴出票据，就不能领取票据金额，故票据的占有与票据权利的行使有着不可分离的关系,持票人所持票据一经丧失,其行使票据权利便失去了依据。

票据丧失是指持票人非出于自己的本意而丧失对票据的占有,票据丧失分为绝对的丧失和相对的丧失两种。票据的绝对丧失,是指丧失的票据作为一种实物已被消灭,如焚烧、撕毁以及严重涂改而毁灭等。票据的相对丧失,是指丧失的票据作为一种实物还可能现实存在,如票据的丢失、被盗、被抢等。在现实社会经济生活中,票据丧失往往大量地表现为票据的相对丧失。绝对丧失必须是确定的,如果持票人丧失了对票据的占有,但不能确定是绝对丧失还是相对丧失,则应当推定为相对丧失,这样更有利于保护持票人的权益。

票据丧失的一般构成要件应当具备以下三条:(1) 票据必须脱离票据权利人的占有,这又包括绝对的脱离和相对的脱离。(2) 对票据权利人来说其主观上的脱离是非自愿性的,也就是说丧失票据并非出于持票人的真实意愿。如果是合法持票人自愿主动放弃或转让该票据,则该行为将对获票人产生积极的法律后果,其由此而获取的票据权利将受到法律保护,而不可能存在对原持票人的权利救济问题。(3) 票据丧失人的占有应当是合法的占有,也就是说除了票据有效外,其占有也应当是有效的,否则就不可能期待一个违法的票据持有人能够运用失票救济制度来主张其本来就是非法的利益。

(二) 挂失的程序和步骤

票据的挂失止付,是指失票人将丧失票据的情况通知付款人,接受挂失通知的付款人决定暂停支付,以防票据款项被他人取得的一种临时性补救措施。

(1) 失票人应及时通知票据的付款人挂失止付。付款人或者代理付款人收到挂失止付通知书后,查明挂失票据确未付款时,应立即暂停付款。通知书应载明以下三项内容:

① 票据丧失的时间、地点、原因;

② 票据的种类、号码、金额、出票日期、付款日期、付款人名称、收款人名称;

③ 挂失止付人的姓名、营业场所或者住所以及联系方法。

如果通知书欠缺这些记载事项的,付款人或者代理付款人不予受理。

(2) 失票人应当在通知挂失止付后 3 日内,也可以在票据丧失后,直接到票据支付地的基层人民法院申请公示催告,或者向人民法院提起诉讼。人民法院在决定受理申请的同时会通知支付人停止支付。

(3) 法院应公告 60 天以上,如果到期没有人主张权利,法院就会作出除权判决,将票据宣告作废。

六、空头支票

（一）空头支票的概念及其危害

出票人签发的支票金额超过其付款时在付款人处实有的存款金额的，为空头支票。我国《票据法》关于空头支票的规定是十分严格的，即要求在付款人处必须实有支票金额的存款。在国外有关立法中，多数国家允许支票出票人与付款人签订透支合同，即经付款人同意，出票人可以在一定范围内签发透支支票，由付款人代其垫付，待出票人资金到位时再结算，这实质上是一种贷款行为。在我国，银行贷款必须受到国家贷款规模等多种限制，故不允许签订透支合同。

空头支票一方面损害了持票人的合法权益，使其票据权利得不到实现；另一方面，空头支票扰乱了正常的金融秩序，破坏了社会经济交往的正常进行。近年来，一些犯罪分子利用空头支票到处进行诈骗、侵吞国有资产和骗取公民财产，严重影响了支票的支付结算功能，应对空头支票违法行为予以严厉制裁。

（二）对空头支票法律制裁的种类

关于空头支票的法律制裁，各国规定不尽一致，归纳起来大致有以下几种：

(1) 民事制裁。《瑞士债务法》第 1103 条第 3 款规定："发票人发出支票时，并无可由付款人按指示处分的金额，应对于持票人，在所致损害外，赔偿其指示而未得偿的金额的 5%。"这是用民事制裁来对付空头支票的立法例。

(2) 行政制裁。《日本支票法》第 71 条规定，对空头支票的发票人，处 5 000 元以下罚款。这是用行政制度对付空头支票的立法例。主张行政制裁者认为，空头支票属违反票据法的行为，不危害社会公共利益，不必进行刑事制裁。再者，签发空头支票有故意的，也有过失的。如是故意的，可适用刑法中有关欺诈规定；如是过失的，适用刑事制裁就过于严格。

(3) 刑事制裁。法国 1935 年 10 月 30 日《支票法统一法令》第 64 条规定，事前无可处分之资金而签发支票者处以支票金额 6%的罚金，但不得超过 100 法郎。主张刑事制裁者认为，签发支票者明知应有资金在付款人处才能签发支票而不顾，这一行为扰乱了金融秩序，故应予刑事制裁。

英美票据法中，对空头支票没有处罚规定。日内瓦《统一支票法》规定对空头支票的制裁适用于签发空头支票者所在国家或地区的法律。

（三）我国关于空头支票的法律责任

根据我国《票据法》，签发空头支票或者故意签发与其预留的本名签名式样或者印鉴不符的支票骗取财物的，依法追究刑事责任。

七、票据的追索

（一）请求付款和追索

付款请求权，是指票据债权人请求票据主债务人或其他付款义务人按照票载金额支付金钱的权利。付款请求权是第一次请求权，其权利主体是持票人，主债务人是汇票的承兑人、本票的出票人及支票的付款人，其他付款义务人是参加付款人、参加承兑人、担当付款人等。票据债权人在向前述债务人提示票据行使付款请求权未得到实现时，就可以行使追索权。

追索权是指持票人在未获得付款或未获得承兑或其他法定原因发生时，在保全票据权利的基础上，向除主债务人以外的前手（包括出票人、背书人或其他债务人）请求偿还票据金额及其损失的权利。被追索人清偿票款后，对另外的相对人再行使追索权，称为再追索权。追索权虽然在有其他法定原因（如不获承兑、破产宣告）时，也可在票据到期日前行使，但在原则上是为票据不获付款时设立的票据权利，一般应在票据到期不获付款时才能行使，所以称其为第二次请求权。同时，追索权的行使不仅是为了追回票据金额，而且在支付内容上增加了有关费用，例如，票据金额利息、作成拒绝证明的费用等，因此，又被称为偿还请求权。

票据到期被拒绝付款的，持票人可以对背书人、出票人以及汇票的其他债务人行使追索权。

（二）拒绝证明

所谓拒绝证明是指《票据法》规定的，对持票人依法提示承兑或提示付款而被拒绝，或无法提示承兑或提示付款这一事实具有证据效力的文字证明，可分为拒绝承兑证明和拒绝付款证明。作成拒绝证明是追索权程序的重要手续之一，同时也是持票人行使追索权的重要程序之一。这是因为，追索权的行使虽然必须以持票人不获承兑或不获付款的发生为前提（即如果持票人未向付款人或承兑人提示承兑或提示付款的话，就不得行使追索权），但是追索权是持票人向其前手行使的，而其前手若得知持票人已依法提示承兑或提示付款而被拒绝，并确定持票人已享有合法的追索权，就需要持票人向其前手提供拒绝证明。这样持票人的前手才能相信持票人可以行使追索权并向其履行债务。因此，拒绝证明在保全持票人享有的票据权利方面的重要性是不言而喻的。

（三）票据追索的程序

可以按照下面的程序来追索票据的权利。

1. 通知前手

持票人应当自收到被拒绝承兑或者被拒绝付款的有关证明之日起三日内，将被拒绝事由书面通知其前手；其前手应当自收到通知之日起三日内书面通知其再前手。持票人也可以同时向各汇票债务人发出书面通知，在书面通知中，应当记明汇票的主要记载事项，并说明该汇票已被退票。

2. 向出票人、背书人、承兑人和保证人追索

汇票的出票人、背书人、承兑人和保证人对持票人承担连带责任。持票人可以不按照汇票债务人的先后顺序，对其中任何一人、数人或者全体行使追索权。持票人对汇票债务人中的一人或者数人已经进行追索的，对其他汇票债务人仍可以行使追索权。被追索人清偿债务后，与持票人享有同一权利。

（四）再追索

所谓再追索权，是指被追索人清偿了票据金额、利息以及有关费用后，依据其取得的票据向其前手继续进行追索的权利。

与最初追索权所请求清偿的金额范围不同，再追索权要求前手清偿的是“已清偿的全部金额”，具体包括以下三项：(1) 再追索权人已经支付给持票人的总金额。(2) 自己清偿票据债务之日起到前手支付有关金额给自己之日期间的利息。该利息标准按照中国人民银行规定的利率标准执行。(3) 再追索权人向其前手发出通知的有关费用。

再追索权人行使其权利时，必须向被追索人出示票据，提供拒绝证明或有关部门以及自己支付利息和费用的收据。如果再追索权人不能出示票据和有关的证明，被追索人有权拒绝承担票据责任。由此可见，再追索权人一定要妥善保管收进的票据和支付利息、费用的收据，以便行使其再追索权。

本节小结

通过本节的内容，我们可以知道什么是票据、票据的种类、票据的背书、票据的无因性，明白票据上记载存在的基本事项的具体内容、空头支票，以及票据丢失后

我们应当及时挂失的程序和票据被拒绝付款后我们该向谁追索。

案例与点评

案例一

原告上海铁路西站综合服务公司（简称服务公司）为偿付上海建民食品加工部的货款，签发金额为人民币 382.20 元的中国农业银行上海分行的转账支票一张（号码为 IXI－II0547631），未记载收款人名称就交付了支票。两天后，有人持该支票到被告上海丰庄饲料厂（简称饲料厂）购买饲料，此时，该转账支票的大小写金额均改为人民币 7 382.20 元，并且未有任何背书。被告饲料厂收下支票当日，在背书人与被背书人栏内盖下自己的印章作为背书，再以持票人身份将支票交给中国农业银行嘉定支行江桥营业所，由该所于当日通过中国农业银行普陀支行西站营业所从原告服务公司银行账户上划走人民币 7 382.20 元，转入被告饲料厂的账户。同年 7 月底，原告服务公司与开户银行对账时，发现账上存款短缺 7 000元，经双方核查，发现该转账支票金额与存根不同，已被改写。经协商无果，原告服务公司向上海铁路运输法院起诉，称转账支票金额已被涂改，请求确定该票据无效，并判令被告饲料厂承担原告经济损失 7 382.20 元。支票金额有明显涂改痕迹，两农业银行被告未按规定严格审查，错划款项，造成原告经济损失，也应承担责任。

1. 支票上没有记载收款人，该支票还有效吗？

2. 支票被涂改了，是转让票据人承担责任还是付款的银行承担责任？或是收票人承担责任？

案例点评

1.《票据法》第 86 条规定：支票上未记载收款人名称的，经出票人授权，可以补记。因此，支票上没有记载收款人，该支票仍然有效。

2.《票据法》第 14 条规定：票据上其他记载事项被变造的，在变造之前签章的人，对原记载事项负责；在变造之后签章的人，对变造之后的记载事项负责；不能辨别是在票据被变造之前或者之后签章的，视同在变造之前签章。第 31 条规定：以背书转让的汇票背书应当连续。持票人以背书的连续证明其汇票权利；非经背书转让，以其他合法方式取得汇票的，依法举证证明其汇票权利。前款所称背书连续，是指在票据转让中，转让汇票的背书人与受让汇票的被背书人在汇票上的签章依次前后衔接。

收款人上海建民食品加工部承担转让支票未背书的责任。该食品加工部收票后，可以不补充记载其为收款人，但转让时未背书的行为，对造成背书不连续却是有责任的。但该支票上未曾有关于该食品加工部的任何记载，从票据的文义性来看，无法追究其责任。

被告饲料厂接受支票时，应审查包括支票背书是否连续在内的票据的完整性，以及审查持票人的合法资格，因其忽视了这一点，未要求持票人背书完整，造成背书不连续，现又无法找到该前手，此后果只能由自己承担。

银行审查票据的责任。银行对票据的审查责任仅限于形式审查，即对票据上记载的事项从字面要件上审查，只要做到业务要求的一般注意，即为尽职。本案中，两家银行对转账支票金额的大、小写已作了审查，故不应承担责任。

案例二

2000 年 3 月 7 日，甲公司出于缓解流动资金紧张的目的，在并无现货可供的情况下，仍与外地的乙公司签订了一份购销合同，约定由甲公司向乙公司供应优质纸浆 30 吨，价款 56 万元。为此，乙公司开具了一张以其开户行 A 银行为承兑人的付款期为 3 个月的银行承兑汇票。甲公司收到汇票后即向其开户行 B 银行申请贴现，B 银行在审查凭证时发现无供货发票，便发电报给 A 银行查询该汇票是否真实，收到的复电是“承兑有效”。据此，B 银行给甲公司办理了汇票贴现，并将 56 万元转入甲公司账户。一个月后，乙公司因迟迟未收到货，派人去催货时才发现甲公司根本无货可供，于是立即告知 A 银行。2000 年 9 月 10 日，B 银行提示付款，A 银行拒付。B 银行以 A 银行、甲公司、乙公司为被告提起诉讼，请求三方支付汇票金额及利息。

请问：

1. A 银行能否以该汇票所依据的购销合同是虚构的为由拒绝付款？理由何在？

2. 如果甲公司没有向 B 银行贴现而直接向 A 银行提示付款，A 银行可否拒付？为什么？

3. B 银行以甲、乙公司为被告的依据是什么？

案例点评

1. A 银行不能拒付。理由是：依据票据法原理，票据行为具有无因性，票据一旦成立，就与其原因关系相脱离，票据债务人不得以原因关系无效为由对善意持票人主张抗辩，就本案而言，无论购销合同有效与否，都不会影响该汇票的有效成立和流通。

2. A银行可以拒付。依据《票据法》第12条:"以欺诈、偷盗或者胁迫等手段取得票据的,或者明知有前列情形,出于恶意取得票据的,不得享有票据权利。"本案中,甲公司以欺诈手段取得票据属于手段违法,不享有合法的票据权利。

3. B银行依据的是追索权。当汇票到期得不到付款时,善意持票人可以行使该权利,所有的票据债务人对持票人承担连带责任,且这种追索不分先后顺序。

第三节 证券法律制度

证券的发行需要经过什么程序?我国证券发行有什么新制度?

本节需要掌握的主要内容有:

- 证券的发展历史
- 证券在中国的起源及发展
- 怎样申请发行证券?
- 我国证券发行的保荐制度
- 证券发行的监管

一、证券的产生与发展

(一)英国早期的南海证券泡沫

1711年,英国政府为了促销为西班牙王位继承战而发行的债券,决定这种大大低于票面值出售的债券可以按票面值兑换为握有对印度贸易垄断权的南海公司的股票,结果使南海公司股票愈炒愈热,并影响到整个英国证券市场。当南海公司和其他一些卷入股市投机的合股公司遭到调查时,英国证券市场于1720年陷入恐慌,股市崩溃,史称"南海泡沫"事件(The South Sea Bubble)。当英国证券市场在1720年因"南海泡沫"陷入恐慌时,英属北美殖民地不为所动,因为当时殖民地虽然也有一些本地债券和欧洲的证券在流通,但交易量很少,而且没有定期的证券市场活动。本地建立的商业公司在殖民地时代只有9

个，英属北美殖民地在17世纪建立的商业公司只有2个，18世纪建立的只有7个①，没有什么股票可以上市。而且，殖民地政府多以发行纸币解决财政困难，很少依靠债券。

（二）独立战争的债券

美国革命改变了美国证券的状况。大陆议会和各州政府发行了大量债券支付战争开支。到18世纪80年代，这些债券已在纽约、费城和波士顿等城市的咖啡馆里进行交易。以证券交易谋生的经纪人也出现了。由于亚历山大·汉密尔顿成功地敦促国会不仅要承担统一偿还各种联邦债务的责任，而且决定为各州偿付战时债务，美国政府仅国内债务的本金加利息到1790年初就高达6 300万美元②。当国会于1790年8月授权发行三种新的债券来偿付这些债务时，人们对美国政府信用和联邦债券的信心大增，债券价格随之飙升，纽约等大西洋沿岸城市的证券市场便很快地兴盛起来。

除了政府债券外，公司股票在1791年也给证券市场增加了新的活力。1791年2月，由国会授予特许状建立的第一合众国银行资本总值确定为1 000万美元，政府认购20%股份，即200万美元，其余800万美元股份完全由私人认购③。美国建国之初的证券市场无疑还是政府债券和银行股票的天下。

（三）我国证券早期发展史

证券产生的历史，在中国最早可追溯到春秋战国时期，当时国家向大户的举债和王侯给平民的放贷，形成了最早的债券。汉唐以后，国家因军事需要临时向富商举借巨款的事已不再是偶然现象。随着商业的发展，飞钱、会票、当票等商业票据出现，证券的品种更加丰富。特别值得一提的是，明后清前，在一些投资大、收益高且又具有一定风险的行业，如上海沙船业，四川井盐业，云南、广东矿冶业和山西金融业，已经较多地采用"招商集资、合股经营"的经营组织形式。这种组织形式明显地具有资本主义的股份制特征，而"集资合股"的参与者之间签订的载明权利责任的契约，则是中国最早的股票雏形。

当然，真正具有现代意义的证券的出现，在中国则是19世纪40年代以后的事。1840年鸦片战争后，广州、厦门、福州、宁波和上海五口相继对外开埠通商，有

① Joseph S. Davis, *Essays in the Earlier History of American Corporations*, Harvard University Press, 1917, P. 4, P. 24.

② Stuart Bruchey, *Enterprise: The Dynamic Economy of a Free People*, Harvard University Press, 1990.

③ Stanley L. Engerman and Robert E. Gallman, *The Cambridge Economic History of the United States*, Vol. Ⅱ, Cambridge University Press, 2000, P. 646.

价证券及其交易就跟着第一批最先进入所开商埠的外国洋行在中国出现。外资在华设立的各类股份制公司企业，把西方国家已普遍采用的股份制公司的生产经营形式和集股筹资的方法带到了中国。

中国仿效西方采用股份制发行证券、组织近代企业公司的活动始于19世纪70年代。与此同时，清政府洋务派从19世纪60年代起，举办旨在“自强”的军事工业。由于清政府财政困难，经费难以为继，19世纪70年代后，为借重民间私人资本，解决国家财力不足，洋务派仿效西方股份制，采用“官督商办”和“商办”等形式，兴建了一批旨在“求富”的中国近代民用企业。1872年，北洋通商大臣、直隶总督李鸿章，委派上海商人朱其昂、朱其诏筹建上海轮船招商局。随着该局的成立和第一期股本的认定和筹集，中国第一家近代意义的股份制企业和第一张中国人自己发行的股票诞生。继航运业后，股份制公司形式又在保险业、矿业、纺织业和通讯电报业等方面得到普遍运用，于是又有一批华商股票应运而生。如仁和保险、济和保险、开平煤矿、上海机器织布局、上海电报局等都是中国近代最早出现的华商股票。原先附股于外资企业公司的中国人，此时也纷纷移资或投资洋务民用企业，或自立门户举办近代工矿企业公司。到19世纪80年代初期，全国各地创办的新式工矿企业已有十五六家，这些矿业公司都发行了股票。至此，华商证券的发行已小有气候。

二、早期的证券交易规则

（一）“梧桐树协定”

纽约最早有记载的证券交易自我管制是1791年9月公共证券交易者在纽约一家咖啡馆召开的会议。与会者签字同意遵守14条规则，包括建立执行买卖合同的机制，禁止签字者跟未签字的证券拍卖商做交易，不允许参加不雇用经纪人的证券拍卖商的拍卖活动等①。1792年5月，纽约24个证券经纪人签订了著名的“梧桐树协定”（The Buttonwood Agreement），对经纪人收取的最低佣金作了规定。“梧桐树协定”成了华尔街证券交易所起源的传奇性标志。

（二）“桐亭咖啡馆”

1792年到1817年，纽约的证券交易因为立法限制而不能在露天进行当众拍卖，便转入了一些咖啡馆进行室内交易，其中最有名的就是1793年由很多经纪人、

① 班纳，《英美证券管制》，第250—251页；沃纳和史密斯，《华尔街》，第22页。

律师和商人认股修建的“桐亭咖啡馆”(The Tontine Coffee-House),然而正式的经纪人组织在当时还没有问世。

(三) 建立证券交易会

直到1812年美英战争使联邦债券市场迅速扩大和1816年第二合众国银行的股票大量进入市场后,纽约的证券交易者对自我管制的必要性才有了更深切的体会,终于在1817年成功地建立了纽约证券交易会。他们不再仅仅以协定而是以正式的经纪人组织对这个行业进行自我管制。于是,华尔街作为美国资本市场中心崛起的时代到来了。

(四)《蓝天法》

1911年,美国堪萨斯州首先通过了《蓝天法》。这项法律要求出售证券的厂家必须从银行专员处获得许可证,并定期报告财务状况。投资公司也要报告它们的经营计划、财务状况和所有准备在堪萨斯销售的证券副本。银行专员有权以种种理由禁止投资公司在该州营业,包括投资公司“不能保证……所销售的……股票、债券或其他证券有公平回报”①。这种以业绩为基础进行的管制是新政实施以来美国联邦证券管制都没有的内容。

《蓝天法》虽然为一些州法院首肯,但在1914—1916年先后被4个联邦法院裁决为过于家长式,超出了州政府治安权(又译“警察权”)的权限。直到1917年,美国最高法院才在有关《蓝天法》的3项上诉案中判决,州政府为防止欺诈而有权在州界内管制证券交易,公职人员可根据申请者的声誉决定是否发放进行证券交易的执照。受这一判决的影响,有8个州在1917—1920年通过了各自的《蓝天法》。到1933年,除了内华达州以外,美国所有的州都通过了《蓝天法》。

三、证券发行

所谓证券发行,是指证券的发行人将自己所发行的证券出售给投资者的行为。证券发行属于证券市场的一部分,该部分属于证券的发行市场。证券发行市场又称证券的初级市场、证券的一级市场,属于发行人向投资者出售证券的市场。

根据发行证券是否需要承销机构,可以分为证券的直接发行和证券的间接发行。根据证券的发行时间,分为证券的初次发行和证券的再次发行。再次发行又称新股发行,在我国,再次发行股份一般是指公司的增资发行。我国《证券法》第3

---

① 梅西和米勒,《〈蓝天法〉的起源》,第361页。

条规定:“证券的发行、交易活动,必须实行公开、公平、公正的原则。”因此,任何符合国家规定条件的主体都有权利公平地申请发行证券,而且,申请的既定程序对大家都是公开的、相同的。

(一) 主体

一般来说,发行证券的主体为股份有限公司、有限责任公司和国有企业。

(二) 申请文件的要求

发行人依法申请核准发行证券所报送的申请文件的格式、报送方式,应当符合核准机构或者部门的规定。发行人向国务院证券监督管理机构或者国务院授权的部门报送的证券发行申请文件,必须真实、准确、完整。为证券发行出具有关文件的证券服务机构和人员,必须严格履行法定职责,保证所出具文件的真实性、准确性和完整性。发行人申请首次公开发行股票的,在提交申请文件后,应当按照国务院证券监督管理机构的规定预先披露有关申请文件。

(三) 审批机构

国务院证券监督管理机构设发行审核委员会,依法审核股票发行申请。发行审核委员会由国务院证券监督管理机构的专业人员和所聘请的该机构外的有关专家组成,以投票方式对股票发行申请进行表决,提出审核意见。国务院证券监督管理机构依照法定条件负责核准股票发行申请。核准程序应当公开,依法接受监督。参与审核和核准股票发行申请的人员,不得与发行申请人有利害关系,不得直接或者间接接受发行申请人的馈赠,不得持有所核准的发行申请的股票,不得私下与发行申请人进行接触。

(四) 审批程序

国务院证券监督管理机构或者国务院授权的部门会自受理证券发行申请文件之日起 3 个月内,依照法定条件和法定程序作出予以核准或者不予核准的决定,发行人根据要求补充、修改发行申请文件的时间不计算在内;不予核准的,有关部门会说明理由。

四、证券发行保荐制度

(一) 保荐制度的历史

保荐制度最早起源于英国,从 1995 年 6 月 19 日起,英国的小公司,多数是所有者自己运行的公司,可以通过在证券市场上发行股票来获得资金的注入,从而扩张自己的资本。这种证券交易市场是为在成长的、有活力的,而且有很好的前景的小公司而设,从而让小公司能够更好地募集资金。次投资市场(Alternative Investment Market, AIM)由伦敦证券交易所操作。公司不需要证明有一个长的贸易历史,并且也不需要达到一个特有的规模,但是它必须证明自己满足这样的条件,即公司董事明白和理解公司在公开的证券市场上交易所要对公众投资承担的义务。为了能进入次投资市场,这些公司需要两个主要的顾问:一是叫作保荐人,还有就是保荐经济人。保荐人将就证券交易规则中的责任和义务,给予公司董事全面充分的建议和指导。保荐人从交易所下属公司的花名册中抽选出,他将会参与公司进入公开市场的整个过程。他们很可能是律师、经纪人、会计师和银行家,当他们需要其他专家的意见时,为了确保公司在交易中的行为符合规定,也可以去寻求其他专家的意见。

当股票发行人发布其市场文件时,保荐人是必不可少的。保荐人的出现,使得小公司的证券行为得到有效的控制,并降低了投资人的风险。因此,交易市场要求每个 AIM 的公司在所有时间都要有一个保荐人和一个保荐经纪人。如果其中任何一个被辞退而不是被替换,那么这个公司的 AIM 成员资格就会被暂停,如果此公司没有在 30 日内补齐保荐人或保荐经纪人,那么它在 AIM 发行的资格就会被取消。1999 年,香港证券交易所的成长企业板市场(Growth Enterprise Market)正式建立,所引入的就是伦敦 AIM 市场的上市保荐人制度。

(二) 我国的保荐制度

1. 公开发行证券需要有保荐人

我国引入了保荐制度。根据我国《证券法》的规定,发行人申请公开发行股票、可转换为股票的公司债券,依法采取承销方式的,或者公开发行法律、行政法规规定实行保荐制度的其他证券的,应当聘请具有保荐资格的机构担任保荐人。

2. 保荐人的资格

个人申请注册登记为保荐代表人的,应当具有证券从业资格、取得执业证书且符合下列要求,通过所任职的保荐机构向中国证监会提出申请,并提交有关证明文件和声明:(1) 具备中国证监会规定的投资银行业务经历;(2) 参加中国证监会认可的保荐代表人胜任能力考试且成绩合格;(3) 所任职保荐机构出具由董事长或者总经理签名的推荐函;(4) 未负有数额较大到期未清偿的债务;(5) 最近 36 个月未因违法违规被中国证监会从名单中去除或者受到中国证监会行政处罚;(6) 中国证监会规定的其他要求。

（三）保荐人的责任

根据《证券法》的规定，保荐人对其保荐工作承担民事和行政责任。

(1) 民事责任：上市后被停止发行或已经发行尚未上市的，被撤销发行核准决定，发行人应当按照发行价并加算银行同期存款利息返还证券持有人，保荐人应当与发行人承担连带责任。

(2) 行政责任：保荐人出具有虚假记载、误导性陈述或者重大遗漏的保荐书，或者不履行其他法定职责的，责令改正，给予警告，没收业务收入，并处以业务收入1倍以上5倍以下的罚款；情节严重的，暂停或者撤销相关业务许可。对直接负责的主管人员和其他直接责任人员给予警告，并处以3万元以上30万元以下的罚款；情节严重的，撤销任职资格或者证券从业资格。

五、我国证券发行的种类

（一）公募发行与私募发行

公募发行与私募发行，是按选择的发行对象进行的划分。

私募发行，又称不公开发行，或内部发行，是指发行人将其证券发售给特定少数投资者的方式。特定的少数投资者一般是与发行人有密切关系的投资者，包括发行人内部的雇员、发行人的重要客户、有经常业务往来的机构以及从事证券投资的金融机构。私募发行人多为资本实力雄厚、信誉卓著的银行、保险公司或股份有限公司。私募发行成本较低，适合于证券发行数量较小，一般不需要代理销售，为鼓励购买，往往对特定筹资对象提供优厚条件。我国的私募发行，主要是股份公司向本公司内部职工发行。

公募发行，又称公开发行，是指发行人以同一条件，向不特定的公众投资者发售其证券的方式。根据《证券法》的相关规定，公开发行证券，必须符合法律、行政法规规定的条件，并依法报经国务院证券监督管理机构或者国务院授权的部门核准；未经依法核准，任何单位和个人不得公开发行证券。根据我国《证券法》的规定，有下列情形之一的，为公开发行：(1) 向不特定对象发行证券；(2) 向累计超过200人的特定对象发行证券；(3) 法律、行政法规规定的其他发行行为。

（二）直接发行与间接发行

直接发行与间接发行，是根据证券发行是否借助证券发行中介机构而划分的。

直接发行，又称直接募集或自销发售，是发起人不需证券承销机构的介入，由发行人自己组织发行工作,办理发行事宜,直接与证券购买人签订购买合同予以发行的方式。直接发行成本较低,发行人能够直接控制发行过程,实现发行意图。然而,直接发行对于大多数发行人而言,由于受到专业知识和销售渠道的限制,通常发行时间过长,经济效益会受到影响。发行人须承担未全部发售的余额自行认购的义务,发行风险较大。采用直接发行方式的多是一些信誉卓著并拥有专门人才和机构的大公司或销售网点众多的金融机构。典型的直接发行方式有:(1) 发行人直接向公众发行;(2) 直接向现有股东发行;(3) 债券直接售予特定投资人;(4) 公开招标发行。

间接发行,又称证券承销、委托发行,是发行人并不直接与购买人发生关系,而是委托证券承销机构发行证券的方式。间接发行由取得承销权的证券承销商根据与发行人签订的合同条款办理发行事务,证券承销商承担相应的责任并取得相应的报酬。间接发行较直接发行成本高,但是由于承销商具有专业经验和专门渠道,能够提高证券发行成功的可能性,同时又不致耗费发行人过多的人力和时间,发行人的知名度也会得到提高。鉴于这些优势,间接发行成为当今证券发行的主要方式。

六、禁止内幕交易

在证券市场发展的初期,法律并没有禁止内幕交易。直到 20 世纪 20 年代,美国证券市场大崩溃,引起史无前例的经济大恐慌,人们才认识到,内幕交易的盛行影响到证券市场的稳定和投资者的信心,是引起证券市场瘫痪的重要原因之一。所以,1934 年的美国《证券交易法》,首次以立法的方式禁止包括内幕交易在内的各种证券欺诈行为。迄今为止,各国证券法几乎无一例外地建立了禁止内幕交易、反对证券欺诈的法律制度。

在我国,《证券法》禁止证券交易内幕信息的知情人和非法获取内幕信息的人利用内幕信息从事证券交易活动。

(一) 内幕信息的知情人

证券交易内幕信息的知情人包括:(1) 发行人的董事、监事、高级管理人员;(2) 持有公司 5%以上股份的股东及其董事、监事、高级管理人员,公司的实际控制人及其董事、监事、高级管理人员;(3) 发行人控股的公司及其董事、监事、高级管理人员;(4) 由于所任公司职务可以获取公司有关内幕信息的人员;(5) 证券监督管理机构工作人员以及由于法定职责对证券的发行、交易进行管理的其他人员;(6) 保荐人、承销的证券公司、证券交易所、证券登记结算机构、证券服务机构的有关人员；(7) 国务院证券监督管理机构规定的其他人。

（二）内幕信息

证券交易活动中，涉及公司的经营、财务或者对该公司证券的市场价格有重大影响的尚未公开的信息，为内幕信息。下列信息皆属内幕信息：(1) 重大事件；(2) 公司分配股利或者增资的计划；(3) 公司股权结构的重大变化；(4) 公司债务担保的重大变更；(5) 公司营业用主要资产的抵押、出售或者报废一次超过该资产的 30%；(6) 公司的董事、监事、高级管理人员的行为可能依法承担重大损害赔偿责任；(7) 上市公司收购的有关方案；(8) 国务院证券监督管理机构认定的对证券交易价格有显著影响的其他重要信息。

证券交易内幕信息的知情人和非法获取内幕信息的人，在内幕信息公开前，不得买卖该公司的证券，或者泄露该信息，或者建议他人买卖该证券。

七、禁止操纵证券市场

操纵证券交易市场，旨在通过人为地影响证券市场的交易量，造成交易活跃的假象，进而影响证券的交易价格，欺骗广大中小投资者，使自己从中获利。这种人为地扭曲证券市场价格的行为，不是真正的市场行为，违反了市场经济的内在规律，给国民经济的正常秩序造成了极大的危害。

（一）操纵证券市场的危害

操纵证券市场的危害有以下三个方面：

(1) 操纵证券交易市场，破坏了证券市场秩序，危害国家金融体系的安全，阻碍国家社会经济的发展，严重的还可能引发股灾和经济危机。国家的金融体系是国民经济的命脉，金融体系主要由证券市场、银行、汇市组成，证券市场是国民经济的重要部门，它具有引导投资，重新配置一个国家或地区经济资源的功能。在我国，它还担负着为国有企业所有制改造和为城乡居民 10 万亿储蓄找出路的重任。因此，牵一发而动全身。操纵市场的行为会破坏市场运行机制，扰乱市场秩序，进而影响汇市，动摇国家货币的汇率和利率，最终导致金融体系对社会资源、经济资源的合理配置，产业结构优化和调整，提高经济效益等功能的丧失和全面崩溃，甚至有可能引发经济危机。

(2) 操纵证券市场，造成虚假的供求关系，扭曲了正常的市场价格，造成异常的资金流动，误导投资者的投资决策和投资行为。证券作为金融商品进入市场，虽然购买者必须支付真金白银，实际上它是一种虚拟的资本，其价格是上市公司盈利状况和资本利率状况的集中体现,具有很大的不确定性。操纵市场者利用了证券交易无记名、无实物、无纸化,交易对象和交易行为隐蔽的特点,利用市场调节价格的原理,通过故意抬高、打压、稳定价格的手段人为地影响市场价格和供求关系,误导资金流向能够给操纵市场者带来暴利的证券品种,而不是流向最需要资金的企业、公司和相关产业,把证券市场搞得像个巨大的赌场,导致证券市场基本功能的全面丧失。

(3) 操纵证券交易市场,直接损害了投资大众,尤其是中小散户投资者的经济利益。操纵者利用资金、持股和信息优势,联合或连续交易某证券,造成交投活跃的虚假表象,而中小散户投资者在资金、持股和信息方面均处于劣势和被动地位,无法与强大的操纵者抗衡,他们往往成为操纵者获取暴利的资金提供者和庄家转嫁风险的承受者。

(二) 证券操纵行为的种类

《证券法》规定禁止任何人以下列手段操纵证券市场:(1) 单独或者通过合谋,集中资金优势、持股优势或者利用信息优势联合或者连续买卖,操纵证券交易价格或者证券交易量;(2) 与他人串通,以事先约定的时间、价格和方式相互进行证券交易,影响证券交易价格或者证券交易量;(3) 在自己实际控制的账户之间进行证券交易,影响证券交易价格或者证券交易量;(4) 以其他手段操纵证券市场。操纵证券市场的行为给投资者造成损失的,行为人应当依法承担赔偿责任。

八、证券欺诈行为

证券欺诈行为是指在证券发行、交易及相关活动中发生的虚假陈述、欺诈客户等行为。虚假陈述指的是对证券市场交易的事实、性质、前景等作出不实、严重误导或者含有重大遗漏的陈述或者诱导的一种证券违法行为。

(一) 证券误导行为

虚假陈述包括三种情形:一是不实陈述;二是重大遗漏的陈述;三是误导性陈述。虚假陈述违反的是一种诚信义务。具体来讲,就是证券信息披露义务人违反了信息披露义务,违反了诚实信用原则,投资者因信赖其陈述而遭受到损失,从而发生民事侵权赔偿问题,这种责任属于侵权责任。我国《证券法》规定,禁止国家工作人员、传播媒介从业人员和有关人员编造、传播虚假信息,扰乱证券市场。禁止证券交易所、证券公司、证券登记结算机构、证券服务机构及其从业人员,证券业协会、证券监督管理机构及其工作人员,在证券交易活动中作出虚假陈述或者信息误导。各种传播媒介传播证券市场信息必须真实、客观,禁止误导。

(二) 证券欺诈行为

欺诈客户是指欺诈人故意隐瞒真实情况或故意作出虚假陈述致使客户作出错误的意思表示,从而损害客户利益的行为。其行为方式主要有:(1) 违背指令,指证券商违背客户的交易指令为其买卖证券的行为;(2) 混合操作,指证券综合商将自营业务和经纪业务混合操作,即在有价证券交易中,证券综合商一方面接受投资者的买卖委托充当投资者的受托人而代客买卖,另一方面又是投资者的相对交易人充当交易一方而自己买卖;(3) 不当劝诱,指证券商利用欺骗手段诱导客户进行证券交易;(4) 过量交易,指证券商以多获取佣金为目的诱导客户进行不必要的证券买卖或在客户的账户上翻炒证券的行为。

我国《证券法》规定,禁止证券公司及其从业人员从事下列损害客户利益的欺诈行为:(1) 违背客户的委托为其买卖证券;(2) 不在规定时间内向客户提供交易的书面确认文件;(3) 挪用客户所委托买卖的证券或者客户账户上的资金;(4) 未经客户的委托,擅自为客户买卖证券,或者假借客户的名义买卖证券;(5) 为牟取佣金收入,诱使客户进行不必要的证券买卖;(6) 利用传播媒介或者通过其他方式提供、传播虚假或者误导投资者的信息;(7) 其他违背客户真实意思表示,损害客户利益的行为。欺诈客户行为给客户造成损失的,行为人应当依法承担赔偿责任。

九、上市公司的收购

公司资本自由流动,是市场经济存在并正常运行的必要条件之一。既然如此,公司之间的收购与兼并就必然成为一种经常性的现象。

(一) 收购的概念和特征

上市公司收购,是指为取得上市公司的控制权,而在证券市场上购买上市公司有议决权股票的行为。这种法律行为具有以下几个特征:

(1) 上市公司收购不需要经过目标公司经营者的同意。上市公司收购的主体是收购者(包括法人和自然人)和目标公司股东,目标公司的经营者不是收购任何一方的当事人。收购者进行收购,只需与目标公司股东达成协议即可,无需征得目标公司经营者的同意。这是上市公司收购区别于其他并购形式的重要特征之一。

(2) 上市公司收购的标的是目标公司发行外的股份。上市公司收购并不是直接购买目标公司的资产,或以目标公司本身为交易对象实施吸收合并,而是在企业资产完全证券化的条件下,通过收购目标公司的股份来获取目标公司的控制权。因而公司收购是一种更为市场化的法律行为。在一个良性运作的股票市场上,证券化的公司资产的价值会通过不断变动的股票价格得到持续不断的评估,从企业资产转让过程中因人为评估的主观性和偶然性而出现的不应有的低价流失和高价虚增资产价值的弊端在上市公司收购中能得以克服和避免;而且,收购方可以通过调整持股量来达到不同程度控股的目的,相对于其他交易方式而言,这种收购方式显得更为灵活。

(3) 上市公司收购的目的是为了获取目标公司的控制权。上市公司收购的目的不是为了转售公司的股份谋利,也不像一般的投资者那样是为了获得公司的股息、红利或通过证券交易来赚取差价,上市公司收购的根本目的是要获取目标公司的控制权。由于股东对公司的控制是通过在股东大会上行使投票权来实现的,因而一个股东能否真正实现他对公司的控制权取决于他所掌握的股东大会的投票权能否左右公司董事会的人选。而投票权和股份是不可分离的,无论是大陆法系还是英美法系都认为投票权依附于股份而存在,并严禁二者的分离。因此,“一个想获得股东大会投票的人必须拥有该公司的股份。而拥有股份达到一定数量才可以获得公司的控制权”。上市公司收购就是这样一种通过购买一个公司一定数量的股份获得该公司控制权的法律行为。

依据不同标准,可对上市公司收购的种类作如下划分:(1) 协议收购与公开收购。协议收购,是指收购人与标的公司的个别股东订立股份转让协议,以实现收购目的的上市公司收购方式;公开收购,是指收购人通过公开向标的公司的所有股东发出购买其所持股票的要约,在受要约人承诺后进行股份转让,以实现收购目的的上市公司收购方式。(2) 部分收购与全面收购。部分收购,是指收购人计划收购标的公司的部分股份的上市公司收购方式;全面收购,是指收购人计划收购标的公司的全部股份的上市公司收购方式。(3) 任意公开收购与强制公开收购。任意公开收购,是指由收购人自行决定的公开收购;强制公开收购,是指收购人在具备法定情形时,依法必须进行的公开收购。

我国《证券法》规定,投资者可以采取要约收购、协议收购及其他合法方式收购上市公司。

(二) 大股东交易限制

通过证券交易所的证券交易,投资者持有或者通过协议、其他安排与他人共同持有一个上市公司已发行的股份达到 5%时,应当在该事实发生之日起 3 日内,向国务院证券监督管理机构、证券交易所作出书面报告,通知该上市公司,并予公告;在上述期限内,不得再行买卖该上市公司的股票。

投资者持有或者通过协议、其他安排与他人共同持有一个上市公司已发行的股份达到 5%后,其所持该上市公司已发行的股份比例每增加或者减少 5%,应当依照前款规定进行报告和公告。在报告期限内和作出报告、公告后 2 日内,不得再行买卖该上市公司的股票。

(三) 发出收购要约

通过证券交易所的证券交易,投资者持有或者通过协议、其他安排与他人共同持有一个上市公司已发行的股份达到 30%时,继续进行收购的,应当依法向该上市公司所有股东发出收购上市公司全部或者部分股份的要约。收购上市公司部分股份的收购要约应当约定,被收购公司股东承诺出售的股份数额超过预定收购的股份数额的,收购人按比例进行收购。

(四) 收购要约的内容

依照规定发出收购要约,收购人必须事先向国务院证券监督管理机构报送上市公司收购报告书,并载明下列事项:(1) 收购人的名称、住所;(2) 收购人关于收购的决定;(3) 被收购的上市公司名称;(4) 收购目的;(5) 收购股份的详细名称和预定收购的股份数额;(6) 收购期限、收购价格;(7) 收购所需资金额及资金保证;(8) 报送上市公司收购报告书时持有被收购公司股份数占该公司已发行的股份总数的比例。收购要约约定的收购期限不得少于 30 日,并不得超过 60 日。

(五) 收购要约的效力

在收购要约确定的承诺期限内,收购人不得撤销其收购要约。收购人需要变更收购要约的,必须事先向国务院证券监督管理机构及证券交易所提出报告,经批准后,予以公告。收购要约提出的各项收购条件,适用于被收购公司的所有股东。采取要约收购方式的,收购人在收购期限内,不得卖出被收购公司的股票,也不得采取要约规定以外的形式和超出要约的条件买入被收购公司的股票。

(六) 收购的完成

在上市公司收购中,收购人持有的被收购的上市公司的股票,在收购行为完成后的 12 个月内不得转让。收购行为完成后,收购人应当在 15 日内将收购情况报告国务院证券监督管理机构和证券交易所,并予公告。

十、证券交易所

(一) 证券交易所的起源

1754 年,有 200 多名费城商人投资 348 英镑建立了一家“伦敦咖啡屋”,不久这里便成为费城的商业中心。后来,在费城被英国占据期间,另一家“城市酒馆”取代了“伦敦咖啡屋”成为费城的社会和商业中心,随后更名为“商人咖啡屋”,这就是费城股票交易所的雏形。1790 年,证券经纪人从其他商人中独立出来成立了“费城经纪商协会”,同年费城股票交易所正式成立。在费城股票交易所成立后的 10 年内,费城一直都是美国的首都,是美国最重要的商业和政治中心,是许多美国金融机构的诞生地。

1846 年电报发明之前,股票信号的传递是由经纪人信号站的工作人员通过望远镜观察信号灯,了解股票价格等重要信息,然后将信息从一个信号站传到另一个信号站,信息从费城传到纽约只需 10 分钟,远比马车快。

交易所成立最初的日子里,交易的还不是公司股票,而是政府或半政府有价证券。1791 年美国第一银行在费城交易所公开发行股票,随后宾夕法尼亚银行、费城银行、农机银行等也都纷纷发行股票。1812 年第二次英美战争进一步刺激了银行和保险业,那段时间美国共批准成立了 120 多家新银行。1792 年 4 月 9 日,立法机关通过了一项法案,允许政府成立公司建造从费城到兰开斯特的一段公路,费城股票交易所便发行了美国第一家收费公路的股票,上市后大涨,并为政府公共事业的融资提供了新思路。

美国证券报价已知的最早记录也出现在费城股票交易所,这是印在 3×6 英寸的纸张上的“股票当前价格”,日期是 1792 年 4 月10 日。

(二) 我国证券交易所的性质

证券交易所是为证券集中交易提供场所和设施,组织和监督证券交易,实行自律管理的法人。证券交易所的设立和解散,由国务院决定。我国的证券交易所属于政府控制型。最为典型的是我国上海和深圳交易所,这种类型的交易所受制于政府的严格控制,自身缺乏独立的法律地位和自治空间,完全是作为行政机构的附属机构进行运作,交易所自身具有非常明显的行政性和官方性,具体表现在:第一,政府是交易所的直接发起人和设计者。与英国和美国自发成立交易所不同,上海和深圳证券交易所的设立主要来自官方的规划和筹办。据资料记载,上海和深圳证券交易所的设立动议和筹备运作完全是政府一手安排,政府(地方政府)是这两个交易所得以设立的主要推动力。第二,政府掌握了交易所的管理大权,会员大会形同虚设。在上交所和深交所的实际运作中,政府掌握了交易所的管理大权,他们替代交易所成为监管的主力军和排头兵。譬如,作为交易所最高权力机关的会员大会,无选择和决定交易所管理层的权力,上交所和深交所总经理一直由政府直接任命;而作为交易所的权力机关——理事会的成员任命,法规规定近半数的成员(不超过 1/2,不少于 1/3)由政府直接委派;此外,理事单位的名单,会员大会亦无决定权,而由政府指定。理事单位的选举只带有程序性。第三,政府全权建立了交易所的内部规则,控制了交易所的经营大权。我国交易所的大小规则绝大多数都是由政府决策的。

(三) 证券交易

证券交易所是提供证券集中竞价交易场所的法人。所谓提供证券集中竞价交易场所,是指证券交易所本身不从事任何证券的买卖行为,它仅仅向证券投资者和证券经营机构提供一个买卖证券的场地。投资者和证券经营机构只有利用这个场地,才能够依法从事证券的买卖活动。所谓证券的集中竞价,是指在证券交易中买方和卖方均为多个人的情况下公开报价,按照时间优先、价格优先的原则确定证券买卖价格达成的证券交易方式。

按照目前的做法,证券买卖各方,一般是通过下述方式提出自己的买或者卖的价格的:一是口头申报,即证券买卖各方的买价和卖价通过口头向证券经营机构提出,证券经营机构按照时间优先、价格优先的原则促成交易;二是填单申报,即证券买卖各方的买价和卖价均填写在申报单上,证券经营机构按照时间优先、价格优先的原则,进行配对,促成交易;三是计算机申报,即证券买卖各方的买价和卖价均输入计算机终端,通过计算机自动配对,实现交易。该交易同样按照时间优先、价格优先、委托优先的原则,进行配对,促成交易。目前,我国两个证券交易所主要采用的是计算机申报和填单申报的方式。

(四) 停牌与停市

因突发性事件而影响证券交易的正常进行时,证券交易所可以采取技术性停牌的措施;因不可抗力的突发性事件或者为维护证券交易的正常秩序,证券交易所可以决定临时停市。证券交易所采取技术性停牌或者决定临时停市,必须及时报告国务院证券监督管理机构。

十一、证券监督管理机构

（一）国务院证券监督管理机构的职责

国务院证券监督管理机构依法对证券市场实行监督管理，维护证券市场的秩序，保障其合法运行。国务院证券监督管理机构在对证券市场实施监督管理中履行下列职责：(1) 依法制定有关证券市场监督管理的规章、规则，并依法行使审批或者核准权；(2) 依法对证券的发行、上市、交易、登记、存管、结算，进行监督管理；(3) 依法对证券发行人、上市公司、证券交易所、证券公司、证券登记结算机构、证券投资基金管理公司、证券服务机构的证券业务活动，进行监督管理；(4) 依法制定从事证券业务人员的资格标准和行为准则，并监督实施；(5) 依法监督检查证券发行、上市和交易的信息公开情况；(6) 依法对证券业协会的活动进行指导和监督；(7) 依法对违反证券市场监督管理法律、行政法规的行为进行查处；(8) 法律、行政法规规定的其他职责。

监督管理的性质有以下几个方面：(1) 监督管理属于行政管理。该行为是以国家的行政权力来维护证券市场正常秩序，以保护投资者的利益，制裁违法行为。(2) 监督管理属于行政执法。国务院证券监督管理机构代国家行使行政管理权，同时具有行政机关所享有的行政执法权，可以依法管理，对违法行为进行行政处罚。(3) 监督管理属于法定职权。国务院证券监督管理的职权不是任意扩大的，其权力应是法律和国务院赋予的，不能超过法律和国务院所规定的职权违法行事。

（二）监管措施

国务院证券监督管理机构依法履行职责，有权采取下列措施：(1) 对证券发行人、上市公司、证券公司、证券投资基金管理公司、证券服务机构、证券交易所、证券登记结算机构进行现场检查；(2) 进入涉嫌违法行为发生场所调查取证；(3) 询问当事人和与被调查事件有关的单位和个人，要求其对与被调查事件有关的事项作出说明；(4) 查阅、复制与被调查事件有关的财产权登记、通讯记录等资料；(5) 查阅、复制当事人和与被调查事件有关的单位和个人的证券交易记录、登记过户记录、财务会计资料及其他相关文件和资料，对可能被转移、隐匿或者毁损的文件和资料，可以予以封存；(6) 查询当事人和与被调查事件有关的单位和个人的资金账户、证券账户和银行账户，对有证据证明已经或者可能转移或者隐匿违法资金、证券等涉案财产或者隐匿、伪造、毁损重要证据的，经国务院证券监督管理机构主要负责人批准，可以冻结或者查封；(7) 在调查操纵证券市场、内幕交易等重大证券违法行为时，经国务院证券监督管理机构主要负责人批准,可以限制被调查事件当事人的证券买卖,但限制的期限不得超过 15 个交易日,案情复杂的,可以延长 15 个交易日。

(三) 监管程序和被监管人的义务

国务院证券监督管理机构依法履行职责,进行监督检查或者调查,其监督检查、调查的人员不得少于 2 人,并应当出示合法证件和监督检查、调查通知书。监督检查、调查的人员少于 2 人或者未出示合法证件和监督检查、调查通知书的,被检查、调查的单位有权拒绝。

国务院证券监督管理机构工作人员必须忠于职守,依法办事,公正廉洁,不得利用职务便利牟取不正当利益,不得泄露所知悉的有关单位和个人的商业秘密。国务院证券监督管理机构依法履行职责,被检查、调查的单位和个人应当配合,如实提供有关文件和资料,不得拒绝、阻碍和隐瞒。

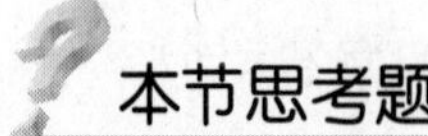

本节思考题

1. 什么样的证券市场才是健康的证券市场?
2. 证券发行为什么要坚持信息披露的公开原则?
3. 什么是 A 股、B 股?
4. 什么是 T+0 和 T+1 交易制度?

思考题解答

1. 答:(1) 市场有效率。市场的效率取决于是否形成良性竞争的机制,市场是否透明且各种市场信息是否能够得到市场的充分且公平的吸收。有效率的资本市场有助于社会资源的有效配置,使相对优质拟上市公司能优先进入证券市场,优质上市公司能借证券市场再融资和收购兼并得以更好成长,并且这些公司提供市场的证券产品的价值能得到市场公平合理的评估。一个市场有效率的标志在于形成了一个优胜劣汰的机制,使相对优质的公司不仅能便捷融资,还能低成本的增长,而差的上市公司衰亡,或被吸收、退市、破产。(2) 市场的自律性强或自治功能强。市场化的基础在于自律(self-discipline),市场自律性强的实质就是参与主体的责任感(sense of responsibility)强。发达市场共同的道德基础就是培育起上市公司和市场中介合法守规的文化旋律。投资者普遍认同应对治理好的公司支付未来的溢价。良好的公司治理与公司的业绩表现成正比,与公司价值成正比,它可以带来股权市场和债权市场向更稳健更深度方向发展,从而对股东带来更多红利和使债务资本的成本降低。(3) 上市公司质量较高。上市公司的质量直接决定着市场的质量。证券市场长远发展建立在具有发展潜力的上市公司的基础之上,只有上市公司具有长远健康发展的潜力,市场交易的证券产品才能从总体上讲具有持续增长的投资价值。(4) 中介服务业的可信赖度大。不断改进的中介服务能够为投资者和融资者带来更大效率,中介的自律日益成为支持市场运转的中坚力量。中介的质量和机构投资人的质量,反映在其所有从业人员的质量,特别是执业的会计师、律师、财务顾问以及投资经理的质量。(5) 市场创新能力强。市场参与主体能够不断以创新的姿态进行活动,这是市场活力的表现。虽然创新不等于不守法规,但教条式的法规、不合时宜的束缚不应成为阻止创新和改革的桎梏。监管部门首要的任务是维持法规的尺度和标准,但最重要的是保护和支持市场的创新精神。相信和保护市场的创新是市场体现生产力的唯一监管基调。(6) 投资者不断成熟和市场信心不断增强。市场公信力不断增强的标志,一是人们愿意长期投资,二是能够承受市场的挫折。

2. 答:证券投资,尤其是股票投资,是一种风险投资。投资者在选择这一投资方式时,不能不对其风险作出预测和评估,并权衡是否可以承受这一风险。而股票风险在很大程度上是公司经营风险的一种表现,即公司盈利,股票才可能有收益;公司亏损,则股票就没有收益,甚至赔进股本。正因为如此,人们在购进证券时希望对发行人的经营状况有所了解,从而决定是否认购或转让该证券。如果在证券认购活动中仅仅实行"购者自慎",那么势必挫伤公众对证券的认购积极性,从而妨碍证券的发行。只有采取公开原则,才能使投资者在获得全面、准确信息的条件下,对证券的风险和利润作出正确评估,进而作出投资决策,以防止欺诈舞弊使投资者上当受骗,或避免投资于不良证券。

证券发行有正反两方面的潜在作用,它具有筹集和融通资金以促进国民经济发展的积极作用,同时也存在因投机、欺诈而损害社会公益和投资者合法权益的消极作用。很显然,克服证券发行中的消极作用并使证券发行得以健康发展的根本保证就是实行公开原则。正如美国学者路易斯·布兰斯(Louis D. Brancleis)在其著作《*Other People's Money and How the Banker Use it*》(1914)一书所说:"公开原则可以矫正社会上及企业中的弊病,公开原则犹如太阳,是最好的防腐剂;犹如电灯,是最有力的警察。"

3. 答:A 股指人民币普通股票,是指那些在中国大陆注册、在中国大陆上市的普通股票。A 股以人民币认购和交易。B 股指人民币特种股票,它是以人民币标明面值,以外币认购和买卖,在境内(上海、深圳)证券交易所上市交易的。最初它的投资人限于外国的自然人、法人和其他组织,香港、澳门、台湾地区的自然人、法人和其他组织,定居在国外的中国公民及中国证监会规定的其他投资人。2001 年境内居民也被允许以合法持有的外汇开立 B 股账户,交易 B 股股票。

4. 答：目前国内A股实行T+1结算制度，当天卖出的股票，第二天才能取得卖出款项。B股实行T+3结算制度，当天卖出B股股票，三天后才可以取得卖出款项。

权证交易T+0，是指权证交易实行T+0回转交易制度，即当日买入的权证，当日可以卖出。权证结算T+1，是指T日的权证交易在T+1日进行证券和资金交收。权证交易的证券和资金的最终交收时点为T+1日16:00，结算参与人在T+1日16:00须有足额证券和资金用于T日权证交易的证券资金交收。

案例与点评

案例

自然人A在被告处填写了买入有价证券委托单，委托被告当日买入"二纺机"股票100股。被告接受委托单后，按A的委托要求，通过自己驻上海市证券交易所的交易员向该所作了申报。当日下午，委托卖出单价最低为每股222元。但在卖出人通过其交易员向上海市证券交易所申报时，电脑操作失误，将每股222元的卖出单价误输入为每股22元卖出。该卖出单价与委托买入单价配对成交。十几分钟后，卖出人发现申报失误，遂向被告及上海市证券交易所提出撤销成交申请。被告及上海市证券交易所经核实卖出人确有操作失误后，根据《上海市证券交易所交易市场业务试行规则》及其补充规定和证券交易的惯例，分别同意了中经上证的撤销申请，并于当日下午在交易所办理了撤销手续。但由于工作疏忽，被委托人未及时销毁已被撤销的成交单据，致使柜台营业员误以为A的委托业务业已成交，遂于次日与两原告办理了委托交割手续。

上海市静安区人民法院除查明上述事实外，还查明：根据上海市证券交易所当时"二纺机"股票成交记录，该股票除操作失误成交之外，其他最低成交单价为每股219元，两原告所委托买入的价格在正常情况下不可能成交。现在，如果A请求确定他得到的股票有效，该怎么办？

案例点评

股票交易的各方在交易过程中均应按公开、公正、公平、合理的原则从事交易活动。卖方在交易过程中，由于电脑操作失误，将原报价每股222元的股票，误作为22元卖出申报，其实质是交易员在操作时对自己操作行为的误解。因此，双方成交的行为属于民法通则所规定的可撤销的重大误解行为，因此，按照交易规则及惯例同意中经上证的撤销申请，并无不当。受托人柜台营业员与两原告误以为所托业务业已成交，按实际已被撤销的成交单据办理的委托交割行为，也属可撤销的重大误解行为，对此请求撤销，应当可予准许。

第四节　保险法律制度

在现实生活中，人力不可抗拒的、不可预料的危险事故是广泛存在的，你有没有想过寻求相应的保障？而保险的运行机制就在于危险的集中和转移。

本节需要掌握的主要内容有：

- 保险和保险法
- 保险法的基本原则
- 保险合同的主要内容
- 保险业的监督管理

一、保险法概述

（一）保险的概念和特征

"保险"一词是来自西方国家的舶来品，英文为 Insurance。那么，究竟什么是保险呢？从经济学角度看，保险是一种补偿或给付的经济制度。面临同类危险的人们通过保险人或国家，或者直接组织起来，共同集聚小额资金，形成保险基金，从而使个人危险转移至基金集中承担。

从法律的角度出发，保险则是指投保人与保险人之间建立的一种保险合同关系，由投保人向保险人支付保险费，而保险人对于约定的保障事故发生造成的损失或后果承担保险责任。

2009 年 2 月 28 日由第十一届全国人大常委会第七次会议修订通过的《中华人民共和国保险法》（以下简称《保险法》）第 2 条将保险定义为："投保人根据合同约定，向保险人支付保险费，保险人对于合同约定的可能发生的事故因其发生所造成的财产损失承担赔偿保险金责任，或者当被保险人死亡、伤残、疾病或者达到合同约定的年龄、期限时承担给付保险金责任的商业保险行为。"由此可见，我国《保险法》仅调整商业保险，它具有如下特征：

(1) 保险以特定的危险为对象。危险的存在是构成保险的前提要件,在一定意义上可以说,无危险则无保险。当然,保险并非涉及所有的危险,而应当在保险当事人约定的范围内,将来可能发生的纯粹性危险①。

(2) 保险以多数人的互助共济为基础。保险在本质上是"人人为我,我为人人"的互助行为,其基本原理是集合危险、分散损失。各投保人借助保险人的保险经营行为而形成整体上的互助共济关系,每个投保人将自己面对的危险转移给全体投保人,同时也分担着其他投保人的危险。

(3) 保险以科学的数理计算为依据。这是保险的技术要件。保险人正是运用现代数学理论,通过个别危险事故发生的偶然性,进行科学的概括、总结来发现其发生的必然性,从而预测保险责任范围可能造成的损失后果。

(4) 保险以损失补偿为目的。保险的基本功能就是对损失予以补偿,以维持社会经济生活的稳定。这种补偿,是按被保险人因保险事故发生所造成的损失或后果进行的。

(二) 保险法的概念和调整对象

保险法有广义和狭义之分。广义的保险法是指调整保险关系的一切法律规范的总称。狭义的保险法,在我国就是指《中华人民共和国保险法》。我们通常所称保险法一般指广义的保险法。

保险法的调整对象为保险关系。所谓保险关系是指参与保险活动的主体之间形成的权利义务关系,主要包括保险合同关系和保险监督管理关系,前者是指平等主体之间的权利义务关系;后者是指保险监督管理部门在对参与保险活动的当事人进行监督管理过程中形成的监管与被监管的关系,具有命令和服从的性质。

二、保险法的基本原则

保险法的基本原则是贯穿整个保险法律规范体系,指导各项保险法律制度适用的根本性行为准则。现代各国保险法均公认的基本原则有以下四条。

(一) 保险利益原则

所谓保险利益,是指投保人、被保险人对保险标的具有的法律上承认的利益。

---

① 按危险的损失性质,分为纯粹性危险和投机性危险。前者是指只有损失发生与否之结果的危险;后者是指损失和获利两种可能性并存的危险,如股票投资的风险。参见贾林青,《保险法》,中国人民大学出版社,2006年,第5页。

其实质上就是特定主体对于保险标的所具有的利害关系。我国《保险法》第 12 条规定:“投保人对保险标的应当具有保险利益。”从而确认了我国《保险法》上的保险利益原则。

一般认为,适用保险利益原则,应当具备以下要件:

(1) 保险利益必须是法律承认的利益。这是保险利益的合法性要件,即要求投保人或被保险人对保险标的享有的利益为法律所承认和保护。而违反法律的利益,通过不正当手段获取的利益,不构成保险利益,即使投保,也因无保险利益而导致合同无效。

(2) 保险利益必须是确定存在的利益。这是保险利益的客观性要件,一般表现为被保险人对保险标的的现有利益或因现有利益而产生的期待利益已经确定或者可以确定①。如果对保险标的的利益不能确定,那么在保险事故发生致使被保险人遭受损失后,保险人就无法补偿。

(3) 保险利益必须是可以金钱计算的利益。这是保险利益的可计算性要件,即保险利益是能够运用货币予以计量的利益。这在财产保险中无任何疑问,但在人身保险中却存在着不同的观点。大多数学者认为,人身保险利益并非投保人和被保险人之间的法定关系,而是隐藏于这些关系之后的经济利益关系;也有学者主张,人身保险利益应限定为投保人和被保险人之间的人身依附关系或者信赖关系②。

(二) 最大诚信原则

诚实信用原则是市场经济活动正常进行的基本条件之一,也是民商法的基本原则。诚实信用原则要求民商事主体在从事民商事活动时,应诚实守信,以善意的方式行使权利履行义务,不得滥用权利及规避法律或合同规定的义务;同时,诚实信用原则要求维持当事人之间的利益及当事人利益和社会利益之间的平衡。因而,诚实信用原则在民商法领域被尊称为“帝王条款”,“君临全法域之基本原则”③。

但是,保险市场的特殊性决定了其更为强调诚实信用的必要性。通常认为,在保险法中,法律对于当事人诚信程度的要求远高于其他民商事活动,因此很多国家的保险法将这一原则加以强化,提升为最大诚信原则,又被称为“绝对诚信原则”④。

---

① 李永军,《商法学》,中国政法大学出版社,2004 年,第 725 页。
② 许崇苗、李利,《中国保险法原理与适用》,法律出版社,2006 年,第 111 页。
③ 史尚宽,《民法总论》,台北,正大印书馆,1980 年,第 300 页。
④ 贾林青,《保险法》,中国人民大学出版社,2006 年,第 88 页。

最大诚信原则的基本内容有以下四个方面：

(1) 保险人的说明义务。这是指保险人在订立保险合同时，承担向投保人说明保险合同条款内容，特别是免责条款的义务。我国《保险法》第 17 条第 1 款规定："订立保险合同，采用保险人提供的格式条款的，保险人向投保人提供的投保单位应当附格式条款。保险人应当向投保人说明合同的内容。"这是法定义务，不论在何种情况下，保险人均应详细说明保险合同的各项条款，并对投保人有关保险合同的询问作出直接、真实的回答。对于责任免除条款，保险人未明确说明的，该条款不产生效力。

(2) 投保人的如实告知义务。与保险人的说明义务相对应，投保人在订立保险合同时负有如实告知义务。如实告知的内容是有关保险标的的重要事实，即对保险人承保有重要影响的关于保险标的的事实，或者说，凡能够影响一个谨慎的保险人决定其是否接受承保或据以确定保险费率或是否在保险合同中增加特别条款的事实。我国和大多数国家一样，在告知方式上采用询问回答式，即将保险人询问的问题认定为"重要事实"。如果投保人不履行如实告知义务的，保险人有权解除合同。

(3) 保证。保证是投保人或被保险人对保险人作出的一种关于作为或不作为某种行为，或某种状态存在或不存在的担保，也称履行保证。从表现形式看，保证可分为明示保证和默示保证。明示保证通常以保险单上的保证条款表现出来，如人身保险中常有"不参加高度危险活动"的明示保证条款。默示保证是指依法律的强制性规定或保险惯例，投保人、被保险人应该保证某一事项，而无须事前明确作出承诺。如海上保险中，投保人应默示保证船舶具有适航能力。违反保证的，按保险合同的约定、法律规定或保险惯例处理，通常保险人可以解除合同，不承担已发生事故的赔偿责任，并且不退保险费。

(4) 弃权与禁止反言。弃权是指保险人以明示或默示的方式放弃其在保险合同中可以主张的权利。构成弃权须具备两个条件：一是保险人必须知悉权利的存在；二是保险人须有明示或默示弃权的意思表示。弃权是一种单方法律行为。禁止反言也称禁止抗辩，是指保险人既然已经放弃可以主张的权利，将来不得反悔，而再向对方主张该权利。

（三）近因原则

近因原则是为了明确事故与损失之间的因果关系，认定保险责任而专门设立的一项基本原则。它是指保险人对于承保范围内的保险事故作为直接的、最接近的原因所引起的损失承担保险责任，而对于承保范围以外的原因造成的损失，不负赔偿责任。

在国际保险市场中,近因原则是必不可少的法律原则,它维系了保险合同当事人之间利益的平衡,确立了对于保险人的公平归责机制。通过近因原则的适用,可以使保险合同的各方当事人从复杂多变的保险案件事实中,寻求一项公平合理、确定无误的法律原因(近因)作为认定依据,从而既可以防止无限制地扩大保险人的保险责任,又可以避免保险人任意推卸应当承担的保险责任。根据近因原则的要求,认定近因的关键在于确定致损的因果关系。我们分为以下三种情况具体探讨。

(1) 损失由单一原因引起的情况。保险标的的损失如果是由单一原因引起的,该原因就是近因。该原因属于保险责任范围内的,保险人负保险责任;否则不承担保险责任。

(2) 损失由同时发生的数个原因引起的情况。保险标的的损失由数个原因同时引起的,可以区分出起决定作用原因的,该决定性原因是近因,依据该近因是否在保险责任范围内确定保险责任。不能区分的,都是近因。在这种情况下,如果该数个原因都在保险责任范围内,保险人负赔偿责任;反之,不赔。如果同时发生的数个原因有的属于保险责任范围内的,有的是责任免除,那么,损失可以分别估算的,保险人仅对保险责任范围造成的损失进行赔偿;损失不能分别估算的,由保险人和被保险人协商进行部分赔偿,或者由法律或仲裁机构裁决进行部分赔偿。

(3) 损失由连续发生的数个原因引起的情况。保险标的的损失由连续发生的数个原因引起的情况,又有两种不同情形。第一种情形是,连续发生的几个原因有前后的因果关系,并且各原因之间的因果关系链条没有中断,这时,最先发生的原因是近因,应当以其来判断保险责任是否承担。例如,船舶先遭焰火轰击,影响了航行能力,以致被大浪掀翻沉没,近因应当是战争行为,如果该船未投保战争险,则保险人不负赔偿责任。第二种情形是,几个原因连续发生,但其因果链条由于一个独立的新原因的介入而中断,此时,新介入的原因为近因,应当以其来判断保险责任是否承担。例如,投保意外伤害保险的被保险人在车祸中受轻伤住院治疗,住院期间突发心脏病死亡,则其死亡近因是疾病,保险人不负给付死亡保险金的责任。

当然,社会生活的复杂性和多样性,使得导致保险标的损失所涉及的因果关系错综复杂。因此,在保险实务中,运用近因原因,应结合保险个案的具体情况进行分析。

(四) 损失补偿原则

损失补偿原则是指保险人对于保险标的因保险事故造成的损失在保险金额范围内进行保险赔偿,用以补偿被保险人遭受的实际损失。显而易见,损失补偿原则是保险制度的保险保障职能的法律表现。

损失补偿原则的含义体现在以下几个方面。

(1) 保险人进行保险赔偿是以被保险人遭受实际损失为前提的。在保险期限内,即使发生了保险事故,但如果被保险人没有受到损失,就无权要求保险人赔偿。

(2) 保险人进行保险赔偿是以保险责任为根据的。对被保险人遭受的损失,如果在保险责任范围内的,保险人予以保险赔偿;无保险责任的损失部分,不予赔偿。

(3) 保险人进行保险赔偿是以保险金额为限度的。即补偿的数额必须等于损失,被保险人不能获得多于损失的补偿。因此各国保险法对保险金额超过财产实际价值的超额保险均作了限制性规定。我国《保险法》规定,保险金额不得超过保险价值,超过保险价值的,超过的部分无效。

三、保险合同

(一) 保险合同的概念和特点

保险合同是指投保人与保险人约定保险权利义务关系的协议。按照保险合同约定,投保人向保险人支付约定的保险费,保险人则在保险事故发生并造成保险标的损失或保险期限届满时,承担保险赔偿或给付保险金的责任。

保险合同具有以下四个特点:

(1) 保险合同是射幸合同。射幸合同是以将来可能发生的事件或者机会作为标的的合同。保险合同作为射幸合同,就是由投保人以支付保险费为代价,买到一个将来可能获得补偿的机会。如果在保险期限内发生了保险事故,投保人即可获得数倍于保险费的保险金;如果在保险期内没有发生保险事故,投保人支付的保险费就一无所获。保险合同的这种射幸性质,是由保险事故发生的偶然性决定的。

(2) 保险合同是最大诚信合同。诚实信用是保险法规定的一项基本原则。保险合同在订立和履行过程中,投保人负有如实告知的义务,保险人在决定是否承保以及如何确定保险费率时,全依据投保人的诚实告知。因此,对保险合同诚信度的要求较之一般合同更为严格,所以称之为"最大诚信合同"。

(3) 保险合同是双务、有偿、诺成合同。保险合同的当事人因合同而互负一定的义务,其中投保人的主要义务是向保险人支付保险费;保险人的主要义务则是在保险事故发生或合同约定的其他条件具备时,赔偿或给付保险金。因此,保险合同为双务合同。保险合同中,保险人获得保险费的同时,必须承担保险责任;投保人在其保险标的(财产、人身等)获得保障的同时,必须支付保险费。所以,保险合同为有偿合同。保险合同因投保人与保险人双方意思表示一致即告成立,为诺成性合同。

(4) 保险合同是格式合同。格式合同是指当事人一方对另一方事先拟定的合同条款只能表示同意或不同意的合同。保险合同作为格式合同,是由保险业务的专业性、垄断性特点决定的。保险业务经过多年的发展,条款已基本定型化。而且,保险人面对的是千千万万的投保人,不可能与每一投保人进行协商,因而保险条款多由保险人事先拟定,投保人只能决定是否接受而不能协商修改。即使在某些情况下,需要修改或补充保险条款的内容,也是采取保险人事先拟定的附加条款或附属保单。为避免保险人制定不公平的保险条款损害投保人利益,法律要求保险合同条款的确立必须遵循公平的原则,在合同条款不明确时,应作出有利于被保险人和受益人的解释。

(二) 保险合同的订立

我国《保险法》第13条明确规定了保险合同的订立过程:“投保人提出保险要求,经保险人同意承保,并就合同的条款达成协议,保险合同成立。保险人应当及时向投保人签发保险单或者其他保险凭证,并在保险单或者其他保险凭证中载明当事人双方约定的合同内容。”

1. 投保

投保是指投保人向保险人提出的确定的、明确的订立保险合同的意思表示,即提出保险要求。从合同订立程序来说,投保是一种要约。投保可以由投保人本人向保险人提出,也可以由投保人的代理人向保险人提出。投保是保险合同成立的先决条件,应具备以下几个条件:(1) 投保人要有缔约能力。一般来说,法人具有完全的缔结保险合同的能力。对于自然人来说,无民事行为能力人或者限制行为能力人不具有投保能力,其提出的保险要求,不产生要约的效力。(2) 投保人对保险标的应当具有保险利益。(3) 要履行如实告知义务。

2. 承保

承保是保险人完全同意投保人提出的保险要约的行为。承保为保险人的单方法律行为,构成保险合同成立的要件。在保险实务上,保险人收到投保人填写的投保险单后,经过审查认为符合承保条件,在投保险单上签字、盖章并通知投保人,即构成承诺。承诺生效时保险合同成立,保险人应当及时向投保人签发保险单或者其他保险凭证,并在保险单或者其他保险凭证上加盖保险公司公章、经授权出单的分支机构公章或上述两者的合同专用章,不能只盖法定代表人、负责人名章或内部职能部门印章。应当引起注意的是,签发保险单不是保险合同成立的要件,而是保险人的合同义务。但在保险实务中,保险公司在签发保险单之前,往往不发承诺通知,而是把保险单既作为承保的凭证,也作为承诺的通知。

(三) 保险合同的生效

保险合同的生效就是指保险合同对于各方当事人具有法律约束力。这意味着保险合同的各方当事人应当遵守保险合同的规定,按照保险合同的约定行使各项权利和履行各项义务,以便实现订立保险合同的目的。

保险合同应符合法律规定的以下四个有效条件:

(1) 当事人应当具有法定的缔约资格。对于保险人而言,表现为必须依保险业法的规定,经保险管理监督机关批准,取得保险人身份,有经营保险业务的资格。而且,保险人所订立的保险合同的内容应属于其获准经营的业务范围。与此相对应,订立保险合同的投保人的缔约能力表现在两个方面。其一,自然人、法人或依法可以独立参与社会活动的其他组织均可与保险人订立保险合同,但是,必须具有法律规定的民事行为能力。这是为了保证投保人对其投保行为的性质及其后果具有正确的分析判断能力。其二,投保人在投保时必须与保险标的之间存在保险利益。

(2) 双方当事人的意思表示真实一致。保险合同作为双方的法律行为,其成立必须出于各方当事人的真实意思,并达成协议,才可能合于当事人追求的法律目的,便于各方当事人自觉履约。

(3) 订立保险合同不得违反法律和社会公共利益。即当事人订立的保险合同应当符合国家法律法规的规定,不损害社会公共利益,而且,符合我国所参加的国际公约和我国认可的国际惯例。首先,各国保险法均注重于防止在保险市场上当事人假借订立保险合同牟取不当利益的行为。因此,要求投保人必须对保险标的具有保险利益,以杜绝道德危险或赌博行为的发生。其次,订立保险合同所涉及的保险标的必须合法。因为只有合法的财产,当事人才对该财产拥有法律认可的保险利益。再次,很多国家的保险法都禁止财产保险的重复保险行为,故投保人不应故意就同一投保财产以同一保险事故投保超过保险价值的保险金额;否则,会造成超过保险价值的合同部分无效。

(4) 订立保险合同所采取的形式应当符合法律的强制性规定和保险业规则。鉴于保险合同是典型的格式条款,由保险人一方事先拟订和提供,而投保人一方在保险合同的签订过程中则处于附和的被动地位,保险法和合同法等法律均对于保险合同的形式规定了相应的强制性规范,当事人在签订保险合同时应当予以遵守。

(四) 保险合同的内容

保险合同的内容即保险合同所确定的保险条款。依照我国《保险法》第 19 条规定,保险合同一般应包括下列条款:

(1) 保险人名称和住所。保险人是保险合同的当事人之一,为便于对方当事人行使权利和履行义务,保险合同应当载明其名称和住所。

(2) 投保人、被保险人名称和住所,以及人身保险的受益人的名称和住所。

(3) 保险标的。保险标的是指作为保险对象的财产及其有关利益或者人的寿命和身体。任何保险者离不开保险标的，它是确定危险程度和保险利益的重要依据，也是决定保险人保险责任范围的依据。

(4) 保险责任和责任免除。保险责任是保险人于保险事故发生或保险期限届满时应承担的赔偿或给付保险金的责任。保险责任条款具体规定了保险人所承担的风险范围。责任免除是指依法或依保险合同，保险人不负赔偿或者给付保险金责任的范围。责任免除的条款一般包括：战争或者军事行动所造成的损失、保险标的自身的自然损耗、被保险人故意行为造成的事故、其他不属于保险责任范围的损失等。保险合同中规定有关于保险人责任免除条款的，保险人在订立保险合同时应当向投保人明确说明，未明确说明的，该条款不产生效力。

(5) 保险期间和保险责任开始时间。保险期间是指保险合同的有效期间。大多数情况下，保险期间的起始时间与保险责任的开始时间是一致的，但有时也存在不一致的情形，因而保险合同中载明保险期间及保险责任的开始时间就显得非常重要，因为只有发生在保险责任开始后、保险期间届满之前的保险事故，保险人才承担保险责任。

(6) 保险价值。保险价值是指保险标的的价值，它是确定保险金额的依据。由于人身价值无法用金钱衡量，因而在人身保险合同中不存在保险价值条款，它是财产保险合同的条款。

(7) 保险金额。保险金额是指保险合同当事人约定的，保险人承担赔偿或给付保险金责任的最高限额。在财产保险中，保险金额不得超过保险价值；在人身保险中，保险金额是保险事故发生时保险人实际所要给付的保险金。

(8) 保险费以及支付办法。保险费是投保人向保险人支付的费用，是投保人获得保险保障必须支付的代价。保险费是建立保险基金的源泉。保险费的多少，与保险金额、保险危险及保险期限的长短等有关。缴纳保险费是投保人应尽的义务，对此保险合同应予以明确。至于保险费的支付方法是一次付清还是分期付款，是现金支付还是转账付款也应在保险合同中明确规定。

(9) 保险金赔偿或者给付办法。保险金赔偿或者给付办法是指保险人赔偿或者给付保险金的时间和方式。为使保险人更好地履行保险责任，对此应在保险合同中明确载明。

(10) 违约责任和争议处理。违约责任是指当事人因违反合同义务所应承担的责任。为保证保险合同的顺利履行，当事人在合同中要明确加以规定。争议处理是指当事人在合同履行过程中发生争议的处理方法。争议处理条款一般包括仲裁条款和诉讼条款等。

(11) 立合同的年、月、日。保险合同应载明订立合同的时间，这对于确定投保人是否具有保险利益、保险合同是否有效、保险期间的计算等都具有重要的作用。

(五) 保险合同的变更、解除和终止

1. 保险合同的变更

(1) 主体变更。主体变更又称保险合同的转让,它是指保险合同所规定的权利义务概括地转让他人。在保险合同中,保险人一般是不会发生变化的,往往是投保人或被保险人发生变更。而投保人或被保险人的变更,通常基于保险标的的所有权或经营管理权转移而产生。在财产保险中,保险标的的转让应当通知保险人,经保险人同意继续承保后,依法变更合同。在人身保险中,被保险人或者投保人变更受益人时,需书面通知保险人,但不必征得保险人同意。投保人变更受益人时,需经被保险人同意。

(2) 内容变更。保险合同内容的变更是指在保险合同主体不发生变化的情况下,对合同内容的修改和补充。在保险合同有效期内,投保人和保险人经协商同意,可以变更保险合同的有关内容。变更保险合同的,应当由保险人在原保险单或者其他保险凭证上批注或者附贴批单,或者由投保人和保险人订立变更的书面协议。

2. 保险合同的解除

(1) 投保人的解除权。保险合同成立后,投保人可以解除保险合同,但《保险法》另有规定或者保险合同另有约定的除外。这是《保险法》基于合同自由的理念及考虑到某些保险合同的特殊性所作出的除外规定。

(2) 保险人的解除权。由于保险人的特殊地位,保险合同成立后,保险人不得解除保险合同,但《保险法》另有规定或者保险合同另有约定的除外。《保险法》规定保险人享有解除权的情形主要有:① 投保人故意隐瞒事实,不履行如实告知义务的,或者因过失未履行如实告知义务,足以影响保险人决定是否同意承保或者提高保险费率的,保险人有权解除保险合同。② 被保险人或者受益人在未发生保险事故的情况下,谎称发生了保险事故,向保险人提出赔偿或者给付保险金的请示的,保险人有权解除保险合同,并不退还保险费。③ 投保人、被保险人或者受益人故意制造保险事故的,保险人有权解除保险合同,不承担赔偿或者给付保险金的责任。④ 投保人、被保险人未按照约定履行其对保险标的安全应尽的责任的,保险人有权要求增加保险费或者解除合同。⑤ 在合同有效期内,保险标的危险程度增加的,被保险人按照合同的约定应当及时通知保险人,保险人有权要求增加保险费或者解除合同。⑥ 投保人申报的被保险人年龄不真实,并且其真实年龄不符合合同约定的年龄限制的,保险人可以解除合同,并在扣除手续费后,向投保人退还保险费,但是自合同成立之日起逾 2 年的除外。⑦ 人身保险合同约定分期支付保险

费,合同效力中止超过 2 年的,保险人有权解除合同。

3. 保险合同的终止

(1) 保险合同解除。保险合同解除是保险合同终止的一个主要原因。

(2) 保险期限届满。任何保险合同均规定有有效期限。保险合同有效期限届满,是保险合同终止的最普遍原因。

(3) 保险人赔偿或给付保险金。在保险合同有效期内如发生保险责任范围内的保险事故,保险人赔偿或给付了保险金,且给付额达到合同约定的保险金额的,保险合同终止。

(4) 终止权的行使。保险标的发生部分损失的,在保险人赔偿后 30 日内,投保人可以终止合同;除合同约定不得终止合同的以外,保险人也可以终止合同。保险人终止合同的,应当提前 15 日通知投保人,并将保险标的未受损失部分的保险费,扣除自保险责任开始之日起至终止合同之日止期间的应收部分后,退还投保人。

(5) 保险标的灭失及被保险人、受益人死亡。保险标的因保险事故以外的原因而灭失时,保险合同终止。在以自下而上为给付条件的人身保险合同中,被保险人或受益人死亡的,保险合同终止。

四、保险公司

(一) 保险公司的设立条件

保险公司是指与投保人订立保险合同,并承担赔偿或者给付保险金责任的一方当事人。根据我国《保险法》的规定,保险公司的设立必须具备以下条件:

(1) 有符合《保险法》和《公司法》规定的章程。公司章程是设立保险公司的必备法律文件,其重要内容之一是业务范围,这是市场准入监管的核心内容,对公司、股东、董事、监事和经理具有约束力。

(2) 有符合《保险法》规定的注册资本最低限额。我国《保险法》第 69 条规定,设立保险公司,其注册资本的最低限额为人民币 2 亿元。保险公司注册资本最低限额必须为实缴货币资本。保险监督管理机构根据保险公司业务范围、经营规模,可以调整其注册资本的最低限额。但是,不得低于上述规定的限额。

(3) 有具备任职专业知识和业务工作经验的高级管理人员。对于金融企业的设立,要求其高级管理人员必须具备相应的资格条件并对其资格进行严格审查,这是世界各国的普遍做法,我国同样对保险公司高级管理人员的范围和任职资格作了明确规定。

(4) 有健全的组织机构和管理制度。

(5) 有符合要求的营业场所和与业务有关的其他设施。

保险监督管理机构审查设立申请时,应当考虑保险业的发展和公平竞争的需要。

(二) 保险公司的设立程序

申请设立保险公司,应当提交下列文件和资料:

(1) 设立申请书,申请书应当载明拟设立的保险公司的名称、注册资本、业务范围等;

(2) 可行性研究报告;

(3) 保险监督管理机构规定的其他文件、资料。

设立保险公司的申请经初步审查合格后,申请人应当依照《保险法》和《公司法》的规定进行保险公司的筹建。具备我国《保险法》规定的设立条件的,向保险监督管理机构提交正式申请表和下列有关文件、资料:

(1) 保险公司的章程;

(2) 股东名册及其股份或者出资人及其出资额;

(3) 持有公司股份10%以上的股东资信证明和有关资料;

(4) 法定验资机构出具的验资证明;

(5) 拟任职的高级管理人员的简历和资格证明;

(6) 经营方针和计划;

(7) 营业场所和与业务有关的其他设施的资料;

(8) 保险监督管理机构规定的其他文件、资料。

保险监督管理机构自收到设立保险公司的正式申请文件之日起6个月内,应当作出批准或者不批准的决定。

经批准设立的保险公司,由批准部门颁发经营保险业务许可证,并凭经营保险业务许可证向工商行政管理机关办理登记,领取营业执照。

保险公司自取得经营保险业务许可证之日起6个月内无正当理由未办理公司设立登记的,其经营保险业务许可证自动失效。

(三) 保险经营规则

1. 保险公司业务范围及其限制规则

根据《保险法》第95条的规定,财产保险业务的范围包括财产损失保险、责任保险、信用保险、保证保险等保险业务;人身保险业务的范围包括人寿保险、健康保险、意外伤害保险等保险业务。经保险监督管理机构核定,保险公司可以经营保险

业务中分出保险、分入保险的再保险业务。我国《保险法》对保险公司业务范围作了以下限制:

(1) 保险分业经营规则。保险分业经营规则是指同一保险人不得同时兼营财产保险业务和人身保险业务。但是,经营财产保险业务的保险公司经保险监督管理机构核定,可以经营短期健康保险业务和意外伤害保险业务。这是《保险法》作出的一项重大修改。

(2) 禁止兼业规则。禁止兼业是指保险公司不得同时经营非保险业务。保险公司只能在保险监督管理机构依法核定的业务范围内从事保险经营活动,不得兼营业务范围之外的业务,更不能从事非保险业务的经营。

(3) 保险专营规则。保险专营是指保险业务只能由依法设立的保险公司经营,非保险机构不得从事保险业务。

2. 保险公司偿付能力管理规则

偿付能力是指保险公司在其所承担的保险责任发生时所具有的履行赔偿或给付责任的能力。偿付能力的大小决定于保险公司建立起来的保险基金。为了维护被保险人的利益,保证保险公司有足够的偿付能力,我国《保险法》规定了以下规则来加以管理。

(1) 提取各种准备金。保险公司应当根据保障被保险人利益、保证偿付能力的原则,提取各项责任准备金。包括未到期责任准备金、未决赔款准备金、公积金和保险保障基金四种。

(2) 具备最低偿付能力。最低偿付能力,是指保险公司对其所承担的保险责任至少所应当具有的赔偿或支付能力。保险公司应当具有与其业务规模相适应的最低偿付能力。

3. 保险公司风险管理规则

保险公司是经营风险的行业,保险公司内部存在着风险管理的问题。为此,我国《保险法》规定了保险公司风险管理规则。

(1) 自留保险费的限制。我国《保险法》第 102 条规定,经营财产保险业务的保险公司当年自留保险费,不得超过其实有资本金加公积金总和的 4 倍。

(2) 对每一危险单位所承担责任的限制。我国《保险法》第 103 条规定,保险公司对每一危险单位,即对一次保险事故可能造成的最大损失范围所承担的责任,不得超过其实有资本金加公积金总和的 10%;超过的部分,应当办理再保险,以避免保险人因危险单位过大而承担过多的保险金并陷入困境,进而危害到被保险人利益的情况出现。

(3) 办理再保险。保险公司虽然是经营风险的机构,但为增强对风险的承受力,有必要鼓励保险公司通过再保险分散和转移自身承担的风险。为此,我国《保险法》规定，保险公司应当按照保险监督管理机构的有关规定办理再保险。保险公司需要办理再保险分出业务的，应当优先向中国境内的保险公司办理；保险监督管理机构有权限制或者禁止保险公司向中国境外的保险公司办理再保险分出业务或者接受中国境外再保险分入业务。

4. 保险公司的资金运用规则

保险公司在业务经营过程中，可以将保险资金进行投资和融资以获取收益，使保险资金保值增值，从而增强保险公司的偿付能力。保险公司的资金运用必须稳健，遵循安全性原则，并保证资产的保值增值。

保险公司的资金运用，限于在银行存款、买卖政府债券、金融债券和国务院规定的其他资金运用形式。保险公司的资金不得用于设立证券经营机构和设立保险业以外的企业。至于保险公司运用的资金和具体项目的资金占其资金总额的具体比例，由保险监督管理机构规定。

5. 保险公司及其工作人员的行为规则

鉴于保险业的特殊性，《保险法》对保险公司及其工作人员在保险业务活动中不得从事的行为提出了具体要求，包括：不得欺骗投保人、被保险人或者受益人；不得对投保人隐瞒与保险合同有关的重要情况；不得阻碍投保人履行《保险法》规定的如实告知义务，或者诱导其不履行《保险法》规定的如实告知义务；不得承诺向投保人、被保险人或者受益人给予保险合同规定以外的保险费回扣或者其他利益；不得故意编造未曾发生的保险事故进行虚假理赔，骗取保险金。

五、保险业监督管理制度

（一）保险业监督管理制度概述

1. 保险业监督管理制度的概念和特点

从保险业法角度讲，保险业监督管理制度是指在一国范围内，国家保险业监督管理机关利用法律行政手段、行业自律手段和企业自控手段，对于经营保险业务的主体和参与保险活动主体的主体资格以及这些主体实施的保险行为进行监督和管理的法律体系。

保险业监督管理制度作为保险业法领域内相对独立的法律制度，具有以下若干法律特征：

(1) 保险业监督管理制度具有干预性。这种干预性是国家权力的具体体现。

(2) 保险业监督管理制度具有法定性。它是通过保险立法的形式，确定保险业的经营规则和保险组织的资格条件等方面的法律规范。

(3) 保险业监督管理制度具有专业性和广泛性。所谓专业性,是指保险业监督管理制度是专门适用于保险市场的法律规范体系。所谓广泛性,是指一国的保险业监督管理制度的内容十分广泛,包括保险公司的资格条件、资金运用、各种保险经营活动以及整个保险领域中各个保险活动环节的监督和管理。

(4) 保险业监督管理制度具有严格性。保险市场经营活动特有的行业性质,决定了其具有高于其他行业的风险性。有鉴于此,各国政府对于保险市场适用的监督管理制度,不论是法律约束的力度还是广度,均高于其他各个行业,构成了严格监督管理制度。

2. 我国的保险业监管模式

鉴于我国的保险市场初具规模,市场经营规则亟待完善,行业自律机制尚需健全,我国采取了严格监管制度,即强调保险业监督管理机关的权力,建立较为完善的监管规则体系,对于保险业实施全方位的监督管理,达到保护被保险人合法权益、维护保险市场发展的监管目标。当然,在我国的严格监管制度适用过程中,应当注意处理好监管规则的严格性与保险市场调节机制的关系,既有效地防止不正当竞争行为,维护保险市场的正常秩序,又保护保险企业开发保险产品、从事公平竞争的积极性。

3. 我国的保险业监督管理机构

我国《保险法》第 9 条规定:"国务院保险监督管理机构依法对保险业实施监督管理。"我国保险监督管理机构是中国保险监督管理委员会(简称保监会)。保监会是全国商业保险的主管部门,为国务院直属事业单位,根据国务院授权履行行政管理职能,依照法律、法规统一监督管理全国保险市场。

(二) 我国保险业监督管理的主要内容

1. 对保险公司业务经营的监管

(1) 对保险条款和保险费率的监管。保险条款的确定和保险费率的厘定对于保护被保险人的利益和保障保险业的健康发展意义重大,我国保监会有必要对此加以监管,体现在:保监会对关系社会公众利益的保险险种、依法实行强制保险的险种和新开发的人寿保险险种的保险条款和保险费率,按遵循保护社会公众利益和防止不正当竞争的原则进行审批;对其他保险险种的保险条款和保险费率,则由保险公司自主拟定,实行备案管理。

(2) 对保险公司偿付能力的监管。保监会应当建立健全保险公司偿付能力监管指标体系,对保险公司的最低偿付能力实施监控。

(3) 保监会的监督检查权。保监会有权检查保险公司的业务状况、财务状况及资金运用状况,有权要求保险公司在规定期限内提供有关的书面报告和资料,有权查询保险公司在金融机构的存款。保险公司应当依法接受监督检查。

2. 对保险公司的整顿

保险公司未按照《保险法》规定提取或者结转各项准备金,或者未按照《保险法》规定办理再保险,或者严重违反《保险法》关于资金运用的规定的,由保监会责令该保险公司采取下列措施限期改正:依法提取或者结转各项准备金;依法办理再保险;纠正违法运用资金的行为;调整负责人及有关管理人员。

在保监会作出限期改正的决定后,保险公司在限期内未予改正的,则由保监会决定派选保险专业人员和指定该保险公司的有关人员组成整顿组织,对该保险公司进行整顿,并公告载有被整顿保险公司的名称、整顿理由、整顿组织和整顿期限的整顿决定。

整顿组织在整顿过程中,有权监督该保险公司的日常业务。该保险公司的负责人及有关管理人员,应当在整顿组织的监督下行使自己的职权。在整顿过程中,保险公司的原有业务继续进行,但是保监会有权停止开展新的业务或者停止部分业务,调整资金运用。

被整顿的保险公司经整顿已纠正其违反《保险法》规定的行为,恢复正常经营状况的,由整顿组织提出报告,经保监会批准,结束整顿。

3. 对保险公司的接管

接管是比整顿更为严格的监管措施。接管的目的是为了对被接管的保险公司采取必要措施,以保护被保险人的利益,恢复保险公司的正常经营。接管须具备一定的条件,即保险公司违反《保险法》规定,损害社会公共利益,可能严重危及或者已经危及保险公司的偿付能力的,保监会可以对该保险公司实行接管。在接管期间,被接管的保险公司的债权债务关系不因接管而变化。接管期限届满,如果保险公司经过接管仍不能恢复正常经营,保监会可以决定延期,但接管期限最长不得超过2年;如果被接管的保险公司已恢复正常经营能力的,由国务院保险监督管理机构决定终止接管,并予以公告;被整顿、被接管的保险公司有《企业破产法》第2条规定情形的,国务院保险监督管理机构可以依法向人民法院申请对该保险公司进行重整或者破产清算。

4. 对保险公司财务的监管

保险公司应当于每一会计年度终了后3个月内,将上一年度的营业报告、财务会计报告以及有关报表报送保监会,并依法公布;保险公司还应当于每月月底前将上一月的营业统计报表报送保监会。

此外,《保险法》还要求保险公司必须聘用经保监会认可的精算专业人员,建立精算报告制度;对保险事故的评估和鉴定、保险公司资料的保管等,《保险法》也作了相应规定,以利于保监会对保险公司依法实施监督管理。

本节思考题

1. 保险的概念和特点。
2. 保险的基本原则有哪些？
3. 保险合同的内容有哪些？
4. 保险公司的设立条件是什么？
5. 我国保险业务经营监管的主要内容。

思考题解答

1. 答：保险投保人根据合同约定，向保险人支付保险费，保险人对于合同约定的可能发生的事故因其发生所造成的财产损失承担赔偿保险金责任，或者当被保险人死亡、伤残、疾病或者达到合同约定的年龄期限时承担给付保险金责任的商业保险行为。其具有如下特征：(1) 以保险的特定危险为对象。(2) 保险以多数人的互助共济为基础。(3) 以保险的科学的数理计算为依据。(4) 保险以损失补偿为目的。

2. 答：(1) 保险利益原则；(2) 最大诚信原则；(3) 近因原则；(4) 损失补偿原则。

3. 答：(1) 保险人名称和住所；
(2) 投保人、被保险人名称和住所，以及人身保险的受益人的名称和住所；
(3) 保险标的；
(4) 保险责任和责任免除；
(5) 保险期间和保险责任开始时间；
(6) 保险价值；
(7) 保险金额；
(8) 保险费以及支付办法；
(9) 保险金赔偿或者给付办法；
(10) 违约责任和争议处理；
(11) 订立合同的年、月、日。

4. 答：(1) 有符合保险法和公司法规定的章程；
(2) 有符合保险法规定的注册资本最低限额；
(3) 有具备任职专业知识和业务工作经验的高级管理人员；
(4) 有健全的组织机构和管理制度；
(5) 有符合要求的营业场所和与业务有关的其他设施。

5. 答:(1) 对保险条款和保险费率的监管。保险条款的确定和保险费率的厘定,对于保护被保险人的利益和保障保险业的健康发展意义重大,我国保监会有必要对此加以监管,体现在:保监会对关系社会公众利益的保险险种、依法实行强制保险的险种和新开发的人寿保险险种的保险条款和保险费率,按遵循保护社会公众利益和防止不正当竞争的原则进行审批;对其他保险险种的保险条款和保险费率,则由保险公司自主拟定,实行备案管理。

(2) 对保险公司偿付能力的监管。保监会应当建立健全保险公司偿付能力监管指标体系,对保险公司的最低偿付能力实施监控。

(3) 保监会的监督检查权。保监会有权检查保险公司的业务状况、财务状况及资金运用状况,有权要求保险公司在规定期限内提供有关的书面报告和资料,有权查询保险公司在金融机构的存款。保险公司应当依法接受监督检查。

案例与点评

案例

在日本,受害者A驾驶的二轮摩托车在进入一个弯道口时,遇到加害人B驾驶的装有货物的卡车从正面疾驶而来。由于B在进入弯道时车速过快,抢入对方行驶的车道,撞上正常行驶的A。A在事故中身遭重伤,经抢救脱险。但是,腿部遭到重创,腰部的肌肉受到损伤,这些伤害直接引起了急性肾功能衰竭。接着,由于大腿的肌肉坏死引起的感染无法控制,被迫锯腿以求保命。由于A在遭遇到交通事故之前,患有严重的肝功能不全的疾病,在这种情况下,A的肝功能不全的疾病并发,GOT等指标急速上升,可谓雪上加霜。A在饱受痛苦的情况下,于事故发生一年后死亡。A的家属作为原告向保险公司提出给付保险金的请求。保险公司以A的死因是源于肝脏病,死因与交通事故造成的伤害之间没有直接的因果关系为由拒绝支付保险金。A的家属向法院提起诉讼。关于A的死因和交通事故所造成的伤害之间有无因果关系,成为本案原被告之间争论的焦点。由于A是因上消化道出血、肺炎、肾脏、肝脏、心脏功能衰竭、败血症等并发最后导致死亡,从医学角度作了分析,认为,第一,由于右腿开放性骨折造成了A的右下肢血流不畅,导致败血症的感染,形成肌肉坏死。为了保全生命而进行了截肢,但是,手术后并没有阻止败血症的进一步感染,导致死亡。第二,肝脏功能不全的加重,GOT指标的急增是由于右腿肌肉坏死导致败血症感染所致。第三,由于B无法证实A的死亡是直接源于肝脏疾病,但是不排除该病因对加速死亡的可能性。最后,法院认定A的死因与交通事故所造成的伤害之间有因果关系,但不是全部,只有80%。另外20%的死因与交通事故所造成的伤害之间没有因果关系。因此,判决保险公司应该赔付80%的保险金，而剩下20%的请求则予以驳回。二审法院支持了一审法院的判决。

案例点评

法院认定了如下事实：第一，由于右腿开放性骨折造成了A的右下肢血流不畅，导致败血症的感染，形成肌肉坏死。为了保全生命而进行了截肢，但是，手术后并没有阻止败血症的进一步感染，导致死亡。第二，肝脏功能不全的加重，GOT指标的急增是由于右腿肌肉坏死导致败血症感染所致。第三，由于B无法证实A的死亡是直接源于肝脏疾病，但是不排除加速死亡的可能性。最后，法院认为A的死因与交通事故所造成的伤害之间有因果关系，但不是全部，只有80%。另外20%的死因与交通事故所造成的伤害之间没有因果关系。因此，判决保险公司应该赔付80%的保险金，而剩下的20%的请求则予以驳回。我们认为，法院在该案中认定A的死因与交通事故所造成的伤害之间有因果关系，是正确的。因为A的死亡是交通事故的必然结果。还有值得一提的是，法院从主要病因着手，从中找到主要原因和次要原因，并按照保险危险与不保危险对损害造成的原因力的比例来确定保险责任，使得案件得到圆满解决，值得借鉴。

第四章 消费者权益保护法律制度

你知道"3·15"是什么日子吗？消费者的合法权益究竟应该受到怎样的法律保护？《消费者权益保护法》又是怎样一部法律，它的具体内容有哪些？

本章需要掌握的主要内容有：

- 消费者的定义
- 消费者及其享有的消费权利
- 经营者及其义务
- 对消费者合法权益的保护
- 消费者权益保护的新发展

第一节 消费者权益保护法简介

一、消费者权益保护法的制定及其意义

《中华人民共和国消费者权益保护法》(以下简称为《消法》)，于 1993 年 10 月 31 日由第八届全国人大第四次会议通过，自 1994 年 1 月 1 日起施行。该部法律是我国出台的第一部保护消费者主体性权益的专门法律。它的颁布与实施，标志着我国对消费者权益的保护进入了全面法制化的阶段。

总体上说，我国历来十分重视对消费者权益的保护，因为它不仅直接关系到人民群众的切身利益，而且对维护社会主义市场经济秩序(包括商业活动秩序)具有十分重要的意义。在《消法》出台前，我国就先后制定了如《产品质量法》、《食品卫生法》、《药品管理法》和《标准化法》等与消费者利益有关的一些重要法律；而在《消法》出台后，不仅国务院制定了许多与此配套的行政法规，而且各省、自治区、直辖市也分别制定了保

护消费者权益的地方性法规。所以说,现实生活中的"消费者权益保护法",不仅仅是指国家的《消法》,而是包括与消费者权益保护有关的所有法律、法规、规章及政策措施的总和。由国家的《消费者权益保护法》为领衔的"一揽子"法律规定,为商业活动重要主体之一的消费者寻求自身合法权益保护,提供了最有力的法律盾牌。

二、消费者权益保护法的内容简介

我国现行的《消费者权益保护法》共分 8 章 55 条。内容主要涉及消费者的九项权利、经营者的基本义务、国家对消费者合法权益的保护、消费者组织、争议的解决和法律责任等内容。

该部法律全面规定了我国消费者在消费领域的各个环节中所享有的各项消费权益,围绕这一权利主线,不仅对生产经营者的各项义务作出具体规定,而且还确立和落实了国家保护消费者的具体措施。该部法律作为《民法通则》在消费者权益保护方面的特别法,还结合其他有关法律法规,加大了具体保护消费者权益的综合力度。

我国《消法》还确立了立法保护的三项原则,它们是:(1) 对于消费者给予特别保护的原则;(2) 全社会共同保护消费者权益的原则;(3) 加强行政保护的原则。

三、消费者权益保护法的含义

消费者权益保护法,是调整国家机关、经营者、消费者相互之间因保护消费者利益而产生的社会关系的法律规范的总称。消费者权益保护法的调整对象是生活消费过程中所发生的社会关系,包括:(1) 国家机关与经营者之间的关系;(2) 国家机关与消费者之间的关系;(3) 经营者与消费者之间的关系;(4) 消费者组织与消费者、经营者、国家机关之间的关系。

第二节　消费者、经营者的权利与义务

一、消费者及其享有的消费权利

(一) 消费者的定义

根据《消法》规定,消费者仅指"为生活消费需要购买、使用商品或者接受服务的个人”。换言之,任何非个人的组织、团体不能成为《消法》的保护对象;任何个人,如果其购买、使用商品或者接受服务的行为,不是出于生活消费目的,而是出于如生产、经营等目的的,则也不属于“消费者”之列。

消费者不仅被视为在市场经济运行中与政府、企业相并列的三大主体之一,而且还是消费者权益保护法律领域中的最重要主体。原因是,消费作为商品经济生产、交换、流通、分配的目的和归宿,它包括生产消费和生活消费两大方面。而生活消费则是人类的基本需要,因而也是商业法律必须加以调整的领域。

(二) 消费者享有的九项权利

消费者的权利是消费者利益在法律上的体现,是国家对消费者进行保护的前提和基础。法律赋予消费者多大权利,就意味着消费者在多大程度上得到国家的保护。从法律上讲,消费者的权利是指消费者在消费活动中,或者说在购买、使用商品和接受服务中所享有的权利。根据《消法》规定,我国消费者享有以下九项权利:

(1) 保障安全权。消费者享有人体健康和人身安全不受损害的权利。

(2) 知情权。消费者享有知悉其购买、使用的商品或者接受的服务的真实情况的权利。

(3) 自主选择权。消费者享有自主选择商品或者接受服务的权利。

(4) 公平交易权。消费者在购买商品或者接受服务时,有权获得质量保障、价格合理、计量正确等公平交易的条件,有权拒绝经营者的强制交易行为。

(5) 依法求偿权。消费者因购买、使用商品或者接受服务受到人身、财产损害的,享有依法获得补偿、赔偿的权利。

(6) 依法结社权。消费者享有依法成立维护自身合法利益的社会团体的权利。

(7) 求教获知权。求教获知权,或称受教育权、获取消费知识权,是从知情权中引申出来的一种消费者的权利。它指的是消费者所享有的获得有关消费和消费者权益保护方面的知识的权利。

(8) 维护尊严权。消费者享有其人格尊严、民俗习惯得到尊重的权利。

(9) 监督权。消费者享有对商品和服务以及保护消费者权益工作进行监督的权利。

除以上基本权利外,消费者享有的权利还有:保证得到可供商品和服务的权利,即对已有的、可提供的商品和服务,经营者不得寻找借口拒绝提供,但法定或事先声明的除外;法律、法规规定的其他权利。

二、经营者及其义务

《消法》之所以强调经营者的义务而淡化他们的权利，是因为与消费者相比，经营者是强者，他们在现实中拥有足够的力量来维护和行使自己的权利。通过对他们设定一系列应尽的法律义务，才能切实维护消费者这一“弱者”的合法权益。

（一）经营者的定义

经营者，是指以营利为目的，向消费者提供其生产、销售的商品或者提供服务的公民、法人和其他经济组织，是与消费者相对应的另一方当事人。必须注意的是，《消法》中的经营者采取了广义的概念。它包括了生产者、销售者和服务者，并且不受所有制形式的限制。

（二）经营者的义务

从法律上讲，经营者的义务是经营者在经营活动中应履行的责任，依照法律规定必须为一定的行为或者不为一定的行为。根据《消法》的规定，经营者应该承担下列义务：(1) 依法律规定或约定履行义务；(2) 听取消费者意见并接受其监督；(3) 保障人身和财产安全；(4) 提供真实信息、不作虚假宣传；(5) 出具相应的凭证和单据；(6) 保证商品或服务的质量；(7) 不得从事不公平、不合理的交易；(8) 不得侵犯消费者的人身权。

三、对消费者合法权益的保护

保护消费者的合法权益是国家和社会的共同责任。动员各方面的力量来共同做好消费者权益的保护工作，其难度不亚于一项法制综合治理工程。从国际消费者运动的发展趋势看，消费者运动的领域正在不断扩大，消费者保护的途径从消费者的自我保护向国家保护、社会保护发展，消费者运动越来越呈现出国际化的联动发展态势。所以，我国对消费者合法权益的保护，也在因循这一特点朝着更高的目标发展。

（一）国家保护

我国《消法》专门有一章规定了“国家对消费者合法权益的保护”。其主要内容包括以下三个方面。

1. 立法决策透明化

根据《消法》规定，国家制定有关消费者权益的法律、法规和政策时，应当听取消费者的意见和要求。

2. 行政保护立体化

根据《消法》规定，各级人民政府应当加强领导，组织、协调和督促有关行政部门做好保护消费者合法权益的工作。各级人民政府应当加强监督，预防危害消费者人身、财产安全行为的发生，及时制止危害消费者人身、财产安全的行为。

同时，各级人民政府工商行政管理部门和其他有关行政部门应当依照法律、法规的规定，在各自的职责范围内，采取措施保护消费者的合法权益。有关行政部门应当听取消费者及其社会团体对经营者交易行为、商品和服务质量问题的意见，及时调查处理。

换言之，对消费者合法权益的行政保护，应力求做到职责分明、彼此协作、齐抓共管、形成合力，最终建立起一个立体化、网络化的消费者权益保护体系。

3. 司法保护高效化

司法机关在打击侵犯消费者合法权益的违法、犯罪方面应各司其职、主动出击。特别是人民法院应当采取措施，方便消费者提起诉讼。对符合法律规定起诉条件的消费者权益争议，必须受理并及时审理。

（二）社会保护

全社会对消费者权益的重视与保护，除新闻舆论的介入、消费者的自我保护外，最艰巨的任务落实在“消费者组织”这一消费者的“娘家人”身上。

1. 消费者组织的保护

根据《消法》规定，消费者可以组织消费者协会等社会团体，参与社会监督，维护自身合法权益。所以，消费者协会就是消费者自己的组织，是消费者享有结社权的结果，是法律为了消费者在现实消费中真正实现自己权利的一项组织保障措施。

从法律上讲，消费者协会和其他消费者组织是依法成立的对商品和服务进行社会监督的保护消费者合法权益的社会团体。其性质是非营利组织，不得从事商品经营和营利性服务，不得以牟利为目的向社会推荐商品和服务。消费者协会一般具有以下本质属性：有法定的宗旨，有法定的性质，有法定的名称，有法定的职能，有法定的行为规范。

考察消费者保护的历史发展轨迹，消费者自发地组织起来保护自己的合法权益，改善经济地位，并得到国家、社会参与和广泛支持，这一“消费者运动”已经被国际社会所接纳认可。国际消费者联盟[①]自1960年成立至今已发挥了越来越重要的作用。消费者运动的主要活动内容包括：设立消费者组织，开展消费者保护活动；开展受理消费者投诉；促进消费者保护政策和法律的形成。与此相对应的是，我国的消费者组织穿梭于政府、消费者与经营者之间，通过各级政府的支持和帮助，在制止对消费者利益的侵犯、督促商品生产者和经营者尊重消费者的合法权益方面作出了积极的贡献。迄今为止，中国消费者协会成立已超过25年，我国拥有县级以上消费者组织2 399个[②]。全国范围内的消费者协会保护网络已全面建成。

根据《消法》规定，消费者协会须履行下列职能：

(1) 向消费者提供消费信息和咨询服务；

(2) 参与有关行政部门对商品和服务的监督、检查；

(3) 就有关消费者合法权益的问题，向有关行政部门反映、查询，提出建议；

(4) 受理消费者的投诉，并对投诉事项进行调查、调解；

(5) 投诉事项涉及商品和服务质量问题的，可以提请鉴定部门鉴定，鉴定部门应当告知鉴定结论；

(6) 就损害消费者合法权益的行为，支持受损害的消费者提起诉讼；

(7) 对损害消费者合法权益的行为，通过大众传播媒介予以揭露、批评。各级人民政府对消费者协会履行职能应当予以支持。对于消费者协会来说，接受消费者投诉，提出消费警示或消费提示，是其常规性的工作之一。

2. 新闻舆论的保护

广播、电视、报刊等大众传播媒介应为维护消费者合法权益大力宣传。同时，对侵犯消费者合法权益的行为也有责任予以批评和揭露。

四、消费者权益保护的新发展

（一）地方性消费者权益保护立法的新突破

由于中国经济的快速发展，人民生活的质量也得到了极大的改观。百姓对于商品与服务的消费已不满足于传统的“小打小闹”，围绕如手机、汽车、房产等新型消费或大宗消费的纠纷也日趋增多。全国各地纷纷结合自身特点对原有的《消费者权益保护条例》进行了针对性修改，力求在新形势下进一步加强对消费者权益的法律保护力度。

---

① 国际消费者联盟，是一个独立的、非营利的、非政治的国际消费者组织。成立于1960年，由美国、英国、比利时等国组织发起，总部设在海牙，现移至伦敦。

② 杨宇澜，《消费者的法律盾牌》，中国国际广播出版社，2003年，第61页。

例如，从 2003 年 1 月 1 日起，上海实行了新的《消费者权益保护条例》，该条例的三大亮点最引人注目：一是首次将消费者个人隐私列入保护范畴，即经营者未经授权不得向第三者披露消费者的个人信息；二是正式确立了与国际接轨的商品召回制度；三是规定了消费者获取精神赔偿的四种情况①。

修订后的《上海市消费者权益保护条例》将商品房买卖正式纳入条例的调整范围。条例认为，商品房在买卖过程中，消费者应该依法享有知情权、选择权。

修订后的条例还正式确立了"召回制度"。条例规定，经营者发现其提供的商品或服务存在严重缺陷，即使正确使用商品或者接受服务仍然可能对消费者人身、财产安全造成危害的，应当立即中止、停止出售该商品或者停止提供该服务；商品已售出的，应当采取紧急措施告知消费者，并召回该商品进行修理、更换或者销毁。召回制度的确立，让上海的消费者权益保护与国际接上了轨。

虽然修订后的条例并没有直接对"精神赔偿"作出定义，但却对可能导致消费者精神受损的行为进行了规范。因此说，针对消费者权益侵权的精神赔偿已初具雏形。

又如，北京市也在积极着手对 1995 年出台的《消费者权益保护条例》进行修改。对消费者九项权利的细化是一项重头戏。北京市已在六个方面为消费者维权加上了"护身符"：一是误工费的赔偿要以上一年度人均收入水平作为参照；二是在商品需要退货而价格有了变动时，商家应按涨价后的价格退赔消费者；三是"消费欺诈"被细化为 15 种情形；四是由政府、消协等部门共建了消费联席会议制度；五是商品检验结果必须经过政府认定的权威部门才有效力；六是商家必须明码标价。

（二）消费者权益法律保护面临的新挑战

加入 WTO 后，我国的消费者法律保护制度受到了新的挑战。"入世"以后，消费者的选择权将会更加丰富，仅仅通过现有手段保护消费者权益就显得捉襟见肘。因此必须改革和完善现行立法，特别是废止侵害消费者权利、默认甚至纵容垄断性不当利益的"恶法"条款。在开放市场的同时，确实提高保护消费者的立法水准。除此之外，还要健全维护消费者权益的监督体系，既要加强权力机关、行政机关、审判机关、检察机关的监督，也要鼓励消费者和商家的监督，还要支持新闻媒体、消协和行业协会的监督。

在现有的消费者权益保护的法律体系中，还应强化商家对消费者的社会责任。因为消费者是商家的衣食父母，商家应把增进消费者利益视为其经营目标和行为

---

① 朱冬松、裘寅，"上海将实行新消费者权益保护条例有三大亮点"，《北京青年报》，2002 年 11 月 6 日。

指南之一。商家在《商法》和商业伦理两个层次上对消费者承担社会责任,这既是商家的法律、伦理义务,也是商家占领市场份额的重要经营方略①。

针对出现争议较多的一些问题,在立法修改时应在以下几个方面重点对待:

(1) 要将“消费者”和“生活性消费”的概念拓展到更广的范畴;

(2) 要对“知假买假”后对商家的惩罚性赔偿问题作出明确的法律界定;

(3) 要强化“信用”在消费维权中的地位与作用;

(4) 要对隐私保护、精神赔偿等具体问题作出法律设定;

(5) 要对商品召回等和国际接轨的经济惯例作出符合中国国情的规定。

第三节　消费争议与解决、侵权与法律责任

一、消费争议与解决途径

(一) 消费争议的含义

消费争议是指消费者在购买、使用商品或接受服务时与经营者之间因权利义务发生争执而引起的民事权益纠纷。对消费争议的处理直接关系到消费者的切身利益,及时公正地解决各种消费争议,对于保护消费者的合法权益,维护和发展正常的经济秩序具有十分重要的意义。

(二) 消费争议解决的途径

根据法律规定,解决消费者争议的途径主要有:(1) 与经营者协商和解;(2) 请求消费者协会协商解决;(3) 向有关行政部门申诉;(4) 根据与经营者达成的协议提请仲裁机构仲裁;(5) 向人民法院提起诉讼。

各级人民政府应当加强领导,组织、协调、督促有关行政部门做好保护消费者合法权益的工作。

(三) 消费争议与赔偿

根据《消法》规定,当消费者因遭遇侵权而引发消费争议时,可以依法要求获得

---

① 梁捷,“专家谈‘入世’后的消费者权益法律保护”,《光明日报》。该文刊载于 2002 年 1 月 7 日的“中国食品科技网”。网址:http://www.tech-food.com/news/ViewNews.asp?NewsID=5595。

赔偿。一般情况下,请求赔偿人,或者称为消费争议的求偿主体,是指有权向经营者要求赔偿损害的消费者或其他受害人。给付赔偿者,或者称为消费争议的赔偿主体,是指给消费者造成损害应承担赔偿责任的民事主体,如商品的生产者、经营者或销售者等。

由于消费争议的赔偿问题相对较为复杂,为切实保证消费者受损害后获得合理的补偿,我国《消法》对不同情况下的消费争议的赔偿主体作出以下具体规定:

(1) 消费者在购买、使用商品时,其合法利益受到侵害的,可以向销售者要求赔偿。

(2) 消费者或者其他受害人因商品缺陷造成人身、财产损害的,可以向销售者要求赔偿,也可以向生产者要求赔偿。

(3) 消费者在接受服务时,其合法利益受到侵害的,可以向服务者要求赔偿。

(4) 消费者在购买、使用商品或者接受服务时,其合法利益受到侵害,因原企业分立、合并的,可以向变更后承担其权利义务的企业要求赔偿。

(5) 使用他人营业执照的违法经营者提供商品或者服务,损害消费者合法权利的,消费者可以向其要求索赔,也可向营业执照的持有人要求索赔。

(6) 消费者因经营者利用虚假广告提供商品或者服务,其合法利益受到损害的,可以向经营者索赔。广告的经营者发布虚假广告的,消费者可以请求行政主管部门予以惩处。广告的经营者不能提供经营者的真实名称、地址的,应当承担赔偿责任。

(7) 消费者在展销会、租赁柜台购买商品或者接受服务,其合法权益受到侵害的,可以向销售者或者服务者要求索赔。展销会结束后或者柜台租赁期满后,也可以向展销会的举办者、柜台的出租者要求赔偿。展销会的举办者、柜台的出租者在赔偿后,有权向销售者或者服务者追偿。

二、侵权与法律责任

在现实生活中,消费者经常会遭遇各种消费陷阱,其合法权益也经常会受到经营者不法行为的侵害。为此,《消法》对侵权形式及由此引起的法律责任一一作出了规定。

(一) 侵权行为表现

一般来说,法律上规定的经营者侵害消费者权益的具体行为表现如下:

(1) 商品存在缺陷;

(2) 不具备商品应当具备的使用性能而出售时未作说明；

(3) 不符合在商品或者其包装上注明采用的商品标准；

(4) 不符合商品说明、实物样品等方式表明的质量状况；

(5) 生产国家明令淘汰的商品或者销售失效、变质的商品；

(6) 销售的商品数量不足；

(7) 服务的内容和费用违反约定；

(8) 对消费者提出的修理、重作、更换、退货、补足商品数量、退还货款和服务费用或者赔偿损失的要求，故意拖延或者无理拒绝；

(9) 法律、法规规定的其他损害消费者权益的情形。

（二）法律责任及其承担方式

法律责任是指违法者必须承担的具有国家强制力的某种法律上的义务。由于违法的性质、情节等不同，违法者所承担的法律责任也有所不同。我国《消法》规定的法律责任有民事责任、行政责任和刑事责任三种形式。

1. 民事责任

民事责任主要是财产责任，其最大的特点是补偿性。我国《消法》规定的经营者的民事责任有：

(1) 承担民事责任的概括性规定。经营者提供商品或者服务有违反规定的，除《消法》另有规定的以外，应当按照《产品质量法》和其他有关法律、法规的规定，承担民事责任。

(2) 对侵犯人身权的民事责任作出专门规定。如侵害消费者的人格尊严或者侵犯消费者人身自由的，应当停止侵害、恢复名誉、消除影响、赔礼道歉，并赔偿损失。

(3) 对侵犯财产权的民事责任作出专门规定。如对于违反"三包"义务的行为，必须继续履行法定义务等。

2. 行政责任

经营者承担行政责任的方式有：警告、罚款、没收违法所得、没收违法经营的商品或器具、责令停业整顿、吊销营业执照、拘留等。

3. 刑事责任

依据我国《消法》的有关规定，追究刑事责任的情况主要包括以下几种：

(1) 经营者提供商品或者服务，造成消费者或者其他受害人人身伤害、死亡构成犯罪的，依法追究刑事责任。

(2) 以暴力、威胁等方法阻碍有关行政部门工作人员依法执行职务的，依法追究刑事责任；拒绝、阻碍有关行政部门工作人员依法执行职务，未使用暴力、威胁方法的,由公安机关依照《治安管理处罚条例》的规定处罚。

(3) 国家机关工作人员有玩忽职守或者包庇经营者侵害消费者合法权益的行为的,由所在单位或者上级机关给予行政处分;情节严重,构成犯罪的,依法追究刑事责任。

(三) 特别条款提示

《消法》第49条规定:"经营者提供商品或者服务有欺诈行为的,应当按照消费者的要求增加赔偿其受到的损失,增加赔偿的金额为消费者购买商品的价款或者接受服务的费用的一倍。"这一条款将惩罚性赔偿机制用法律形式确定下来。正是援用了《消法》的这一买假者可获"双倍赔偿"的规定,著名的"王海打假"现象才引起了社会的广泛重视。该条规定的出台,不仅鼓励消费者与假冒伪劣商品作斗争,而且还为消费者维权之后得到真正的实惠提供了有力的法律保障。

《消法》第54条规定:"农民购买、使用直接用于农业生产的生产资料,参照本法执行。"该条款的特别之处在于,虽然严格地说,农民购买农药、化肥、种子等农用生产资料的行为不属于"生活消费",但是,将农民的这种与生活消费密切相关的生产消费纳入法律保护范围,是我国《消法》的一大特色。如果不从法律上给予农民这一经济弱势群体以特别保护,那么假种子、假化肥等坑农害农的行为将难以禁绝。

本章小结

我国历来十分重视对消费者权益的保护,因为它不仅直接关系到人民群众的切身利益,而且对维护社会主义市场经济秩序(包括商业活动秩序)具有十分重要的意义。消费者权益保护法,不仅仅是指国家制定的《消费者权益保护法》,而是包括与消费者权益保护有关的所有法律、法规、规章及政策措施的总和。本章主要介绍了我国《消费者权益保护法》的相关内容。具体包括:消费者、经营者的权利和义务,对消费者合法权益的保护,消费者权益保护的新发展,消费争议与解决途径,侵权与法律责任。

本章思考题

1. 小王到超市里买了一台空调,他原本准备将这台空调装到自己家的客厅里,因自己的商铺马上要开张了,所以干脆将它装到商铺里去了。但后来这台空调出了问题，他要求商店根据《消法》规定退换该已出售商品。请问：小王是消费者吗？

2. 小李那天逛百货商店，看中了一条羊毛围巾。由于商店举行年末促销行动，这条围巾可以打六折，但是店家说，如果要想享受这项优惠，就必须再加5元钱买一个电话机套。

请问：店家的这一规定是否合理？小李可以根据《消法》的什么规定来与店家理论，维护自己的合法权益？

3. 小张非常爱好摄影，听说现在数码照相机价格并不算太贵，于是到某家百货公司去选购数码相机。由于他所看中的一款机器是进口产品，中文说明书特别简单，又没有什么宣传资料，所以他向营业员请教如何使用该款相机，并索要详细的产品使用介绍资料。可是遭到了营业员的拒绝，理由是，数码相机使用很简单，不明白使用方法可以去问懂行的人。对此，小张十分气恼，他决定要投诉这一营业员。请问：小张可以根据《消法》的哪项规定来维护自己的权利？

4. 小王到百货超市购买了不到10元钱的东西，他拿着电子收银条来到服务处，希望超市给他调换一张正式发票，但遭到超市拒绝，理由是金额太小。请问：超市的这一做法对吗？如果不对，它违反了哪条《消法》义务？

思考题解答

1. 答：小王不是消费者。因为他购买的这台空调最终不是用于个人消费，而是用于商业用途。法律依据：《消法》第2条规定："消费者为生活消费需要购买、使用商品或者接受服务，其权益受本法保护；本法未作规定的，受其他有关法律、法规保护。"

2. 答：小李可以根据《消法》规定的消费者享有的公平交易权来与店家理论，因为这种搭卖行为属于强制交易行为。如果店家仍不予理睬，小李可以向有关消费者协会投诉并通过他们来帮助自己维权。法律依据：《消法》第10条规定："消费者享有公平交易的权利。消费者在购买商品或者接受服务时，有权获得质量保障、价格合理、计量正确等公平交易条件，有权拒绝经营者的强制交易行为。"

3. 答：小张可以根据《消法》规定的"求教获知权"来维护自己的权利。法律依据：《消法》第13条规定："消费者享有获得有关消费和消费者权益保护方面的知识的权利。消费者应当努力掌握所需商品或者服务的知识和使用技能，正确使用商品，提高自我保护意识。"

4. 答：超市的这一做法不对，因为它违反了《消法》对经营者规定的"出具相应的凭证和单据"的义务。哪怕数额再小，超市也不能拒绝履行这一应尽义务。在现实生活中，已出现了如"小额消费诉讼"等新鲜事，而且这种举动已经引起了一定的积极反响。如果百货超市坚持不给小王开发票,考虑打官司也未尝不可。法律依据:《消法》第 21 条规定:"经营者提供商品或者服务,应当按照国家有关规定或者商业惯例向消费者出具购货凭证或者服务单据;消费者索要购货凭证或者服务单据的,经营者必须出具。"

案例与点评

案例一①

2002 年 5 月 6 日,牛女士在汉口麦德隆超市花 13.9 元购买了一盒四条装的"馨玫"牌女士内裤。由于内衣货架上悬挂一块"未付款前请勿拆开包装"的告示牌,牛女士未在超市内检查所买内衣的质量。可没想到只穿过一次,一条内裤的接缝处就出现五六个比针眼还大许多的小洞,遂要求退换。可麦德隆售后服务部的工作人员却称,内衣裤一经出售,无论什么原因都不予退换。

据了解,有此项规定的并非麦德隆一家。在武商集团百盛店,一位蒋姓售货员解释,在消费者购买内衣裤时,我们都告知可先拆封检查质量;因为内衣裤类属贴身衣物,如果消费者穿过后再要求退货,根本无法再次卖出,更何况洗涤后会出现不同程度的变形,也无法向厂家退货。如果消费者硬要退货,这样的损失谁来认?

工商部门认为:此项行规有违《消法》。处理牛女士投诉的桥口工商分局新合工商所人员认为,《消法》明确规定经营者出售的商品,应按照国家规定承担包修、包换、包退的规定,不得故意拖延或者无理拒绝。内衣理所当然属商品范畴之列,有质量问题要求退换无可厚非。据悉,在新合工商所的多次调解下,麦德隆超市最终还是为牛女士办理了退货手续。

案例点评

我国《消费者权益保护法》第 23 条明确规定:"经营者提供商品或者服务,按照国家规定或者与消费者的约定,承担包修、包换、包退或者其他责任的,应当按照国家规定或者约定履行,不得故意拖延或者无理拒绝。"该条规定是法律为经营者设定的必须对商品质量履行"三包"责任的义务。本案例中,商家以自己的行规来叫板《消法》,并以此作为推卸自己责任的依据,这种有违法律规定的做法事实上损害了消费者的合法权益,所以应该及时得到纠正。

① 黄斌峰、喻艳、张柳慧,"超市规定叫板《消法》",《武汉晚报》,2002 年 5 月 20 日工商网递专栏。

案例二①

2008年1月3日，消费者吴某看见一个体服装商店门前贴有“本店因店房租赁1月28日到期，所有服装均按成本价销售！”字样的广告，于是进店选中了一套西服，标价签上标明：原价1 230元，现价760元。吴某觉得降价幅度很大，就付款买了下来。1月5日，吴某在另一商场购物时，看见完全一样的西服，标价仅为430元。吴某感到上了当，随即找到该店要求退货，被店主拒绝。1月10日，他再次找店主仍被拒绝，与此同时，该店门前的广告仍挂着。吴某遂向消费者协会投诉。

消协调解：

经消费者协会调查，该西服进价仅为350元一套，出售该西服的个体服装店也并无租赁到期的情况存在，其所宣传的“所有服装均按成本价销售”显属一种价格欺诈行为，消协的工作人员指出了个体服装店的错误行为后，提出吴某的投诉事宜，要求店家按退货处理，店家提出退还差价款，吴某最终接受了店家的提议。服装店主在消费者协会的批评下，撤下了门前的不实广告。

案例点评

这是一起经营者利用虚假广告进行价格欺诈坑害消费者的典型案例。

我国《广告法》第38条规定：“违反本法规定，发布虚假广告，欺骗和误导消费者，使购买商品接受服务的消费者的合法权益受到损害的，由广告主依法承担民事责任；广告经营者、广告发布者明知或者应知广告虚假仍设计、制作、发布的，应当依法承担连带责任。”

依法自护：

广告的目的在于推销商品或者服务，但虚假广告却可能误导消费者。为了保护消费者的合法权益，我国制定了《产品质量法》、《消费者权益保护法》、《反不正当竞争法》等法律。消费者如果受了虚假广告的误导和欺骗，在购买商品或者接受服务中自己的合法权益遭受损害，可以依照上述有关法律要求广告主承担民事责任，以便更好地保护自己的合法权益。

上述案例中，该个体服装店以毫无事实的“店房租赁到期，成本价销售”字样做广告推销商品，这种行为本身就是虚假广告，消费者吴某由于该虚假广告而遭受经济损失，店主应承担相应民事责任。根据本例情况，店主应无条件答应消费者的退货要求，吴某因购买该西服而遭受的其他经济损失，店主也应一并赔偿。

---

① 杨宇澜，“消费者被商家的虚假宣传欺骗怎么办”，《消费者的法律盾牌》，中国国际广播出版社，2003年，第140—142页。

但是,民事法律行为是建立在意思自治原则基础上的行为。消费者自身所受到的损害,由他自己主张权利,国家和法律并不主动去干涉。所以,上述案例中在消协工作人员的调解下,吴某与商家达成退还差价数的协议也是可以的。如果吴某按《消费者权益保护法》第49条规定要求退货并要求商家加倍赔偿,那也是完全可以的,但可能要通过诉讼的途径才能最终得以把问题解决。从某种意义上说,通过协商达成协议也是一种明智之举。

案例三①

王某购买BJ2020SG型北京吉普车一辆,车价55 200元,编号为43227,汽贸公司出具给王某两张未加盖"工商行政管理局汽车交易市场管理专用章"的发票,并随车附号码为NO.0936576的合格证一份和南京后勤部生产管理部使用的车型厂牌为"八闽吉普车"、号码为临54—8719的临时牌照一张。王某开车回家途中发现该车有严重异响。次日,王某电话告知汽贸公司车辆有严重质量问题。第三天,王某将该车送至北京吉普车特约维修点北京汽车工业联合公司南京特约服务中心(以下简称服务中心)进行检修。服务中心检修后,于当月7日作出该车非北京吉普汽车有限公司生产的情况报告。王某得知后,即向汽贸公司提出退车并给付相当于所购汽车价款的赔偿要求。汽贸公司同意退车,于同月13日以银行存单的形式将车款55 200元退给王某,并支付了汽车修理费928.44元,但不同意赔偿。为此,王某拒绝将汽车钥匙、合格证及临时牌照还给汽贸公司。15日,汽贸公司未经王某及服务中心同意,擅自将该车锁撬开,强行开走,返还给供货方某某省和县机电设备公司。后王某到北京吉普汽车有限公司法律事务室将汽车合格证送检,送检结果表明,编号为NO.0936576的汽车合格证系伪造,同时北京吉普汽车有限公司声明,其未生产过编号为43227的北京吉普车。1997年12月2日,王某诉至南京市某某区人民法院,以汽贸公司销售假冒伪劣商品,对消费者有欺诈行为为由,要求根据《中华人民共和国消费者权益保护法》第49条的规定,判令汽贸公司给付赔偿金55 200元,赔偿其赴京鉴定的差旅费1 200元和聘请律师的费用,承担案例诉讼费用。

被告汽贸公司答辩称:我方出售给原告的车系代销品,有协议可证明。原告提出退货后已拿到退车款,我方并承担了修理费。因其拒不交出车钥匙及合格证,我方才将车开走。根据代销协议,我方已将车退还给委托方,我方与原告之间买卖车辆的权利义务已完成,请求驳回原告的诉讼请求。

---

① 杨宇澜,"汽贸公司销售伪劣汽车,该如何处理?",《消费者的法律盾牌》,中国国际广播出版社,2003年,第202—207页。

法院判决：

南京市某某区人民法院经审理认为：王某购车发现质量问题要求退货，汽贸公司已同意退车并支付了退车款，双方之间买卖的权利义务已完成。至于该车是否是伪劣商品，因争议标的物已转移，王某无法举证，不予认定。依照《中华人民共和国民法通则》第5条、《消费者权益保护法》第5条之规定，于1998年3月20日判决驳回王某的诉讼请求。

一审判决后，王某不服，以原审判决适用法律不当为由，向南京市中级人民法院提起上诉。汽贸公司未作书面答辩。

二审查明：某某省和县机电设备公司已撤销，汽车现下落不明，王某去北京送检汽车合格证差旅费合计1 051.10元，一、二审律师费用合计4 000元。

南京市中级人民法院经公开审理认为：消费者合法权益受法律保护。王某私人购买汽车作为代步工具，因该买卖发生的索赔纠纷属《消费者权益保护法》调整的范畴。汽贸公司将假冒北京吉普汽车有限公司生产的伪劣汽车出售给王某，并提供伪造的合格证及与车不符的临时牌照，售车发票也违反工商行政管理部门的规定，未加盖“南京市工商行政管理局汽车贸易市场管理专用章”，其行为已构成欺诈，侵害了消费者王某的合法权益。虽然汽贸公司已将车款退给王某，但汽贸公司与王某之间因买卖假冒伪劣商品产生的索赔权利义务关系并未终结，汽贸公司应承担赔偿王某损失的民事责任，一审法院以双方当事人之间买卖的权利义务关系已完成，王某要求赔偿的证据不足为由，判决驳回王某的索赔请求不当。王某的上诉请求和理由于法有据，应予支持。依照《消费者权益保护法》第5条、第44条、第49条和《中华人民共和国民事诉讼法》第153条第1款第(2)项之规定，于1998年9月10日作出终审判决：

(1) 撤销南京市某某区人民法院的一审判决；

(2) 汽贸公司于本判决生效后10日内赔偿王某赔偿金55 200元、赴京鉴定差旅费1 051.10元、律师代理费4 400元，合计60 651.10元。

案例点评

上述案例是一起销售假冒伪劣汽车案例。《消费者权益保护法》第2条规定：“消费者为生活消费需要购买、使用商品或者接受服务，其权益受本法保护。”

汽贸公司的行为是欺诈行为。《欺诈消费者行为处罚办法》第2条规定：“本办法所称欺诈消费者行为，是指经营者在提供商品(以下所称商品包括服务)或者服务中，采取虚假或者其他不正当手段欺诈、误导消费者，使消费者的合法权益受到损害的行为。”

第3条规定：经营者在向消费者提供商品中，有下列情形之一的，属于欺诈消费者行为：

(1) 销售掺杂、掺假、以假充真、以次充好的商品的。

(2) 采取虚假或者其他不正当手段使销售的商品分量不足的。

(3) 销售"处理品"、"残次品"、"等外品"等商品而谎称是正品的。

(4) 以虚假的"清仓价"、"最低价"、"优惠价"或者其他欺骗性价格表示销售商品的。

(5) 以虚假的商品说明、商品标准、实物样品等方式销售商品的。

(6) 不以自己的起初名称和标记销售商品的。

(7) 采取雇佣他人等方式进行欺诈性的销售诱导的。

(8) 做虚假的现场演示和说明的。

(9) 利用广播、电视、电影、报刊等大众传播媒介对商品做虚假宣传的。

(10) 骗取消费者预付款的。

(11) 利用邮购销售骗取价款而不提供或者不按照约定条件提供商品的。

(12) 以虚假的"有奖销售"、"还本销售"等方式销售商品的。

(13) 以其他虚假或者不正当手段欺诈消费者的行为。

《欺诈消费者行为处罚办法》第4条规定："经营者在向消费者提供商品中，有下列情形之一，且不能证明自己确非欺骗、误导消费者而实施此种行为的，应当承担欺诈消费者行为的法律责任：

(1) 销售失效、变质商品的。

(2) 销售侵犯他人注册商标权的商品的。

(3) 销售伪造产地、伪造或者冒用他人的企业名称或者姓名的商品的。

(4) 销售伪造或者冒用他人商品特有的名称、包装、装潢的商品的。

(5) 销售伪造或者冒用认证标志、名优标志等质量标志的商品的。"

在上述案例中，汽贸公司规避行政监管，出具给消费者未加盖"南京市工商行政管理局汽车交易市场管理专用章"的发票，为防止真相暴露，又将与汽车不符的临时牌照给消费者王某使用。上述欺诈行为表明其销售具有明显的主观故意，所以，汽贸公司应承担欺诈消费者的法律责任。

在上述案例的处理中，南京市中级人民法院对标的物性质的认定是准确的，在贯彻惩罚性赔偿规定方面较好地把握了《消费者权益保护法》的立法本意和重心，维护了消费者的合法权益。

第五章 反不正当竞争法律制度

一段时间里，电信局在给用户安装电话时规定：电信局在安装好电话线路后，用户必须使用由该电信局提供的电话……对于电信局的此种行为，用户有权拒绝吗？

本章需要掌握的主要内容有：

◆ 不正当竞争行为的概念
◆ 违背商业道德的不正当竞争行为的种类和表现形式
◆《反不正当竞争法》规定的垄断行为
◆ 我国对于不正当竞争行为进行管理的机关
◆ 不属于不正当竞争的降价行为的种类
◆ 法律禁止的有奖销售行为的表现形式

第一节 不正当竞争与反不正当竞争法

一、不正当竞争与反不正当竞争法

不正当竞争是指经营者违反《中华人民共和国反不正当竞争法》(以下简称《反不正当竞争法》)的规定，损害其他经营者的合法权益，扰乱社会经济秩序的行为。不正当竞争行为的表现形式多种多样，如商业贿赂、诋毁竞争对手的商业信誉等。不正当竞争行为往往损害正常的市场竞争机制，其具体表现方式为用不正当的手段参与竞争、凭借特殊地位限制竞争和垄断等行为。

反不正当竞争法是指在调整市场竞争过程中，因规范不正当竞争行为而产生的社会关系的法律规范的总称。如《反不正当竞争法》、《关于禁止公用企业限制竞争行为的若干规定》、《关于禁止有奖销售活动中不正当竞争行为的若干规定》、《关于禁止仿冒知名商标特有名称、包装、装潢的不正当竞争行为的若干规定》、《关于禁止侵犯商业秘密行为的若干规定》和《关于禁止商业贿赂行为的暂行规定》等。另外,在我国的其他法律中也有涉及反不正当竞争的内容,如《商标法》、《广告法》、《专利法》、《价格法》等。本书所称的《反不正当竞争法》专指我国于 1993 年 12 月1日起实施的《中华人民共和国反不正当竞争法》。

二、我国《反不正当竞争法》的调整对象

总的来说,《反不正当竞争法》的调整对象包括以下两个方面的内容:第一,在市场竞争中,经营者之间发生的不正当竞争关系;第二,国家监督检查部门与市场经营者之间的竞争管理关系。根据《反不正当竞争法》的规定,该法对以上两方面关系的调整主要表现在对违背商业道德的不正当竞争行为和个别垄断行为上。我国的《反不正当竞争法》调整的主要范围是有关违背商业道德的不正当竞争行为,基于我国国情,《反不正当竞争法》只把个别的垄断行为纳入了自己的调整范围。

第二节　受我国《反不正当竞争法》调整的不正当竞争行为

如前所述,我国的《反不正当竞争法》并不是一部单纯的禁止不正当竞争行为的法律,而是一部对不正当竞争行为和部分垄断行为进行规范的混合性法律。该法的第二章“不正当竞争行为”中,以列举的方式规定了有关的不正当竞争行为,具体说来主要表现在以下几个方面。

一、违背商业道德的不正当竞争行为

1. 仿冒行为

根据《反不正当交易法》的规定,仿冒行为即是采用欺骗性标志的不正当行为,具体表现在以下四个方面:

(1) 假冒他人的注册商标;

(2) 擅自使用知名商品特有的名称、包装、装潢,或者使用与知名商品近似的名称、包装、装潢,造成和他人的知名商品相混淆,使购买者误认为是该知名商品;

(3) 擅自使用他人的企业名称或者姓名,引人误认为是他人的商品;

(4) 在商品上伪造或者冒用认证标志、名优标志等质量标志,伪造产地,对商品质量作引人误解的虚假表示。

2. 虚假宣传行为

经营者利用广告或者其他宣传方法对消费者的认识和心理上的影响,对商品的质量、性能、特点、价格等方面作令人误解的虚假表示。这种不正当的竞争行为体现在《反不正当竞争法》第 9 条的规定上:"经营者不得利用广告或者其他方法,对商品的质量、制作成分、性能、用途、生产者、有效期限、产地等作引人误解的虚假宣传。广告的经营者不得在明知或者应知的情况下,代理、设计、制作、发布虚假广告。"

3. 侵犯商业秘密的行为

商业秘密是指不为公众所知悉、能为权利人带来经济利益、具有实用性并经权利人采取保密措施的技术信息和经营信息。《反不正当竞争法》第 10 条规定,经营者不得采用下列手段侵犯商业秘密:

(1) 以盗窃、利诱、胁迫或者其他不正当手段获取权利人的商业秘密;

(2) 披露、使用或者允许他人使用以前项手段获取的权利人的商业秘密;

(3) 违反约定或者违反权利人有关保守商业秘密的要求,披露、使用或者允许他人使用其所掌握的商业秘密;第三人明知或者应知前款所列违法行为,获取、使用或者披露他人的商业秘密,视为侵犯商业秘密。

另外,根据《反不正当竞争法》第 10 条第 1 款的规定,如果当事人使用那些不知道是以盗窃、利诱、胁迫或者其他不正当手段获取的权利人的商业秘密的,不能视为侵犯商业秘密。

4. 商业贿赂行为

商业贿赂行为的表现形式多种多样,可以是以回扣的方式,也可以是免费度假、豪华旅游、色情服务、房屋装修等。我国《反不正当竞争法》第 8 条规定:"经营者不得采用财物或者其他手段进行贿赂以销售或者购买商品。在账外暗中给予对方单位或者个人回扣的,以行贿论处;对方单位或者个人在账外暗中收受回扣的,以受贿论处;经营者销售或者购买商品,可以以明示方式给对方折扣,可以给中间人佣金。经营者给对方折扣、给中间人佣金的,必须如实入账。接受折扣、佣金的经营者必须如实入账。"

5. 降价排挤行为

降价排挤行为指的是同种行业的竞争者以排挤竞争对手为目的,以不适当的低价销售商品的行为。我国《反不正当竞争法》第 11 条规定,经营者不得以排挤竞

争对手为目的,以低于成本的价格销售商品。但有下列情形之一的,不属于不正当竞争行为:

(1) 销售鲜活商品;

(2) 处理有效期即将到期的商品或者其他积压的商品;

(3) 季节性降价;

(4) 因清偿债务、转产、歇业降价销售商品。

6. 诋毁商誉的行为

《反不正当竞争法》第 14 条规定:“经营者不得捏造、散布虚伪事实,损害竞争对手的商业信誉、商品声誉。”

7. 不正当的有奖销售行为

所谓有奖销售是指经营者以给消费者提供奖品或奖金的手段进行商品促销的行为。有奖销售行为主要表现为附赠式有奖销售和抽奖式有奖销售两种形式。根据《反不正当竞争法》的规定,经营者不得从事下列有奖销售:

(1) 采用谎称有奖或者故意让内定人员中奖的欺骗方式进行有奖销售;

(2) 利用有奖销售的手段推销质次价高的商品;

(3) 抽奖式的有奖销售,最高奖的金额超过 5 000 元。

二、有关垄断行为

我国的《反不正当竞争法》规定了以下五类在立法当时表现突出的垄断行为。

1. 公用企业和其他具有独占地位的经营者的限制竞争行为

《反不正当竞争法》第 6 条规定:“公用企业或者其他依法具有独占地位的经营者,不得限定他人购买其指定的经营者的商品,以排挤其他经营者的公平竞争。”这里的公用企业主要是指国家的电力、自来水、煤气、通讯、热气、公共交通等领域的国有经营者;其他依法具有独占地位的经营者则指的是依法取得垄断地位的部分行业的垄断经营者。

2. 行政垄断行为

行政垄断行为是指政府及其所属部门滥用行政权力,对某些行业的经营者的竞争或正当的经营行为进行限制的行为。我国《反不正当竞争法》第 7 条规定:“政府及其所属部门不得滥用行政权力,限定他人购买其指定的经营者的商品,限制其他经营者正当的经营活动。政府及其所属部门不得滥用行政权力,限制外地商品进入本地市场,或者本地商品流向外地市场。”

3. 低价倾销行为

根据我国《反不正当竞争法》第 11 条的规定,政府及其所属部门不得以保护自己的经营者、排挤竞争对手为目的而进行以低于成本的价格销售商品。

4. 搭售行为

我国《反不正当竞争法》规定:"经营者销售商品,不得违背购买者的意愿搭售商品或者附加其他不合理的条件。"

5. 串通招标行为

串通招投标行为是指在招标过程中,投标者之间或者投标者与招标者之间恶意串通以限制竞争的行为。我国《反不正当竞争法》规定:"投标者不得串通投标,抬高标价或者压低标价。投标者和招标者不得相互勾结,以排挤竞争对手的公平竞争。"

第三节 对不正当竞争行为的监督检查

根据法律规定,县级以上人民政府工商行政管理部门是对不正当竞争行为进行监督检查的专门机关,另外,依照法律、行政法规规定的其他监督检查部门可以行使监督检查权。《反不正当竞争法》第 17 条规定,监督检查部门在监督检查不正当竞争行为时,有权行使下列职权:

(1) 按照规定程序询问被检查的经营者、利害关系人、证明人,并要求提供证明材料或者与不正当竞争行为有关的其他资料;

(2) 查询、复制与不正当竞争行为有关的协议、账册、单据、文件、记录、业务函电和其他资料;

(3) 检查与本法第 5 条规定的不正当竞争行为有关的财物,必要时可以责令被检查的经营者说明该商品的来源和数量,暂停销售,听候检查,不得转移、隐匿、销毁该财物。

另外,法律规定,监督检查部门工作人员监督检查不正当竞争行为时,应当出示检查证件。监督检查部门在监督检查不正当竞争行为时,被检查的经营者、利害关系和证明人应当如实提供有关资料或者情况。

本章小结

《反不正当竞争法》的制定是为了我国市场经济的健康发展,鼓励和保护公平竞争,制止不正当的竞争行为,保护经营者和消费者的合法权益。在商业经营中,许多行为经常发生在我们身边，这些行为依照法律规定是不被允许的，但由于缺乏有关知识，使得人们在自身权利受到侵害或者自己侵害了他人的权利时并没有意识到。我国《反不正当竞争法》所列举的十几种不正当竞争行为并没有穷尽所有的不正当竞争行为的表现形式，根据《反不正当竞争法》对不正当竞争行为的界定，只要当事人的行为属于"经营者违反本法规定，损害其他经营者的合法权益，扰乱社会经济秩序"，该行为即为不正当竞争行为，依照法律规定，实施不正当行为的当事人就应当承担有关的法律责任，包括承担民事责任、经济责任、行政责任和刑事责任。

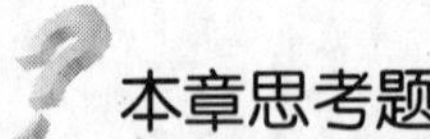

本章思考题

1. 采取仿冒行为的不正当竞争者应该受到什么样的法律制裁?
2. 以商业贿赂手段进行不正当竞争的经营者应承担什么样的法律责任?

思考题答案

1. 答:《反不正当竞争法》第 21 条规定，经营者假冒他人的注册商标，擅自使用他人的企业名称或者姓名，伪造或者冒用认证标志、名优标志等质量标志，伪造产地，对商品质量作引人误解的虚假表示的，依照《中华人民共和国商标法》、《中华人民共和国产品质量法》的规定处罚。

经营者擅自使用知名特有的名称、包装、装潢，或者使用与知名商品近似的名称、包装、装潢，造成和他人的知名商品相混淆，使购买者误认为是该知名商品的，监督检查部门应当责令停止违法行为，没收违法所得，可根据情节处以违法所得 1 倍以上 3 倍以下的罚款;情节严重的，可以吊销营业执照;销售伪劣商品，构成犯罪的，依法追究刑事责任。

2. 答:《反不正当竞争法》第 22 条规定，经营者采用财物或者其他手段进行贿赂以销售或者购买商品，构成犯罪的，依法追究刑事责任。不构成犯罪的，监督检查部门可以根据情节处以 1 万元以上 20 万元以下的罚款，有违法所得的，予以没收。

案例与点评

案例一

红太阳电器公司与东风电视机厂长期有生意往来：东风电视机厂生产的东风牌电视机一直在红太阳电器公司的商场里有专门的柜台销售。后来由于货款纠纷产生矛盾，红太阳公司决定不再经销东风电视机厂的电视机。当客户问及东风电视机时，商场营业人员故意说："东风电视机厂的电视机质量不好，价格又贵，所以商场不再经销该产品了。"

试问：

对于红太阳公司的营业人员的上述行为应该如何定性？应该如何进行处理？

案例点评

根据《反不正当竞争法》的规定，本案中红太阳公司营业人员的行为属于诋毁商业信誉的不正当竞争行为。我国《反不正当竞争法》第 14 条规定：经营者不得捏造、散布虚假事实，损害竞争对手的商业信誉、商品声誉。本案中，有关营业人员对于东风电视机的质量和价格方面的言论对于客户有一种误导作用：即东风电视机的质量比其他电视机厂生产的电视机差，而在价格上又比其他电视机厂生产的电视机贵。这样就造成了东风电视机厂与其他电视机厂之间的不公平竞争。该营业人员的行为属于违反《反不正当竞争法》的行为，如果由此给东风电视机厂造成损害，东风电视机厂可以就自己的损害向人民法院提起诉讼。

案例二

红光县为发展山区农村经济，向农民投资栽种苹果树。几年后，苹果树开始大量结果。但由于该地的土壤及气候等原因，该县所产的苹果个小、味酸、色泽不好。该县佳美罐头一直以生产佳美牌苹果罐头和苹果汁闻名，该罐头厂长期以来一直采用邻县远明县生产的苹果为原料。县政府为了解决果农的苹果销售问题，决定让佳美罐头厂改用本县果农生产的苹果。但自从采用本县苹果原料以后，佳美苹果罐头和苹果汁的销量急剧下降。为了扭转这种局面，县政府又决定罐头厂改用外地原料。

由于佳美罐头厂不再采购本县苹果，红光县的苹果大批烂掉，果农纷纷要求县政府采取措施予以解决。由于果农的苹果是在县政府的鼓励和扶持下进行栽种的，县政府只好再次要求佳美罐头厂放弃采购远明县的苹果，改用本县苹果为原料。基于企业利益的考虑，佳美罐头厂对该要求予以拒绝。县政府于是通知工商管理部门，要求其联合相关部门在路上设卡堵截，禁止远明县的苹果进入红光县。1997 年 9 月 2 日，远明县一单位按照与佳美罐头厂签订的合同，向佳美罐头厂交付价值 5 000 余元的 1 万余斤苹果被红光县工商部门截获并扣留在红光县一农民的院坝内，时至 9 月中旬才许可远明县有关人员将该批苹果运往外地销售。由于无人看管，该批苹果发生了霉烂、丢失，只剩下了不足1千斤，远明县有关人员遭受的损失约4 500元；远明县该有关单位还为这批苹果支付了其他各种费用2 500元。而佳美罐头厂因为原料短缺也造成各种经济损失达8万元。1997年10月底，远明县有关单位向红光县人民法院提起诉讼，要求红光县工商管理部门赔偿其损失7 000元。佳美罐头厂作为第三人参加了该项诉讼。请问：

1. 红光县人民政府及其所属工商管理部门的行为属于何种性质的行为？

2. 远明县有关单位的7 000元损失能否请求法院判决红光县工商管理部门赔偿？

3. 佳美罐头厂的损失能否直接请求红光县工商管理部门进行赔偿，为什么？

4. 对于红光县人民政府及其所属工商管理部门，法院应该如何处理？

案例点评

1. 红光县人民政府及其所属工商管理部门的行为属于行政垄断行为，红光县人民政府及其所属工商管理部门滥用行政权力限制竞争。红光县人民政府在利用行政权力指定佳美罐头厂购买本县苹果遭到拒绝后，其所属工商行政管理部门利用行政权力又对远明县有关单位的苹果进行无理扣留，导致了远明县有关单位的直接经济损失，也导致佳美罐头厂遭受高达8万元的损失，该行为违反了《反不正当竞争法》第7条的规定：政府及其所属部门不得滥用行政权力限定他人购买其指定的经营者的商品，限制其他经营者正当的经营活动。政府及其所属部门不得滥用行政权力，限制外地商品进入本地市场，或者本地商品流向外地市场。

2. 远明县有关部门就苹果霉烂、丢失而造成的损失4 500元及该部门为销售此批苹果支付的有关费用2 500元(共7 000元)的损失，可以一并请求红光县工商管理部门进行赔偿。理由如前所述，该损失造成的直接原因是红光县工商管理部门对于该批苹果的无理截留并堆放于无人看管的农民院坝。

3. 佳美罐头厂的经济损失也可以直接请求县工商管理部门予以赔偿。对于远明县的苹果不能如约到达罐头厂而导致其原料短缺，无法进行正常生产，造成佳美罐头厂对客户违约或者停产等8万元经济损失，并不是远明有关单位的过错引起的，造成这些损失的直接原因是红光县人民政府通知其所属工商管理部门对远明苹果进行拦截的结果，所以，佳美罐头厂的经济损失与红光县工商管理部门的行为之间存在着直接的因果关系，佳美罐头厂可以直接向该县工商管理部门要求赔偿。

4.《反不正当竞争法》第30条规定：政府及其所属部门违反规定，限定他人购买其指定的经营者的商品、限制其他经营者正当的经营活动，或者限制商品在地区之间正常流通的，由上级机关对直接责任人员给予行政处分。被指定的经营者借销售质次价高商品或者滥收费用的，监督检查部门应当没收违法所得，可以根据情节处以1倍以上3倍以下的罚款。根据以上规定，红光县人民法院可以判决红光县工商管理部门除承担赔偿责任外，还可以根据具体情况向该县工商管理部门处以一定的罚款。另外，法院还应当向红光县人民政府的上一级人民政府提出司法建议，建议上级人民政府责令红光县人民政府停止其限制竞争的不正当竞争行为，并给予有关责任人员以行政处分。

第六章 反垄断法律制度

什么样的行为是垄断？国家垄断是否应该与其他垄断者一样承担相同的法律责任？

本章需要掌握的主要内容有：

- 垄断的概念和垄断行为的种类
- 横向垄断协议和纵向垄断协议的具体类型
- 滥用市场支配地位行为的类型
- 经营者集中的类型
- 行政垄断的具体表现形式
- 我国反垄断机构的设置

第一节 垄断与反垄断法

一、垄断的概念

垄断是一种经济现象。垄断是指经营者在相关市场上具有压倒性的竞争优势从而排除市场竞争的状态。垄断行为是指经营者为形成市场上的垄断地位所实施的限制竞争的行为。

二、垄断行为的种类

根据《中华人民共和国反垄断法》(以下简称《反垄断法》)的规定，垄断行为可以分为以下四种：(1) 垄断协议；(2) 滥用市场支配地位；(3) 经营者集中；(4) 滥用行政权力排除、限制竞争。其中，前三种垄断行为属于经济垄断，即经营者凭借经济力量所形成的垄断；第四种属于行政垄断，即滥用行政权力所形成的垄断。通常我们所说的垄断，一般是指经济垄断。

三、反垄断法

竞争是市场经济最基本的特征，市场经济本质上是竞争性的经济。因此，实行市场经济的国家都高度重视制定和实施以保护公平竞争、禁止垄断和不正当竞争行为为宗旨的竞争法律制度，以规范经营者的竞争行为，保护正常的市场竞争格局。

我国实行社会主义市场经济，我们必须建立与社会主义市场经济相适应的竞争法律制度。《中华人民共和国反垄断法》于 2007 年 8 月 30 日由第十届全国人大常委会第二十九次会议审议通过，于 2008 年 8 月 1 日实施。该法分为总则、垄断协议、滥用市场支配地位、经营者集中、滥用行政权力排除限制竞争、反垄断机构、法律责任、附则等八章。这部法律确立了与社会主义市场经济相符合、与我国经济社会发展阶段相适应的预防和制止垄断、保护和促进公平竞争的法律制度①。

《反垄断法》是维护经济民主和经济自由的基本法，是保护市场竞争的重要法律，素有“经济宪法”之称。

第二节　四种垄断行为及反垄断机构的设置

一、垄断协议

（一）垄断协议的概念

根据《反垄断法》第 13 条的规定，垄断协议是指经营者之间达成或者采取的旨在排除、限制竞争的协议、决定或者其他协同行为。在市场经济条件下，垄断协议广泛地存在于经济生活之中，其发生量大、影响面广。

（二）垄断协议的种类

按照参与垄断协议的主体的不同，可以把垄断协议分为横向协议与纵向协议。

---

①　参见吴邦国委员长在 2007 年 8 月 30 日第十届全国人大常委会第二十九次会议上的讲话。

横向协议是指经济生活中处于同一阶段的具有竞争关系的经营者达成的限制竞争的协议,也即竞争者之间达成的协议。比如,同一行业的两个生产商就某一产品的生产、销售所达成的价格协议。

纵向协议是指处于不同阶段的经营者之间达成的限制竞争的协议,也即经营者与交易相对人达成的协议。比如,生产者与销售商达成的在特定地区的独家销售协议,排除了其他销售商在该地区销售相关产品的行为。

(三)横向垄断协议的类型

具有竞争关系的经营者达成的横向协议,大多会排除、限制竞争。我国《反垄断法》所规制的横向协议包括以下四种。

1. 固定或者变更商品价格

价格竞争是经营者最基本的竞争方式。经营者之间通过协议,固定或者变更商品的价格,是最为严重的限制竞争行为。

2. 限制商品的生产数量或者销售数量

限制商品的生产数量或者销售数量,会影响到商品的市场供需格局,从而影响到商品的价格运行,导致价格的上升。这样会严重影响相应商品消费者的利益。

3. 分割销售市场或者原材料采购市场

经营者之间通过对不同地域、客户及市场的分割,从而在一定的市场范围内排除了竞争,形成垄断。

4. 限制购买新技术、新设备或者限制开发新技术、新产品

购买或者研发新技术、新设备、新产品可以提高生产率,有利于推动社会的进步。经营者通过协议,限制新技术、新设备或者新产品的使用、研发,是限制竞争、阻碍社会进步的行为。

5. 联合抵制交易

各经营者通过协议,约定不与其他竞争对手或者经营者交易,从而达到限制竞争的目的。

6. 国务院反垄断执法机构认定的其他横向垄断协议

随着市场经济的不断发展,新的情况会不断出现。《反垄断法》在列举了一些具体的横向垄断协议情形后,还规定了兜底条款,授权国务院反垄断执法机构可以对法律没有明确的横向协议是否违法作出认定。

(四)纵向垄断协议的类型

我国《反垄断法》规定的纵向垄断协议有以下三种。

1. 固定向第三人转售商品的价格

这是经营者与交易相对人约定,就供给的商品转售第三人时,只能以固定的价格销售的行为。例如,上游经营者将其商品卖给批发商或者代理商时,同时规定该批发商或代理商只能以一定的价格转卖给零售商,或者要求零售商只能以特定的价格再转卖给消费者。限制转售价格可以包括转售价格与再转售价格。

2. 限定向第三人转售商品的最低价格

从经济学的角度来说,纵向垄断协议多数不会排除或者限制竞争。限制最高转售价格,是有利于保护消费者利益的,《反垄断法》未加禁止。但是限制最低转售价格则不利于消费者的利益,也剥夺了经销商自由决定价格的能力,导致无法进行品牌内竞争。因此,许多国家都给予限制或者禁止。纵向限制商品的转售价格,既可以以直接的方式固定,也可以通过折扣率、附加费用等方式间接确定。

3. 国务院反垄断机构认定的其他纵向垄断协议

除前两种纵向垄断协议行为外,市场中还有其他类型的纵向垄断行为,可能会危害到市场的竞争格局,如搭售、独家交易、地域限制、顾客限制等。而且随着社会的发展,可能还会有更多的限制竞争的纵向垄断协议行为。所以,《反垄断法》还规定了兜底条款,授权国务院反垄断执法机构可以对类似的行为作出纵向垄断协议行为的认定。

(五) 垄断协议豁免

垄断协议的豁免,是指经营者之间的协议、决议或者其他协同行为,虽然有排除、限制竞争的作用,但该协议在其他方面所具有的好处要大于其对竞争的不利影响,因此法律规定对其排除适用《反垄断法》的规定。

垄断协议也并非绝对有害于经济发展,它也可能具有正面的效果。如经营者为改进生产程序而采取的联合行动。若一概予以禁止,反而有害于市场经济的发展。因此,出于利益的衡量,在垄断协议产生利大于弊的影响时,可以对该垄断协议排除适用《反垄断法》,即实行垄断豁免。

《反垄断法》规定了对以下七种垄断协议予以豁免:

(1) 为改进技术、研究开发新产品的;

(2) 为提高产品质量、降低成本、增进效率,统一产品规格、标准或者实行专业化分工的;

(3) 为提高中小经营者经营效率,增强中小经营者竞争力的;

(4) 为实现节约能源、保护环境、救灾救助等社会公共利益的;

(5) 因经济不景气,为缓解销售量严重下降或者生产明显过剩的;

(6) 为保障对外贸易和对外经济合作中的正当利益的;

(7) 法律和国务院规定的其他情形。

(六) 垄断协议的法律责任

我国《反垄断法》对于垄断协议行为规定了行政责任和民事责任,但未规定刑事责任。

《反垄断法》第50条规定:"经营者实施垄断行为,给他人造成损失的,依法承担民事责任。"

我国《反垄断法》没有明确规定垄断协议的法律效力,但根据《合同法》的规定,违反法律、行政法规的强制性规定的合同无效,因此,违反《反垄断法》的垄断协议应该无效。

《反垄断法》第46条规定了垄断协议行为的行政责任。该条规定,经营者违法实施垄断协议的,由反垄断机构责令停止违法行为,没收违法所得,并处罚款。行业协会违法组织本行业的经营者达成垄断协议的,可对其进行罚款,情节严重的,社会团体登记管理机关可以依法撤销登记。

二、滥用市场支配地位

(一) 市场支配地位的概念

市场支配地位,是指一个经营者或者几个经营者作为整体在相关市场中具有能够控制商品价格、数量或者其他交易条件,或者能够阻碍、影响其他经营者进入相关市场能力的市场地位。

经营者具有的市场支配地位,可能是通过市场竞争取得的,也可能是因为某些行业(如电力、铁路、城市燃气)所具有的自然垄断特性形成的,或者是因为国家对某些行业(如烟草)实行的特殊市场准入政策形成的。一般来说,具有市场支配地位的经营者是市场份额较大、规模较大的企业。我国《反垄断法》不禁止经营者通过竞争取得市场支配地位,但是禁止经营者滥用其市场支配地位排除、限制竞争的行为。这样的规定,既不限制大企业的存在和发展,符合发展规模经济的政策;又能够制止经营者滥用市场支配地位破坏竞争的行为,有利于保护消费者的权益。

(二) 市场支配地位的认定

如何认定市场支配地位呢?我国《反垄断法》除了明确了市场支配地位的概念外,还对认定经营者具有市场支配地位应当考虑的因素作了规定,为反垄断执法机构提供了认定的根据。认定经营者是否居于市场支配地位,应该依据下列因素:

(1) 该经营者在相关市场的市场份额以及相关市场的竞争状况;

(2) 该经营者控制销售市场或者原材料采购市场的能力;

(3) 该经营者的财力和技术条件;

(4) 其他经营者对该经营者在交易上的依赖程度;

(5) 其他经营者进入相关市场的难易程度;

(6) 与认定该经营者市场支配地位有关的其他因素。

借鉴国外的经验,我国《反垄断法》还规定了对市场支配地位的推定制度。有下列情形的,被推定经营者具有市场支配地位:

(1) 一个经营者在相关市场的市场份额达到 1/2 的;

(2) 两个经营者在相关市场的市场份额合计达到 2/3 的;

(3) 三个经营者在相关市场的市场份额合计达到 3/4 的。在第(2)项和第(3)项规定的情形下,如果其中有的经营者市场份额不足 1/10,不应当推定该经营者具有市场支配地位。

如果少量企业占据了一个市场的主要份额,就很容易通过共同行为控制市场排除竞争,而反垄断执法机构可能无法掌握其达成垄断协议的证据。所以,将多个企业的市场份额合并计算来推定其中的每个企业都具有市场支配地位,可以有效地对少数垄断企业的行为进行规范和制约。

另外,《反垄断法》还规定了经营者可以对反垄断执法机构的推定予以反证的制度。被推定具有市场支配地位的经营者,可以举证证明他们之间或者与其他的经营者之间存在着实质性的竞争,从而证明其不具有市场支配地位。如果提供的证据确实充分,反垄断执法机构应当认定其不具有市场支配地位。

(三) 滥用市场支配地位的行为

滥用市场支配地位,是指具有市场支配地位的企业为维持或者增强其市场支配地位而实施的排除或限制竞争的行为。

我国《反垄断法》禁止具有市场支配地位的经营者从事下列滥用市场支配地位的行为。

1. 垄断高价或垄断低价

垄断高价或垄断低价,是指经营者以不公平的高价销售商品或者以不公平的低价购买商品。这是在市场缺乏竞争的情况下,拥有市场支配地位的经营者通过价格策略获取垄断利润的重要手段。

2. 掠夺性定价

掠夺性定价,是指经营者没有正当理由,以低于成本的价格销售商品。在市场经济活动中,经营者基于正常经营的需要,可以进行低于成本价的销售行为,如果目的正当,不会被认为是掠夺性定价。只有当具有市场支配地位的经营者出于排挤竞争对手的目的,无正当的理由低于成本销售时,才构成掠夺性定价。

3. 拒绝交易

拒绝交易,是指经营者没有正当理由,拒绝与交易相对人进行交易。许多具有市场支配地位的企业,其经营的产品或者服务往往是关系国计民生的,普通大众对其依赖性很高。一旦经营者拒绝交易,会严重影响民众的生活。因此,我国《反垄断法》禁止具有市场支配地位的经营者利用其优势地位损害消费者利益。

4. 强制交易

强制交易,是指经营者没有正当理由,限定交易相对人只能与其进行交易或者只能与其指定的经营者进行交易。强制交易侵犯了交易相对人的自主选择权,减少了竞争对手的交易机会,是一种严重的限制竞争、破坏市场机制的滥用市场支配地位行为。

5. 搭售或附加

搭售或附加,是指经营者没有正当理由搭售商品,或者在交易时附加其他不合理的交易条件。搭售行为的本质是具有市场支配地位的经营者将其在相关市场的竞争优势不公平地延伸或者强加于被搭售的产品的市场,从而限制、排除市场竞争。

6. 差别待遇

差别待遇,是指经营者没有正当理由,对条件相同的交易相对人在交易价格等交易条件上实行差别待遇。差别待遇在很多情况下仅是经营者的一种营销策略,对不同的交易相对人采取不同的交易条件,是其选择交易对象的一种手段,一般来说法律不予以禁止。但是具有市场支配地位的经营者可以通过差别待遇使不同的客户处于不同的竞争地位,从而建立或者维持关联企业的垄断地位,或者将自己的垄断地位扩展到上、下游市场。从保护市场竞争秩序的角度来看,这是需要加以禁止的。

7. 其他方式

国务院反垄断执法机构认定的其他滥用市场支配地位的行为。

(四)滥用市场支配地位的法律责任

《反垄断法》第50条规定:"经营者实施垄断行为,给他人造成损失的,依法承担民事责任。"滥用市场支配地位的行为,作为垄断行为的一种,给他人造成损失的,行为人当然应该承担民事责任。承担责任的方式主要是损害赔偿。

《反垄断法》还规定了滥用市场支配地位行为的行政责任。该法第47条规定:"经营者违反本法规定,滥用市场支配地位的,由反垄断执法机构责令停止违法行为,没收违法所得,并处上一年度销售额1%以上10%以下的罚款。"

三、经营者集中

(一) 经营者集中的概念

经营者集中是指经营者通过合并、取得其他经营者股权或资产以及通过合同等方式取得对其他经营者的控制权,或者对其他经营者施加决定性影响的情形。

经营者集中是企业扩张规模和提高市场竞争力的常见手段,但是经营者的不当集中也会给市场竞争带来不利影响。由于经济力量的集中和市场格局的变化,容易导致市场中的竞争者减少,市场竞争程度降低,也使得竞争者之间容易作出协调一致的行动,从而有可能排除和限制竞争,损害消费者利益,所以我国的《反垄断法》对经营者的集中作出了一定的限制。

(二) 经营者集中的类型

1. 经营者合并

经营者合并是指两个或两个以上的经营者通过订立合并协议,合并成一家企业的行为,相当于公司法上的公司合并,这是最常见、最重要的经营者集中类型。经营者合并通常包括吸收合并和新设合并两种方式,通过证券交易进行收购而形成的企业合并也属于经营者合并。

2. 经营者通过取得股权或者资产的方式取得对其他经营者的控制权

这种经营者集中的类型可以包括股份合并与财产合并两种具体方式。前种方式是指经营者通过购买其他经营者的股权,从而成为其他经营者的控股股东并进而取得对其他经营者的控制权;后者是指经营者通过取得其他经营者的资产,从而取得对该经营者的控制权。

3. 经营者通过合同等方式取得对其他经营者的控制权,或者能够对其他经营者施加决定性影响

这种类型一般包括经营合并与人事合并。经营者可以通过委托经营等合同方式与其他经营者之间形成控制与被控制关系或者可以施加决定性影响,也可以通过合同方式控制其他企业的人事、业务从而对其施加决定性的影响。

(三) 经营者集中的控制

因为经营者集中可能导致限制或排除竞争,所以我国对经营者集中规定了一定的政府管制措施。《反垄断法》规定,经营者集中达到国务院规定的申报标准的,经营者应当事先向国务院反垄断执法机构申报，未申报的不得实施集中。国务院反垄断执法机构应当对相关申报进行审查，在法定的期间内决定是否准许经营者集中。审查期间，经营者不得实施集中。

国务院反垄断执法机构审查和决定是否批准经营者集中的主要条件就是看该经营者集中是否会使相关市场的竞争受到实质性限制。我国《反垄断法》规定，审查经营者集中应当考虑以下因素：(1) 参与集中的经营者在相关市场的份额及其对市场的控制力；(2) 相关市场的市场集中度；(3) 经营者集中对市场进入、技术进步的影响；(4) 经营者集中对消费者和其他有关经营者的影响；(5) 经营者集中对国民经济发展的影响；(6) 国务院反垄断执法机构认为应当考虑的市场竞争的其他因素。

《反垄断法》第 28 条也规定了对经营者集中的豁免制度。

（四）经营者集中的法律责任

根据《反垄断法》的规定，经营者集中造成他人损失的应当承担损害赔偿等民事责任。同时，《反垄断法》还规定了相应的行政责任。经营者违法实施集中的，由国务院反垄断执法机构责令停止实施集中、限期处分股份或资产、限期转让营业以及采取其他必要措施恢复到集中前的状态，可以处 50 万元以下罚款。

四、滥用行政权力排除、限制竞争

（一）滥用行政权力排除、限制竞争的概念

滥用行政权力排除、限制竞争，又称行政垄断，是指政府机关以及其他依法具有管理公共事务职能的组织滥用行政权力，限制经营者之间开展自由与公平的市场竞争的行为。

行政垄断是我国经济生活中的常见现象，严重影响了我国市场经济的健康发展，已经成为制约我国经济持续健康发展的制度性瓶颈。当前我国经济体制改革的重点内容之一就是打破行政垄断。

（二）滥用行政权力排除、限制竞争的表现形式

1. 限定交易行为

限定交易行为，也叫指定经营者行为，是指行政机关和依法具有管理公共事务职能的组织滥用行政权力，限定他人经营、购买、使用其指定的经营者提供的商品，限制其他经营者竞争的行为。这里的限制表现形式有多种，都有一定的强制性。

2. 地区封锁

地区封锁，是指行政机关或者依法具有管理公共事务职能的组织，为了保护本地区利益，滥用行政权力排斥、限制竞争的行为。这是行政垄断中最典型的一种形式。

《反垄断法》第 33 条规定："行政机关和法律、法规授权的具有管理公共事务职能的组织不得滥用行政权力，实施下列行为，妨碍商品在地区之间的自由流通：(一) 对外地商品设定歧视性收费项目、实行歧视性收费标准，或者规定歧视性价格；(二) 对外地商品规定与本地同类商品不同的技术要求、检验标准，或者对外地商品采取重复检验、重复认证等歧视性技术措施，限制外地商品进入本地市场；(三) 采取专门针对外地商品的行政许可，限制外地商品进入本地市场；(四) 设置关卡或者采取其他手段，阻碍外地商品进入或者本地商品运出；(五) 妨碍商品在地区之间自由流通的其他行为。"这一条规定了行政机关和依法具有管理公共事务职能的组织不得滥用行政权力，妨碍商品在地区之间自由流通和充分竞争。

《反垄断法》第 34 条规定："行政机关和法律、法规授权的具有管理公共事务职能的组织不得滥用行政权力，以设定歧视性资质要求、评审标准或者不依法发布信息等方式，排斥或者限制外地经营者参加本地的招标投标活动。"这一条规定了行政机关和依法具有管理公共事务职能的组织不得滥用行政权力，排斥或者限制外地经营者参加本地的招投标活动。

《反垄断法》第 35 条规定："行政机关和法律、法规授权的具有管理公共事务职能的组织不得滥用行政权力，采取与本地经营者不平等待遇等方式，排斥或者限制外地经营者在本地投资或者设立分支机构。"这一条规定了行政机关和依法具有管理公共事务职能的组织不得滥用行政权力，排斥或者限制外地经营者在本地投资或设立分支机构。

3. 强制垄断行为

《反垄断法》第 36 条规定："行政机关和法律、法规授权的具有管理公共事务职能的组织不得滥用行政权力，强制经营者从事本法规定的垄断行为。"此条是行政机关和依法具有管理公共事务职能的组织不得滥用行政权力，强制经营者从事垄断行为的规定。

4. 抽象垄断行为

《反垄断法》第 37 条规定："行政机关不得滥用行政权力，制定含有排除、限制竞争内容的规定。"这一条规定了禁止行政机关以抽象行政行为排除、限制竞争。

(三) 滥用行政权力排除、限制竞争的法律责任

《反垄断法》对于滥用行政权力排除、限制竞争的行为只明确规定了行政责任，

该法第51条规定:“行政机关和法律、法规授权的具有管理公共事务职能的组织滥用行政权力,实施排除、限制竞争行为的,由上级机关责令改正;对直接负责的主管人员和其他直接责任人员依法给予处分。反垄断执法机构可以向有关上级机关提出依法处理的建议。”

五、反垄断机构的设置

根据《反垄断法》的规定,我国的反垄断机构采取了双层模式的设置。《反垄断法》第9条规定:“国务院设立反垄断委员会,负责组织、协调、指导反垄断工作……”由此可见,国务院反垄断委员会是一个面向全国的高层次的议事机构,其主要职责是:组织领导反垄断工作,但不直接从事具体的反垄断执法工作;就国家的反垄断政策进行研究并提出建议;协调重大反垄断案件的处理。国务院反垄断委员会的设立,有利于保证反垄断执法的统一性、公正性和权威性。

根据《反垄断法》第10条的规定,国家设立国务院反垄断执法机构,负责具体的反垄断执法工作。同时根据工作的需要,国务院反垄断执法机构还可以授权省、自治区、直辖市相应的机构,负责有关反垄断的执法工作。反垄断执法机构依法对涉嫌垄断的行为进行调查并依法作出处理决定。

本章小结

反垄断法是市场经济高度发展的产物,旨在规制市场中的垄断行为,促进和保护正常的市场竞争,保护经营者、消费者的合法权益。反垄断法又被称为“经济宪法”。

我国反垄断法规定的垄断行为主要包括:垄断协议、滥用市场支配地位、经营者集中、行政垄断。通常所说的垄断,多指经济垄断,包括前面三种形式的垄断。

垄断协议是指经营者之间达成或者采取的旨在排除、限制竞争的协议、决定或者其他协同行为。按照参与垄断协议的主体的不同,可以把垄断协议分为横向协议与纵向协议。垄断协议的具体表现形式非常多,反垄断法规定了六种横向垄断协议形式和三种纵向垄断协议形式。垄断协议是最为常见的垄断行为。出于利益的衡量,我国《垄断法》规定了垄断豁免制度。

我国《反垄断法》不禁止经营者通过正当竞争取得市场支配地位,但是禁止经营者滥用其市场支配地位排除、限制竞争的行为。我国《反垄断法》规定了滥用市场支配地位的七种具体情形,即垄断高价或垄断低价、掠夺性定价、拒绝交易、强制交易、搭售或附加、差别待遇以及国务院反垄断执法机构认定的其他滥用市场支配地位的行为。另外,《反垄断法》还规定了认定市场支配地位应当考虑的相关因素。

经营者集中包括经营者合并、经营者通过取得股权或者资产的方式取得对其他经营者的控制权、经营者通过合同等方式取得对其他经营者的控制权或者能够对其他经营者施加决定性影响等三种类型。经营者集中达到国务院规定的申报标准的,经营者应当事先向国务院反垄断执法机构申报,未申报的不得实施集中。国务院反垄断执法机构决定是否准许经营者集中。另外,还规定了经营者集中的豁免制度。

滥用行政权力排除、限制竞争,就是常说的行政垄断,主要包括限定交易行为、地区封锁、强制垄断行为、抽象垄断行为等四种类型。当前我国经济体制改革的重点内容之一就是打破行政垄断。

我国的反垄断机构包括了国务院反垄断委员会和国务院反垄断执法机构。

本章思考题

1. 垄断协议有哪些具体类型?
2. 所有的垄断协议都为《反垄断法》所禁止吗?
3. 滥用市场支配地位的行为有哪些具体种类?
4. 我国是如何控制经营者集中的?

思考题解答

1. 答:在市场经济条件下,垄断协议广泛地存在于经济生活之中,对市场竞争的格局影响深远。我国的反垄断法将垄断协议区分为纵向协议和横向协议。横向协议是指经济生活中处于同一阶段的具有竞争关系的经营者达成的限制竞争的协议,主要包括固定或者变更商品价格、限制商品的生产数量或者销售数量、分割销售市场或者原材料采购市场、限制购买新技术、新设备或者限制开发新技术、新产品、联合抵制交易以及国务院反垄断执法机构认定的其他横向垄断协议等六种形式。纵向协议是指处于不同阶段的经营者之间达成的限制竞争的协议,主要包括固定向第三人转售商品的价格、限定向第三人转售商品的最低价格及国务院反垄断机构认定的其他纵向垄断协议等三种形式。

2. 答:并不是所有的垄断协议都为垄断法所禁止。在市场经济中,垄断协议行为较为普遍,但并不是所有的垄断协议都有害于经济发展,有些垄断协议可能具有积极的促进作用,如经营者为改进生产程序而采取的联合行动。若一概予以禁止,反而有害于市场经济的发展。因此,出于利益的衡量,我国的《反垄断法》规定了垄断豁免制度,即在垄断协议产生利大于弊的影响时,可以对该垄断协议排除适用反垄断法，即实行垄断豁免。《反垄断法》规定对以下七种垄断协议予以豁免：(1) 为改进技术、研究开发新产品的；(2) 为提高产品质量、降低成本、增进效率，统一产品规格、标准或者实行专业化分工的；(3) 为提高中小经营者经营效率，增强中小经营者竞争力的；(4) 为实现节约能源、保护环境、救灾救助等社会公共利益的；(5) 因经济不景气，为缓解销售量严重下降或者生产明显过剩的；(6) 为保障对外贸易和对外经济合作中的正当利益的；(7) 法律和国务院规定的其他情形。

3. 答：滥用市场支配地位，是指支配企业为维持或者增强其市场支配地位而实施的排除或限制竞争的行为。我国《反垄断法》规定了以下七种滥用市场支配地位的行为：(1) 垄断高价或垄断低价；(2) 掠夺性定价；(3) 拒绝交易；(4) 强制交易；(5) 搭售或附加；(6) 差别待遇；(7) 国务院反垄断执法机构认定的其他滥用市场支配地位的行为。

4. 答：经营者集中是市场经济中企业扩大经营规模的常用手段。虽然经营者集中能够促使企业扩张，从而提高企业的经济效益，但也可能导致限制或排除竞争，所以我国对经营者集中规定了一定的政府管制措施。我国《反垄断法》规定，经营者集中达到国务院规定的申报标准的，经营者应当事先向国务院反垄断执法机构申报，未申报的不得实施集中。国务院反垄断执法机构应当对相关申报进行审查，在法定期限内决定是否准许经营者集中。审查期间，经营者不得实施集中。国务院反垄断执法机构审查和决定是否批准经营者集中的主要条件就是看该经营者集中是否会使相关市场的竞争受到实质限制，对于违反法律规定的经营者集中，《反垄断法》规定应该承担一定的民事责任和行政责任。根据《反垄断法》的规定，经营者集中造成他人损失的应当承担损害赔偿等民事责任。同时，经营者违法实施集中的，由国务院反垄断执法机构责令停止实施集中、限期处分股份或资产、限期转让营业以及采取其他必要措施恢复到集中前的状态，并可以处50万元以下罚款。

案例与点评

案例一

2008年9月19日，有“民间反垄断”第一案之称的律师李方平诉中国网通(集团)有限公司北京市分公司差别待遇一案，北京市朝阳区人民法院日前正式立案，成为首例正式被法院受理的反垄断民事诉讼。根据北京网通《客户服务合同》的相关规定，由于李没有北京户口，他在北京网通报装固定电话时只能选择“预付费业务”，而具有北京户口的北京市民则可办理“后付费业务”。“预付费业务”和“后付费业务”在一系列资费优惠活动中具有相当大的差别。2007年5月，北京网通开始推广"亲情1+"业务，该业务有许多特别优惠的套餐和可选包，如带宽1M、2M的宽带优惠包月，但是北京网通的这种业务仅限于"后付费电话客户"。李方平作为"预付费业务"用户无法享受这些服务（摘自《北京晚报》，2008年9月21日）。

案例点评

北京网通对不同用户实施差别待遇的行为属于《反垄断法》所禁止的垄断行为。

本案涉及《反垄断法》所规定的滥用市场支配地位的行为。滥用市场支配地位的行为具有多种表现形式，其中典型的就是差别待遇。所谓差别待遇，就是指没有正当理由，对条件相同的交易相对人在交易价格等交易条件上实行差别待遇。

北京网通作为在北京市电信行业的主要企业，在北京地区的固定电话业务方面具有绝对的垄断地位，市民安装固定电话，需要购买网通的服务。北京网通属于具有市场支配地位的企业。正是凭借其在北京地区绝对的垄断地位，北京网通对不同户籍的用户规定了不同的安装固话的条件：对于具有北京户口的居民安装固定电话，可以选择"后付费业务"；对于非北京户口的用户，只能选择"预付费业务"。北京网通可能有欠费风险的担心，但是用户籍区分公民资信程度于法无据。北京网通对北京户口用户和非北京户口用户实施差别待遇的做法违背了公平、等价、诚实信用的市场经济原则，侵害了消费者的合法权益，同时也属于《反垄断法》第17条第6项规定的垄断行为，即"没有正当理由，对条件相同的交易相对人在交易价格等交易条件上实行差别待遇"。

案例二

2008年9月，某市政府召开市内复合肥经营专题会议，并形成了《市内复合肥经营专题会议纪要》。《会议纪要》规定市外化肥企业在该市只能销售尿素和磷复肥，不准销售碳胺等各类产品，并强制收回了外地一家化肥企业在该市四个直销点的营业执照正、副本。

案例点评

本案中某市政府的行为属于行政垄断中的地区封锁行为。

滥用行政权力排除、限制竞争，又称行政垄断，是指政府机关以及其他依法具有管理公共事务职能的组织滥用行政权力，限制经营者之间开展自由与公平的市场竞争的行为。行政垄断中最典型的形式就是地区封锁。地区封锁是指行政机关或者依法具有管理公共事务职能的组织，为了保护本地区利益滥用行政权力排斥、限制竞争的行为。

在本案中，某市政府通过发文的形式，滥用行政权力，不允许外地企业在本地销售部分品种的化肥产品，从而排除了其他地区的化肥企业与本地企业的竞争，使本地企业形成了对部分化肥产品的垄断地位，破坏了市场的竞争格局，损害了其他地区的企业和消费者的利益，违反了《反垄断法》第 33 条的规定，属于滥用行政权力排除、限制竞争的行政垄断行为。

第七章 产品质量法律制度

如果我们买的房子质量不合格,我们可以用《产品质量法》来保护自己的权益吗?产品质量的责任仅仅是生产者的责任吗?

本章需要掌握的主要内容有:

- 《产品质量法》中的"产品"的概念
- 生产者、销售者的产品责任和义务
- 产品质量监督检查的形式

第一节 产品质量法概述

一、产品质量法与产品的概念

(一) 产品质量法的概念

产品质量法,是指为了调整产品生产与销售,以及对产品质量进行监督管理过程中所形成的社会关系的法律规范的总称。改革开放以来,经过不懈的努力,我国目前已初步形成了产品质量法体系,其基本框架包括以下三项:

(1)《中华人民共和国产品质量法》(以下简称《产品质量法》),这是我国产品质量法的基本法。该法于 1993 年 2 月 22 日由第七届全国人民代表大会常务委员会第三十次会议通过,并于 2000 年 7 月 8 日第九届全国人民代表大会常务委员会第十六次会议作出修正。

(2) 产品质量基本法的配套法规,如《中华人民共和国产品质量认证条例》及其实施办法等。

(3) 其他法律法规中有关产品质量的规定,如《中华人民共和国标准化法》(以下简称《标准化法》)中关于质量标准的规定等。

(二)"产品"的概念

我国《产品质量法》第 2 条第 2 款和第 3 款规定:"本法所称产品是指经过加工、制作,用于销售的产品。建设工程不适用本法规定;但是,建设工程使用的建筑材料、建筑配件和设备,属于前款规定的产品范围的,适用本法规定。"

从上述规定中,我们可以得出以下结论:

(1) 这种产品必须经过加工或制作。加工、制作是指改变原材料、毛坯或半成品的形状、性质或表面状态,使之达到规定要求的各种工作的统称。

(2) 这种产品必须用于销售,这是《产品质量法》意义上产品的重要特征。

(3) 本法所规定的产品不包括建设工程。建设工程产品属于不动产范畴,不动产有其特殊的质量要求,难以与经过加工或制作的工业产品共同适用本法。建设工程的质量问题由《建筑法》和《建设工程质量管理条例》调整。

(4) 经过加工、制作,用于销售的建筑材料、建筑构配件和设备适用《产品质量法》。在未形成整体的建设工程之前,建筑材料、建筑构配件和设备在生产和销售中与其他工业品的属性是相同的,因此,加工、制作用于销售的建筑材料、建筑构配件和设备适用《产品质量法》。

(5) 本法不适用初级农产品、初级水产品和军工产品。由于初级农产品、初级水产品未经工业加工、手工制作,不满足适用《产品质量法》的基本条件;而军工产品不能进入市场销售,所以也不适用《产品质量法》。

二、我国《产品质量法》的适用范围

《产品质量法》第 2 条对其适用范围进行了规定:

(1) 适用的地域为中华人民共和国境内;

(2) 适用的主体是在中华人民共和国境内的公民、企业、事业单位、国家机关、社会组织和个体工商业经营者等;

(3) 适用的产品是以销售为目的,通过工业加工、手工制作等生产方式所获得的具有特定使用性能的物品;

(4) 符合上述要求的在中国境内销售的进口产品;

(5) 未经加工的天然形成的产品(如原矿、原煤、石油、天然气等产品)、初级农产品(如农、林、牧、渔等产品)以及建设工程(如建筑材料、工程等不动产)不适用《产品质量法》。但是建设工程使用的建筑材料、建筑构配件和设备属于前款规定的产品范围的,适用《产品质量法》。

三、我国产品质量监督管理制度

(一) 产品质量监督管理体制

产品质量监督管理体制,是指执行产品质量监督管理的主体依法对产品质量进行监督管理的法律体制。《产品质量法》第 8 条规定了我国产品质量监督管理体制。

全国的产品质量监督管理工作由国务院产品质量监督管理部门(即国家质量技术监督局)负责。国家质量技术监督局是由原国家计量局、国家标准局和国家经济委员会合并组建的,为国务院直属机构,负责管理全国标准化、计量及质量监督工作。

国务院有关部门、县级以上地方政府的技术监督部门以及有关部门,负责各自职责范围内的产品质量监督管理工作。国务院有关部门和县级以上地方政府有关部门,是指国务院和县以上人民政府设置的有关行业主管部门,其主要职责是按照同级人民政府赋予的职权,负责本行政区域内关于产品质量方面的行业监督和生产经营管理工作。

(二) 产品质量标准化制度

1. 产品质量标准化制度的概念

产品质量标准化制度是关于产品质量标准的制定、实施、监督和检查等各项规定的总和,是产品质量监督管理的依据和基础。

2. 依据我国《标准化法》的规定,我国的产品质量标准可以分为四类

(1) 国家标准。国家标准主要是有关经济、技术发展,特别是农业经济发展的重要产品标准和与广大人民生活有关的重要产品标准。《标准化法》第 6 条规定:"对需要在全国范围内统一的技术要求,应当制定国家标准。国家标准由国务院标准化行政主管部门制定。"国家标准在整个质量标准体系中层次最高,其他标准的内容不得与国家标准的内容相抵触。国家标准的代号,由"国标"两个字的汉语拼音的第一个字母"G"和"B"结合而成。

(2) 行业标准。对没有国家标准而又需要在全国某个行业范围内统一的技术要求,可以制定行业标准。行业标准由国务院有关行政主管部门制定,报国务院标准化主管部门备案,在全国某一行业范围内适用。行业标准的效力低于国家标准,高于地方标准,其代号为“IB”。

(3) 地方标准。对没有国家标准和行业标准而又需要在省、自治区、直辖市范围内统一的工业产品的安全和卫生要求,可以制定地方标准。地方标准由地方(省、自治区和直辖市)标准化行政主管部门制定,并报国务院标准化行政主管部门备案,在地方标准化行政主管部门所辖区域内适用。地方标准主要限于没有国家标准和行业标准的工业产品的安全、卫生要求,代号为“DB”。

(4) 企业标准。企业生产的产品没有国家标准、行业标准的,应当制定相应的企业标准,作为组织生产的依据。企业的产品标准须报当地政府标准化行政主管部门备案。当企业标准被依法成立的合同引用作为合同的质量条件时,对合同当事人具有约束力。企业标准可以高于国家标准或行业标准。企业标准的代号为“Q/B”。

在上述四类标准中,国家标准和行业标准分为强制性标准和推荐性标准。强制性标准是保障人体健康、人身和财产安全的标准和法律、行政法规规定强制执行的标准。其他标准是推荐性标准。推荐性标准附加符号“T”表示。强制性标准包括药品标准、食品标准和兽药标准等。《标准化法》第14条规定:“强制性标准必须执行。不符合强制性标准的产品,禁止生产、销售和进口。”据此规定,一切从事科研、生产和经营活动的社会组织与个人,必须严格执行强制性标准,不得违反。

《标准化法实施细则》对违反强制性标准的企业规定了严格的处罚措施:生产不符合强制性标准的产品的,应当责令其停止生产,并没收产品,监督销毁或作必要技术处理,处以一定额度的罚款,并对有关责任者处以5 000元以下罚款;销售不符合强制性标准的商品的,应当责令其停止销售,限期追回已售出的商品,监督销毁或作必要技术处理,没收违法所得,处一定额度的罚款,并对有关责任者处以5 000元以下的罚款。

(三) 企业质量体系认证制度与产品质量认证制度

1. 企业质量体系认证的概念

企业质量体系认证是指依据国家质量管理和质量保证系列标准,由国家认可的认证机构对自愿申请认证的企业的质量体系,进行检查、确认和颁发认证证书,以证明企业质量体系和质量保证能力符合相应标准要求的活动。

企业质量体系认证的目的在于确认企业对其生产的产品的质量保证及控制能力是否符合标准要求,进而确认企业生产的产品能否持续稳定地保证产品质量。

质量体系由组织机构、职责、程序、过程和资源等五个方面组成。因此,企业质量体系认证就是对上述五个方面的基本内容进行科学的评价并得出是否符合标准要求的结论。

企业质量体系认证的依据,应当是国际通用的质量管理标准。国际标准化组织(ISO)于1987年3月发布了ISO9000《质量管理和质量保证》系列国际标准,为开展国际间的质量体系认证提供了统一的依据,被公认为通向国际市场的通行证。1992年5月,我国产品质量监督管理部门公布了等同采用ISO9000的国家标准GB/T19000-ISO9000。

2. 产品质量认证制度的概念

产品质量认证是指依据产品标准和相应技术的要求,经认证机构确认并通过颁发证书和认证标志,证明企业某一产品符合相应标准和相应技术要求的活动。

申请产品质量认证必须具备以下条件:(1)中国企业及其他申请人应当持有工商行政管理部门颁布的《企业法人营业执照》或《营业执照》;(2)申请认证的产品,其质量应当符合我国的国家标准、行业标准及其补充技术要求;(3)申请认证的产品应当是质量稳定、能正常批量生产的产品;(4)申请产品质量认证的企业,质量体系应符合国家质量管理和质量管理系列标准的要求。

3. 两者的异同

相似点如下:首先,两者都是由企业自愿申请的,并非强制性的要求;其次,两者的审查主体都是国家技术监督局或其授权的部门认可的认证机构——行业认证委员会。

区别如下:首先,企业质量体系认证的对象是企业的质量保证体系,产品质量认证的对象则是企业的某一产品;其次,企业质量体系认证的依据标准是质量管理标准,而产品质量认证的依据标准则是产品标准;最后,获得企业质量体系认证,并不意味着就直接获得产品质量认证,后者还须具备必要条件,并根据一定程序获取。

(四)产品质量监督检查制度

产品质量监督可以分为以下三种形式:

(1)企业监督,指企业内部自检和互检。企业监督包括三种监督方式:①劳动者自检;②生产过程互检;③专职检验。

(2)社会监督,包括:①用户、消费者监督;②社会组织监督;③新闻媒介监督等。

(3)国家监督,包括:①专职监督;②综合监督。

国家监督的重要形式之一是国家监督抽查制度。《产品质量法》对此作了明确规定,其主要内容是:国家对产品质量实行以抽查为主要方式的监督检查制度,对可能危及人体健康和人身、财产安全的产品,影响国计民生的重要工业产品以及消费者、有关组织反映有质量问题的产品进行抽查。这一规定不但明确了产品质量监督抽查的重点,同时也限定了产品质量监督抽查的范围,即不是对所有的产品质量都要实施监督抽查。所谓"可能危及人体健康和人身、财产安全的产品",主要是指药品、食品、医疗器械、化妆品、易燃易爆产品和锅炉压力容器等;所谓"影响国计民生的重要工业产品",是指化肥、农药、计量器具、烟草、建筑用钢筋和水泥等;所谓"消费者、有关组织反映有质量问题的产品",主要是指假冒伪劣产品,即掺杂、掺假、以假充真、以次充好和以不合格产品冒充合格产品等。

抽查的样品应当在市场上或者企业成品仓库内的待销产品中随机抽取。生产企业未经检验和检验不合格的产品不能抽取。为了减轻企业负担,规范监督检查活动,防止抽样的随意性,《产品质量法》规定:"检验抽取样品的数量不得超过检验的合理需要。"为此,国家技术监督局批准了 20 多个抽样标准,针对不同的产品批次数量,合理、科学地界定了抽样的数量,要求各级数量监督部门必须执行。

第二节　保证产品质量的责任和义务

一、生产者的产品质量责任和义务

生产者的产品质量责任是指生产者因其生产的产品存在缺陷,造成用户、消费者或者其他人的人身或缺陷产品以外的财产损害而应承担的赔偿责任;生产者的产品质量义务是指产品的生产者对其所生产的产品质量所承担的义务。这种义务在法律上通常表现为生产者必须为一定行为或者不为一定行为。我国《产品质量法》所规定的生产者的产品质量责任和义务主要表现在以下两个方面。

(一)保证产品质量的义务

《产品质量法》第 26 条第 1 款规定:"生产者应当对其生产的产品质量负责。"这是法律对生产者履行产品质量义务的总体概括。保证产品质量是生产者的首要义务。《产品质量法》对生产者的产品质量义务提出了以下要求:

(1) 不存在危及人身、财产安全的不合理的危险,有保障人体健康和人身、财产安全的国家标准、行业标准的,应当符合该标准。

所谓危及人身、财产安全的危险,是指产品因存在质量问题可能给用户、消费者造成的人身损害或财产损失,这种危险有合理和不合理之分。法律要求产品不存在危及人身、财产安全的不合理的危险。国家标准和行业标准是在全国范围内和整个行业内要统一实施的标准，所以企业必须严格遵守。

(2) 具备产品应当具备的使用性能，但是，对产品存在使用性能的瑕疵作出说明的除外。

生产者生产的产品应适合于产品的一般用途，具有适销性和有用性。对产品使用性能的瑕疵，生产者应予说明后方可出厂销售。不对产品的瑕疵作出说明而销售的，生产者应当承担相应的产品质量责任。

(3) 符合在产品或者在其包装上注明采用的产品标准，符合以产品说明、实物样品等方式表明的质量状况。

包装上注明的产品标准，以及产品说明和实物样品，都是生产者对产品质量的明示担保。当消费者发现产品的质量不符合明示担保时，可以根据合同约定，要求生产者予以修理、更换或者退货，造成损失的，可以要求赔偿损失。

（二）保证符合产品标识要求的义务

《产品质量法》规定，产品或者其包装上的标识必须真实，并符合下列要求：

(1) 有产品质量检验合格证明；

(2) 有中文标明的产品名称、生产厂厂名和厂址；

(3) 根据产品的特点和使用要求，需要标明产品规格、等级、所含主要成分的名称和含量的，用中文予以标明；

(4) 限期使用的产品，应当在显著位置清晰地标明生产日期和安全使用期或者失效日期；

(5) 使用不当，容易造成产品本身损坏或者可能危及人身、财产安全的产品，应当有警示说明。

（三）禁止性、限制性的规定

《产品质量法》对生产者的禁止和限制性规定如下：

(1) 不得生产国家明令淘汰的产品；

(2) 不得伪造或者冒用认证标志、名优标志等质量标志；

(3) 不得伪造或者冒用他人的厂名、厂址；

(4) 生产产品不得掺杂、掺假，不得以假充真、以次充好，不得以不合格产品冒充合格产品；

(5) 国家颁发生产许可证才能生产的产品，未取得许可证的不得生产；

(6) 不得将不合格的产品投入市场。

(四) 生产者承担产品质量责任的免责事由

根据我国《产品质量法》的规定,生产者因产品缺陷造成损害的赔偿责任,可因下列条件而免责:

(1) 未将产品投入流通的,这里的"未投入流通"主要是指产品未出厂销售;

(2) 产品投入流通时,引起损害的缺陷尚不存在;

(3) 将产品投入流通时的科学技术水平尚不能发现缺陷存在的。

二、销售者的产品质量责任和义务

我国《产品质量法》对销售者所承担的有关产品质量义务作了如下规定:

(1) 应当建立并执行进货检查、验收制度,验明产品合格证明和其他标识。

销售者对购进的产品直接进行质量检验把关,有助于判断商品的实际质量水平,能够确保本企业信誉和利益不受损害,防止伪劣商品进入流通领域。这也是明确生产者、销售者和储运者产品质量责任、合同责任的一种必要措施。

(2) 应当采取措施保持销售产品的质量。

销售者应当通过采取一系列保管措施,使销售产品的质量保持着生产者、供货者将产品交付给销售者时的质量状况。销售的产品,其质量特征和特性,如安全性、适用性、可靠性等不得发生不合理的变化。

(3) 销售的产品的标识应当符合《产品质量法》的规定。

销售者完成进货检查、验收后,产品的所有权已属于销售者。因此,销售者必须对销售给消费者的产品负责,销售者对标识的检查既是权利,又是义务。

(4) 不得销售失效、变质的产品。

(5) 不得伪造产地、不得伪造或者冒用他人的厂名、厂址。

(6) 不得伪造或者冒用认证标志、名优标志等质量标志。

(7) 不得掺杂、掺假,不得以假充真、以次充好,不得以不合格产品冒充合格产品。

(8) 不得违反有关禁止性、限制性的规定。

三、违反《产品质量法》的法律责任

(一) 产品质量民事责任

1. 产品质量民事责任的种类

产品质量民事责任主要包括两类,即产品瑕疵担保责任和产品缺陷责任。产品瑕疵担保责任是指产品销售者所出售的产品在质量上不符合法定或约定的标准而因此承担的违约责任；产品缺陷责任也就是通常所说的产品责任，是指生产者、销售者因其生产或销售的产品存在缺陷，而给使用者、消费者造成人身伤害或者缺陷产品以外的财产损失所应承担的侵权责任。

2. 责任形式

产品瑕疵责任的责任形式为：修理、更换和退货；给购买产品的用户、消费者造成损失的，负责赔偿。产品缺陷责任的责任形式分为两种情况：一种是如果因产品存在缺陷造成受害人人身伤害的，侵害人应当赔偿医疗费、因误工减少的收入、残疾者生活补助费等费用，造成受害人死亡的，应当赔偿丧葬费、抚恤金、死者生前抚养的人的必要的生活费等费用；另一种是如果因产品存在缺陷造成受害人财产损失的，侵害人应当恢复原状或者折价赔偿，受害人因此遭受其他重大损失的，侵害人应当赔偿损失。

（二）产品质量行政责任

产品质量行政责任的形式主要有：责令停止生产、责令停止销售、没收违法生产或销售的产品、罚款、责令公开更正和吊销营业执照。

（三）产品质量刑事责任

生产者、销售者违反《产品质量法》的情节严重到一定程度，就要承担刑事责任，这些规定集中体现在《产品质量法》的第 37 条、38 条、40 条和 42 条中。

国家工作人员在质量监督管理中，如果有严重的滥用职权、玩忽职守、徇私舞弊和包庇行为，也可能受到刑事追诉。

本章小结

从 20 世纪 60 年代以来，随着严格责任观念在产品质量法律制度中的确立，生产者、销售者必须承担更为严格的产品责任和义务。作为弱者的受害者的权益，得到了更多保障，社会秩序也更为有序。我国目前的产品质量法体系，正是顺应这一发展趋势，在社会主义市场经济体制的基础上发展起来的。它融合了产品质量监督管理制度和产品质量责任制度两大部分，既规定了生产者或销售者对其生产或销售的产品应当承担的责任，也规定了产品质量衡量基准、生产者和销售者实行产品质量保证、国家如何监督产品质量等内容，是一部中西结合的、先进的和现代化的产品质量法。

本章思考题

1. 试述产品质量认证与企业质量体系认证的相似与区别。

2. 试述产品质量监督检查的形式。

思考题答案

1. 答：两者的相似点与区别有：

(1) 相似点如下：首先，两者都是由企业自愿申请的，并非强制性的要求；其次，两者的审查主体都是国家技术监督局或其授权的部门认可的认证机构——行业认证委员会。

(2) 区别如下：首先，企业质量体系认证是对企业质量保证体系整体的认证，产品质量认证则只是对企业某一产品的质量认证；其次，申请产品质量认证的企业，其企业质量体系应符合国家质量管理和质量保证标准及补充要求；最后，获得企业质量体系认证，并不意味着就直接获得产品质量认证，后者还须具备必要条件，并根据一定程序获取。

2. 答：产品质量监督可以分为三种形式：(1) 企业监督，指企业内部自检和互检，包括：① 劳动者自检；② 生产过程互检；③ 专职检验。(2) 社会监督，它包括：① 用户、消费者监督；② 社会组织监督；③ 新闻媒介监督等。(3) 国家监督，它包括：① 专职监督；② 综合监督。国家监督的重要形式之一是国家监督抽查制度，《产品质量法》对此作了明确规定，其主要内容是：国家对产品质量实行以抽查为主要方式的监督检查制度，对可能危及人体健康和人身、财产安全的产品，影响国计民生的重要工业产品以及消费者、有关组织反映有质量问题的产品进行抽查。抽查的样品应当在市场上或者企业成品仓库内的待销产品中随机抽取。

案例与点评

案例一

1995 年 2 月，双喜糖果厂决定增加蜂皇浆的生产项目。经过洽谈，与某蜜蜂园达成协议，由该蜜蜂园提供配方和原料，在糖果厂的固体生产车间生产蜂皇浆。产品生产出来以后，糖果厂按照该厂自定的企业标准对蜂皇浆进行了检测，后又送到该县卫生防疫站进行了鉴定。产品按两瓶一盒包装，在瓶贴及包装盒上均标有“蜂皇浆”名称和糖果厂注册的“狮山牌”商标和“国营双喜糖果厂”的厂名。糖果外包装上虽有保质期一年的标记，但无生产日期及批号。该蜂皇浆由糖果厂检测符合该厂企业标准，但该企业标准未上报备案，生产的蜂皇浆也从未按法定的国家标准进行检测。经该县产品质量监督检验所抽样检验，该蜂皇浆为劣质产品，该县标准计量局最终对糖果厂处以罚款。

试问：1. 糖果厂生产的蜂皇浆所执行的质量标准符合我国有关标准的规定吗？

2. 该案中县标准计量局的处罚合理吗？

案例点评

1. 据我国《标准化法》的规定，我国的标准可以分为四类：

(1) 国家标准。《标准化法》第 6 条规定：对需要在全国范围内统一的技术要求，应当制定国家标准。国家标准由国务院标准化行政主管部门制定。

(2) 行业标准。对没有国家标准而又需要在全国某个行业范围内统一的技术要求，可以制定行业标准。行业标准由国务院有关行政主管部门制定，报国务院标准化主管部门备案。

(3) 地方标准。对没有国家标准和行业标准而又需要在省、自治区、直辖市范围内统一的工业产品的安全和卫生要求，可以制定地方标准。

(4) 企业标准。企业生产的产品没有国家标准、行业标准的，应当制定相应的企业标准，作为组织生产的依据。企业的产品标准须报当地政府标准化行政主管部门备案。已有国家标准和行业标准的，国家鼓励企业制定严于国家标准或者行业标准的标准在企业内部适用。

在上述四类标准中，国家标准和行业标准分为强制性标准和推荐性标准。强制性标准包括药品标准、食品标准和兽药标准等。《标准化法》第 14 条规定："强制性标准必须执行。不符合强制性标准的产品，禁止生产、销售和进口。"而在本案中，糖果厂生产的蜂皇浆为食品，因此必须执行国家强制性标准。如果国家没有该项标准，糖果厂可制定内部执行的企业标准，但须报政府标准化行政主管部门备案，而糖果厂的企业标准却未报经备案。另外，其产品既无批号，亦无生产日期，严重违反了我国关于质量标准的法律规定。

2.《标准化法实施细则》规定：生产不符合强制性标准的产品的，应当责令其停止生产，并没收产品，监督销毁或作必要技术处理；处以罚款；对有关责任者处以 5 000 元以下罚款。销售不符合强制性标准的商品的，应当责令其停止销售，并限期追回已售出的商品，监督销毁或作必要技术处理；没收违法所得；处以罚款；对有关责任者处以 5 000 元以下的罚款。

因此,该案中,县标准计量局的处罚是正确的。但其处罚尚有不完善之处,即糖果厂生产的蜂皇浆为劣质产品,如被消费者食用,会对人体造成危害,因而,还须监督糖果厂将剩余产品予以销毁或没收,并没收违法所得。

案例二

1995 年 8 月,吉瑞化工供销公司(以下简称甲方)与福佑化学工业公司染料厂(以下简称乙方)签订了一份购销对硝基甲苯的合同。合同内容如下:甲方向乙方采购质量标准为国家一级品的对硝基甲苯 100 吨到 200 吨,每月月初提货,月末付款。合同签订后,乙方于 1995 年 10 月 2 日向甲方发货 150 吨。甲方将第一批所购的对硝基甲苯销售后,立即有三家化工厂反映质量不合格,并拒付货款。随后甲方以乙方提供的产品质量不符合合同约定为由,拒绝支付货款。同年 12 月 15 日,该市技术监督局发现该批产品无质量保证书,无产品质量检验合格证,无等级,无标准代号,无厂址,遂立案进行查处。该市产品质量监督检验所经抽样检测,结论为“该批产品不合格”。

试问:1. 该市技术监督局的立案合法吗?

2. 对于这批不合格产品,吉瑞化工供销公司是否有责任?

3. 针对该案件,该市的技术监督局应当怎样处理?

案例点评

1. 按照《产品质量法》第 15 条的规定,产品或者其包装上的标识应当符合下列要求:有产品质量检验合格证明;有中文标明的产品名称;根据产品的特点和使用要求,需要标明产品规格、等级、所含主要成分的名称和含量的,相应予以标明;限期使用的产品,标明生产日期和安全使用日期或者失效日期;使用不当,容易造成产品本身损坏或者可能危及人身、财产安全的产品,有警示标志或者中文警示说明。

而在本案中,技术监督局发现该批产品无质量保证书,无产品质量检验合格证,无等级,无标准代号,无厂址,严重违反了《产品质量法》关于产品标识的规定,所以对于该批产品立案是合法的。

2. 我国《产品质量法》规定:销售者销售产品,应当承担以下义务:应当执行进货检查验收制度,验明产品合格证明和其他标识。销售者销售的产品的标识应当符合法定的要求,即应符合《产品质量法》第 15 条的规定。

本案中,作为销售者的吉瑞化工供销公司并未履行上述义务,在福佑化学工业公司染料厂的对硝基甲苯无质量保证书,无产品质量检验合格证,无等级，无标准代号，无厂址的情况下，无视《产品质量法》关于产品标识的规定，仍然销售上述不合格产品，因此造成的后果，作为销售者的吉瑞化工供销公司具有不可推卸的责任。

3. 按照《产品质量法》关于销售者产品责任的规定，该技术监督局可以这样处理：

（1）责令改正，停止销售库存商品，就地封存，听候处理；（2）没收非法收入；（3）赔偿用户损失。

第八章 商标法律制度

商标是什么？商标法与知识产权法律保护是什么关系？我国的《商标法》究竟包含哪些内容，其特色如何？

本章需要掌握的主要内容有：

◆ 什么是商标？商标的法律特征是什么？

◆ 我国《商标法》的主要内容

第一节 商标法律制度概述

一、商标的概念、特征与功能

1. 商标的概念

商标到底是什么？每一个生活在商品社会的人对此都应该有自己的认识与回答。当我们置身于形形色色的商品世界中，那些绚丽多姿、简洁流畅的商标在有意无意间吸引了我们的注意力，激发起我们的购物欲望。想必，每一个人都会熟悉这样的字眼，如“麦当劳”、“微软”、“海尔”、“别克”等。这里的每一个“名字”就代表了一个品牌、一个商标、一种令消费者喜爱并乐于接受的商品。因此，我们可以这样说，商标(Trademark)是商品的那张“脸”，是识别商品或服务的标志。

根据《中华人民共和国商标法》(以下简称《商标法》)的规定，商标是指在商品或者服务项目上所使用的，用以识别不同经营者所生产、制造、加工、挑选、经销的商品或者提供的服务的，由显著的文字、图形、字母、数字、三维标志和颜色组合或者以上组合构成的标志。

2. 商标的特征

总体说来，商标具有以下特征：

(1) 商标是表彰商品或者服务的一种标志；

(2) 商标是一种识别性标志；

(3) 商标是由经营者使用的一种标志；

(4) 商标是由文字、图形、字母、数字、三维标志和颜色组合，以及上述要素的可视性标志；

(5) 商标可视为一种文化象征和信息载体。

3. 商标的功能

商标的功能是随着商品经济的不断发展而逐步扩展与提升的。现代商标一般具有五项功能，它们分别是：

(1) 区别功能。

这是商标的首要功能，也是其最原始的功能。正是借助于这项功能，商标才将不同的经营者提供的相同或类似的商品区别开来，而消费者也因此能够在众多经营者提供的同类商品或服务中选择自己想要的东西。例如，在各类牌子的电视机中，你想要的是“长虹”，但能供你选择的却有“康佳”、“日立”、“索尼”、“海信”等。你选择的基础正是商标的区别功能。

(2) 表明商品或服务来源的功能。

小小的商标所包含的信息很多。同样是“戴尔”(DELL)电脑，可能它是纯粹的美国原产货品，也可能是美国授权、中国内地生产的货品。所以，根据商标所载明的所有者的姓名(名称)、地址，或者商标使用许可方或被许可方的名称及有关信息，消费者可以清楚地知道各种商品或服务的来源。

(3) 表明质量的功能。

特定的商标与特定的商品相联系，这种联系事实上向消费者传递着一种信息，即某种品牌质量过硬、服务到位。例如，不管你到全球的哪一家“麦当劳”店，你所享受的服务都是标准的、一流的，因为“麦当劳”是世界驰名商标，这三个字就是质量保证的象征。因此，不同的商标会告诉你不同的商品或服务的质量。

(4) 广告功能。

商标的使用和推广，其本身就是商家打响自己品牌、推销自己商品或服务的一个广告。现代社会中，几乎没有一个商品不做广告，而广告的核心宣传则无不围绕商标展开。所以，商标的广告功能越来越重要。

(5) 财产功能。

通常,一个商标的市场培育与品牌树立必须付出人、财、物力的相当大的投入,商标作为一种无形资产,其本身蕴涵着“商誉”的成分。就像现在家喻户晓的“脑白金”,其原有商标所有人通过将该商标进行市场转让就获得了 1.46 亿的资产。一个商标的诞生与消亡,可以主宰一个企业兴盛与衰败的发展命运。所以,商标的财产功能不可小觑。

二、商标的分类

正如大千世界有着丰富多样、琳琅满目的商品一样,商标依其标准不同而分类不同。

1. 按照商标使用对象所作的分类

根据使用对象不同,商标一般可以分为商品商标和服务商标两大类。所谓,商品商标,是指使用于商品之上的商标,它又可分为制造商标、销售商标等。如“海尔”、“戴尔”等都是商品商标。所谓服务商标,又称服务标记,是指提供服务的经营者在其服务项目上所使用的、用以区别于其他服务所提供的服务项目的显著性标志。如“中国平安保险”(如左所示)所使用的标志就是典型的服务商标,因为它提供的是一种金融衍生产品服务而不是一种单纯的商品。

2. 按照商标的构成要素所作的分类

一般按照是否属于平面或立体结构,可将商标分为平面商标和立体(三维)商标。平面商标,大多数由文字、图形及其组合构成,即可分为文字商标、图形商标或者组合商标。

[小问题]: 请判别以下商标属于哪一种平面商标?

立体商标,一般是指在三维空间里以实体造型表现的商标。如可口可乐独特的流线型瓶身、“麦当劳”的金色拱门标志、派克金笔的专用笔托造型等。我国即将出现的“孔乙己”立体造型有望获得立体商标的注册。

国际上还存在如嗅觉商标、味觉商标、听觉商标等特殊商标。

3. 其他商标

在商标大家族中，还存在如集体商标、证明商标、等级商标、联合商标、防御商标等各种商标。集体商标，是指以团体、协会或者其他组织名义注册，供该组织成员在商事活动中使用，以表明使用者在该组织中的成员资格。证明商标，是指由对某种商品或者服务具有监督能力的组织所控制，而由该组织以外的单位或者个人使用于其商品或者服务，用以证明该商品或者服务的原产地、原料、制造方法、质量或者其他特定品质的标志。例如，由“娃哈哈”、“哈娃娃”、“娃哈娃”等共同构成的商标群，就属于防御商标。其目的在于抵御外来的不法侵害，确保知名商标的纯洁度以及维护其商品的市场信誉。

在现实生活中，除了解商标的各种分类外，我们还要注意将商标与商品装潢、商号、原产地名称及商务标语区别开来。

三、商标保护的历史发展

商标是随着商品交换的发展而出现、并随着商品经济发展不断完善的一种历史产物。在欧洲，对商标的保护源于对中世纪行会的保护，而将商标作为一种私有财产来加以承认与保护，并使之成为一种专门的法律制度，却正式开始于资本主义时期。所以说，19 世纪以后，现代商标已经成为一种独特的工业产权。

我们可以从近代商标制度的建立、商标在我国的起源以及我国的商标保护立法这三个方面对商标保护的历史发展作一简要了解。

1. 世界上近代商标制度的确立与发展

● 1803 年，法国颁布了《关于工厂、制造厂和作坊的法律》，这是世界上最早的商标制度的雏形；

● 1804 年，《法国民法典》首次肯定了商标作为无形财产应该享有法律保护，开创了近代商标保护制度；

● 1857 年，法国制定的《关于以使用原则和不审查原则为内容的制造标记和商标的法律》，成为世界上第一部全国统一的商标法；

● 1883 年缔结的《保护工业产权巴黎公约》，首次将商标纳入多边工业产权的国际保护范围。

自此以后，世界各国均逐步建立起自己的商标保护制度，商标法作为知识产权法律的有机组成，对商品经济的繁荣稳定与健康发展的独特作用已越来越受到国际社会的关注和认可。

2. 商标的起源——从“白兔”标识说起

商标是商品的附属物。我国现存最早、也较为完整的商标，是北宋时期山东刘家功夫针铺所用的“白兔”商标，其中心图案是一只白兔，旁刻“济南刘家功夫针铺，认门前白兔儿为记”，图形下方还有文字：“收买上等钢条，造功夫细针，不误宅院使用。客转与贩，别有加饶，请记白”。

3. 中国商标制度的沿革与发展

● 1904 年清政府颁布的《商标注册试办章程》，是我国历史上第一部商标法规；

● 1982 年 8 月 23 日，第五届全国人大常委会第 24 次会议通过了《中华人民共和国商标法》；

● 1993—2001 年我国先后两次对《商标法》进一步予以修改和完善。

我国目前已建立起与国际接轨的商标法律保护制度，现行的《商标法》以及相关法律、法规在总体上顺应了加入世贸组织对我国的商标法制建设提出的目标与要求。

四、商标法与知识产权法律保护

1. 商标法的概念

一般来说，商标法是指一个国家或地区有关商标专用权法律保护以及商标注册、使用、管理等各项活动的法律规范的总称。它既可以通过制定专门法典如《商标法》的方式进行，也可以通过综合性的立法保护方式进行。从世界各国的立法情况看，制定单一、专门的《商标法》来保护商标制度，已成为一种立法主流趋势。

2. 商标法与知识产权法律保护

21 世纪的社会是知识经济为主导形态的社会。以尊重和保护人类智力劳动成果为根本目标的知识产权法，将为推动知识经济社会的全面进步提供法律的充分保障。众所周知，知识产权法，主要由专利法、商标法、著作权法这三大部分构成，伴随着信息、网络等新技术革命的崛起，知识产权法的覆盖范围已涉及如商业秘密、地理标志、反不正当竞争等各个领域。

商标作为知识产权的重要组成部分，具有知识产权所共有的特性。商标是一种无形财产权，是一种特殊的民事权利，它具有四种法律特征，即法律确认性、专有性、地域性及时效性。同时，商标法也是知识产权法的重要组成内容。通过对商标活动的规范管理、对商标权利人的法律保护，商标法对于促进有形商品的交换、流通与消费，以及商品服务市场的健康发展，特别是日益互动的国际商贸交流起到了越来越重要的作用。

可以这样说，如果没有健全的商标制度，如果没有完善的商标法律保护体系，一个国家的知识产权法律制度将是缺损的并无法投入正常运作，由此，市场经济公平竞争的法制环境也难以建立。所以说，无论对于商品经济的生产者、经营者或服务提供者，还是对于消费者来说，离开了商标法以及知识产权法律的全面、综合保护，我们都将一事无成，合法权利的享用与维护也都将成为无稽之谈。

第二节　我国《商标法》的主要内容

一、关于我国《商标法》制定及修改的基本情况

我国现行的《商标法》是于 1982 年 8 月 23 日由第 5 届全国人大常委会第 24 次会议制定通过、自 1983 年 3 月 1 日起正式实施的，它又于 1993 年 2 月和 2001 年 10 月经过两次重大修改。

1982 年的《商标法》，是我国步入市场经济体制后制定的第一部知识产权法。它以保护商标权为核心，大量采用了国际通行做法，对商标注册申请、审查和核准，注册商标的续展、转让和许可使用，注册商标争议的裁定，商标使用的管理，商标专用权的保护等均作出了详细的规定。在当时极大地促进了知识产权的法律保护。

1993 年 2 月 22 日由第 7 届全国人大常委会第 30 次会议通过的《商标法》修正案，对商标法作了六个方面的重大修改。其内容包括：(1) 将服务商标纳入法律保护范围；(2) 增加规定不得以地名作为商标；(3) 增加对商标使用许可的要求；(4) 简化了商标注册的申请手续；(5) 增加撤消注册不当商标的规定；(6) 扩大商标侵权行为的范围，加大惩治商标侵权行为的力度。

2001 年 10 月 27 日，第 9 届全国人大常委会第 24 次会议审议通过了新修订的《中华人民共和国商标法》，并于 2001 年 12 月 1 日起开始实施。这次修改主要为适应我国加入世贸组织的要求，以实现和《与贸易有关的知识产权的协议》的完全接轨。这次修改的内容主要体现在以下四大方面：(1) 扩大了商标权的主体。不仅自然人可以申请商标注册，而且商标权可以共有(即两个或两个以上的自然人、法人和其他民事权利主体可以就同一商标共同提出申请)。(2) 完善

了对商标权客体的规定。首先,立体商标注册被认可;其次,明确了对驰名商标、集体商标、证明商标的保护;最后,增加地理标志的规定。(3) 加大了对商标侵权的保护力度。新法赋予工商部门查处商标案件更大的权利;恶意抢注商标的行为将被禁止;因造假而给商标权利人造成损失的,法院最高可以判罚 50 万元的赔偿。(4) 明确商标争议的司法终审程序。原来商标争议的终局决定只能由商标评审委员会作出,而通过增加司法审查程序,在完善我国商标法律保护方面迈出了实质性的一步。

新《商标法》还对商标注册与在先权利冲突等问题作出明确规定。

总之,最新修改的《商标法》具有两大特点:一是对商标权的确立更为公正、合理;二是对商标权的保护更为充分、有效。

二、我国《商标法》的主要规定

1. 注册商标专用权

《商标法》第 3 条规定:"经商标局核准注册的商标为注册商标,包括商品商标、服务商标和集体商标、证明商标;商标注册人享有商标专用权,受法律保护。"由此可知,商标注册人享有的商标专用权是我国《商标法》保护的重点内容。

根据我国《商标法》的有关规定,商标权,也可以称为商标专用权,是指商标注册人对其注册商标所享有的权利。

这种权利主要是包括四项内容,即专用权、禁止权、转让权及许可使用权。

(1) 专用权:是指商标注册人对其注册商标所享有的独占使用的权利。

(2) 禁止权:是指商标注册人所享有的禁止他人擅自使用与其注册商标相混同的商标的权利。

(3) 转让权:是指商标注册人所享有的将其注册商标所有权转让给他人的权利。

(4) 许可使用权:是指商标注册人享有的以一定的方式和条件许可他人使用其注册商标并获得收益的权利。

对注册商标专用权加以保护的意义在于,它可以促使经营者、消费者、社会三者之间利益保持平衡,从而有助于保障良好的市场秩序,促进社会经济的发展。

2. 商标注册的原则和条件

(1) 商标注册的原则。

目前世界上关于商标权取得的原则,主要规定有三种情形,即使用原则、注册原则和混合原则。我国目前实行的是"申请在先"的取得原则。即谁先申请,谁先取得。

我国目前的商标注册，采取了自愿注册与强制注册相结合的原则。根据《商标法》第6条规定："国家规定必须使用注册商标的商品，必须申请商标注册，未经核准注册的，不得在市场销售。"换言之，对于如人用药品以及烟草制品，必须强制注册，否则构成违法。

(2) 商标注册的条件。

由于新《商标法》已经扩大了商标注册申请人的范围，事实上，现在任何工商主体，包括个人，都可成为合法的商标注册申请人。

申请注册的商标必须具有法定的条件，如商标必须具备法定的构成要素，且应具备显著性，便于识别，并不得与他人在先取得的合法权利相冲突。

我国现行商标法将商标注册禁用的标志，分为"不得作为商标使用"、"不得作为商标注册"，以及有关立体商标注册、驰名商标保护等方面的限制规定。

"不得作为商标使用"的标志有：

① 同中华人民共和国的国家名称、国旗、国徽、军旗、勋章相同或者近似的，以及同中央国家机关所在地特定地点的名称或者标志性建筑物的名称、图形相同的；

② 同外国的国家名称、国旗、国徽、军旗相同或者近似的，但该国政府同意的除外；

③ 同政府间国际组织的名称、旗帜、徽记相同或者近似的，但经该组织同意或者不易误导公众的除外；

④ 与表明实施控制、予以保证的官方标志、检验印记相同或者近似的，但经授权的除外；

⑤ 同"红十字"、"红新月"的名称、标志相同或者近似的；

⑥ 带有民族歧视性的(如"印第安人"牌卫生洁具)；

⑦ 夸大宣传并带有欺骗性的(如"康健"牌香烟)；

⑧ 有害于社会主义道德风尚或者有其他不良影响的(如地主、天皇、二奶、春宫、福尔摩萨①)。

"不得作为商标注册"的标志有：

① 仅有本商品的通用名称、图形、型号的(如"单车"牌自行车)；

② 仅仅直接表示商品的质量、主要原料、功能、用途、重量、数量及其他特点的(如"满罐"牌八宝粥)；

③ 缺乏显著特征的。

---

① 福尔摩萨，即 FORMOSA，是旧时荷兰殖民主义者对我国台湾的称谓。

关于立体商标注册,法律的限制是,“仅由商品自身的性质产生的形状、为获得技术效果而须有的商品形状或者使商品具有实质性价值的形状,不得注册”。如通用的啤酒瓶形状的东西就不可以去注册立体商标。

《商标法》给予了驰名商标极大的保护,任何有损于驰名商标或可能对驰名商标造成潜在危害的做法都将不为法律所允许。例如,谁也无法注册得到“麦当劳”牌瓷砖或“海尔”牌箱包。

3. 商标注册的审查和核准

《商标法》第 2 条规定:“国务院工商行政管理部门商标局主管全国商标注册和管理的工作;国务院工商行政管理部门设立商标评审委员会,负责处理商标争议事宜。”

一般情况下,对初步审定的商标,自公告之日起 3 个月内,任何人均可以提出异议。无异议或者经裁定异议不成立的,给予核准注册,发给商标注册证,并予公告;经裁定异议成立的,不予核准注册。

对商标局异议裁定不服的,可以在规定时间内(15 天)向商标评审委员会申请复审,商标评审委员会作出决定,并书面通知申请人。

当事人对商标评审委员会的决定或裁定不服的,可以自收到通知之日起 30 日内向人民法院起诉。

申请注册的商标经核准注册后,即成为注册商标,受到法律保护,商标注册人对该商标享有专用权。

4. 商标的续展、转让和使用许可

《商标法》第 37 条规定:“注册商标的有效期为 10 年,自核准注册之日起计算。”

根据法律规定,商标可以续展,即延长其法律保护期。商标权人如果未按法律规定办理续展,则其注册商标将被注销。依照法律规定,商标权人还可以通过签订转让协议转让其注册商标,或者通过签订商标使用许可合同,许可他人使用其注册商标。但一切都须依法进行。

5. 注册商标争议的裁定

我国《商标法》第 5 章专门就注册商标争议的裁定作出规定。对于不当注册或恶意注册取得的商标,依法可以予以撤消。有关规定详见《商标法》第 41～43 条规定。

6. 商标使用的管理

对于违反法律规定使用注册商标的行为,商标局可视情况责令限期改正或者撤销商标权人的注册商标。例如,《商标法》第 44 条就列出了以下情形:“自行改变注册商标的;自行改变注册商标的注册人名义、地址或者其他注册事项的;自行转让注册商标的;连续三年停止使用的。"

7. 注册商标专用权的保护

《商标法》第52条列出了以下五种侵犯商标专用权的情形:

(1) 未经商标注册人的许可,在同一种商品或者类似商品上使用与其注册商标相同或者近似的商标的;

(2) 销售侵犯注册商标专用权的商品的;

(3) 伪造、擅自制造他人注册商标标识或者销售伪造、擅自制造的注册商标标识的;

(4) 未经商标注册人同意,更换其注册商标并将该更换商标的商品又投入市场的;

(5) 给他人的注册商标专用权造成其他损害的。

第四种情形属于新增加的"反向假冒"行为。比如,某人买来他人的商品后,撤下他人的注册商标换上自己的注册商标再在市场上出售,也属于商标侵权行为。

新《商标法》对商标专用权规定了行政保护与司法保护两种途径、多种手段的法律保障措施。

(1) 关于对侵权的认定:在对商标侵权行为的界定上,取消了主观过错的构成要件,即只要有侵权事实和证据,均属侵权;

(2) 关于行政保护:在执法措施上,为工商行政管理机关查处商标侵权行为增加了查封、扣押手段。在对商标侵权人的惩处上,增加了没收措施,扩大了销毁措施的适用范围,明确规定了构成犯罪的三种侵权行为;

(3) 关于司法保护:在对被侵权人的民事赔偿上,商标侵权人不仅要赔偿被侵权人所蒙受的经济损失,而且要赔偿被侵权人为制止侵权行为所付出的合理费用,如合理的调查费、律师费等。此外,新《商标法》还规定商标专用权人和利害关系人可以采取在起诉前申请财产保全、证据保全等救济措施。

为使商标保护制度落到实处,新《商标法》还对从事商标工作的国家工作人员明确提出了忠于职守、廉洁勤政的要求。

本章小结

本章从法律对商业组织所从事的商业活动进行规范的角度介绍了几个基本的商业方面的法律。商业组织的行为是否规范,是商业组织能否达到设立商业组织的营利目的的基本前提。如果商业组织在商业活动中违反了有关法律的规定,其所获得的非法收益会因为组织的违法而被有关机关依法没收,如果情节严重,该商业组织还可能被依法吊销，有关人员也可能承担相应的刑事责任。因此，作为一个以营利为目的的商业组织应该遵守有关的法律规定，知道自己的行为是否受法律保护，自己的权利是否被他人侵害，并利用法律保护自己的利益。

本章思考题

1. 如果两个申请人同月、同日、同时提出同一个商标注册申请，那该怎么办？

2. 如果某人画了一幅画，比如说“武松打虎”，如果别人想将此用作自己的商标来注册，会产生什么法律问题吗？

思考题解答

1. 答：《商标法》第29条规定：“两个或者两个以上的商标注册申请人，在同一种商品或者类似商品上，以相同或者近似的商标申请注册的，初步审定并公告申请在先的商标；同一天申请的，初步审定并公告使用在先的商标，驳回其他人的申请，不予公告。”

如果两个或者两个以上的商标注册申请人，在同一种商品或者类似商品上，以相同或者近似的商标申请注册，并且双方的申请文件又在同一天提交商标局，则实行最先使用者取得商标注册的原则。这种“使用”，可以指将商标用于商品、商品包装或者容器以及商品交易书上，也可以指将商品用于广告宣传、展览以及其他业务活动中。之所以作宽泛的解释，其本质还在于更好地保护商标权。

2. 答：根据前面提到的新《商标法》第31条“申请商标注册不得损害他人现有的在先权利”的规定，如想将别人已经享有著作权的作品轻易地占为已有，那肯定要侵害他人的“在先权利”，并可能因此引起法律麻烦。所以，最好的办法是征得在先权利人的同意，如“武松打虎”一画的作者，然后视商议情况而定。

案例与点评

案例一

有电视机生产厂家甲厂与乙厂。甲厂生产的“菊花”牌电视机，因其质量优良、价格适中、售后服务好，深受广大用户欢迎。后该厂的一名技术人员受聘于邻省一家生产“中意”牌电视机的工厂，担任了乙厂的技术副厂长，为扭转乙厂亏损落后的生产局面，乙厂一方面在技术上加大力度进行革新改造；另一方面希望通过改变产品名称打开销路。当得知甲厂的商标还未注册的情况下，便向商标局申请注册了“菊花”牌商标。此后，产品销路大有好转。甲厂得知这一情况后，以该品牌是自己首先创出，先使用为由，要求乙厂停止使用该商标。而乙厂则认为该商标自己已经注册，享有商标专用权，要求甲厂停止使用。为此，双方发生纠纷。试问：本案中谁是侵权人？

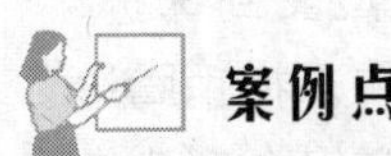

案例点评

本案需要解决的关键问题是：商标是先使用的受法律保护，还是先注册的受法律保护。本案中，甲厂是侵权人，侵犯了乙厂的商标专用权。理由如下：商标是用来区别不同商品生产者或经营者的商品或服务的一种标记，商标只有经过注册，商标权人才依法享有商标专用权。依据我国《商标法》的规定，我国采用自愿注册与强制注册相结合的原则，除人用药品和烟草制品必须使用注册商标外，其他商品的商标不注册亦可使用，但是只有注册商标才享有商标专用权，依法受《商标法》的保护。

本案中，甲厂虽然使用"菊花"牌商标在先，但未注册，所以不享有专用权，其他厂家亦可使用，而乙厂将其注册后，即取得了该商标的专用权，未经其同意，其他任何人不得使用该注册商标，否则即构成侵权。我国《商标法》第52条第1款规定：未经注册商标所有人的许可，在同一种商品或类似的商品上使用与其注册商标相同或近似的商标的，为侵犯商标权的行为。因此，在乙厂将"菊花"牌商标注册后，甲厂虽使用自己首创的品牌，也构成对乙厂注册商标专用权的侵犯，应依法承担法律责任。

结合新《商标法》第31条的规定："申请商标注册不得损害他人现有的在先权利，也不得以不正当手段抢先注册他人已经使用并有一定影响的商标"，我们必须注意到，如果甲厂原先使用的"菊花"牌构成了知名商标，如许多老字号、老招牌，它们虽未注册但在全国享有一定的声誉，那么通过新商标法的第31条规定，甲厂应该能赢回自己的牌子，而本案中的侵权人则变成了乙厂。

案例二

1992年3月，帅美西服厂以"大科大"三字作为商标文字予以注册，注册号为547742，用于本厂生产的西服产品。1993年5月腾达服装有限公司（以下简称腾达公司）以"大哥大"三字作为商标文字予以注册，注册号为586610，用于本公司生产的25类服装商品。帅美西服厂发觉后，即致函腾达公司，说明自己的商标已经注册，认为这两个商标构成了近似商标，要求对方停止使用。腾达公司则认为自己的商标也已注册，且与对方的商标并不相同，没有侵害帅美西服厂的商标权，因此置之不理。试问，帅美西服厂应该怎样保护自己的权益？

案例点评

本案涉及的问题是：同样是依法注册的商标，哪一个依法应受到保护？本案中，帅美西服厂可向国家商标局商标评审委员会提出申请，要求撤销腾达公司的注册商标。理由如下：这两个商标只有一字之差，且文字组合形式及发音有近似的特征，构成了近似商标，又使用了同一类商品，为充分保障企业及消费者的利益，依据《商标法》第 41 条第 3 款的规定，帅美西服厂可在腾达公司的商标核准注册之日起 5 年内，向国家商标局评审委员会申请裁定，以近似商标为由要求撤销腾达公司的商标。

在裁定作出之前，因两个商标均为注册商标，帅美西服厂不能要求腾达公司承担商标侵权的法律责任。裁定可能出现两个相反的结果：

1. 经商标评审委员会裁定撤销腾达公司的注册商标后，腾达公司不服，则可以自收到通知之日起 30 日内向人民法院起诉，帅美西服厂可按照商标裁定程序的第三人参加诉讼；

2. 经商标评审委员会裁定维持腾达公司的注册商标后，帅美西服厂不服，它同样可以按照法律规定程序向人民法院起诉，要求法律主持正义追究腾达公司商标侵权的法律责任。

换言之，根据新《商标法》的有关规定，商标评审委员会不再是商标争议的终局裁定机构，任何一方当事人都可以依法寻求司法保护。如果本案中腾达公司最终败诉，但它不履行法律判决、仍旧继续侵权的话，则法院将追究其应有的法律责任，如责令其向帅美西服厂作出一定赔偿等。

第九章 专利法律制度

您知道如何申请专利吗？授予专利权的条件是什么？专利权人有哪些权利和义务？专利法对专利权是怎样保护的？

本章需要掌握的主要内容有：

◆ 授予专利权的条件
◆ 专利的申请、审批和复审
◆ 专利实施的强制许可

第一节 专利、专利法以及专利权

一、专利、专利法和专利制度

（一）专利

“专利”一词来源于拉丁语 Litterae patentes，意为公开的信件或公共文献，是中世纪的君主用来颁布某种特权的证明，后来指英国国王亲自签署的独占权利证书。英语“Patent”一词包括了“垄断”和“公开”两个方面的意思，与现代法律意义上的专利基本特征是吻合的。从字面上讲，“专利”即是指专有的利益。值得注意的是，专利的两个最基本的特征就是“独占”与“公开”，以“公开”换取“独占”是专利制度最基本的核心，这分别代表了权利与义务的两面。“独占”是指法律授予技术发明人在一段时间内享有排他性的独占权利；“公开”是指技术发明人作为对法律授予其独占权的回报而将其技术公之于众,使社会公众可以通过正常渠道获得有关专利信息。

在我国,“专利”一词通常有三种含义:(1) 专利是专利权的简称,是指专利主管机关依法授予发明人、设计人或其他合法申请人在一定的期限内对某项发明创造享有的专有权;(2) 专利是指受专利权保护的发明创造,具体包括发明、实用新型和外观设计;(3) 专利是指专利证书,即专利主管机关发给专利权人的权利凭证。

(二) 专利法

专利法是确认发明人、设计人对其发明创造享有专用权,规定专利权人的权利和义务的法律规范的总称。

专利法所要调整和解决的问题有以下三个方面:一是有关发明创造专利权的归属问题,即此法的实质在于用法律形式确认发明创造成果是一种无形财产,并加以保护;二是发明创造的利用问题,即调整因发明例行成果的流转而产生的财产关系;三是对发明创造的保护问题,即通过法律手段保护发明创造的专利权。依照《中华人民共和国专利法》(以下简称《专利法》)的规定,根据专利侵权行为的性质和引起的后果,分别追究侵权行为人的行政责任、民事责任乃至刑事责任,以矫正侵权行为所引起的偏离法律模式(法律关系)的现象,并恢复专利权人被破坏了的权利。我国的《专利法》是1984年通过并颁布的,2008年12月27日第十一届全国人大常委会第六次会议决定对专利法作修改,并于2009年10月1日起施行。

(三) 专利制度

专利制度是专利法律制度的简称,是知识产权法律制度的重要组成部分之一,即国家通过制定、实施专利法鼓励发明创造,保护发明成果,促进科学技术进步的法律制度。专利制度的主要特征有以下四个方面:

(1) 法律保护。法律保护就是依据《专利法》授予发明创造以专利权。对授予专利权的发明创造,专利权人享有制造、使用和销售的独占实施权,未经专利权人许可,任何单位或个人不得实施该发明创造。否则,即构成专利侵权行为,应追究法律责任。专利制度正是通过这种法律保护形式,保障发明创造所有人的正当权益,激励人们发明创造的积极性,以促进科技进步、经济发展。

(2) 科学审查。所谓科学审查,就是对申请专利的发明、实用新型、外观设计,依法定条件进行审查,通过对发明创造进行新颖性、创造性、实用性的科学审查,使被授予专利权的发明创造保持应有的质量和先进水平。审查工作必须严格依据《专利法》及其实施细则、专利审查规程等规范进行。

(3) 公开通报。专利制度一是要通过法律保护发明创造专利权、"独占权";二是要依法将申请专利的发明创造的内容以专利说明书的形式公诸于世,公开通报;三是发挥技术情报信息的作用。它促使专利技术公开,推动科学技术迅速转化为生产力,加快科学技术和经济不断发展。

(4) 国际交流。技术作为一种"无形商品",不但可以在国内技术市场流通,而且很容易越过国界进入国际市场。所以,在国际经济技术交流中同样需要专利制度的保护。各国专利法只在本国范围内发生效力,而没有"域外效力",但在实行专利制度的国家之间,可以依照共同参加的国际条约或双边协定,或按照互惠原则,进行科技经济贸易的交流。

二、专利权的主体和客体

(一) 专利权的主体

专利权的主体是指可以申请并取得专利以及承担相应义务的单位和个人,享有专利权的单位和个人统称为专利权人。

1. 发明人或设计人

发明人或设计人,是指对发明创造的实质性特点作出了创造性贡献的人。在完成发明创造的过程中,只负责组织工作的人、为物质技术条件的利用提供方便的人或者从事其他辅助性工作的人,例如试验员、描图员、机械加工人员等,均不是发明人或设计人。其中,发明人是指发明的完成人,设计人是指实用新型或外观设计的完成人。发明人或设计人,只能是自然人,不能是单位、集体或课题组。

发明创造是智力劳动的结果。发明创造活动是一种事实行为,不受民事行为能力的限制,因此,无论从事发明创造的人是否具备完全民事行为能力,只要他完成了发明创造,就应认定为发明人或设计人。

发明人或者设计人包括:非职务发明创造的发明人或者设计人和职务发明创造的发明人或者设计人两类。

非职务发明创造,是指既不是执行本单位的任务,也没有主要利用单位提供的物质技术条件所完成的发明创造。对于非职务发明创造,申请专利的权利属于发明人或者设计人。发明人或者设计人对非职务发明创造申请专利,任何单位或者个人不得压制。申请被批准后,该发明人或者设计人为专利权人。如果一项非职务发明创造是由两个或两个以上的发明人、设计人共同完成的,则完成发明创造的人我们称之为共同发明人或共同设计人。共同发明创造的专利申请权和取得的专利权归全体共有人共同所有。

2. 发明人或设计人的单位

我国《专利法》规定，职务发明创造申请专利的权利属于该单位；申请被批准后，该单位为专利权人。所谓职务发明创造，是指执行本单位的任务或者主要是利用本单位的物质技术条件所完成的发明创造。这里所称的“单位”，包括各种所有制类型和性质的内资企业和在中国境内的中外合资经营企业、中外合作企业和外商独资企业；从劳动关系上讲，它既包括固定工作单位，也包括临时工作单位。

职务发明创造分为以下两类：

(1) 执行本单位的任务所完成的职务发明创造。这又包括三种情况：第一，在本职工作中作出的发明创造；第二，履行本单位交付的本职工作之外的任务所作出的发明创造；第三，劳动人事关系解除或者终止后 1 年内作出的，与其在原单位承担的本职工作或者原单位分配的任务有关的发明创造。

(2) 主要利用本单位的物质技术条件所完成的发明创造。“本单位的物质技术条件”是指本单位的资金、设备、零部件、原材料或者不对外公开的技术资料等。一般认为，如果在发明创造过程中，全部或者大部分利用了单位的资金、设备、零部件、原料以及不对外公开的技术资料，这种利用对发明创造的完成起着必不可少的决定性作用，就可以认定为主要利用本单位物质技术条件。如果仅仅是少量利用了本单位的物质技术条件，且这种物质条件的利用，对发明创造的完成无关紧要，则不能因此认定是职务发明创造。对于利用本单位的物质技术条件所完成的发明创造，如果单位与发明人或者设计人订有合同，对申请专利的权利和专利权的归属作出约定的，从其约定。

职务发明创造的专利申请权和取得的专利权归发明人或设计人所在的单位所有。发明人或设计人享有署名权和获得奖金、报酬的权利，即发明人和设计人有权在专利申请文件及有关专利文献中写明自己是发明人或设计人。被授予专利权的单位应当按规定向对职务发明创造的发明人或者设计人发给奖金；在发明创造专利实施后，单位应根据其推广应用的范围和取得的经济效益，对发明人或者设计人给予合理的报酬。发明人或设计人的署名权可以通过书面声明放弃。

3. 受让人

受让人是指通过合同或继承而依法取得专利权的单位或个人。专利申请权和专利权可以转让。专利申请权转让之后，如果获得了专利，那么受让人就是该专利权的主体；专利权转让后，受让人成为该专利权的新主体。

两个以上单位或者个人合作完成的发明创造、一个单位或者个人接受其他单位或者个人委托所完成的发明创造，如果双方约定发明创造的申请专利权归委托方，从其约定，申请被批准后，申请的单位或者个人为专利权人；如果单位或者个人之间没有协议，构成委托开发的，申请专利权以及取得的专利权归受托人，但委托人可以免费实施该专利技术。

继受了专利申请权或专利权之后，受让人并不因此而成为发明人、设计人，该发明创造的发明人、设计人也不因发明创造的专利申请权或专利权转让而丧失其特定的人身权利。

4. 外国人

外国人包括具有外国国籍的自然人和法人。在中国有经常居所或者营业所的外国人，享有与中国公民或单位同等的专利申请权和专利权。在中国没有经常居所或者营业所的外国人、外国企业或者外国其他组织在中国申请专利的，依照其所属国同中国签订的协议或者共同参加的国际条约，或者依照互惠原则，可以申请专利，但应当委托国务院专利行政部门指定的专利代理机构办理。

（二）专利权的客体

专利权的客体是指专利权主体的权利和义务所指向的对象，即依法可以取得专利权的发明创造。专利权的客体有发明、实用新型和外观设计三种。

1. 发明

发明，是指对产品、方法或者其改进所提出的新的技术方案。发明必须是一种技术方案，是发明人将自然规律在特定技术领域进行运用和结合的结果，而不是自然规律本身，因而科学发现不属于发明范畴。同时，发明通常是自然科学领域的智力成果，文学、艺术和社会科学领域的成果不能构成《专利法》意义上的发明。

2. 实用新型

实用新型是指对产品的形状、构造或者其结合所提出的适于实用的新的技术方案。实用新型专利只保护产品，该产品应当是经过工业方法制造的、占据一定空间的实体。一切有关方法(包括产品的用途)以及未经人工制造的自然存在的物品不属于实用新型专利的保护客体。上述方法包括产品的制造方法、使用方法、通讯方法、处理方法、计算机程序以及将产品用于特定用途等。

3. 外观设计

外观设计又被称为工业产品外观设计，是指对产品的形状、图案或者其结合以及色彩与形状、图案相结合所作出的富有美感并适于工业上应用的新设计。外观设计的载体必须是产品。产品，是指任何用工业方法生产出来的物品。不能重复生产的手工艺品、农产品、畜产品、自然物不能作为外观设计的载体。通常，产品的色彩不能独立构成外观设计，除非产品色彩变化的本身已形成一种图案。可以构成外观设计的组合有：产品的形状，产品的图案，产品的形状和图案，产品的形状和色彩，产品的图案和色彩，产品的形状、图案和色彩。

4.《专利法》不予保护的对象

《专利法》规定不予保护的专利权客体主要有以下七种。

(1) 违反法律、社会公德或妨害公共利益的发明创造。国家法律,是指由全国人民代表大会或者全国人民代表大会常务委员会依照立法程序制定和颁布的法律,它不包括行政法规和规章。发明创造本身的目的与国家法律相违背的,不能被授予专利权。例如,用于赌博的设备、机器或工具,吸毒的器具等不能被授予专利权。发明创造本身的目的并没有违反国家法律,但是由于被滥用而违反国家法律的,则不属此列。

(2) 科学发现。它是指对自然界中客观存在的现象、变化过程及其特性和规律的揭示。科学理论是对自然界认识的总结,是更为广义的发现。它们都属于人们认识的延伸。这些被认识的物质、现象、过程、特性和规律不同于改造客观世界的技术方案,不是专利法意义上的发明创造,因此不能被授予专利权。

(3) 智力活动的规则和方法。智力活动,是指人的思维运动,它源于人的思维,经过推理、分析和判断产生出抽象的结果,或者必须经过人的思维运动作为媒介才能间接地作用于自然产生结果,它仅是指导人们对信息进行思维、识别、判断和记忆的规则和方法,由于其没有采用技术手段或者利用自然法则,也未解决技术问题和产生技术效果,因而不构成技术方案。例如,交通行车规则、各种语言的语法、速算法或口诀、心理测验方法、各种游戏或娱乐的规则和方法、乐谱、食谱、棋谱、计算机程序本身等。

(4) 疾病的诊断和治疗方法。它是以有生命的人或者动物为直接实施对象,进行识别、确定或消除病因、病灶的过程。将疾病的诊断和治疗方法排除在专利保护范围之列,是出于人道主义的考虑和社会伦理的原因,医生在诊断和治疗过程中应当有选择各种方法和条件的自由。另外,这类方法直接以有生命的人体或动物体为实施对象,理论上被认为不属于产业,无法在产业上利用,不属于《专利法》意义上的发明创造。例如,诊脉法、心理疗法、按摩、为预防疾病而实施的各种免疫方法、以治疗为目的的整容或减肥等。但是药品或医疗器械可以申请专利。

(5) 动物和植物品种。但是对于动物和植物品种的生产方法,可以依照本法规定授予专利权。

(6) 用原子核变换方法获得的物质。

(7) 对平面印刷品的图案、色彩或者两者的结合作出的主要起标识作用的设计。

三、授予专利权的条件

授予专利权的发明和实用新型,应当具备新颖性、创造性和实用性。授予专利的外观设计应当具备新颖性。

新颖性,是指该发明或者实用新型不属于现有技术,也没有任何单位或者个人就同样的发明或者实用新型在申请日以前向国务院专利行政部门提出过申请,并记载在申请日以后公布的专利申请文件或者公告的专利文件中。申请专利的发明创造在申请日以前6个月内,有下列情形之一的,不丧失新颖性:(1)在中国政府主办或者承认的国际展览会上首次展出的;(2)在规定的学术会议或者技术会议上首次发表的;(3)他人未经申请人同意而泄露其内容的。

创造性,是指与现有技术相比,该发明具有突出的实质性特点和显著的进步,该实用新型具有实质性特点和进步。

实用性,是指该发明或者实用新型能够制造或者使用,并且能够产生积极效果。

申请专利的发明创造涉及国家安全或者重大利益需要保密的,按照国家有关规定办理。对违反国家法律、社会公德或者妨害公共利益的发明创造,不授予专利权。对违反法律、行政法规的规定获取或者利用遗传资源,并依赖该遗传资源完成的发明创造,不授予专利权。

授予专利权的外观设计,应当不属于现有设计,也没有任何单位或者个人就同样的外观设计在申请日以前向国务院专利行政部门提出过申请,并记载在申请日以后公告的专利文件中。授予专利权的外观设计与现有设计或者现有设计特征的组合相比,应当具有明显区别。授予专利权的外观设计不得与他人在申请日以前已经取得的合法权利相冲突。前述所称现有设计,是指申请日以前在国内外为公众所知的设计。

第二节　专利的申请、审批和复审

一、专利申请和专利申请文件

申请发明或者实用新型专利的,应当提交请求书、说明书及其摘要和权利要求书等文件。请求书应当写明发明或者实用新型的名称,发明人的姓名,申请人姓名或者名称、地址,以及其他事项。说明书应当对发明或者实用新型作出清楚、完整的说明,以所属技术领域的技术人员能够实现为准;必要的时候,应当有附图。摘要应当简要说明发明或者实用新型的技术要点。权利要求书应当以说明书为依据,清楚、简要地限定要求专利保护的范围。依赖遗传资源完成的发明创造,申请人应当在专利申请文件中说明该遗传资源的直接来源和原始来源;申请人无法说明原始来源的,应当陈述理由。

发明或者实用新型专利申请的说明书应当写明发明或者实用新型的名称,该名称应当与请求书中的名称一致。说明书应当包括下列内容:(1) 技术领域,即写明要求保护的技术方案所属的技术领域;(2) 背景技术,即写明对发明或者实用新型的理解、检索、审查有用的背景技术,有可能的,并引证反映这些背景技术的文件;(3) 发明创造内容,即写明发明或者实用新型所要解决的技术问题以及解决其技术问题采用的技术方案,并对照现有技术写明发明或者实用新型的有益效果;(4) 附图说明,即说明书有附图的,对各幅附图作简略说明;(5) 具体实施方式,即详细写明申请人认为实现发明或者实用新型的优选方式,必要时,举例说明,有附图的,对照附图进行说明。

发明或者实用新型专利申请人应当按照前款规定的方式和顺序撰写说明书,并在说明书每一部分前面写明标题,除非其发明或者实用新型的性质用其他方式或者顺序撰写能节约说明书的篇幅,并使他人能够准确理解其发明或者实用新型。发明或者实用新型说明书应当用词规范、语句清楚,并不得使用"如权利要求……所述的……"一类的引用语,也不得使用商业性宣传用语。

申请外观设计专利的,应当提交请求书、该外观设计的图片或者照片以及对该外观设计的简要说明等文件。申请人提交的有关图片或者照片应当清楚地显示要求专利保护的产品的外观设计。申请外观设计专利的,必要时应当写明对外观设计的简要说明。外观设计的简要说明应当写明使用该外观设计的产品的设计要点、请求保护色彩、省略视图等情况。简要说明不得使用商业性宣传用语,也不能用来说明产品的性能。

申请人可以在被授予专利权之前随时撤回其专利申请。申请人可以对其专利申请文件进行修改,但是,对发明和实用新型专利申请文件的修改不得超出原说明书和权利要求书记载的范围,对外观设计专利申请文件的修改不得超出原图片或者照片表示的范围。

二、专利申请的原则

专利申请的原则主要有三个:先申请原则、一项发明一件专利原则和优先权原则。

1. 先申请原则

《专利法》规定,两个以上的申请人分别就同样的发明创造申请专利的,专利权授予最先申请的人。也就是说,对于一项发明创造同日申请专利的,有关申请人可自行协商确定谁是申请人,或由一方将申请权转让给其他方,并从中得到适当的补偿。如果双方协商不成的，专利局将驳回所有申请人的申请。

国务院专利行政部门收到专利申请文件之日为申请日。如果申请文件是邮寄的，以寄出的邮戳日为申请日。

2. 一项发明一件专利原则

一件发明或者实用新型专利申请应当限于一项发明或者实用新型。属于一个总的发明构思的两项以上的发明或者实用新型，可以作为一件申请提出。可以作为一件专利申请提出的属于一个总的发明构思的两项以上的发明或者实用新型，应当在技术上相互关联，包含一个或者多个相同或者相近的特定技术特征。其中，特定技术特征是指每一项发明或者实用新型作为整体，对现有技术作出贡献的技术特征。

一件外观设计专利申请应当限于一项外观设计。同一产品两项以上的相似外观设计，或者用于同一类别并且成套出售或者使用的产品的两项以上外观设计，可以作为一件申请提出。前款所称同一产品的多项相似外观设计，是指对所属领域的设计人员而言，该外观设计专利申请中对同一产品的其他外观设计与简要说明中指定的基本外观设计相比无明显区别。每件外观设计专利申请中的相似外观设计不得超过 10 项。前款所称同一类别并且成套出售或者使用的产品的两项以上外观设计，是指各产品属于分类表中同一大类，习惯上同时出售或者同时使用，而且各产品的外观设计具有相同的设计构思。

3. 优先权原则

专利申请人就其发明创造自第一次提出专利申请后，在法定期限内，又就相同主题的发明创造提出专利申请的，以其第一次申请的日期为其申请日，这种权利称为优先权，此处所谓的法定期限，就是优先权期限。优先权可分为外国优先权和本国优先权。(1) 外国优先权。我国《专利法》规定，申请人自发明或实用新型在外国第一次提出专利申请之日起 12 个月内，或者自外观设计第一次提出专利申请之日起 6 个月内，又在中国就相同主题提出专利申请的，依照该外国同中国签订的协议或者共同参加的国际条约，或者依照相互承认优先权的原则，可以享有优先权。(2) 本国优先权。申请人自发明或实用新型在中国第一次提出专利申请之日起 12 个月内，又就相同主题提出专利申请的，可以享有优先权，这种在国内的申请优先权即本国优先权。本国优先权不包括外观设计。申请人要求优先权的，应当在申请的时候提出书面声明，并且在 3 个月内提交第一次提出的专利申请文件的副本；未提出书面声明或者逾期未提交专利申请文件副本的，视为未要求优先权。

三、专利申请的审批

我国对发明专利申请采用早期公开，延迟审查制。具体包括这样四个步骤。

(1) 初步审查。初步审查也称形式审查,是指专利局对专利申请的形式条件进行的审查,如审查专利文件是否齐备,格式是否正确,申请的发明创造是否违反法律、社会公共利益,是否属于不授予专利权的范围等。

(2) 早期公开。国务院专利行政部门收到发明专利申请后,经初步审查认为符合专利法要求的,自申请日起满 18 个月,即行公布。国务院专利行政部门可以根据申请人的请求早日公布其申请。早期公开的内容包括申请人的姓名、地址、申请日期、说明书、摘要、权利要求书、申请号和国际专利分类等。

(3) 实质审查。实质审查是指专利局依法对申请专利的发明是否具有新颖性、创造性和实用性等实质条件进行的审查。实质审查是应申请人的要求而进行的。发明专利申请自申请日起 3 年内,国务院专利行政部门可以根据申请人随时提出的请求,对其申请进行实质审查;申请人无正当理由逾期不请求实质审查的,该申请即被视为撤回。国务院专利行政部门认为必要的时候,可以自行对发明专利申请进行实质审查。

发明专利的申请人请求实质审查的时候,应当提交在申请日前与其发明有关的参考资料。发明专利已经在外国提出过申请的,国务院专利行政部门可以要求申请人在指定期限内提交该国为审查其申请进行检索的资料或者审查结果的资料;无正当理由逾期不提交的,该申请即被视为撤回。

国务院专利行政部门对发明专利申请进行实质审查后,认为不符合《专利法》规定的,应当通知申请人,要求其在指定的期限内陈述意见,或者对其申请进行修改;无正当理由逾期不答复的,该申请即被视为撤回。发明专利申请经申请人陈述意见或者进行修改后,国务院专利行政部门仍然认为不符合《专利法》规定的,应当予以驳回。

(4) 授予发明专利权。发明专利申请经实质审查没有发现驳回理由的,由国务院专利行政部门作出授予发明专利权的决定,发给发明专利证书,同时予以登记和公告。发明专利权自公告之日起生效。

实用新型和外观设计专利申请经初步审查没有发现驳回理由的,由国务院专利行政部门作出授予实用新型专利权或者外观设计专利权的决定,发给相应的专利证书,同时予以登记和公告。实用新型专利权和外观设计专利权自公告之日起生效。

四、专利权的复审

国务院专利行政部门设立专利复审委员会。专利申请人对国务院专利行政部门驳回申请的决定不服的,可以自收到通知之日起 3 个月内,向专利复审委员会请求复审。专利复审委员会复审后,作出决定,并通知专利申请人。

专利申请人对专利复审委员会的复审决定不服的,可以自收到通知之日起 3 个月内向人民法院起诉。专利复审委员会对申请人、专利权人或者撤销专利权人关于实用新型和外观设计的复审请求所作出的决定为终局决定。

第三节　专利权人的权利与义务及专利权的相关规定

一、专利权人的权利与义务

(一) 专利权人的权利

根据《专利法》的规定,专利权人的权利主要有以下七项。

(1) 独占权。专利权人享有独自制造、使用和销售专利产品或使用专利方法的权利。《专利法》规定,发明和实用新型专利权被授予后,除本法另有规定的以外,任何单位或者个人未经专利权人许可,都不得实施其专利,即不得为生产经营目的制造、使用、许诺销售、销售、进口其专利产品,或者使用其专利方法以及使用、许诺销售、销售、进口依照该专利方法直接获得的产品。外观设计专利权被授予后,任何单位或者个人未经专利权人许可,都不得实施其专利,即不得为生产经营目的制造、销售、进口其外观设计专利产品。

(2) 许可权。专利权人有许可他人实施其专利并收取使用费的权利,但必须订立书面实施许可合同,被许可人无权允许合同规定以外的任何单位或个人实施该专利。专利权人与他人订立专利实施许可合同的,应当自合同生效之日起 3 个月内向国务院专利行政部门备案。未备案的,不得对抗善意第三人。

(3) 转让权。根据《专利法》规定,专利申请权和专利权可以转让。中国单位或者个人向外国人转让专利申请权或者专利权的,必须经国务院有关主管部门批准。转让专利申请权或者专利权的,当事人应当订立书面合同,并向国务院专利行政部门登记,由国务院专利行政部门予以公告。专利申请权或者专利权的转让自登记之日起生效。专利转让与许可他人实施专利的区别在于:转让是所有权的转移;对于许可而言,专利权人只允许被许可人得到使用专利的权利,专利的所有权并没有转移。

(4) 标记权。《专利法》规定,专利权人有权在其专利产品或者该产品的包装上标明专利标记和专利号。发明人或者设计人有在专利文件中写明自己是发明人或者设计人的权利。

(5) 获得奖励和报酬权。被授予专利权的单位应当对职务发明创造的发明人或者设计人给予奖励;发明创造专利实施后,根据其推广应用的范围和取得的经济效益,对发明人或者设计人给予合理的报酬。

(6) 请求法律保护的权利。《专利法》规定,未经专利权人许可实施其专利,即侵犯其专利权,引起纠纷的,由当事人协商解决;不愿协商或者协商不成的,专利权人或者利害关系人可以向人民法院起诉,也可以请求管理专利工作的部门处理。

(7) 放弃专利权的权利。专利权人有权以书面形式放弃其专利权。专利权人提出放弃专利权声明后,一经国务院专利行政部门登记和公告,其专利权即可终止。放弃专利权时需要注意: ① 在专利权由两个以上单位或个人共有时,必须经全体专利权人同意才能放弃; ② 专利权人在已经与他人签订了专利实施许可合同许可他人实施其专利的情况下,放弃专利权时应当事先得到被许可人的同意,并且还要根据合同的约定,赔偿被许可人由此造成的损失,否则专利权人不得随意放弃专利权。

(二) 专利权人的义务

专利权人的义务主要有: 在专利权获准前要缴纳专利申请、委托代理等费用;在授予专利权的有效期限内,专利权人有按期缴纳年费的义务;实施专利技术也是专利权人的一项重要义务。

二、专利权的期限、终止和无效

(一) 专利权的期限

发明专利权的期限为20年,实用新型专利权和外观设计专利权的期限为10年,均自申请日起计算。

(二) 专利权的终止

专利权终止,是指专利权因某种法律事实的发生而导致其效力消灭的情形。专利权的终止有以下两种情形:

(1) 因保护期限届满而终止。即专利因其保护期限届满而终止其效力。

(2) 专利权在保护期限届满前终止。这可能是因为: 第一,没有按照规定缴纳年费的;第二,专利权人以书面声明放弃其专利权的。

专利权在期限届满前终止的,由国务院专利行政部门在专利登记簿和专利公报上登记和公告。专利权终止日应为上一年度期满日。

(三) 专利权的无效

自国务院专利行政部门公告授予专利权之日起,任何单位或者个人认为该专利权的授予不符合《专利法》有关规定的,可以请求专利复审委员会宣告该专利权无效。专利复审委员会对宣告专利权无效的请求应当及时审查和作出决定,并通知请求人和专利权人。宣告专利权无效的决定,由国务院专利行政部门登记和公告。

对专利复审委员会宣告专利权无效或者维持专利权的决定不服的,可以自收到通知之日起 3 个月内向人民法院起诉。人民法院应当通知无效宣告请求程序的对方当事人作为第三人参加诉讼。

宣告无效的专利权视为自始即不存在。宣告专利权无效的决定,对在宣告专利权无效前人民法院作出并已执行的专利侵权的判决、调解书,已经履行或者强制执行的专利侵权纠纷处理决定,以及已经履行的专利实施许可合同和专利权转让合同,不具有追溯力。但是因专利权人的恶意给他人造成的损失,应当给予赔偿。

在前述情况下,专利权人或者专利权转让人不向被许可实施专利人或者专利权受让人返还专利使用费或者专利权转让费,明显违反公平原则,专利权人或者专利权转让人应当向被许可实施专利人或者专利权受让人返还全部或者部分专利使用费或者专利权转让费。

三、专利实施的强制许可

强制许可,是指在法定情形下,国务院专利行政部门可以不经专利权人的同意,直接允许强制许可申请人实施专利权人的发明或实用新型的行政措施。

强制许可的法定情形主要有以下四种:

(1) 有下列情形之一的,国务院专利行政部门根据具备实施条件的单位或者个人的申请,可以给予实施发明专利或者实用新型专利的强制许可: ① 专利权人自专利权被授予之日起满 3 年,且自提出专利申请之日起满 4 年,无正当理由未实施或者未充分实施其专利的; ② 专利权人行使专利权的行为被依法认定为垄断行为,为消除或者减少该行为对竞争产生的不利影响的。

(2) 在国家出现紧急状态或者非常情况时,或者为了公共利益的目的,国务院专利行政部门可以给予实施发明专利或者实用新型专利的强制许可。

(3) 为了公共健康目的,对取得专利权的药品,国务院专利行政部门可以给予制造并将其出口到符合中华人民共和国参加的有关国际条约规定的国家或者地区的强制许可。

(4) 一项取得专利权的发明或者实用新型比前一已经取得专利权的发明或者实用新型具有显著经济意义的重大技术进步,其实施又有赖于前一发明或者实用新型的实施的,国务院专利行政部门根据后一专利权人的申请,可以给予实施前一发明或者实用新型的强制许可。在此种情形下,国务院专利行政部门根据前一专利权人的申请,也可以给予实施后一发明或者实用新型的强制许可。

国务院专利行政部门作出的给予实施强制许可的决定,应当及时通知专利权人,并予以登记和公告。给予实施强制许可的决定,应当根据强制许可的理由规定实施的范围和时间。强制许可的理由消除并不再发生时,国务院专利行政部门应当根据专利权人的请求,经审查后作出终止实施强制许可的决定。

取得实施强制许可的单位或者个人不享有独占的实施权,并且无权允许他人实施。取得实施强制许可的单位或者个人应当付给专利权人合理的使用费,或者依照中华人民共和国参加的有关国际条约的规定处理使用费问题。付给使用费的,其数额由双方协商;双方不能达成协议的,由国务院专利行政部门裁决。专利权人对国务院专利行政部门关于实施强制许可的决定不服的,以及专利权人和取得实施强制许可的单位或者个人对国务院专利行政部门关于实施强制许可的使用费的裁决不服的,可以自收到通知之日起 3 个月内向人民法院起诉。

四、专利权的保护

(一) 专利权的保护范围和诉讼时效

专利权的保护范围是指发明、实用新型和外观设计专利权的法律效力所及的范围。专利权是一种无形财产权,由法律明确规定专利权的保护范围,划清专利侵权与非侵权的界限,既有利于依法充分保护专利权人的合法权益,又可以避免不适当地扩大专利保护的范围,损害专利权人以外的社会公众的利益。

《专利法》规定,发明或者实用新型专利权的保护范围以其权利要求的内容为准,说明书及附图可以用于解释权利要求。外观设计专利权的保护范围以表示在图片或者照片中的该外观设计专利产品为准,简要说明可以用于解释图片或者照片所表示的该产品的外观设计。

侵犯专利权的诉讼时效为 2 年,自专利权人或者利害关系人得知或者应当得知侵权行为之日起计算。发明专利申请公布后至专利权授予前使用该发明未支付适当使用费的,专利权人要求支付使用费的诉讼时效为 2 年,自专利权人得知或者应当得知他人使用其发明之日起计算,但是,专利权人于专利权授予之日前即已得知或者应当得知的,自专利权授予之日起计算。

(二) 侵犯专利权纠纷的解决途径和法律责任

1. 侵犯专利权纠纷的解决途径

在专利权的有效期限内,任何单位和个人未经专利权人许可而实施其专利,触犯其专利权的保护范围的,是专利侵权行为。侵犯专利权引起纠纷的,由当事人协商解决;不愿协商或者协商不成的,专利权人或者利害关系人可以向人民法院起诉,也可以请求管理专利工作的部门处理。管理专利工作的部门处理时,认定侵权行为成立的,可以责令侵权人立即停止侵权行为,当事人不服的,可以自收到处理通知之日起 15 日内依照《中华人民共和国行政诉讼法》向人民法院起诉;侵权人期满不起诉又不停止侵权行为的,管理专利工作的部门可以申请人民法院强制执行。进行处理的管理专利工作的部门应当事人的请求,可以就侵犯专利权的赔偿数额进行调解;调解不成的,当事人可以依照《中华人民共和国民事诉讼法》向人民法院起诉。

专利侵权纠纷涉及新产品制造方法的发明专利的,制造同样产品的单位或者个人应当提供其产品制造方法不同于专利方法的证明;涉及实用新型专利或者外观设计专利的,人民法院或者管理专利工作的部门可以要求专利权人或者利害关系人出具由国务院专利行政部门对相关实用新型或者外观设计进行检索、分析和评价后作出的专利权评价报告,作为审理、处理专利侵权纠纷的证据。专利权评价报告或实用新型检索报告的作出,有利于防止专利权人滥用权利性质并不稳定的实用新型或者外观设计专利权进行恶意诉讼。

2. 侵犯专利权的法律责任

违反《专利法》规定,具有下列情形之一的,分别给予行政处分、经济处分或追究其刑事责任:

(1) 假冒他人专利的,除依法承担民事责任外,由管理专利工作的部门责令改正并予公告,没收违法所得,可以并处违法所得 4 倍以下的罚款;没有违法所得的,可以处 20 万元以下的罚款;构成犯罪的,依法追究刑事责任。假冒他人专利情节严重,涉嫌构成犯罪的,管理专利工作的部门应当依法移送公安机关处理。

(2) 违反《专利法》规定向外国申请专利,泄露国家秘密的,由所在单位或者上级主管机关给予行政处分;构成犯罪的,依法追究刑事责任。

(3) 侵夺发明人或者设计人的非职务发明创造专利申请权和《专利法》规定的其他权益的,由所在单位或者上级主管机关给予行政处分。

(4) 管理专利工作的部门参与向社会推荐专利产品等经营活动的,由其上级机关或者监察机关责令改正，消除影响，有违法收入的予以没收；情节严重的，对直接负责的主管人员和其他直接责任人员依法给予行政处分。

(5) 从事专利管理工作的国家机关工作人员以及其他有关国家机关工作人员玩忽职守、滥用职权、徇私舞弊，构成犯罪的，依法追究刑事责任；尚不构成犯罪的，依法给予行政处分。

（三）不视为侵犯专利权的几种情况

《专利法》规定，以下几种情况不视为侵犯专利权：

(1) 专利产品或者依照专利方法直接获得的产品，由专利权人或者经其许可的单位、个人售出后，使用、许诺销售、销售、进口该产品的；

(2) 在专利申请日前已经制造相同产品、使用相同方法或者已经作好制造、使用的必要准备，并且仅在原有范围内继续制造、使用的；

(3) 临时通过中国领陆、领水、领空的外国运输工具，依照其所属国同中国签订的协议或者共同参加的国际条约，或者依照互惠原则，为运输工具自身需要而在其装置和设备中使用有关专利的；

(4) 专为科学研究和实验而使用有关专利的；

(5) 为提供行政审批所需要的信息，制造、使用、进口专利药品或者专利医疗器械的，以及专门为其制造、进口专利药品或者专利医疗器械的。

此外，在专利侵权纠纷中，被控侵权人有证据证明其实施的技术或者设计属于现有技术或者现有设计的，不构成侵犯专利权；为生产经营目的使用、许诺销售或者销售不知道是未经专利权人许可而制造并售出的专利产品，能证明其产品合法来源的，不承担赔偿责任。

本章小结

专利法律制度是知识产权法律制度的重要组成部分之一，即国家通过制定、实施专利法鼓励发明创造，保护发明成果，促进科学技术进步的法律制度。

授予专利权的发明和实用新型，应当具备新颖性、创造性和实用性。专利申请的原则主要有三个：先申请原则、一项发明一件专利原则和优先权原则。

专利权人的权利主要有独占权、许可权、转让权、标记权、获得奖励和报酬权、请求法律保护的权利以及放弃专利权的权利。专利权人的义务主要有：在专利权获准前要缴纳专利申请、委托代理等费用；在授予专利权的有效期限内，专利权人有按期缴纳年费的义务；实施专利技术也是专利权人的一项重要义务。

专利实施的强制许可，是指在法定情形下，国务院专利行政部门可以不经专利权人的同意，直接允许强制许可申请人实施专利权人的发明或实用新型的行政措施。

侵犯专利权引起纠纷的，由当事人协商解决；不愿协商或者协商不成的，专利权人或者利害关系人可以向人民法院起诉，也可以请求管理专利工作的部门处理。

本章思考题

1. 什么是专利代理？
2. 发明专利和实用新型专利有什么区别？

思考题解答

1. 答：当发明创造人不能按照专利局的规定办理专利申请等各种专利事项时，可以委托专利代理机构办理有关事项。专利代理，顾名思义是指由他人代为把当事人的创造发明向专利局申请专利或代为办理当事人其他专利事务。专利代理是一种委托代理，它是指专利代理机构受一方当事人的委托，委派具有专利代理人资格的，在专利局正式授权的专利代理机构中工作的人员作为委托代理人，在委托权限内以委托人的名义，按照专利法的规定向专利局办理专利申请或其他专利事务所进行的民事法律行为。专利代理人资格是经特定考核后取得的，任何其他机构和个人无权接受委托，不能从事专利代理工作。

专利代理机构可以承办专利咨询；代写专利申请文件；办理专利申请；请求实质审查或者复审等有关事务；请求撤销专利权、宣告专利权无效等有关事务；办理专利权的转让、解决专利申请权、专利权归属纠纷等事务。

2. 答：发明是指对产品、方法或者其改进所提出的新技术方案。实用新型是指对产品的形状、构造或者其结合所提出的适于实用的新的技术方案。两者的主要区别在于：

(1) 实用新型所包含的范围小于发明。发明专利保护一切先进且实用的新技术方案，发明可以是产品发明、方法发明，还可以是改进发明。实用新型专利权的范围要窄得多，它仅限于产品的形状、构成或者其组合所提出的实用的新的技术方案，不保护无一定形状的物品及方法。

(2) 发明的创造性程度要高于实用新型。实用新型要求具有“实质性特点和进步”，发明专利则要求“突出的实质性特点和显著的进步”。

(3) 实用新型专利的审批过程比发明专利简单。实用新型专利仅通过专利局的初步审查，而发明专利则须通过实质审查。所谓初步审查是专利局对专利申请文件是否符合专利法及其实施细则规定的形式要求进行审查；实质审查主要指对发明创造的新颖性、创造性、实用性进行审查。

(4) 保护期限不同。发明专利为 20 年,实用新型为 10 年。

案例与点评

案例一

郭某于 2002 年 4 月 10 日获得了名称为"一种组合拼板"的实用新型专利权,随后开始建厂实施该专利,专利产品的名称为"欢乐插板"。一年后,郭某发现儿童文化用品商店在销售一种由 A 公司生产的"欢乐童年"插板,除包装和产品名称略有区别外,与郭某的"欢乐插板"完全一致,郭某遂以侵犯专利权为由将儿童文化用品商店和 A 公司告上法庭。儿童文化用品商店辩称不知道其销售的"欢乐童年"插板是侵权产品,并且是经合法渠道从 A 公司进货的,该产品的包装上也标有 A 公司的名称和地址,故不构成侵权。

试分析:

1. 儿童文化用品商店是否侵犯了郭某的专利权?为什么?应承担什么责任?
2. A 公司的行为是否侵犯了郭某的专利权?应承担什么责任?

案例点评

1. 儿童文化用品商店侵犯了郭某的专利权。依《专利法》第 11 条规定:发明和实用新型专利权被授予后,除本法另有规定的以外,任何单位或者个人未经专利权人许可,都不得实施其专利,即不得为生产经营目的制造、使用、许诺销售、销售、进口其专利产品,或者使用其专利方法以及使用、许诺销售、销售、进口依照该专利方法直接获得的产品。儿童文化用品商店未经郭某同意,实施了销售专利产品的行为,构成侵权。但是根据《专利法》第 70 条规定,为生产经营目的使用、许诺销售或者销售不知道是未经专利权人许可而制造并售出的专利侵权产品,能证明该产品合法来源的,不承担赔偿责任。所以,儿童用品商店不承担赔偿责任,仅承担停止销售的责任。

2. A 公司的行为构成对郭某专利的制造权的侵害,属于直接侵权行为,应承担停止制造、消除影响、赔偿专利权人的损失等民事责任。

案例二

A 公司未经许可擅自使用 B 公司专利技术生产并销售了变频家用空调 5 000 台,C 家电销售公司在明知 A 公司侵犯 B 公司专利的情况下,从 A 公司进货 2 000

台，并且已经销售出 1 600 台。D 宾馆在不知 A 公司侵犯 B 公司专利权的情况下也从 A 公司购入 200 台并且已经安装使用。B 公司发现 A 公司、C 公司和 D 宾馆上述情况。

问题：

1. A 公司的生产、销售行为是否侵权，是否应当承担相应的赔偿责任？

2. C 公司的销售行为是否侵权，是否可以继续销售库存的 400 台？

3. D 宾馆的使用行为是否侵权，是否可以继续使用这 200 台空调？

案例点评

1. A 公司的行为构成侵权，需要承担赔偿责任。因为其未经许可使用 B 公司专利技术并销售了侵权产品。

2. C 公司的销售行为构成侵权，需要承担赔偿责任，不可以继续销售库存的侵权产品，因为其在明知的情况下销售了侵权产品。

3. D 公司的使用行为构成侵权，不需要承担赔偿责任。因为其属于《专利法》第 70 条“为生产经营目的使用、许诺销售或者销售不知道是未经专利权人许可而制造并售出的专利侵权产品，能证明该产品合法来源的，不承担赔偿责任”的规定，但是不可以继续使用这 200 台侵权产品。

第十章

广告法律制度

每天我们都要面对五花八门的广告，但你对《广告法》了解多少？当你受到虚假广告的误导时，你该如何保护自己？

本章需要掌握的主要内容有：

- 《广告法》的适用范围
- 《广告法》的基本原则
- 广告准则的基本要求
- 广告准则规范的几类特殊广告的要求

第一节　广告法概述与广告准则的规定

一、广告法概述

（一）广告法的概念

广告法是指调整广告主、广告经营者、广告发布者与广告监督管理机关相互之间在广告活动中所发生的社会关系的法律规范的总称。1994 年 10 月 27 日第八届全国人民代表大会常务委员会第十次会议通过了《中华人民共和国广告法》(以下简称《广告法》)，这是一部规范广告活动的重要法律。

（二）广告法的适用范围

1. 广告法适用的广告范围

根据《广告法》第 2 条第 2 款的规定："本法所称广告，是指商品经营者或者服务提供者承担费用，通过一定媒介和形式直接或者间接地介绍自己所推销的商品或者所提供的服务的商业广告。"因此可知，我国《广告法》所调整的广告是生产经营领域的商业广告，不包括公益广告、节目广告、社团广告等公共服务性质的非商业广告。

2. 广告法适用的广告主体范围

这类主体包括两类：一类是广告活动主体，即广告主、广告经营者和广告发布者；另一类是广告活动的监督管理主体，即县级以上人民政府工商行政管理部门。广告主是指为推销商品或者提供服务，自行或者委托他人设计、制作、发布广告的法人、其他经济组织或者个人。广告经营者是指受委托提供广告设计、制作、代理服务的法人、其他经济组织或者个人；广告发布者是指为广告主或者广告主委托的广告经营者发布广告的法人或者其他经济组织。

（三）广告法的基本原则

广告法的基本原则有以下三条：

(1) 广告主、广告经营者和广告发布者在中国境内从事广告活动，必须遵守广告法规定的原则。

(2) 广告应当真实、合法，符合社会主义精神文明建设的要求，不得含有虚假的内容，欺骗和误导消费者的原则。

(3) 广告主、广告经营者和广告发布者从事广告活动，应当遵守法律、法规，遵循公平、诚实信用的原则。

二、广告准则的规定

（一）广告准则的含义

广告准则是指广告活动主体在确定广告的内容与形式时必须遵循的基本准则，是《广告法》的基本要求。

（二）广告准则的基本要求

依照《广告法》第 7 条的规定，广告准则的基本要求如下：

(1) 不得使用中华人民共和国国旗、国徽和国歌。

我国的国旗、国徽和国歌是国家和民族精神的象征，是神圣和庄严的，不应与商业利益联系在一起。正是为了维护国家的尊严和形象，我国法律一向禁止将国旗、国徽、国歌用做商业标识，《广告法》更是明确规定，国旗、国徽、国歌不得用于广告中。

(2) 不得利用国家机关和国家机关工作人员的名义。

国家机关是代表国家行使权力的机关，其一切权力都来自国家的授予，因此，它应该谨慎从事，不应谋取商业利益，也不应被用来谋取商业利益，对于以商业利益为目的的商业广告，理应敬而远之。

(3) 不得使用"国家级"、"最高级"或"最佳"等用语。

广告虽然以拓展市场、获取商业利益为目的，但也不能唯利是图，任意夸大自己，折损他人。遵守诚信原则，是一条起码的要求。而类似"国家级"、"最高级"、"最佳"等词汇，恰恰隐含着己优彼劣的虚假信息，容易欺骗和误导消费者，使其产生错觉，作出不理智的购买决定。同时也违反公平竞争的宗旨，侵犯了其他经营者的合法权益。

(4) 不得妨碍社会安定和危害人身、财产安全，损害社会公共利益。

维护社会的安定，保护公民的合法权益，是我国法律的一个基本任务，同样也是我国《广告法》的目的之一。因此，无论是广告采取的形式，还是广告的具体内容，以及广告所产生的社会效果，都不允许妨碍社会安定和危害人身、财产安全，损害社会公共利益。

(5) 不得妨碍社会公共秩序和违背社会良好风尚。

良好的社会秩序，优良的社会道德风貌，都是社会主义精神文明建设的目标所在，作为精神文明建设的内容之一的法律建设，毫无疑问要切合上述要求。

(6) 不得含有淫秽、迷信、恐怖、暴力、丑恶的内容。

广告即广而告之。通过传播媒介的作用，广告具有极强的传播性，能够对不特定的社会公众产生巨大的影响。因此，如果广告中含有淫秽、迷信、恐怖、暴力或丑恶的内容，其危害性是不容估量的，所以必须净化广告的内容，确保广告内容的健康和文明。

(7) 不得含有民族、种族、宗教、性别歧视的内容。

我国《宪法》明文规定，中华人民共和国各民族一律平等，禁止对任何民族歧视和压迫；我国公民不分民族、种族、性别、宗教信仰等，都一律平等，不得歧视。因此，广告中不得含有民族、种族、宗教、性别歧视的内容。

(8) 不得妨碍自然资源和环境保护。

国家保护和改善环境，防治污染和其他公害，禁止任何单位和个人污染环境，破坏自然资源。广告宣传的商品和服务以及发布广告的行为,都不能妨碍自然资源和环境保护。

(9) 不得有法律、行政法规规定禁止的其他情形。

现实总是在不断变化,法律通常具有一定的滞后性,为了尽量减少法律调控的漏洞,所以规定了这一弹性条款。

(三) 广告准则对广告内容与形式的一般要求

广告准则对广告内容与形式的一般要求主要有以下五个方面:

(1) 广告中对商品的性能、产地、用途、质量、价格、生产者、有效期限、允诺或者对服务的内容、形式、质量、价格、允诺有表示的,应当清楚、明白。广告准则的这一要求,是为了确保经营者提供给消费者的信息是完备、准确的,保证消费者掌握真实的商品或服务的信息,作出正确的商业决策,同时也是为了防止不正当竞争。

(2) 广告中表明推销产品、提供服务附带赠送礼品的,应当表明赠送的品种和数量。这一规定的原因在于,赠送礼品是商家经常采用的一种促销手段,许多消费者也是因赠品的诱惑而作出购买决定的,如果不限定商家在广告中发布明确的信息,极易造成商家开出空头支票、消费者白掏腰包的不公平现象发生。

(3) 广告使用数据、统计资料、调查结果、文摘、引用语,应当真实、准确,并标明出处。在广告中使用数据、统计资料、调查结果、文摘、引用语,有利于增强广告的说服力,扩大商品或服务的知名度,造成良好的社会效果。但是,如果商家在广告中采用不真实的资料,极易误导消费者,所以《广告法》要求上述资料必须真实、准确,并标明出处。

(4) 广告中涉及专利产品或者专利方法的,应当标明专利号和专利种类。专利方法和专利产品是得到专利局认可的,受国家法律保护的一种知识产权。只有在广告中标明专利产品或者专利方法的专利号和专利种类,才能让消费者知悉专利的有效期限和类别,正确地衡量其价值。同时,这种规定也有利于防止某些经营者鱼目混珠,将已终止、撤销或无效的专利拿来做广告,蒙骗广大消费者。

(5) 广告应当具有可识别性,能够使消费者辨明其为广告。广告传达的是一种商业信息,应当与其他信息分离开来。因此,广告无论在外在表现上,还是在实质内容上,都应有明显特征,使消费者能够分辨,从而作出是否接受广告的决定。

（四）广告准则对几类特殊广告的要求

1. 药品和医疗器械广告

药品和医疗器械是直接关系到人民身体健康和生命安全的特殊商品。为此，我国《广告法》规定，药品、医疗器械广告不得含有下列内容：含有不科学的表示功效的断言或者保证；说明治愈率或者有效率；与其他药品、医疗器械的功效和安全性相比较；利用医药科研单位、学术机构、医疗机构或者专家、患者的名义和形象作证明；法律、法规禁止的其他内容。

药品广告的内容必须以国务院卫生行政部门或者省、自治区、直辖市卫生行政部门批准的说明书为准。广告所介绍的药品成分、功能、适应症、用量、服法、禁忌症、不良反应以及配方禁忌等内容，必须与卫生行政部门批准的说明书相一致。国家规定的应当在医生指导下使用的治疗性药品广告，必须注明"按医生处方购买和使用"，以指导合理用药。

麻醉药品、精神药品、毒性药品和放射性药品等特殊药品，由于具有双重作用，可以为利也可为害，所以对这类药品的广告管理较为特殊，《广告法》规定这类药品不得做广告。

2. 农药广告

农药是防治农作物病虫害的重要农业生产资料，它在一定程度上关系到农业生产的发展，也关系到人民群众的生命健康和财产安全。为了保证农药广告的真实性，保证农药的合理使用，《广告法》规定农药广告不得含有下列内容：使用无毒、无害等表明安全性的绝对化断言；含有不科学的表示功效的断言或者保证；含有违反农药安全使用规程的文字、语言或者画面；法律、行政法规规定禁止的其他内容。

3. 烟草广告

烟草对公民的身体健康有着极大的危害，吸烟有害健康已成为社会共识。我国对烟草实行专卖管理，并通过各种途径和方式加强吸烟有害健康的宣传，禁止或限制在公共场所和公共交通工具上吸烟，同时对烟草广告进行严格的限制。

我国《广告法》禁止利用广播、电影、电视、报纸、期刊发布烟草广告；禁止在各类候车室、影剧院、会议厅堂或体育比赛场馆等公共场所设置烟草广告。同时，烟草广告中必须标明"吸烟有害健康"。

4. 食品、酒类、化妆品广告

食品、酒类、化妆品是与人民群众的日常生活密切相关的产品，为了保障人体健康，维护消费者合法权益，我国《广告法》规定，食品、酒类、化妆品广告的内容必须符合卫生许可的事项。另外，为了防止对消费者产生误导作用，食品、酒类、化妆品广告还不得使用医疗用语或者与药品相混淆的用语，如在化妆品广告中宣传其疗效或者混同于保健药品等。

第二节　广告活动的管理与法律责任

一、广告活动管理

（一）广告发布管理

广告主自行或者委托他人设计、制作、发布广告，所推销的商品或所提供的服务应当符合广告主的经营范围。广告主只有在自己的经营范围内从事生产经营活动，才是合法的。为加强对广告设计、制作和发布的监督管理，广告主自行或者委托他人设计、制作、发布广告时，均应具有或者提供真实、合法、有效的下列文件：(1) 营业执照以及其他生产、经营资格的证明文件；(2) 质量检验机构对广告中有关商品质量内容出具的证明文件；(3) 确认广告内容真实性的其他证明文件。

（二）广告经营管理

1. 广告经营的登记管理

设立专门从事广告经营业务的法人或者其他经济组织，应当依照我国《公司法》以及其他有关企业的法律所规定的条件和程序，经工商行政管理部门核准登记领取《企业法人营业执照》或者《营业执照》后方可从事广告经营业务。兼营广告业务的法人或者其他经济组织，应当依法向工商行政管理机关申请办理广告经营业务登记，并领取《广告经营许可证》。

广播电台、电视台、报刊出版等事业单位的广告业务，应当由其专门从事广告业务的机构办理，并依法办理兼营广告的登记。

广告主委托设计、制作、发布广告，应当委托具有合法经营资格的广告经营者、广告发布者。

2. 广告经营活动管理

广告经营者、广告发布者在承接广告业务时，有权利而且有义务依照法律、行政法规的规定，查验有关证明文件，核实广告内容，对内容不实或者证明文件不全的广告，广告经营者不得提供设计、制作、代理服务，广告发布者不得发布。

广告经营者、广告发布者应当按照国家规定，建立、健全广告业务的承接登记、审核和档案管理制度。

（三）广告审查管理

目前,我国只对部分特殊商品的广告实施广告审查机关的审查管理,其他广告的审查则由广告经营者负责。

我国《广告法》规定,利用广播、电影、电视、报纸等发布药品、医疗器械、农药、兽药等商品的广告,以及依法应当审查的广告,必须在发布前依照法律、法规由有关广告审查机关进行审查;未经审查,不得发布。

广告主申请广告审查,应当依照法律、行政法规向广告审查机关提交有关证明文件。广告审查机关应当依照法律、行政法规作出审查决定。

二、法律责任

广告违法行为,主要包括违反广告准则的行为、违反广告活动管理的行为和广告侵权行为。对广告违法行为,由广告监督管理机关和其他有关主管机关依照《广告法》规定,分别给予责令停止发布广告、公开更正、罚款、没收广告费用或违法所得等行政处罚,并对侵犯他人合法权益者追究民事责任。广告违法行为情节严重构成犯罪的,依法追究刑事责任。

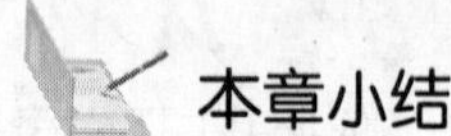

本章小结

广告是唤起人们对某种事物予以注意的一种手段,是社会经济发展的产物。我国的广告也在近几年得到巨大发展,但在繁荣的同时,也产生了一些问题,如虚假广告的泛滥,利用广告进行不正当竞争等。为了规范广告活动,《广告法》作了大量努力。首先,该法明确规定了适用范围,将最为重要、最为敏感的商业广告和最主要的广告主体纳入自己的调整范围,确保该法最大限度地得到适用;其次,针对广告准则作出了完备的规定,既有对广告内容与形式的一般要求,也有针对特殊广告的特殊要求;再次,在广告活动管理问题上,从广告发布管理,到广告经营管理和广告审查管理,都有详细规定。最后,针对广告违法行为,本法详细地列举了违反广告准则的责任、违反广告活动管理的责任以及广告侵权责任。

本章思考题

1. 《广告法》的适用范围如何?
2. 广告准则对几类特殊广告有什么要求?

思考题解答

1. 答:《广告法》适用的范围可以从以下两个方面来看:

第一,《广告法》适用的广告范围。

根据《广告法》第 2 条第 2 款的规定,我国《广告法》所调整的广告是生产经营领域的商业广告,不包括公益广告、节目广告、社团广告等公共服务性质的非商业广告。

第二,广告法所适用的广告主体范围。

这类主体包括两类: 一类是广告活动主体,即广告主、广告经营者和广告发布者;另一类是广告活动的监督管理主体,即县级以上人民政府工商行政管理部门。

2. 答: 广告准则对以下几类特殊广告的具体要求如下:

(1) 药品和医疗器械广告。

药品和医疗器械是直接关系到人民身体健康和生命安全的特殊商品。为此,我国《广告法》规定,药品、医疗器械广告不得含有下列内容: 含有不科学的表示功效的断言或者保证的;说明治愈率或者有效率的;与其他药品、医疗器械的功效和安全性比较的;利用医药科研单位、学术机构、医疗机构或者专家、患者的名义和形象作证明的;法律、法规禁止的其他内容。

(2) 农药广告。

为了保证农药广告的真实性,保证农药的合理使用,《广告法》规定农药广告不得含有下列内容: 使用无毒、无害等表明安全性的绝对化断言的;含有不科学的表示功效的断言或者保证的;含有违反农药安全使用规程的文字、语言或者画面的;法律、行政法规规定禁止的其他内容。

(3) 烟草广告。

我国《广告法》禁止利用广播、电影、电视、报纸、期刊发布烟草广告,禁止在各类候车室、影剧院、会议厅堂、体育比赛场馆等公共场所设置烟草广告。同时,烟草广告中必须标明"吸烟有害健康"。

(4) 食品、酒类、化妆品广告。

食品、酒类、化妆品广告的内容必须符合卫生许可的事项。另外,食品、酒类、化妆品广告还不得使用医疗用语或者与药品相混淆的用语,如在化妆品广告中宣传其疗效或者混同于保健药品等。

案例与点评

案例

1993 年 7 月 22 日,香港颇有影响的《大公报》在一版用整版篇幅刊登了一则巨幅广告，内容如下：安徽省公证处宣布："黄山"第一，"中华"第二，"红塔山"第三。在广告内容的右侧，用四分之一的位置，刊登了安徽省公证处的公证书，并赫然盖着公证处的印章。不久，这则广告相继出现在《安徽日报》、《蚌埠日报》上，几家电视台以及电台也播出了该广告。

原来这是安徽蚌埠卷烟厂所采取的广告战略的结果。1993 年 6 月 8 日，为了制造广告效应，蚌埠卷烟厂在安徽省合肥市安徽饭店举行特制黄山牌香烟发布会，省内 300 多名各界人士参加了会议。会上，该厂邀请了安徽商业、新闻和烟草部门的三个专家组对"黄山"、"中华"、"红塔山"三种香烟进行了闭卷式品吸评级，还特地邀请了安徽省公证处在现场监督审查。此次品吸，得出了"黄山第一"的结果，蚌埠卷烟厂因此发布了上述广告。

事后，安徽省公证处声明：1. 公证处只对三种烟的评分作了公证，并不可由此推断出第一、第二、第三；2. 蚌埠卷烟厂未经公证处的同意就以公证处的名义宣布"黄山第一"，给"中华"和"红塔山"商标造成了不良影响，是违背公证处真实意愿的侵权行为，为此保留追究其责任的权利；3. 评比应由国家权威部门主持，从市场上采样进行，蚌埠卷烟厂自作主办单位，又自己提供样品予以评级，这是不公平、不合法的评比。照此声明，公证处向蚌埠卷烟厂提供意见书，阐明了公证处的观点，但该厂未予理睬。

试问：

1. 安徽蚌埠卷烟厂的广告宣传是否遵循了《广告法》的基本原则？
2. 该厂利用报纸、电台和电视台发布广告的手段合法吗？
3. 在本案中，公证处的证明可否被用到广告中？
4. 如果这一广告被定性为虚假宣传，那么，由此引发的法律责任由谁来承担？

案例点评

1. 该厂的广告宣传明显违背了《广告法》的基本原则。《广告法》总则部分规定：广告应当真实、合法，符合社会主义精神文明建设的要求，不得含有虚假的内容欺骗和误导消费者。广告主、广告经营者和广告发布者从事广告活动，应当遵守法律、法规，遵循公平、诚实信用的原则。

本案中的卷烟厂，通过一个没有任何部门认可的"品吸会"和一些所谓的专家组，得出了根本不具有任何正式效力的"黄山牌香烟第一"的结论，并且未经公证处的同意，就对外发布该结论，大量刊登广告，这种广告由于含有虚假的内容，欺骗和误导了消费者，有违诚实信用原则，造成了不公平竞争。毫无疑问，该广告违背了《广告法》的基本原则。

2. 我国《广告法》第 18 条规定：禁止利用广播、电影、电视、报纸、期刊发布烟草广告。本案中，该厂正是通过大量报纸、电台、电视台发布黄山香烟的广告，这种手段明显是不合法的。

3. 我国《广告法》第 7 条规定：广告不得有下列情形：……使用国家机关和国家机关工作人员的名义。本案中，该厂无视公证处的声明，违背公证处的意愿，在广告中抓住公证处的公证大做文章，在报纸上大肆以安徽公证处的名义宣布"黄山第一"，这是明显违反《广告法》规定的违法行为，该厂无权在广告中使用公证处的证明。

4. 如果该广告被定性为虚假广告，那么承担责任的不仅有广告主，还有广告的经营者。《广告法》第 27 条规定：广告经营者、广告发布者依据法律、行政法规查验有关证明文件，核实广告内容。对内容不实或者证明文件不全的广告，广告经营者不得提供设计、制作、代理服务，广告发布者不得发布。该案中，为蚌埠卷烟厂做广告的几家报社应当知悉该广告为虚假广告，主观上有过错，报社作为经营者违反了上述规定，应当和蚌埠卷烟厂共同承担法律责任。

第十一章 对外贸易法律制度

新的《对外贸易法》降低了对外贸易经营门槛,你了解新增的"与对外贸易有关的知识产权保护"的相关内容吗?对外贸易救济措施包括哪些?

本章需要掌握的主要内容有:

- 对外贸易法律制度的概念
- 《对外贸易法》的基本原则
- 货物、技术进出口的外贸管理制度
- 与对外贸易有关的知识产权保护
- 对外贸易救济措施

第一节 对外贸易法律制度概述

一、对外贸易与对外贸易法

对外贸易是各国商品在流通领域中的延伸,是社会再生产过程的重要组成部分。对外贸易法律制度,是指一国对其外贸活动进行行政管理和服务的所有法律规范的总称。一国的外贸法律制度是其为保护和促进国内产业,增加出口,限制进口而采取的鼓励与限制措施,或为政治、外交或其他目的,对进出口采取鼓励或限制的措施。它是一国对外贸易总政策的集中体现。

对外贸易法律制度的范围包括:关税制度,许可证制度,配额制度,外汇管理制度,商检制度以及有关保护竞争、限制垄断及不公平贸易等方面。以《中华人民共和国对外贸易法》(以下简称《对外贸易法》)为基本框架、以其他相关条例为补充的相对健全的法律、法规体系,构成了我国对外贸易法律制度的主要内容。《对外贸易法》是我国对外贸易法律制度的基本法,是整个外贸制度的核心。其立法目的是扩大对外开放,发展对外贸易,维护对外贸易秩序,保护对外贸易经营者的合法权益,促进社会主义市场经济的健康发展。《对外贸易法》除对立法目的、适用范围、主管部门以及基本原则等进行总则性的规定外,主要就对外贸易经营者、货物进出口与技术进出口、国际服务贸易、对外贸易中的知识产权、对外贸易秩序、对外贸易调查、贸易救济、对外贸易促进、法律责任做了规定。《对外贸易法》的调整对象为对外贸易关系。对外贸易关系属于经济关系范围,具体内容包括以下三个方面:(1) 对外贸易经营者和国家的关系;(2) 对外贸易经营者之间的关系;(3) 国家的对外贸易管理关系。

我国对外贸易法律制度是从新中国成立初开始逐步建立起来的,它的发展可以分为如下三个阶段:(1) 从新中国成立初期至 1979 年改革开放止。在这一阶段,由于当时西方国家对中国采取封锁和禁运的歧视与敌对态度,致使我国对外经济交往范围十分有限。1953 年的进出口额仅为数十亿美元。当时的对外贸易立法主要以《中国人民政治协商会议共同纲领》和 1954 年《宪法》为基础,制定了《对外贸易管理暂行条例》、《进出口贸易许可证制度实施办法》等法规。这些法规仅仅是作为维持和管理当时微弱的进出口业务的基本法律依据。(2) 从 1979 年的改革开放后至 2001 年中国加入世贸组织。在这一阶段,我国的国民经济得到了巨大的增长,我国的外贸事业更是得到了突飞猛进的发展。这个阶段是我国对外贸法律制度逐步成型的阶段,我国的《对外贸易法》就是在这一期间颁布并实施的。(3) 第三阶段从我国加入世贸组织的 2001 年开始。中国加入世贸组织的重大意义不仅是使中国经济逐步融入全球经济,而且使我国的法制建设,尤其是对外贸易法律制度得到了一次良性发展的机会。根据我国政府的"入世"承诺,我国对以前的对外贸易法律制度进行了全面的清理,使之能与世贸组织的基本原则保持一致,并在全国统一实施。

现行的《中华人民共和国对外贸易法》于 1994 年由第八届全国人大常委会第七次会议正式通过,于同年 7 月 1 日正式生效。2004 年 4 月 6 日第十届全国人大常委会第八次会议通过了《对外贸易法修订案》,并于同年 7 月 1 日施行。

《对外贸易法》修订的重大意义在于:履行了我国加入世贸组织的有关承诺,确立了新时期我国对外贸易改革发展的基本法律框架,进一步明确了政府在对外贸易管理中的职责和角色定位,体现了政府适度管理的职能,使得政府管理更加公开、透明。同时,新法也进一步细化了对外贸易经营者的权利、义务,实现了权利和义务的协调统一。

我国对外贸易的主管机构在 2003 年 3 月以前为对外经济贸易合作部,2003 年 3 月以后为商务部。目前,商务部为我国对外贸易的主管机构,在国务院的统一领导下,管理全国的对外贸易工作。

二、《对外贸易法》的基本原则

(一)实行统一的对外贸易制度原则

《对外贸易法》第 4 条规定:“国家实行统一的对外贸易制度,鼓励发展对外贸易。”实行统一的对外贸易制度,是指由中央政府统一制定、在全国范围内统一实施的制度。对外贸易政策措施只能由中央政府制定,各省、自治区、直辖市不能自行制定。统一的对外贸易制度包括:方针、政策的统一;法律、法规的统一;各项外贸管理措施、制度的统一。一方面,实行统一的对外贸易制度,鼓励发展对外贸易,使全国的外贸经营者处于同一起跑线上,激发他们的积极性、开拓性,形成一个公平自由竞争的局面;另一方面,为顺利开展国际贸易,消除国际贸易壁垒,与外国政府或国际组织缔结双边或多边条约、协定,符合世界贸易组织的规则。因此,我国实行统一的对外贸易制度,是保证履行这些义务的前提,也是履行国际法意义上的最惠国待遇、国民待遇等待遇的重要条件。

(二)维护公平、自由的对外贸易秩序原则

这一原则是统一原则的具体体现,它要求保证对外贸易经营者在依照法律规定的前提下,有权平等地取得对外贸易经营权以及相关权利,平等地享受国家有关对外贸易的各项鼓励与优惠措施,保障对外贸易经营者的自主经营权、货物与技术的自由进出口权等。同时也要求对外贸易经营者自觉遵守国家法律、法规,依法经营,公平竞争,诚实守信,建立一个公平、自由的对外贸易秩序。只有如此,我国对外贸易才能持续、快速、健康、协调发展。

(三)平等互利、互惠对等原则

《对外贸易法》第 5 条至第 7 条对我国政府如何处理对外贸易关系作出了明确规定。我国根据平等互利的原则,促进和发展同其他国家和地区的贸易关系,缔结或者参加关税同盟协定、自由贸易区协定等区域经济贸易协定,参加区域经济组织。在对外贸易方面根据所缔结或参加的国际条约、协定,给予其他缔约方、参加方,或者根据互惠、对等原则给予对方最惠国待遇、国民待遇等待遇。

平等互利发展与世界其他国家或地区的贸易是我国一贯奉行的原则,也是国家对外政策的重要组成部分。平等,是指国家之间的平等,即不管是大国还是小国,发达国家还是发展中国家,都应在平等地位的基础上发展双边贸易。互利,是

指对外贸易对双方国家或地区的经济能起到互补、互惠作用,对双方都有利。平等是互利的前提条件,只有平等才能达到互利。互惠,是指各成员利益或特权的相互或相应让与。它是各方之间建立和发展贸易关系的基础,是国家之间相互给予最惠国待遇、国民待遇的前提。对等,是指贸易双方相互给予对方同等待遇:一是对等地给予同样的优惠待遇;二是当对方给予自己不平等或歧视性待遇时,对等地采取相应的报复措施。任何国家或者地区在贸易方面对我国采取歧视性的禁止、限制或其他类似措施的,我国可以根据实际情况对该国或地区采取相应的措施。

三、对外贸易经营者

对外贸易经营者,是指依法办理工商登记或者其他执业手续,依照本法和其他有关法律、行政法规的规定从事对外贸易经营活动的法人、其他组织或者个人。

原《对外贸易法》规定,中国的自然人不能从事对外贸易经营活动。根据中国"入世"承诺,应进一步放宽外贸经营权范围,同时考虑到在技术贸易和国际服务贸易、边境贸易活动中,自然人从事对外贸易经营活动已大量存在,故修改后的《对外贸易法》放开了对对外贸易经营者资格的要求,将对外贸易经营者的范围扩大到依法从事对外贸易经营活动的个人。外贸经营权的获得也由原来的审批制改为登记制。从事货物进出口或者技术进出口的对外贸易经营者,应当向国务院对外贸易主管部门或者其委托的机构办理备案登记;但是,法律、行政法规和国务院对外贸易主管部门规定不需要备案登记的除外。对外贸易经营者未按照规定办理备案登记的,海关不予办理进出口货物的报关验放手续。

从事国际服务贸易,应当遵守《对外贸易法》和其他有关法律、行政法规的规定。从事对外工程承包或者对外劳务合作的单位,应当具备相应的资质或者资格。具体办法由国务院规定。

国家可以对部分货物的进出口实行国营贸易管理。实行国营贸易管理货物的进出口业务只能由经授权的企业经营;但是,国家允许部分数量的国营贸易管理货物的进出口业务由非授权企业经营的除外。实行国营贸易管理的货物和经授权经营企业的目录,由国务院对外贸易主管部门会同国务院其他有关部门确定、调整并公布。

对外贸易经营者可以接受他人的委托,在经营范围内代为办理对外贸易业务。对外贸易经营者应当按照国务院对外贸易主管部门或者国务院其他有关部门依法作出的规定,向有关部门提交与其对外贸易经营活动有关的文件及资料。有关部门应当为提供者保守商业秘密。

第二节 《对外贸易法》对外贸活动的具体规定

一、货物、技术进出口的外贸管理

国家准许货物与技术的自由进出口。但是,法律、行政法规另有规定的除外。国务院对外贸易主管部门基于监测进出口情况的需要,可以对部分自由进出口的货物实行进出口自动许可并公布其目录。

实行自动许可的进出口货物,收货人、发货人在办理海关报关手续前提出自动许可申请的,国务院对外贸易主管部门或者其委托的机构应当予以许可;未办理自动许可手续的,海关不予放行。进出口属于自由进出口的技术的,应当向国务院对外贸易主管部门或者其委托的机构办理合同备案登记。

国家基于下列原因,可以限制或者禁止有关货物、技术的进口或者出口:

(1) 为维护国家安全、社会公共利益或者公共道德,需要限制或者禁止进口或者出口的;

(2) 为保护人的健康或者安全,保护动物、植物的生命或者健康,保护环境,需要限制或者禁止进口或者出口的;

(3) 为实施与黄金或者白银进出口有关的措施,需要限制或者禁止进口或者出口的;

(4) 国内供应短缺或者为有效保护可能用竭的自然资源,需要限制或者禁止出口的;

(5) 输往国家或者地区的市场容量有限,需要限制出口的;

(6) 出口经营秩序出现严重混乱,需要限制出口的;

(7) 为建立或者加快建立国内特定产业,需要限制进口的;

(8) 对任何形式的农业、牧业、渔业产品有必要限制进口的;

(9) 为保障国家国际金融地位和国际收支平衡,需要限制进口的;

(10) 依照法律、行政法规的规定,其他需要限制或者禁止进口或者出口的;

(11) 根据我国缔结或者参加的国际条约、协定的规定,其他需要限制或者禁止进口或者出口的。

国家对与裂变、聚变物质或者衍生此类物质的物质有关的货物、技术进出口,以及与武器、弹药或者其他军用物资有关的进出口,可以采取任何必要的措施,维护国家安全。在战时或者为维护国际和平与安全,国家在货物、技术进出口方面可以采取任何必要的措施。

国家对限制进口或者出口的货物,实行配额、许可证等方式管理;对限制进口或者出口的技术,实行许可证管理。实行配额、许可证管理的货物、技术,应当按照国务院规定经国务院对外贸易主管部门或者经其会同国务院其他有关部门许可,方可进口或者出口。国家对部分进口货物可以实行关税配额管理。配额是指一国政府在一定时期内,对某些进出口商品的数量或者金额设定最高限额,在限额内的商品可以自由进出口,超过额度的不准进出口或者征收比较高的税额的制度。关税配额是指对商品进口的绝对数额不加限制,而对在一定时期内在规定的关税配额以内的进口商品,给予低税、减税或免税待遇,对超过配额的进口商品则征收较高的关税、附加税或罚款。许可证,是国家基于限制进出口的需要,要求对外贸交易经营者向有关政府机构递交申请或其他文件,并以获得批准作为进出口条件的一种管理方式。进出口货物配额、关税配额,由国务院对外贸易主管部门或者国务院其他有关部门在各自的职责范围内,按照公开、公平、公正和效益的原则进行分配。国家实行统一的商品合格评定制度,根据有关法律、行政法规的规定,对进出口商品进行认证、检验、检疫。国家对进出口货物进行原产地管理。对文物和野生动物、植物及其产品等,其他法律、行政法规有禁止或者限制进出口规定的,依照有关法律、行政法规的规定执行。

二、国际服务贸易

20 世纪 70 年代以来,国际贸易已经呈现出货物贸易、技术贸易和服务贸易三位一体并驾齐驱的发展趋势。当代对外贸易法律制度已经突破了传统意义上的只调整货物进出口关系的范围。现代对外贸易法调整的对象,既包括货物贸易和技术贸易,也包括服务贸易。服务贸易的分类因不同的标准而形态各异。世贸组织在征求各谈判方的提案和意见的基础上,提出了以部门为中心的服务贸易分类方法,将服务贸易分为 12 大类: 商业性服务,通讯服务,建筑服务,销售服务,教育服务,环境服务,金融服务,健康及社会服务,旅游及相关服务,文化、娱乐及体育服务,交通运输服务和其他服务。

国际服务贸易是指通过跨境交付(自一成员领土内向任何其他成员领土提供服务)、境外消费(服务提供者在其境内向任何其他国家的消费者提供服务)、商业存在(服务提供者通过在消费者所在国设立机构提供服务)、自然人移动(服务提供者到其他国家境内提供服务)等形式跨越我国国境提供服务的贸易。

根据《对外贸易法》规定,我国在国际服务贸易方面根据所缔结或者参加的国际条约、协定中所作的承诺,给予其他缔约方、参加方市场准入和国民待遇。国务院对外贸易主管部门和国务院其他有关部门,依照本法和其他有关法律、行政法规的规定,对国际服务贸易进行管理。国家基于下列原因,可以限制或者禁止有关的国际服务贸易:

(1) 为维护国家安全、社会公共利益或者公共道德,需要限制或者禁止的;

(2) 为保护人的健康或者安全,保护动物、植物的生命或者健康,保护环境,需要限制或者禁止的;

(3) 为建立或者加快建立国内特定服务产业,需要限制的;

(4) 为保障国家外汇收支平衡,需要限制的;

(5) 依照法律、行政法规的规定,其他需要限制或者禁止的;

(6) 根据我国缔结或者参加的国际条约、协定的规定,其他需要限制或者禁止的。

国家对与军事有关的国际服务贸易,以及与裂变、聚变物质或者衍生此类物质的物质有关的国际服务贸易,可以采取任何必要的措施,维护国家安全。在战时或者为维护国际和平与安全,国家在国际服务贸易方面可以采取任何必要的措施。

三、与对外贸易有关的知识产权保护

作为世贸组织三大支柱之一的与贸易有关的知识产权,正越来越多地成为各主要贸易国家维护国家利益的重要手段。因此根据世贸组织规则,同时借鉴美国、欧盟、日本等国外立法经验,我国《对外贸易法》增加了通过实施贸易措施,防止侵犯知识产权的货物进出口和知识产权权利人滥用权利,并促进本国知识产权在国外的保护的相关内容。

《对外贸易法》规定,国家依照有关知识产权的法律、行政法规,保护与对外贸易有关的知识产权。进口货物侵犯知识产权,并危害对外贸易秩序的,国务院对外贸易主管部门可以采取在一定期限内禁止侵权人生产、销售的有关货物进口等措施。

知识产权权利人有阻止被许可人对许可合同中的知识产权的有效性提出质疑、进行强制性一揽子许可、在许可合同中规定排他性返授条件等行为之一,并危害对外贸易公平竞争秩序的,国务院对外贸易主管部门可以采取必要的措施消除危害。"排他性返授"是指知识产权许可人授予被许可人使用其知识产权时,规定这样一种条件:必须将其在许可人知识产权基础上研发的知识产权排他性地返授给许可人,而不能授予其他人。

其他国家或者地区在知识产权保护方面未给予中华人民共和国的法人、其他组织或者个人国民待遇，或者不能对来源于中华人民共和国的货物、技术或者服务提供充分有效的知识产权保护的，国务院对外贸易主管部门可以依照本法和其他有关法律、行政法规的规定，并根据中华人民共和国缔结或者参加的国际条约、协定，对与该国家或者该地区的贸易采取必要的措施。

四、对外贸易秩序

对外贸易秩序，是指国家运用法律措施规范对外贸易竞争行为，制止不正当竞争与不公平交易，维护本国经济利益，形成对外贸易井然有序的发展局面。维护对外贸易秩序，首先，有利于维护国家宏观经济利益，促进对外贸易健康发展；其次，可通过法律手段的利用，合理调节进出口贸易，避免对外贸易损失；最后，有助于我国统一对外贸易政策与制度，打破贸易垄断，提高透明度，有利于适应贸易全球化的需要以及协调和发展我国和各国的贸易。

我国《对外贸易法》规定，在对外贸易经营活动中，不得违反有关反垄断的法律、行政法规的规定实施垄断行为。在对外贸易经营活动中实施垄断行为，危害市场公平竞争的，依照有关反垄断的法律、行政法规的规定处理。在对外贸易经营活动中，不得实施以不正当的低价销售商品、串通投标、发布虚假广告、进行商业贿赂等不正当竞争行为。在对外贸易经营活动中实施不正当竞争行为的，依照有关反不正当竞争的法律、行政法规的规定处理。

此外，在对外贸易活动中，不得有下列行为：

(1) 伪造、变造进出口货物原产地标记，伪造、变造或者买卖进出口货物原产地证书、进出口许可证、进出口配额证明或者其他进出口证明文件；

(2) 骗取出口退税；

(3) 走私；

(4) 逃避法律、行政法规规定的认证、检验、检疫；

(5) 违反法律、行政法规规定的其他行为。

对外贸易经营者在对外贸易经营活动中，应当遵守国家有关外汇管理的规定。违反本法规定，危害对外贸易秩序的，国务院对外贸易主管部门可以向社会公告。

五、对外贸易调查

贸易调查已成为各主要贸易国家保护本国产业和市场秩序的重要法律手段。为了维护对外贸易秩序，国务院对外贸易主管部门可以自行或者会同国务院其他有关部门，依照法律、行政法规的规定对下列事项进行调查：

(1) 货物进出口、技术进出口、国际服务贸易对国内产业及其竞争力的影响;

(2) 有关国家或者地区的贸易壁垒;

(3) 为确定是否应当依法采取反倾销、反补贴或者保障措施等对外贸易救济措施,需要调查的事项;

(4) 规避对外贸易救济措施的行为;

(5) 对外贸易中有关国家安全利益的事项;

(6) 为执行本法第 7 条、第 29 条第 2 款、第 30 条、第 31 条、第 32 条第 3 款、第 33 条第 3 款的规定,需要调查的事项;

(7) 其他影响对外贸易秩序,需要调查的事项。

启动对外贸易调查,由国务院对外贸易主管部门发布公告。调查可以采取书面问卷、召开听证会、实地调查、委托调查等方式进行。国务院对外贸易主管部门根据调查结果,提出调查报告或者作出处理裁定,并发布公告。有关单位和个人应当对对外贸易调查给予配合、协助。国务院对外贸易主管部门和国务院其他有关部门及其工作人员进行对外贸易调查,对知悉的国家秘密和商业秘密负有保密义务。

六、对外贸易救济

国家根据对外贸易调查结果,可以采取适当的对外贸易救济措施。我国的贸易救济措施主要包括反倾销、反补贴、保障措施,此外,我国《对外贸易法》还规定了其他救济措施,如适用服务贸易的保障措施、针对进口转移的救济措施、其他国家未履行义务时的救济措施、反规避措施、预警应急机制等。

反倾销,是指对在进口产品以低于其正常价值的方式进入一国市场,并对该国已经建立的国内产业造成实质损害或者产生实质损害威胁,或者对该国建立国内产业造成实质阻碍的情况下,该国采取的应对措施,包括临时措施、价格承诺和征收反倾销税,以消除或者减轻这种损害或者损害的威胁或者阻碍。进口产品存在倾销、对国内产业造成损害、两者之间有因果关系,是采取反倾销措施的必要条件。其他国家或者地区的产品以低于正常价值出口至第三国市场,对我国已建立的国内产业造成实质损害或者产生实质损害威胁,或者对我国建立国内产业造成实质阻碍的,应国内产业的申请,国务院对外贸易主管部门可以与该第三国政府进行磋商,要求其采取适当的措施。在确定倾销对国内产业造成的损害时,应当审查下列事项:(1) 倾销进口产品的数量,包括倾销进口产品的绝对数量或者相对于国内同类产品生产或者消费的数量是否大量增加,或者倾销进口产品大量增加的可能性;(2) 倾销进口产品的价格,包括倾销进口产品的价格削减或者对国内同类产品的价格产生大幅度抑制、压低等影响；(3) 倾销进口产品对国内产业的相关经济因素和指标的影响；(4) 倾销进口产品的出口国(地区)、原产国(地区)的生产能力、出口能力,以及被调查产品的库存情况；(5) 造成国内产业损害的其他因素。

反补贴,是一成员方对另一成员方对某一出口产品给予财政或公共性的经济补贴而采取的限制进口的措施,包括临时措施、承诺和征收反补贴税。进口的产品直接或者间接地接受出口国家或者地区给予的任何形式的专向性补贴,对已建立的国内产业造成实质损害或者产生实质损害威胁,或者对建立国内产业造成实质阻碍的,国家可以采取反补贴措施,消除或者减轻这种损害或者损害的威胁或者阻碍。在确定补贴对国内产业造成的损害时,应当审查下列事项：(1) 补贴可能对贸易造成的影响；(2) 补贴进口产品的数量,包括补贴进口产品的绝对数量或者相对于国内同类产品生产或者消费的数量是否大量增加,或者补贴进口产品大量增加的可能性；(3) 补贴进口产品的价格,包括补贴进口产品的价格削减或者对国内同类产品的价格产生大幅度抑制、压低等影响；(4) 补贴进口产品对国内产业的相关经济因素和指标的影响；(5) 补贴进口产品出口国(地区)、原产国(地区)的生产能力、出口能力,以及被调查产品的库存情况；(6) 造成国内产业损害的其他因素。

因进口产品数量大量增加,对生产同类产品或者与其直接竞争的产品的国内产业造成严重损害或者严重损害威胁的,国家可以采取必要的保障措施,消除或者减轻这种损害或者损害的威胁,并可以对该产业提供必要的支持。因其他国家或者地区的服务提供者向我国提供的服务增加,对提供同类服务或者与其直接竞争的服务的国内产业造成损害或者产生损害威胁的,国家可以采取必要的救济措施,消除或者减轻这种损害或者损害的威胁。因第三国限制进口而导致某种产品进入我国市场的数量大量增加,对已建立的国内产业造成损害或者产生损害威胁,或者对建立国内产业造成阻碍的,国家可以采取必要的救济措施,限制该产品进口。与中华人民共和国缔结或者共同参加经济贸易条约、协定的国家或者地区,违反条约、协定的规定,使中华人民共和国根据该条约、协定享有的利益丧失或者受损,或者阻碍条约、协定目标实现的,中华人民共和国政府有权要求有关国家或者地区政府采取适当的补救措施,并可以根据有关条约、协定中止或者终止履行相关义务。国务院对外贸易主管部门依照本法和其他有关法律的规定,进行对外贸易的双边或者多边磋商、谈判和争端的解决。

国务院对外贸易主管部门和国务院其他有关部门应当建立货物进出口、技术进出口和国际服务贸易的预警应急机制,应对对外贸易中的突发和异常情况,维护国家经济安全。建立对外贸易预警应急机制是各国的通行做法。例如,美国商务部 2003 年 9 月建立的“工业分析办公室”,负责审查和评估进出口贸易、政府政策对产业及企业的影响;南非、欧盟建立的“进口监测快速反应机制”;以及印度建立的"进口监测机制"等。从国内产业角度来说,对外贸易预警应急机制一般称为产业损害预警机制。产业损害预警机制主要是通过对货物进出口、技术进出口和国际服务贸易异常情况的连续性监测,分析其对国内产业的影响,及时发布相关预警信息,为政府相关部门、产业和企业决策服务,实现"为之于未有,治之于未乱"。该系统由预警、预案、应对实施三个部分组成,是国家宏观管理的重要组成部分,是国家调控宏观经济的重要手段,也是有效运用贸易救济措施的基础性、前瞻性、预防性工作,对维护国内产业安全具有重要的作用。

反规避措施是政府为防止逃避贸易救济措施而采取的针对性措施。国家对规避本法规定的对外贸易救济措施的行为,可以采取必要的反规避措施。一般是由进口国向有规避行为的出口倾销商征收反规避税。出口倾销商的规避行为是特别针对进口国,而非所有第三国;出口倾销商的规避行为的目的是有意排除进口国反倾销法律的适用,而非对进口国其他法律的规避。

七、法律责任

法律责任是指因违法行为而应承担的法律上的责任。在我国,违反《对外贸易法》的法律责任可分为民事责任、行政责任和刑事责任三种。

《对外贸易法》规定,未经授权擅自进出口实行国营贸易管理的货物的,国务院对外贸易主管部门或者国务院其他有关部门可以处 5 万元以下罚款;情节严重的,可以自行政处罚决定生效之日起 3 年内,不受理违法行为人从事国营贸易管理货物进出口业务的申请,或者撤销已给予其从事其他国营贸易管理货物进出口的授权。

进出口属于禁止进出口的货物的,或者未经许可擅自进出口属于限制进出口的货物的,由海关依照有关法律、行政法规的规定处理、处罚;构成犯罪的,依法追究刑事责任。进出口属于禁止进出口的技术的,或者未经许可擅自进出口属于限制进出口的技术的,依照有关法律、行政法规的规定处理、处罚;法律、行政法规没有规定的,由国务院对外贸易主管部门责令改正,没收违法所得,并处违法所得 1 倍以上 5 倍以下罚款,没有违法所得或者违法所得不足 1 万元的,处 1 万元以上 5 万元以下罚款;构成犯罪的,依法追究刑事责任。

从事属于禁止的国际服务贸易的,或者未经许可擅自从事属于限制的国际服务贸易的,依照有关法律、行政法规的规定处罚;法律、行政法规没有规定的,由国务院对外贸易主管部门责令改正,没收违法所得,并处违法所得 1 倍以上 5 倍以下罚款,没有违法所得或者违法所得不足 1 万元的,处 1 万元以上 5 万元以下罚款;构成犯罪的,依法追究刑事责任。

依照本法第 61 条至第 63 条规定被禁止从事有关对外贸易经营活动的,在禁止期限内，海关根据国务院对外贸易主管部门依法作出的禁止决定，对该对外贸易经营者的有关进出口货物不予办理报关验放手续，外汇管理部门或者外汇指定银行不予办理有关结汇、售汇手续。

依照本法负责对外贸易管理工作的部门的工作人员玩忽职守、徇私舞弊或者滥用职权，构成犯罪的，依法追究刑事责任；尚不构成犯罪的，依法给予行政处分。依照本法负责对外贸易管理工作的部门的工作人员利用职务上的便利，索取他人财物，或者非法收受他人财物为他人谋取利益，构成犯罪的，依法追究刑事责任；尚不构成犯罪的，依法给予行政处分。

对外贸易经营活动当事人对依照本法负责对外贸易管理工作的部门作出的具体行政行为不服的，可以依法申请行政复议或者向人民法院提起行政诉讼。

本章小结

本章阐述了对外贸易法律制度的概念和基本原则；分析了对外贸易经营者的权利与义务；说明了对外贸易法规定的货物、技术和服务的进出口管理制度以及国际服务贸易基本原则，国家限制或者禁止的国际服务贸易；阐述了对外贸易中的知识产权保护和维护对外贸易秩序的意义以及对外贸易经营者的经营活动准则。

通过本章的学习，需要掌握对外贸易法修改的内容；了解对外贸易法律关系、国际服务贸易、对外贸易秩序的法律规定以及对外贸易调查和救济的法律规定。

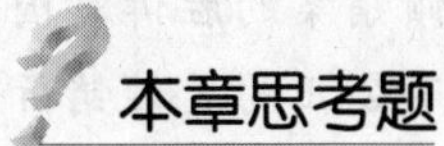

本章思考题

我国对外贸易救济措施主要包括哪几种？

思考题解答

答：我国的对外贸易救济措施主要包括反倾销、反补贴、保障措施。此外，对外贸易法还规定了其他救济措施，如适用服务贸易的保障措施、针对进口转移的救济措施，其他国家未履行义务时的救济措施、反规避措施、预警应急机制等。

案例与点评

案例

2001 年 6 月，美国总统布什作出了在 201 条款下对进口钢铁产品实施保障措施调查的决定，以确定美国钢铁产业是否受到损害，这一举动涉及中国、欧盟、日本和韩国等国家的钢铁产品的出口，为本已不景气的世界钢铁市场投下了阴影，并因此遭到世界各国的反对。在此形势下，2001 年 7 月，美国钢管行业向美国商务部正式提出对中国钢管实施反倾销调查。

上海埃力生钢管有限公司年产 ERW 钢管 30 万吨，全部按美国 API、ISO900 标准生产，50%以上的产品出口，其中，大部分出口到美国。得知美国对钢铁进行反倾销立案调查后，上海埃力生公司组建了专门的应诉机构，聘请了国内外经验丰富的资深律师，开始了漫长、复杂的反倾销应诉过程。美国商务部的调查琐碎、详细，范围涉及公司两年以上的原材料采购产品及客户的整个生产、销售、财务、售后服务过程。应诉人员必须在指定时间内，实事求是地回答美国商务部的 A、B、C 三套问卷，而且，所有递交的材料和答复的问题，必须有公司原始记录和各种单据为证，还要经得起美国商务部官员近乎苛刻的实地核查。

2001 年 12 月 20 日，美国商务部根据上海埃力生公司的答卷，初步裁定该公司出口到美国钢管的税率为零。初裁后，埃力生公司转入了更加周密、细致的工作中，准备迎接美国商务部的现场核查。

2002 年 1 月 18—19 日，埃力生公司接受了美国商务部官员的现场核查。埃力生公司对美国的反倾销应诉案，得到了国家经贸委和外经贸部领导的高度重视，特意派领导现场调研，经过实地考察论证，美国商务部官员认定埃力生公司的钢管价格是真实的，认定不存在倾销。埃力生公司顺利通过了美国商务部的现场核查。

2002 年 5 月 21 日，美国商务部公布了终裁结果，上海埃力生公司出口到美国的钢管税率为零。国家经贸委认为，上海埃力生公司对美国反倾销案的胜诉对国内企业有着重要的借鉴意义。企业要有自我保护意识，在受到不公正的反倾销诉讼时，一定要据理力争，努力抗辩。应诉企业胜诉后，不仅可以提高公司在美国的知名度，巩固并扩大在美国的市场，而且可以使企业在国际竞争中处于有利的国际地位；企业一定要熟悉国际市场，遵循外贸规则，尽快掌握 WTO 的有关法规。只有这样，企业才能有效地维护自身利益。

问：反倾销应诉要准备哪些内容？

案例点评

反倾销应诉要积极寻求中国国际贸易促进委员会和各国家级行业协会帮助和外经贸主管部门的指导，在国内尽快报名应诉；聘请律师，并在律师的指导下，积极准备相关材料和证据；配合律师填写问卷，要求认真填写，按时递交；全面、充分、认真地进行准备，以便顺利通过核查；应利用法律赋予的权利，要求召开听证会，阐明有利于自己的论点，弥补调查问卷中的一些不足。

第四编

JING JI FA GAI LUN

宏观调控法律制度

第一章　税收法律制度

第二章　会计法律制度

第三章　审计法律制度

第四章　环境保护法律制度

第五章　自然资源法律制度

第一章 税收法律制度

现在"纳税人"这个词在我们的日常生活中出现得越来越频繁，同时我们也应当清楚依法纳税是每个公民的义务，然而为什么要纳税，应当缴纳哪些税，以及怎样缴纳，未必大家都很清楚，本章将围绕着上述问题介绍有关税收方面的知识。

本章需要掌握的主要内容有：

- 税收的概念和税法的构成要素
- 我国现行的几个主要税种及其计税方法
- 我国税收管理制度

第一节 税法概述

税收是国家为了实现其职能，凭借政治权力参与社会产品和国民收入分配，按照法定的标准和程序，无偿地、强制地取得财政收入的分配关系。税收是国家财政收入最基本的、但不是唯一的收入形式。除税收之外，国家还可以通过其他方式取得财政收入，如事业费收入、国有资源管理收入、公产收入、罚没收入、国际组织捐款收入、规模收入等。

与国家取得财政收入的其他方式相比，税收具有以下三方面明显特征：

(1) 强制性。税收是国家凭借着政治权力开征的，国家运用法律手段公布征税标准，并运用行政手段和司法手段来保证征税任务的完成，每个公民、企业、经济组织等都有依法纳税的义务。对拒不纳税或偷税、逃税者，国家有权强制征收，并有权给予法律制裁。

(2) 无偿性。从征税的过程来说，国家并不向纳税人支付对价，就取得纳税人的税款,而且不存在对纳税人的偿还问题。但是如果从财政活动的宏观整体来看,税收是政府提供公共物品和服务的基础,即所谓的“取之于民,用之于民”。

(3) 固定性。税收是国家按照法律预先规定的范围、标准和环节征收的,税法的规定具有稳定性。纳税人取得了应当纳税的收入或发生了应纳税的行为,就必须按预先规定的标准如数缴纳,而不能改变标准。

税收在整个国民经济中有着极其重要的作用和职能,具体来说主要体现在以下四个方面:

(1) 筹集财政收入。筹集国家的财政收入是税收的首要职能。国家为了行使自己的职能,必须要有足够的财力基础,而财力基础则表现为财政收入上有稳定的来源和增长;而税收在保证和实现财政方面,起着重要的作用,因此它是国家组织收入的一个重要手段。

(2) 调节经济发展。作为调节社会经济生产活动,均衡分配,正确处理国家、集体、个人三者经济利益关系的重要手段,税收能够在一定程度上调节各种经济成分、各种行业、各种产品生产经营者的收入差距,从而引起各地区、各部门以及各阶层、各类纳税人经济利益的变化,进而对社会经济状况产生某些影响。国家正是通过这种影响来实现一定的政策,达到一定的政治经济目的。

(3) 宏观调控的杠杆。税收是国家宏观经济调控的一个重要杠杆。它有助于完善经济运行机制,引导社会资金流动,调整产业结构,调节经济发展。税种、税目和税率的设置与调整,减免税的规定,体现了国家运用经济杠杆鼓励或者限制生产经营,从而促使社会总需求和总供给的基本平衡,促进企业在公平税负基础上展开竞争,提高社会效益和经济效益。

(4) 监督经济活动。国家在征收税款过程中,一方面要查明情况,正确计算并收取税款;另一个方面又能发现纳税人在生产经营过程中或是在缴纳税款过程中存在的问题。通过税收征管活动,保护合法经营,制裁越权减免税、拖欠税款、偷税和抗税不缴等不法行为。

第二节 我国现行的税种

根据征税对象的不同,我国现行的税种可以划分为流转税、所得税、财产税、行为税和资源税。

一、流转税

流转税是以商品流转额和非商品(服务收入)流转额为征税对象的税。

流转税的征税对象是流转额,流转额既包括商品销售收入额,也包括各种劳务、服务的业务收入额。流转税税源大、范围广,在我国各种税收收入中占第一位。流转税这一税种包括增值税、消费税、营业税和关税等。

(一) 增值税

1. 概念

增值税是以商品生产流通和劳务服务各个环节的增值因素为征税对象的一种流转税。增值是纳税人在生产经营活动中所创造的新增价值或商品的附加值,亦即纳税人在一定时期内销售产品或提供劳务所得收入超过其购进商品或进行劳务时间所支出的差额部分。

2. 纳税主体

增值税的纳税主体是在我国境内销售货物或提供加工、修理修配劳务以及进出口货物的单位和个人。增值税的纳税人分为一般纳税人和小规模纳税人两种。

小规模纳税人是指:(1) 从事货物生产或提供应税劳务的纳税人,以及以从事货物生产或提供应税劳务为主,兼营货物批发或零售的纳税人,年应征增值税销售额100万元以下的;(2) 从事货物批发或零售的纳税人,年应征增值税销售额在180万元以下的;(3) 年应征增值税销售额超过小规模纳税人的标准的个人、非企业性单位,以及不经常发生应税行为的企业,视同小规模纳税人。

年应纳税销售额超过上述标准的纳税人为一般纳税人。

3. 征税对象

增值税的征税对象是生产经营者销售货物、提供应税劳务和进口货物的增值额。

4. 征税范围

增值税的征税范围是指在中国境内销售货物,提供加工、修理修配劳务,以及进出口货物。具体征税范围包括:(1) 销售货物;(2) 应税劳务;(3) 进出口货物;(4) 视同销售货物;(5) 混合销售;(6) 兼营非应税劳务;(7) 特殊的销售货物。

5. 税率

增值税税率分为基本税率17%、低税率13%和零税率三种。适用低税率的产品有：(1) 粮食、食用植物油；(2) 自来水、暖气、冷气、热水、煤气、石油液化气、天然气、沼气、居民用煤炭制品；(3) 图书、报纸、杂志；(4) 饲料、化肥、农药、农机、农膜；(5) 国务院规定的其他货物。

除此之外的其他应税产品和劳务均适用基本税率,出口商品实行零税率(即产品报关出口后退还全部税款)。

6. 计税办法

计算增值税的应纳税额,应先确定纳税人的销售额、销项税额、进项税额等基本数据,然后才能准确计算出应纳税额;同时,应分一般纳税人、小规模纳税人和进口货物三种情况,采取不同的计税方法。增值税以不含增值税税金的价格为计税依据。

销项税额是纳税人销售货物或应税劳务,按照销售额和规定的税率计算并向购买方收取的增值税额。纳税义务人的销项税额,必须如实填写在增值税专用发票的“销项税额”栏目内。进项税额是纳税义务人购进货物或接受劳务所支付或负担的增值税额。

(1) 一般纳税人的计税方法：

应纳税额＝当期销项税额－当期进项税额

销项税额＝销售税额×税率

对一般纳税人实行根据增值税专用发票上注明的税款抵扣制度,即以商品销售额为计税依据,同时允许从税额中扣除上一道环节中已经缴纳的税款。如果当期销项税额小于当期进项税额不足抵扣时,其不足部分可以接转下期继续抵扣。

(2) 小规模纳税人的计税方法：

应纳税额＝销售额×征收率

小规模纳税人应纳的增值税额采取简易的方法计算,其中,征收率为3%。

(3) 进口货物的计税方法：

组成计税价格＝关税完税价格＋关税＋消费税

应纳税额＝组成计税价格×税率

进口货物,按照组成计税价格和税率计算应纳税额,不得抵扣任何税额。

7. 免征增值税的项目

下列项目免征增值税：(1) 农业生产者销售的自产农产品；(2) 避孕药品和用具；(3) 古旧图书；(4) 直接用于科学研究、科学试验和教学的进口仪器、设备；(5) 外国政府、国际组织无偿援助的进口物资和设备；(6) 由残疾人组织直接进口供残疾人专用的物品；(7) 销售者自己使用的物品。

(二) 消费税

1. 概念

消费税是对特定的消费品和消费行为征收的一种流转税。消费税的征税项目一般包括：

(1) 过度消费会对人类健康、社会秩序、生态环境造成一定危害的消费品。如烟、酒、鞭炮等。

(2) 非生活必需品、奢侈品。如贵重首饰、珠宝玉石、化妆品等。

(3) 高能耗、高档消费品。如摩托车、小汽车等。

(4) 不可再生或不可替代品。如汽油、柴油等。

(5) 具有一定财政意义的消费品。如护肤护发品、汽车轮胎等。

2. 消费税的征税范围

消费税共有以下 14 个税目：

(1) 烟；(2) 酒及酒精；(3) 化妆品；(4) 贵重首饰及珠宝玉石；(5) 鞭炮、焰火；(6) 成品油；(7) 汽车轮胎；(8) 小汽车；(9) 摩托车；(10) 高尔夫球及球具；(11) 高档手表；(12) 游艇；(13) 木制一次性筷子；(14) 实木地板。

3. 纳税人

在中华人民共和国境内生产、委托加工和进口规定的消费品的单位和个人，是消费税的纳税人。

委托加工的应税消费品，由受托方在向委托方交货时代收代缴税款。受托方为消费税法定的代收代缴义务人。

4. 税率

消费税采用比例税率和定额税率两种形式。其中，比例税率为 1%～45%，主要适用于那些供求矛盾突出、价格差异较大、计量单位不够规范的应税消费品。其中，税率最高的是烟类中的甲类卷烟，税率为 45%，税率最低的是小排气量的汽车，为 1%。定额税率共设四个档次，主要适用于那些供求基本平衡，价格差异不大、计量单位规范的应税消费品。它们是黄酒(240 元/吨)、啤酒(220 元/吨、250 元/吨)、汽油(0.2 元/升)、柴油(0.1 元/升)。

5. 计税依据

现行消费税考虑不同应税消费品的价格变化情况和便于征纳等因素，分别采用从价计税和从量计税两种方法。

实行从价定率法征税的计税依据是：纳税人生产销售应税消费品向购买方收取的全部价款和价外费用，即纳税人的销售额。它与增值税的计税依据相同，都是包含消费税而不包含增值税的销售额。

实行从量定额法征税的计税依据是：纳税人生产销售应税消费品的实际销售数量。

(1) 销售应税消费品应纳税额的计算方法：

应纳税额＝应税消费品的销售额(不含增值税)×适用税率

(2) 自产自用应税消费品应纳税额的计算方法：

① 有同类消费品销售价格的，其应纳税额的计算公式为：

应纳税额＝同类消费品销售单价×自产自用数量×适用税率

② 没有同类消费品销售价格的，按组成计税价格计算应纳税额，计算公式为：

应纳税额＝组成计税价格×适用税率

组成计税价格＝(成本＋利润)/(1－消费税税率)

(3) 委托加工应税消费品的计算方法：

① 有同类消费品销售价格的，其应纳税额的计算公式为：

应纳税额＝同类消费品销售单价×委托加工数量×适用税率

② 没有同类消费品销售价格的，按组成计税价格计算应纳税额，计算公式为：

组成计税价格＝(材料成本＋加工费)/(1－消费税税率)

应纳税额＝组成计税价格×适用税率

(4) 进口应税消费品的计算方法：

应纳税额＝组成计税价格×适用税率

组成计税价格＝(关税完税价格＋关税)/(1－消费税税率)

(三) 营业税

1. 概念

营业税是指对在我国境内提供应税劳务、转让无形资产或者销售不动产的单位和个人就其营业收入额征收的一种税。

2. 征税对象

营业税的征税对象为在中国境内提供应税劳务、转让无形资产或销售不动产所取得的营业额。

3．征税范围

营业税的征税范围，是指在中华人民共和国境内提供应税劳务、转让无形资产或销售不动产的行为。

营业税具体征税范围如下：(1) 交通运输业；(2) 建筑业；(3) 金融保险业；(4) 邮电通信业；(5) 文化体育业；(6) 娱乐业；(7) 服务业；(8) 转让无形资产；(9) 销售不动产。

4．纳税人

凡在我国境内从事交通运输、金融保险、邮电通信、建筑安装、文化娱乐以及转让无形资产或者销售不动产的单位和个人，为营业税的纳税主体。

5．税率

营业税按照行业、类别的不同分别采用不同的比例税率，具体为：

(1) 交通运输业、建筑业、邮电通信业、文化体育业，税率为3%；

(2) 服务业、销售不动产、转让无形资产、金融保险业，税率为5%；

(3) 娱乐业执行5%～20%的幅度税率。

6．营业税的计税依据

营业税的计税依据为营业额，即纳税人提供应税劳务、转让无形资产或销售不动产向对方收取的全部价款和价外费用，不得从中扣除任何成本、费用。

(1) 按营业收入全额计税。其应纳税额的计算公式为：

$$应纳税额=营业收入额\times适用税率$$

(2) 按营业收入差额计税。其应纳税额的计算公式为：

$$应纳税额=营业收入差额\times适用税率$$

(3) 按组成计税价格计税。其应纳税额的计算公式为：

$$应纳税额=组成计税价格\times适用税率$$

7．营业税的免征

下列项目免征营业税：(1) 托儿所、幼儿园、养老院、残疾人福利机构提供的育养服务、婚姻介绍、殡葬服务；(2) 残疾人员个人提供的劳务；(3) 医院、诊所和其他医疗机构提供的医疗服务；(4) 学校和其他教育机构提供的教育劳务，学生勤工俭学提供的劳务；(5) 农业机耕、排灌、病虫害防治、植物保护、农牧保险以及相关技术培训业务，家禽、牲畜、水生动物的配种和疾病防治；(6) 纪念馆、博物馆、文化馆、文物保护单位管理机构、美术馆、展览馆、书画院、图书馆举办文化活动的门票收入，宗教场所举办文化、宗教活动的门票收入；(7) 境内保险机构为出口货物提供的保险产品。

（四）关税

1. 概念

关税是国家对进出国境(或关境)的货物和物品所征收的一种税。关税一般由设在边境、沿海口岸或国家指定的其他水、陆、空国际交往通道的海关来征收。关税是一种特殊的税种,它是维护国家主权和经济利益,执行国家对外经济政策的重要手段。关税可以分为进口关税和出口关税。

2. 征税对象

关税的征税对象是进出国境或关境的货物和物品。其中,货物是指国与国之间贸易性商品物资;物品则是指个人邮寄或携带出入境的商品,以及以其他方式出入境的个人自用物品。

3. 纳税人

关税的纳税主体是准许进口货物的收货人、准许出口货物的发货人和准许进出境物品的所有人。

4. 税率

关税的税率为比例税率。进出口货物的税率分为进口税率和出口税率。

5. 关税的完税价格

(1) 进口货物的完税价格。

进口货物以海关审定的成交价格为基础的到岸价格为完税价格。到岸价格包括货价加上货物运抵中国关境内输入地点起卸前的包装费、运费、保险费和其他劳务费等费用。

进口货物的到岸价格如果经海关审查未能确定的,海关可为其估定完税价格。

(2) 出口货物的完税价格。

出口货物应以海关审定的货物售与境外的离岸价格扣除出口关税后,作为完税价格。计算公式为:完税价格＝ 离岸价格/(1＋出口税税率)

6. 关税的计算

(1) 进口货物应纳税额的计算公式为:

应纳税额＝进口应税货物数量×单位完税价格×适用税率

(2) 出口货物应纳税额的计算公式为:

应纳税额＝出口应税货物数量×单位完税价格×适用税率

7. 关税的减免

对于下列进出口货物、进出境物品,减征或者免征关税:(1) 无商业价值的广告品和货样；(2) 外国政府、国际组织无偿赠送的物资；(3) 在海关放行前遭受损坏或者损失的货物；(4) 规定数额以内的物品；(5) 法律规定减征、免征关税的其他货物、物品；(6) 中华人民共和国缔结或者参加的国际条约规定减征、免征关税的货物、物品。另外,特定地区、特定企业或者有特定用途的进出口货物,可以减征或者免征关税。特定减税或者免税的范围和办法由国务院规定。

二、所得税

所得税即收益税,是对企业和个人因为从事劳动、经营和投资所取得的各种收益为征税对象的税。所得税的特征是按纳税人的负担能力确定税收负担,即纳税人有所得才有纳税义务,并且它是直接税,税负不能转嫁。所得税一般采用按年所得额征税,分期缴纳,年终汇算清缴。

(一) 企业所得税

悠悠 13 载,漫漫合并路。自 1994 年的酝酿工作开始至 2007 年 3 月 16 日通过《中华人民共和国企业所得税法》(以下简称《企业所得税法》),我国内、外资企业所得税制度的合并宣告完成,这是我国在构建社会主义和谐社会进程中的一项制度创新。新企业所得税法实现了"四个统一"：内资企业、外资企业适用统一的企业所得税法；统一并适当降低企业所得税税率；统一和规范税前扣除办法和标准；统一和规范税收优惠政策。实行"产业优惠为主、区域优惠为辅"的新税收优惠体系。

1. 概念

企业所得税是指企业就其生产、经营的纯收益、所得额和其他所得所征收的一种税。

2. 纳税主体

在中华人民共和国境内,企业和其他取得收入的组织(以下统称企业)为企业所得税的纳税人。个人独资企业、合伙企业除外。

企业分为居民企业和非居民企业。居民企业,是指依法在中国境内成立,或者依照外国(地区)法律成立但实际管理机构在中国境内的企业。非居民企业,是指依照外国(地区)法律成立且实际管理机构不在中国境内,但在中国境内设立机构、场所的,或者在中国境内未设立机构、场所,但有来源于中国境内所得的企业。

3. 征税对象

居民企业应当就其来源于中国境内、境外的所得缴纳企业所得税。

非居民企业在中国境内设立机构、场所的,应当就其所设机构、场所取得的来源于中国境内的所得,以及发生在中国境外但与其所设机构、场所有实际联系的所得，缴纳企业所得税。

非居民企业在中国境内未设立机构、场所的，或者虽设立机构、场所但取得的所得与其所设机构、场所没有实际联系的，应当就其来源于中国境内的所得缴纳企业所得税。

4. 应纳税所得额

企业每一纳税年度的收入总额，减除不征税收入、免税收入、各项扣除以及允许弥补的以前年度亏损后的余额，为应纳税所得额。

企业以货币形式和非货币形式从各种来源取得的收入，为收入总额。包括：(1) 销售货物收入；(2) 提供劳务收入；(3) 转让财产收入；(4) 股息、红利等权益性投资收益；(5) 利息收入；(6) 租金收入；(7) 特许权使用费收入；(8) 接受捐赠收入；(9) 其他收入。

收入总额中的下列收入为不征税收入：(1) 财政拨款；(2) 依法收取并纳入财政管理的行政事业性收费、政府性基金；(3) 国务院规定的其他不征税收入。

企业实际发生的与取得收入有关的、合理的支出，包括成本、费用、税金、损失和其他支出，准予在计算应纳税所得额时扣除。企业发生的公益性捐赠支出，在年度利润总额12%以内的部分，准予在计算应纳税所得额时扣除。

在计算应纳税所得额时，下列项目不得扣除：(1) 向投资者支付的股息、红利等权益性投资收益款项；(2) 企业所得税税款；(3) 税收滞纳金；(4) 罚金、罚款和被没收财物的损失；(5)《企业所得税法》第9条规定以外的捐赠支出；(6) 赞助支出；(7) 未经核定的准备金支出；(8) 与取得收入无关的其他支出。

5. 税率

企业所得税采用比例税率，税率为25%。

非居民企业取得《企业所得税法》第3条第3款规定的所得，适用税率为20%。

6. 应纳税额

应纳税额的计算公式为：

应纳税额＝应纳税所得额×适用税率

7. 税收优惠

国家对重点扶持和鼓励发展的产业和项目，给予企业所得税优惠。

企业的下列收入为免税收入：(1) 国债利息收入；(2) 符合条件的居民企业之间的股息、红利等权益性投资收益；(3) 在中国境内设立机构、场所的非居民企业从居民企业取得与该机构、场所有实际联系的股息、红利等权益性投资收益；(4) 符合条件的非营利组织的收入。

企业的下列所得，可以免征、减征企业所得税：(1) 从事农、林、牧、渔业项目的所得；(2) 从事国家重点扶持的公共基础设施项目投资经营的所得；(3) 从事符合条件的环境保护、节能节水项目的所得；(4) 符合条件的技术转让所得；(5)《企业所得税法》第3条第3款规定的所得。

另外，符合条件的小型微利企业，减按20%的税率征收企业所得税；国家需要重点扶持的高新技术企业，减按15%的税率征收企业所得税。

8. 税收抵免

企业取得的下列所得已在境外缴纳的所得税税额，可以从其当期应纳税额中抵免，抵免限额为该项所得依照《企业所得税法》规定计算的应纳税额；超过抵免限额的部分，可以在以后5个年度内，用每年度抵免限额抵免当年应抵税额后的余额进行抵补：(1) 居民企业来源于中国境外的应税所得；(2) 非居民企业在中国境内设立机构、场所，取得发生在中国境外但与该机构、场所有实际联系的应税所得。

居民企业从其直接或者间接控制的外国企业分得的来源于中国境外的股息、红利等权益性投资收益，外国企业在境外实际缴纳的所得税税额中属于该项所得负担的部分，可以作为该居民企业的可抵免境外所得税税额，在法律规定的抵免限额内抵免。

(二) 个人所得税

1. 概念

个人所得税是以个人(自然人)取得的各项应税所得征收的一种税。

2. 纳税人

个人所得税的纳税人是指在中国境内有住所，或者虽无住所但在境内居住满一年，以及无住所又不居住或居住不满一年但有从中国境内取得所得的个人。包括中国公民、个体工商户、外籍个人等。

3. 征税对象

个人所得税的征税对象是个人取得的应税所得。《中华人民共和国个人所得税法》(以下简称《个人所得税法》)列举征税的个人所得共有如下11项。

(1) 工资薪金所得。即个人因任职或者受雇而取得的工资、薪金、奖金、年终加薪、劳动分红、津贴以及与任职或者受雇有关的其他所得。

(2) 个体工商户的生产、经营所得。具体包括：个体工商户从事工业、手工业、建筑业、交通运输业、商业、饮食业、服务业、修理业以及其他行业生产、经营取得的所得；个人经政府有关部门批准，取得执照，从事办学、医疗、咨询以及其他有偿服务活动取得的所得；其他个人从事个体工商业生产、经营取得的所得；上述个体工商户和个人取得的与生产、经营有关的各项应纳税所得。

(3) 对企事业单位的承包经营、承租经营所得。即个人承包经营、承租经营以及转包、转租取得的所得，包括个人按月或者按次取得的工资、薪金性质的所得。

(4) 劳务报酬所得。即个人从事设计、装潢、安装、制图、化验、测试、医疗、法律、会计、咨询、讲学、新闻、广播、翻译、审稿、书面、雕刻、影视、演出、表演、广告、展览、技术服务、介绍服务、经纪服务、代办服务以及其他劳务取得的所得。

(5) 稿酬所得。即个人因其作品以图书、报刊形式出版、发表而取得的所得。

(6) 特许权使用费所得。即个人提供专利权、商标权、著作权、非专利技术以及其他特许权的使用权取得的所得;提供著作权的使用权取得的所得不包括稿酬所得。

(7) 利息、股息、红利所得。即个人拥有债权、股权而取得的利息、股息、红利所得。

(8) 财产租赁所得。即个人出租建筑物、土地使用权、机器设备、车船以及其他财产取得的所得。

(9) 财产转让所得。即个人转让有价证券、股权、建筑物、土地使用权、机器设备、车船以及其他财产取得的所得。

(10) 偶然所得。即个人得奖、中奖、中彩以及其他偶然性质的所得。

(11) 其他所得。即经国务院财政部门确定征税的其他所得。

4. 个人所得税的税率

(1) 工资、薪金所得适用5%～45%的9级超额累进税率(参见表1)。

表1　工资、薪金个人所得税税率表

级数	全月应纳税所得额	税率(%)	速算扣除数
1	不超过500元的	5	0
2	超过500元至2 000元的部分	10	25
3	超过2 000元至5 000元的部分	15	125
4	超过5 000元至20 000元的部分	20	375
5	超过20 000元至40 000元的部分	25	1 375
6	超过40 000元至60 000元的部分	30	3 375
7	超过60 000元至80 000元的部分	35	6 375
8	超过80 000元至100 000元的部分	40	10 375
9	超过100 000元的部分	45	15 375

注：表中全月应纳税所得额是指依照《个人所得税法》规定，以每月收入额减除费用2 000元后的余额或者对在中国境内无住所而在中国境内取得工资、薪金所得的纳税义务人和在中国境内有住所而在中国境外取得工资、薪金所得的纳税人在减除附加减除费用3 200元后的余额。

(2) 个体工商户的生产经营所得和对企事业单位的承包承租经营所得,适用5%～35%的5级超额累进税率(参见表2)。

表2　生产经营、承包承租经营个人所得税税率表

级　数	全月应纳税所得额	税率(%)	速算扣除数
1	不超过5 000元的	5	0
2	超过5 000元至10 000元的部分	10	250
3	超过10 000元至30 000元的部分	20	1 250
4	超过30 000元至50 000元的部分	30	4 250
5	超过50 000元的部分	35	6 750

注:表中所称全年应纳税所得额是指依照《个人所得税法》的规定,以每一纳税年度的收入总额,减除成本、费用以及损失后的余额。

(3) 稿酬所得,适用20%的比例税率,并按应纳税额减征30%。

(4) 劳务报酬所得,适用20%的比例税率,一次收入畸高的可加成征收(参见表3)。

表3　劳务报酬个人所得税税率表

级　数	每次应纳税所得额	税率(%)	速算扣除数
1	不超过20 000元的部分	20	0
2	20 000～50 000元的部分	30	2 000
3	超过50 000元的部分	40	7 000

(5) 特许权使用费所得,财产租赁所得,财产转让所得,利息、股息、红利所得,偶然所得和其他所得,适用20%的比例税率。

5. 个人所得税的免纳

下列各项个人所得,免纳个人所得税:(1) 省级人民政府、国务院部委和中国人民解放军军以上单位,以及外国组织、国际组织颁发的科学、教育、技术、文化、卫生、体育、环境保护等方面的奖金;(2) 国债和国家发行的金融债券利息;(3) 按照国家统一规定发给的补贴、津贴;(4) 福利费、抚恤金、救济金;(5) 保险赔款;(6) 军人的转业费、复员费;(7) 按照国家统一规定发给干部、职工的安家费、退职费、退休工资、离休工资、离休生活补助费;(8) 依照我国有关法律规定应予免税的各国驻华使馆、领事馆的外交代表、领事官员和其他人员的所得；(9) 中国政府参加的国际公约、签订的协议中规定免税的所得；(10) 经国务院财政部门批准免税的所得。

6. 个人所得税的减征

有下列情形之一的，经批准可以减征个人所得税：(1) 残疾、孤老人员和烈属的所得；(2) 因严重自然灾害造成重大损失的；(3) 其他经国务院财政部门批准减税的。

7. 应纳税额的计算

(1) 工资、薪金所得，以每月收入额减除费用 2 000 元后的余额，为应纳税所得额。其计算公式为：

应纳税额＝应纳税所得额×适用税率－速算扣除数

纳税人在多处取得工资、薪金收入的，应当将其从各处取得的收入合并计算缴纳个人所得税。

(2) 个体工商户的生产、经营所得，以每一纳税年度的收入总额，减除成本、费用以及损失后的余额，为应纳税所得额。其计算公式为：

应纳税额＝应纳税所得额×适用税率－速算扣除数

(3) 对企事业单位的承包经营、承租经营所得，以每一纳税年度的收入总额，减除必要费用后的余额，为应纳税所得额。其计算公式为：

应纳税额＝应纳税所得额×适用税率－速算扣除数

(4) 劳务报酬所得、稿酬所得、特许权使用费所得、财产租赁所得，每次收入不超过 4 000 元的，减除费用 800 元；4 000 元以上的，减除 20%的费用，其余额为应纳税所得额。

① 劳务报酬所得。

每次收入不超过 4 000 元的：应纳税额＝应纳税所得额×适用税率＝(每次收入额－800)×20%；

每次收入在 4 000 元以上的：应纳税额＝应纳税所得额×适用税率＝每次收入额×(1－20%)×20%；

每次应纳税所得额超过 20 000 元的：应纳税额＝应纳税所得额×适用税率－速算扣除数＝每次收入额×(1－20%)×适用税率－速算扣除数。

② 稿酬所得。

每次收入不超过 4 000 元的：应纳税额＝应纳税所得额×适用税率×(1－30%)＝(每次收入额－800)×20%×(1－30%)；

每次收入在 4 000 元以上的：应纳税额＝应纳税所得额×适用税率×(1－30％)＝每次收入额×(1－20％)×20％×(1－30％)。

③ 特许权使用费。

每次收入不超过 4 000 元的：应纳税额＝应纳税所得额×适用税率＝(每次收入额－800)×20％；

每次收入在 4 000 元以上的：应纳税额＝应纳税所得额×适用税率＝每次收入额×(1－20％)×20％。

④ 财产租赁。

其计算公式为：应纳税额＝应纳税所得额×适用税率。

(5) 财产转让所得，以转让财产的收入额减除财产原值和合理费用后的余额，为应纳税所得额。其计算公式为：

应纳税额＝应纳税所得额×适用税率＝(收入总额－财产原值－合理费用)×20％

(6) 利息、股息、红利所得，偶然所得和其他所得，以每次收入额为应纳税所得额。其计算公式为：

应纳税额＝应纳税所得额×适用税率＝每次收入额×20％

我国自 1999 年 11 月 1 日起，对储蓄存款利息所得恢复征收个人所得税，税率为 20％。2007 年 8 月 15 日起，将储蓄存款利息所得个人所得税的适用税率由 20％调减为 5％。从 2008 年 10 月 9 日起，对储蓄存款利息所得暂免征收个人所得税。

个人将其所得对教育事业和其他公益事业捐赠的部分，按照国务院有关规定从应纳税所得中扣除。

纳税义务人从中国境外取得的所得，准予其在应纳税额中扣除已在境外缴纳的个人所得税税额。但扣除额不得超过该纳税义务人境外所得依照《个人所得税法》规定计算的应纳税额。

8. 个人所得税的征收管理

个人所得税采取扣缴税款和自行申报两种纳税方法。以所得人为纳税义务人，以支付所得的单位或者个人为扣缴义务人。在两处以上取得工资、薪金所得和没有扣缴义务人的，纳税义务人应当自行申报纳税。扣缴义务人每月所扣的税、自行申报纳税人每月应纳的税，都应在次月 7 日内缴入国库，并向税务机关报送纳税申报表。

三、财产税

财产税是指对拥有应纳税财产的人征收的一种税。其征税对象是房屋等财产的价值额或租价额,税额只同财产的数量或价值相联系;可以就财产的占有征税,也可以就财产的转移征税,因而对限制财产占有、奖励居民自建房屋和保护房主合法权益方面有特殊作用,包括房产税和契税。

(一) 房产税

房产税是以房屋为征税对象,按房屋的计税余值或租金收入为计税依据,向产权所有人征收的一种财产税。房产税在城市、县城、建制镇和工矿区征收。房产税由产权所有人缴纳。产权属于全民所有的,由经营管理的单位缴纳。产权出典的,由承典人缴纳。产权所有人、承典人不在房产所在地的,或者产权未确定及租典纠纷未解决的,由房产代管人或者使用人缴纳。

房产税依照房产原值一次减除10%～30%后的余值计算缴纳。具体减除幅度,由省、自治区、直辖市人民政府规定。没有房产原值作为依据的,由房产所在地税务机关参考同类房产核定。房产出租的,以房产租金收入为房产税的计税依据。房产税的税率,依照房产余值计算缴纳的,税率为1.2%;依照房产租金收入计算缴纳的,税率为12%。

下列房产免纳房产税:国家机关、人民团体、军队自用的房产;由国家财政部门拨付事业经费的单位自用的房产;宗教寺庙、公园、名胜古迹自用的房产;个人所有非营业用的房产;经财政部批准免税的其他房产。除上述规定者外,纳税人纳税确有困难的,可由省、自治区、直辖市人民政府确定,定期减征或者免征房产税。

(二) 契税

契税是不动产的产权发生转移变动时,就当事人所订契约按产价的一定比例向产权承受人征收的一种财产税。在中华人民共和国境内转移土地、房屋权属,承受的单位和个人为契税的纳税人,应当依照规定缴纳契税。

契税的征税对象是我国境内所转移的土地和房屋权属。所称转移土地、房屋权属是指下列行为:国有土地使用权出让;土地使用权转让,包括出售、赠与和交换;房屋买卖;房屋赠与;房屋交换。

契税税率为3%～5%。契税的适用税率,由省、自治区、直辖市人民政府在规定的幅度内按照本地区的实际情况确定,并报财政部和国家税务总局备案。

契税的计税依据:(1)国有土地使用权出让、土地使用权出售、房屋买卖,为成交价格;(2)土地使用权赠与、房屋赠与,由征收机关参照土地使用权出售、房屋买卖的市场价格核定;(3)土地使用权交换、房屋交换,为所交换的土地使用权、房屋的价格的差额。如果前述成交价格明显低于市场价格并且无正当理由的,或者所交换土地使用权、房屋的价格的差额明显不合理并且无正当理由的,由征收机关参照市场价格核定。

有下列情形之一的,减征或者免征契税:(1) 国家机关、事业单位、社会团体、军事单位承受土地、房屋用于办公、教学、医疗、科研和军事设施的,免征;(2) 城镇职工按规定第一次购买公有住房的,免征;(3) 因不可抗力灭失住房而重新购买住房的,酌情准予减征或者免征;(4) 财政部规定的其他减征、免征契税的项目。

四、特定行为税

特定行为税,又称特定目的税,是指对某些法定行为实施征收的一种税。特定行为税具有鲜明的政策性和因时制宜的灵活性。特定行为税包括印花税、固定资产投资方向调节税、筵席税、屠宰税、车船使用税、城市维护建设税等。

印花税是对经济活动和经济交往中书立、领受的应税经济凭证所征收的一种税,因购买并张贴印花的形式缴纳税款而得名。在中华人民共和国境内书立、领受《中华人民共和国印花税暂行条例》所列举凭证的单位和个人,都是印花税的纳税义务人。具体有:立合同人、立账簿人、立据人和领受人。

现行印花税只对印花税条例列举的凭证征税,具体有五类:经济合同,产权转移书据,营业账簿,权利、许可证照和经财政部确定征税的其他凭证。

印花税根据不同征税项目,分别实行从价计征和从量计征两种征收方式。(1) 从价计税情况下计税依据的确定:① 各类经济合同,以合同上记载的金额、收入或费用为计税依据;② 产权转移书据,以书据中所载的金额为计税依据;③ 记载资金的营业账簿,以实收资本和资本公积两项合计的金额为计税依据。(2) 从量计税情况下计税依据的确定:实行从量计税的其他营业账簿和权利、许可证照,以计税数量为计税依据。

现行印花税采用比例税率和定额税率两种税率。比例税率有五档,即千分之一、千分之四、万分之五、万分之三和万分之零点五。适用定额税率的是权利许可证照和营业账簿税目中的其他账簿,单位税额均为每件 5 元。

按比例税率计算应纳税额的方法:应纳税额=计税金额×适用税率。

按定额税率计算应纳税额的方法:应纳税额=凭证数量×单位税额。

印花税实行由纳税人根据规定自行计算应纳税额,购买并一次贴足印花税票(以下简称贴花)的缴纳办法。为简化贴花手续,应纳税额较大或者贴花次数频繁的,纳税人可向税务机关提出申请,采取以缴款书代替贴花或者按期汇总缴纳的办法。

其他的特定行为税这里就不作详细介绍了。

五、资源税

资源税是以各种自然资源及其级差收入为课税对象的一种税。资源税是以各种自然资源为课税对象、为了调节资源级差收入并体现国有资源有偿使用而征收的一种税。我国《资源税暂行条例》所指的资源只是矿产品和盐,连土地也没有包括在内。

在中华人民共和国境内开采《资源税暂行条例》规定的矿产品或者生产盐的单位和个人,为资源税的纳税义务人。应当征收资源税的矿产品和盐共有以下七类:原油、天然气、煤炭、其他非金属矿原矿、黑色矿原矿、有色金属矿原矿和盐。

资源税的税额计算。(1) 纳税人开采或生产的应税产品用于销售的,其计算公式为:应纳税额=销售数量×单位税额;(2) 纳税人将开采或生产的应税产品自用或捐赠的,其计算公式为:应纳税额=自用数量或捐赠数量×单位税额;(3) 收购未完税产品,于收购环节代扣代缴资源税的,其计算公式为:应代扣代缴资源税=收购数量×单位税额。

属于下属情况的,资源税减免:(1) 开采原油过程中用于加热、修井的原油免税;(2) 纳税人开采或者生产应税产品过程中,因意外事故或者自然灾害等原因遭受重大损失的,由省、自治区、直辖市人民政府酌情决定减税或者免税;(3) 国务院规定的其他减税、免税项目。

第三节 税收征收管理法

税收征收管理制度是税收机关对纳税人依法纳税和进行税务监督管理的总称。

一、税收管理体制

税收管理体制是指在中央和地方之间划分税收管理权限的一项重要制度。我国税收管理体制的总原则是“统一领导、分级管理”,实行分税制。分税制改革的原则和主要内容是:按照中央与地方政府的事权划分,合理确定各级财政的支出范围;根据事权与财权相结合原则,将税种统一划分为中央税、地方税和中央地方共享税,并建立中央税收和地方税收体系,分设中央与地方两套税务机构分别征管;

科学核定地方收支数额,逐步实行比较规范的中央财政对地方的税收返还和转移支付制度;建立和健全分级预算制度,硬化各级预算约束。

二、税收征收管理法律制度

(一) 税务管理

1. 税务登记

企业,企业在外地设立的分支机构和从事生产、经营的场所,个体工商户和从事生产、经营的事业单位(以下统称从事生产、经营的纳税人)自领取营业执照之日起 30 日内,都必须持有关证件,向税务机关申报办理税务登记。

2. 账簿、凭证管理

纳税人、扣缴义务人按照有关法律、行政法规和国务院财政、税务主管部门的规定设置账簿,根据合法、有效凭证记账,进行核算。必须按照国务院财政、税务主管部门规定的保管期限保管账簿、记账凭证、完税凭证及其他有关资料,不得伪造、变造或者擅自损毁。

税务机关是发票的主管机关,负责发票印制、领购、开具、取得、保管、缴销的管理和监督;单位、个人在购销商品、提供或者接受经营服务以及从事其他经营活动中,应当按照规定开具、使用、取得发票。国家根据税收征收管理的需要,积极推广使用税控装置。纳税人应当按照规定安装、使用税控装置,不得损毁或者擅自改动税控装置。

3. 纳税申报

纳税人必须依照法律、行政法规的规定,或者税务机关依照法律、行政法规的规定确定的申报期限、申报内容如实办理纳税申报,报送纳税申报表、财务会计报表以及税务机关根据实际需要要求纳税人报送的其他纳税资料。

(二) 税款征收

税款征收是税务机关依法征收税款的活动。

1. 依法征税

税务机关依照法律、行政法规的规定征收税款,不得违反法律、行政法规的规定开征、停征、多征、少征、提前征收、延缓征收或者摊派税款。

2. 税款的代扣、代收

扣缴义务人依照法律、行政法规的规定履行代扣、代收税款的义务。对法律、行政法规没有规定负有代扣、代收税款义务的单位和个人,税务机关不得要求其履行代扣、代收税款义务;扣缴义务人依法履行代扣、代收税款义务时,纳税人不得拒绝。纳税人拒绝的,扣缴义务人应当及时报告税务机关处理。

3. 税款的缴纳和延期缴纳

纳税人、扣缴义务人按照法律、行政法规规定或者税务机关依照法律、行政法规的规定确定的期限缴纳或者解缴税款;纳税人因有特殊困难不能按期缴纳税款的,经省、自治区、直辖市国家税务局、地方税务局批准,可以延期缴纳税款,但是最长不得超过三个月。

4. 滞纳金

纳税人未按照规定期限缴纳税款的,扣缴义务人未按照规定期限解缴税款的,税务机关除责令限期缴纳外,从滞纳税款之日起,按日加收滞纳税款万分之五的滞纳金。

5. 减税、免税

纳税人可以依照法律、行政法规的规定书面申请减税、免税。减税、免税的申请须经法律、行政法规规定的减税、免税审查批准机关审批。

6. 完税凭证

税务机关征收税款时,必须给纳税人开具完税凭证。扣缴义务人代扣、代收税款时,纳税人要求扣缴义务人开具代扣、代收税款凭证的,扣缴义务人应当开具。

7. 应纳税额的核定

纳税人有下列情形之一的,税务机关有权核定其应纳税额:(1) 依照法律、行政法规的规定可以不设置账簿的;(2) 依照法律、行政法规的规定应当设置账簿但未设置的;(3) 擅自销毁账簿或者拒不提供纳税资料的;(4) 虽设置账簿,但账目混乱或者成本资料、收入凭证、费用凭证残缺不全,难以查账的;(5) 发生纳税义务,未按照规定的期限办理纳税申报,经税务机关责令限期申报,逾期仍不申报的;(6) 纳税人申报的计税依据明显偏低,又无正当理由的。

8. 税收保全措施

对未按照规定办理税务登记的从事生产、经营的纳税人以及临时从事经营的纳税人,由税务机关核定其应纳税额,责令缴纳;不缴纳的,税务机关可以扣押其价值相当于应纳税款的商品、货物。

9. 税收强制执行措施

从事生产、经营的纳税人、扣缴义务人未按照规定的期限缴纳或者解缴税款,纳税担保人未按照规定的期限缴纳所担保的税款,由税务机关责令限期缴纳,逾期仍未缴纳的,经县以上税务局(分局)局长批准,税务机关可以采取强制执行措施。

10. 出境管理

欠缴税款的纳税人或者他的法定代表人需要出境的,应当在出境前向税务机关结清应纳税款、滞纳金或者提供担保。未结清税款、滞纳金，又不提供担保的，税务机关可以通知出境管理机关阻止其出境。

11. 税收与其他权利和行政处罚的关系

税务机关征收税款，税收优先于无担保债权，法律另有规定的除外；纳税人欠缴的税款发生在纳税人以其财产设定抵押、质押或者纳税人的财产被留置之前的，税收应当先于抵押权、质权、留置权执行。纳税人欠缴税款，同时又被行政机关决定处以罚款、没收违法所得的，税收优先于罚款、没收违法所得。

12. 代位权和撤销权

欠缴税款的纳税人因怠于行使到期债权，或者放弃到期债权，或者无偿转让财产，或者以明显不合理的低价转让财产而受让人知道该情形，对国家税收造成损害的，税务机关可以依照《合同法》第 73 条、第 74 条的规定行使代位权、撤销权。税务机关依照该规定行使代位权、撤销权的，不免除欠缴税款的纳税人尚未履行的纳税义务和应承担的法律责任。

13. 超纳税款的处理

纳税人超过应纳税额缴纳的税款，税务机关发现后应当立即退还；纳税人自结算缴纳税款之日起 3 年内发现的，可以向税务机关要求退还多缴的税款并加算银行同期存款利息，税务机关及时查实后应当立即退还；涉及从国库中退库的，依照法律、行政法规有关国库管理的规定退还。

14. 补缴和追征

因税务机关的责任，致使纳税人、扣缴义务人未缴或者少缴税款的，税务机关在 3 年内可以要求纳税人、扣缴义务人补缴税款，但是不得加收滞纳金；因纳税人、扣缴义务人计算错误等失误未缴或者少缴税款的，税务机关在 3 年内可以追征税款、滞纳金；有特殊情况的，追征期可以延长到 5 年。对偷税、抗税、骗税的，税务机关追征其未缴或者少缴的税款、滞纳金或者所骗取的税款，不受该规定期限的限制。

（三）税务检查

1. 税务检查的范围

税务机关有权进行下列税务检查：(1) 检查纳税人的账簿、记账凭证、报表和有关资料，检查扣缴义务人代扣代缴、代收代缴税款账簿、记账凭证和有关资料；(2) 到纳税人的生产、经营场所和货物存放地检查纳税人应纳税的商品、货物或者其他财产，检查扣缴义务人与代扣代缴、代收代缴税款有关的经营情况；(3) 责成纳税人、扣缴义务人提供与纳税或者代扣代缴、代收代缴税款有关的文件、证明材料和有关资料；(4) 询问纳税人、扣缴义务人与纳税或者代扣代缴、代收代缴税款有关的问题和情况；(5) 到车站、码头、机场、邮政企业及其分支机构检查纳税人托运、邮寄应纳税商品、货物或者其他财产的有关单据、凭证和有关资料；(6) 经县以上税务局(分局)局长批准，凭全国统一格式的检查存款账户许可证明，查询从事生产、经营的纳税人、扣缴义务人在银行或者其他金融机构的存款账户。税务机关在调查税收违法案件时，经设区的市、自治州以上税务局(分局)局长批准，可以查询案件涉嫌人员的储蓄存款。税务机关查询所获得的资料，不得用于税收以外的用途。

2. 税务检查中的税收保全措施和强制执行措施

税务机关对从事生产、经营的纳税人以前纳税期的纳税情况依法进行税务检查时，发现纳税人有逃避纳税义务行为，并有明显的转移、隐匿其应纳税的商品、货物以及其他财产或者应纳税的收入的迹象的，可以按照《税收征收管理法》规定的批准权限采取税收保全措施或者强制执行措施。

3. 税务检查的其他注意事项

税务机关在进行税务检查时，还应注意以下事项：

(1) 税务机关调查税务违法案件时，对与案件有关的情况和资料，可以记录、录音、录像、照相和复制。

(2) 税务机关派出的人员进行税务检查时，应当出示税务检查证和税务检查通知书，并有责任为被检查人保守秘密；未出示税务检查证和税务检查通知书的，被检查人有权拒绝检查。纳税人、扣缴义务人必须接受税务机关依法进行的税务检查，如实反映情况，提供有关资料，不得拒绝、隐瞒。

(3) 税务机关依法进行税务检查时，有权向有关单位和个人调查纳税人、扣缴义务人和其他当事人与纳税或者代扣代缴、代收代缴税款有关的情况，有关单位和个人有义务向税务机关如实提供有关资料及证明材料。

（四）法律责任和税务争议

1. 纳税人、扣缴义务人违反税收征收管理规定的法律责任

纳税人、扣缴义务人未按照规定的期限申报办理税务登记、变更或者注销登记的；未按照规定设置、保管账簿或者保管记账凭证和有关资料的；未按照规定将财务、会计制度或者财务、会计处理办法和会计核算软件报送税务机关备查的；未按照规定将其全部银行账号向税务机关报告的；未按照规定安装、使用税控装置，或者损毁或者擅自改动税控装置的由税务机关责令限期改正，可以处 2 000 元以下的罚款；情节严重的，处 2 000 元以上 1 万元以下的罚款。扣缴义务人未按照规定设置、保管代扣代缴、代收代缴税款账簿或者保管代扣代缴、代收代缴税款记账凭证及有关资料的，由税务机关责令限期改正，可以处 2 000 元以下的罚款；情节严重的，处 2 000 元以上 5 000 元以下的罚款。

2. 偷税行为

偷税是纳税人伪造、变造、隐匿、擅自销毁账簿、记账凭证，或者在账簿上多列支出或者不列、少列收入，或者经税务机关通知申报而拒不申报或者进行虚假的纳税申报，不缴或者少缴应纳税款的行为。对纳税人偷税的，由税务机关追缴其不缴或者少缴的税款、滞纳金，并处不缴或者少缴的税款50%以上5倍以下的罚款；构成犯罪的，依法追究刑事责任。扣缴义务人采取前列手段，不缴或者少缴已扣、已收税款，由税务机关追缴其不缴或者少缴的税款、滞纳金，并处不缴或者少缴的税款50%以上5倍以下的罚款；构成犯罪的，依法追究刑事责任。以假报出口或者其他欺骗手段骗取国家出口退税款的，由税务机关追缴其骗取的退税款，并处骗取税款1倍以上5倍以下的罚款；构成犯罪的，依法追究刑事责任。对骗取国家出口退税款的，税务机关可以在规定期间内停止为其办理出口退税。

3. 抗税行为

抗税是以暴力、威胁等方法拒不缴纳税款的行为。对于抗税行为，除由税务机关追缴其拒缴的税款、滞纳金外，依法追究刑事责任。情节轻微，未构成犯罪的，由税务机关追缴其拒缴的税款、滞纳金，并处拒缴税款1倍以上5倍以下的罚款。

4. 非法印制发票行为

非法印制发票的，由税务机关销毁非法印制的发票，没收违法所得和作案工具，并处1万元以上5万元以下的罚款；构成犯罪的，依法追究刑事责任。

5. 税务机关和税务人员违反税法的法律责任

(1) 税务机关违反规定擅自改变税收征收管理范围和税款入库预算级次的，责令限期改正，对直接负责的主管人员和其他直接责任人员依法给予降级或者撤职的行政处分。税务人员徇私舞弊，对依法应当移交司法机关追究刑事责任的不移交，情节严重的，依法追究刑事责任。

(2) 未经税务机关依法委托征收税款的，责令退还收取的财物，依法给予行政处分或者行政处罚；致使他人合法权益受到损失的，依法承担赔偿责任；构成犯罪的，依法追究刑事责任。

(3) 税务机关、税务人员查封、扣押纳税人个人及其所扶养家属维持生活必需的住房和用品的，责令退还，依法给予行政处分；构成犯罪的，依法追究刑事责任。

(4) 税务人员与纳税人、扣缴义务人勾结，唆使或者协助纳税人、扣缴义务人有《税收征收管理法》第63条、第65条、第66条规定的行为，构成犯罪的，依法追究刑事责任；尚不构成犯罪的，依法给予行政处分；税务人员利用职务上的便利，收受或者索取纳税人、扣缴义务人财物或者谋取其他不正当利益，构成犯罪的，依法追究刑事责任；尚不构成犯罪的，依法给予行政处分；税务人员徇私舞弊或者玩忽职守，不征或者少征应征税款，致使国家税收遭受重大损失，构成犯罪的，依法追究刑事责任；尚不构成犯罪的,依法给予行政处分。税务人员滥用职权,故意刁难纳税人、扣缴义务人的,调离税收工作岗位,并依法给予行政处分。税务人员对控告、检举税收违法违纪行为的纳税人、扣缴义务人以及其他检举人进行打击报复的,依法给予行政处分;构成犯罪的,依法追究刑事责任;税务人员违反法律、行政法规的规定,故意高估或者低估农业税计税产量,致使多征或者少征税款,侵犯农民合法权益或者损害国家利益,构成犯罪的,依法追究刑事责任;尚不构成犯罪的,依法给予行政处分。

6. 税务争议的处理

纳税人、扣缴义务人、纳税担保人同税务机关在纳税上发生争议时,必须先依照税务机关的纳税决定缴纳或者解缴税款及滞纳金或者提供相应的担保,然后可以依法申请行政复议;对行政复议决定不服的,可以依法向人民法院起诉。当事人对税务机关的处罚决定、强制执行措施或者税收保全措施不服的,可以依法申请行政复议,也可以依法向人民法院起诉。当事人对税务机关的处罚决定逾期不申请行政复议也不向人民法院起诉、又不履行的,作出处罚决定的税务机关可以采取《税收征收管理法》第40条规定的强制执行措施,或者申请人民法院强制执行。

本章小结

通过本章的阐述,我们可以了解我国税收制度的相关知识。税收是国家为了实现其职能,凭借社会公共权力,根据法律法规,对纳税人强制无偿征收,取得财政收入的一种形式。税收的重要职能和作用在于:筹集国家财政收入、调节社会经济活动、引导资源配置、帮助国家进行宏观调控、促进对外经济技术交流。根据征税对象的不同,可以把我国的现行税种划分为流转税、所得税、财产税、特定行为税和资源税。其中每一个税种又包含若干种税。税收管理体制,是指划分中央和地方政府之间税收管理权限的法律制度,我国税收管理体制的中心内容是全面推行分税制。税收征收管理是税务机关对纳税人依法征收税款和进行税务监督管理的总称。《中华人民共和国税收征收管理法》是基本的法律规范。

本章思考题

1. 税法的构成要素有哪些?

2. 根据我国税法规定,应当对哪些收入征收个人所得税?

思考题解答

1. 答:税法的构成要素一般包括:纳税人、征税对象、税目、税率、纳税环节、纳税期限、减免税、违章处理八个要素。

第一,纳税人：纳税人是纳税义务人的简称,是税法规定的直接负有纳税义务的法人和自然人,法律术语称为课税主体。纳税人是税收制度构成的最基本要素之一,任何税种均有纳税人。

第二,征税对象：征税对象又称课税对象,是税法规定的征税的目的物,即对什么征税。每一种税种都必须明确规定征税的对象,征税对象关系着各种税法的基本界限,是征税的直接依据和税法最基本的要素。根据征税对象可以把我国的税收分成五类：流转税,是对商品销售额或者服务性业务的营业额征税;所得税,是对所得额或收益额征税;财产税,是按财产的价值额或租价额征税;行为税,是依法对特定的行为征税;资源税,是对资源级差等级收入征税。

第三,税目：税目是课税对象的具体项目。税目是征税对象的具体化,它是一个税种在税法中具体规定应当纳税的项目,反映了具体的征税范围。

第四,税率：税率是纳税额与征税对象之间的比例,是计算税额的尺度,是税法结构中的核心部分。税率的设计直接反映着国家的有关经济政策,直接关系着国家财政收入的多少和纳税人税收负担的高低,是税收制度的中心环节。我国现行的税率大致可分为三种：(1) 比例税率；(2) 定额税率；(3) 累进税率。

第五,纳税环节：是指商品流转过程中应当缴纳税款的环节,亦即在对商品流转额的征税中应征几道税的问题。商品流转一般要经过生产、采购、批发、零售等若干环节,具体确定在哪个环节应当缴纳税款,则该环节为纳税环节。

第六,纳税期限：纳税期限是指负有纳税义务的纳税人向国家缴纳税款的期限。纳税期限可以分为两种：一是按期纳税,二是按次纳税。纳税人不按纳税期限缴纳税款的,应依法加收滞纳金并补缴税款。纳税期限是税收固定性特点在时间上的体现。

第七,减免税：减税是对应纳税额少征一部分税款;免税是对应纳税额全部免征,减免税可分为固定减免税、定期减免税和临时减免税三种。

第八,违章处理：违章处理是对有违反税法行为的纳税人采取的惩罚措施,包括加收滞纳金、处以罚款,追究刑事责任等。

2. 答：我国个人所得税的征税对象是个人取得的应税所得。《个人所得税法》列举征税的个人所得共 11 项,具体包括：

(1) 工资、薪金所得。工资、薪金所得是指个人因任职或者受雇而取得的工资、薪金、奖金、年终加薪、劳动分红、津贴以及与任职或者受雇有关的其他所得。

(2) 个体工商户的生产、经营所得。个体工商户的生产、经营所得是指：个体工商户从事工业、手工业、建筑业、交通运输业、商业、饮食业、服务业、修理业以及其他行业生产、经营取得的所得;个人经政府有关部门批准,取得执照，从事办学、医疗、咨询以及其他有偿服务活动取得的所得;其他个人从事个体工商业生产、经营取得的所得;上述个体工商户和个人取得的与生产、经营有关的各项应纳税所得。

(3) 对企事业单位的承包经营、承租经营所得。对企事业单位的承包经营、承租经营所得是指个人承包经营、承租经营以及转包、转租取得的所得，包括个人按月或者按次取得的工资、薪金性质的所得。

(4) 劳务报酬所得。劳务报酬所得是指个人从事设计、装潢、安装、制图、化验、测试、医疗、法律、会计、咨询、讲学、新闻、广播、翻译、审稿、书面、雕刻、影视、演出、表演、广告、展览、技术服务、介绍服务、经纪服务、代办服务以及其他劳务取得的所得。

(5) 稿酬所得。稿酬所得是指个人因其作品以图书、报刊形式出版、发表而取得的所得。

(6) 特许权使用费所得。是指个人提供专利权、商标权、著作权、非专利技术以及其他特许权的使用权取得的所得;提供著作权的使用权取得的所得不包括稿酬所得。

(7) 利息、股息、红利所得。利息、股息、红利所得,是指个人拥有债权、股权而取得的利息、股息、红利所得。

(8) 财产租赁所得。财产租赁所得,是指个人出租建筑物、土地使用权、机器设备、车船以及其他财产取得的所得。

(9) 财产转动所得。财产转动所得,是指个人转让有价证券、股权、建筑物、土地使用权、机器设备、车船以及其他财产取得的所得。

(10) 偶然所得。偶然所得,是指个人得奖、中奖、中彩以及其他偶然性质的所得。

(11) 其他所得。其他所得,是指经国务院财政部门确定征税的其他所得。

计算题

1. 国内一个股份制改造企业为国家重点扶持的高新技术企业,2008 年销售产品收入 5 000 万元,销售成本 2 250 万元,增值税 340 万元,销售税金及附加 40 万元;转让财产收入 100 万元,租金收入 12 万元,国债利息收入 15 万元,企业债券利息收入 20 万元;收到财政拨款收入 80 万元,管理费用 700 万元(含非广告性质的赞助支出 25 万元,税收罚款和滞纳金共 5 万元);销售费用 400 万元,财务费用 70 万元。另外,发生损失 60 万元,全部计入了营业外支出,其中保险公司赔偿了 35 万元。

根据以上资料,回答下列问题:

(1) 分析并计算该企业当年应纳税所得额。

(2) 计算该企业当年应缴纳所得税税额。

解答: (1) 分析并计算该企业当年应纳税所得额:

① 收入总额＝5 000＋100＋12＋15＋20＋80＝5 227(万元)

其中,国债利息收入和财政拨款收入是免税的收入,从应纳税所得额中扣除。

② 销售成本、销售税金及附加、管理费用、销售费用、财务费用税前可以扣除。

③ 非广告性质的赞助支出 25 万元不得税前扣除。

④ 税收罚款和滞纳金 5 万元不得税前扣除。

⑤ 发生的损失有保险公司赔偿的部分 35 万元不得税前扣除。

应纳税所得额＝5 227－15－80－2 250－40－700＋25＋5－400－70－(60－35)＝1 677(万元)

(2) 计算该企业当年应缴纳所得税税额。

国家重点扶持的高新技术企业,所得税税率减按 15%征收。

应纳所得税＝1 677×15%＝251.55(万元)

2. 某大学教授某月的收入如下:

(1) 当月工资收入为 2 500 元; (2) 向某家公司转让专有技术一项,获得特许权使用费收入 6 000 元; (3) 因汽车失窃,获保险公司赔款 8 万元; (4) 因勇斗歹徒,获得市政府颁发的见义勇为奖金 2 000 元; (5) 国库券利息收入 2 000 元; (6) 稿酬所得为 15 000 元; (7) 获得省级科技奖人民币 1 万元。

请问: 该教授本月应缴纳的个人所得税是多少?

解答: 工资收入: (2 500－2 000)×5%＝25(元)

特许权使用费: 6 000×(1－20%)×20%＝960(元)

稿酬: 15 000×(1－20%)×20%×(1－30%)＝1 680(元)

其余免纳个人所得税。

总计: 2 665 元。

3. 某纺织厂为一般纳税人,某年 3 月情况如下:

(1) 外购染料支付价款 3 万元,增值税 0.51 万元;

(2) 外购低值易耗品价款 1 万元,增值税 0.17 万元;

(3) 支付运费 0.4 万元;

(4) 生产用外购电力 3.1 万元,增值税 0.527 万元;

(5) 销售棉布取得不含税收入 24 万元;

(6) 销售印染布取得含税收入 4 万元;

请计算该企业 3 月增值税应纳税额。

解答: (1) 进项税额＝0.51＋0.17＋0.4×7%＋0.527＝1.235(万元);

(2) 销项税额＝24×17%＋4÷(1＋17%)×17%＝4.661(万元);

(3) 增值税应纳税额＝4.661－1.235＝3.426(万元)。

4. 某化妆品厂,某月赠送客户化妆品 10 箱,同类化妆品每箱零售价 3 000 元

(不含增值税);作为职工福利发给职工50箱,50箱成本100 000元,化妆品成本利润率为5%,消费税税率30%,请计算化妆品厂该月应纳消费税。

解答:(1) 50箱化妆品的组成计税价格=[100 000×(1+5%)]/(1−30%)=150 000(元);

(2) 应纳消费税=(10×3 000+150 000)×30%=54 000(元)。

案例与点评

案例

A市某区税务局接到群众举报,反映本市印刷厂有逃避纳税义务的行为,即到该厂检查,发现该厂部分车间被转移到地下仓库,有意给税务人员造成该厂开工效率低,企业经营困难的假象。税务局即责令该厂在15天内缴纳应交税款,但该厂对此通知不予理睬,反而将一部分销售收入通过往来账户挂在了与其关系密切的单位户头上。税务局又责令其提供纳税担保,该印刷厂仍然置若罔闻。于是,税务人员便依法查封扣押了该厂部分价值相当于税款的产品。

问:1. 该印刷厂的行为应当如何认定?

2. 该税务局采取的措施在《税收征收管理办法》上叫做什么措施?《税收征收管理法》对此如何规定的?

3. 该税务局采取的措施应当履行怎样的手续?

案例点评

1. 该印刷厂的行为属于逃避纳税义务的行为。

2. 税收保全措施。税务机关有根据认为从事生产、经营的纳税人有逃避纳税义务行为的,可以在规定的纳税期之前,责令限期缴纳应纳税款;在限期内发现纳税人有明显的转移、隐匿其应纳税的商品、货物以及其他财产或者应纳税的收入的迹象的,税务机关可以责成纳税人提供纳税担保。如果纳税人不能提供纳税担保,经县以上税务局(分局)局长批准,税务机关可以采取下列税收保全措施:(1) 书面通知纳税人开户银行或者其他金融机构冻结纳税人的金额相当于应纳税款的存款;(2) 扣押、查封纳税人的价值相当于应纳税款的商品、货物或者其他财产。

因此,本案中A市某区的税务局有权对该印刷厂采取保全措施。

3. 税务机关采取税收保全措施,必须经县级以上税务局局长的批准,必须由两名以上的税务人员执行,并通知被执行人。

第二章 会计法律制度

会计制度与市场经济联系十分密切，掌握一些会计方面的法律知识，是现代经济的必然要求。

本章需要掌握的主要内容有：

◆ 会计法的概念、会计法的准则和适用范围

◆ 会计核算和会计监督

◆ 会计人员和会计机构等

第一节 会计法概述

一、会计法的概念及调整对象

会计是以货币计量为基本形式，采用专门方法，连续、完整、系统地反映和控制单位的经济行为，进而达到加强经济管理、提高经济效益目的的一种管理活动。会计的基本职能是进行会计核算，实行会计监督。

在市场经济条件下，会计工作不仅对单位或组织的内部经济管理、经济决策具有重大影响，而且对整个国民经济的秩序和其他组织个人的行为、决策都具有一定的影响力。会计工作提供的会计信息在证券市场日益发达的社会里，起着资源分配的重要作用，对社会公众的利益产生重大的影响，因此，会计成为备受公众关注和高度管制的领域。对会计工作有必要且必须制定相应的规范对其进行调整和约束，而且规范要随着外部环境的变化不断作出调整，使约束的对象——会计工作真

实有效。

1985 年 1 月 21 日,第六届全国人大常委会第九次会议通过了新中国第一部《中华人民共和国会计法》(以下简称《会计法》),并于同年 5 月 1 日实施,1993 年 12 月,第八届全国人大常委会第五次会议决定修正 1985 年的《会计法》。1999 年 10 月 31 日,第九届全国人大常委会第十二次会议修订通过了新的《会计法》,自 2000 年 7 月 1 日起施行。此次修订对于完善我国会计法律制度,规范会计行为,提高会计工作质量意义重大。

会计法是调整会计关系的法律规范的总称,有广义和狭义之分。广义的会计法是国家颁布的有关会计方面的法律、法规和规章的总称;狭义的会计法是专指全国人民代表大会常务委员会通过的《中华人民共和国会计法》,以下简称《会计法》。本书中的《会计法》是狭义上的《会计法》。

二、《会计法》确定的会计准则

《会计法》确定的会计准则是指导会计活动的准则,是对会计核算、会计监督等活动的基本要求,它为我国会计制度的规范提供了法律依据。我国的《会计法》总则中确定了如下三个会计准则。

1. 合法性原则

《会计法》第 2 条规定:“国家机关、社会团体、企业、事业单位、个体工商户和其他组织办理会计事务所,必须遵守《会计法》。”《会计法》第 3 条规定:“会计机构、会计人员必须遵守法律、法规,按照《会计法》规定办理会计事务,进行会计核算,实行会计监督。”这两项规定体现了会计工作的合法性原则。我国的会计工作既然由国家颁布的法律、法规调整,就必须强调依法办理会计事务,从事会计工作。

2. 统一领导、分级管理的原则

《会计法》第 5 条规定:“国务院财政部门管理全国的会计工作。地方各级人民政府的财政部门管理本地区的会计工作。”由于会计工作同国家财经收支关系非常密切,会计工作是财经工作的一项基础工作,所以它的管理体制必须同财经管理体制相适应,即实行统一领导、分级管理的原则。《会计法》颁布后,各级财政部门成立了专门的会计事务管理部门,加强了统一领导、分级管理的体制,同时还规定由各地方、各部门、各单位领导人直接领导会计机构、会计人员和其他人员执行《会计法》,以保证对会计工作的领导。

3. 统一性原则

《会计法》第 6 条规定了会计制度的统一性。国家统一的会计制度,由国务院财政部门根据《会计法》制定。各省、自治区、直辖市人民政府的财政部门、国务院业务主管部门、中国人民解放军总后勤部，在同《会计法》和国家统一的会计制度不相抵触的前提下，可以制定适用于本地区、本部门和军队的会计制度或者补充规定，报国务院审核批准或备案。

三、《会计法》的适用范围

《会计法》第 2 条规定："国家机关、社会团体、公司、企业、事业单位和其他组织（以下统称单位）必须依照本法办理会计事务。"可见我国《会计法》的适用范围包括以下两个方面：

(1) 办理会计事务的单位和个人。包括国家机关、社会团体、公司、企业（包括国有企业、集体企业、私营企业以及外商投资企业）、事业单位（国有、民营和私营事业单位）和其他组织（在中国境内除国家机关、社会团体、公司、企业、事业单位以外的独立核算办理会计事务的社会组织和经济组织）。

(2) 会计主管机关和其他机关。如财政、税务、审计等部门。在本次《会计法》修订中，没有将个体工商户列入适用范围。对个体工商户的会计管理的具体办法由国务院财政部门根据《会计法》的原则另行规定。原因是从 2000 年 1 月 1 日起施行的《个人独资企业法》对个体工商户中有一部分被作为独资企业加以规范，已划归企业中，其他经营规模较小、个人财产与经营财产不分的个体工商户情况比较复杂，需要财政部门根据实际情况另行规定。

第二节　会计核算与会计监督

一、会计核算

会计核算，是指以货币为主要计量单位，通过专门的程序和方法，对任何单位已经发生的经济业务进行连续、系统和全面的记录、计算、分析的全部活动。会计核算是会计的基本职能之一，是会计工作的核心和重点。会计核算的真实可靠是保证会计资料真实完整的基础。

1. 会计核算的内容

《会计法》第 10 条规定，以下经济业务事项应当办理会计手续，进行会计核算：(1) 款项和有价证券的收付；(2) 财物的收发、增减和使用；(3) 债权债务的发生和结算；(4) 资本、基金的增减；(5) 收入、支出、费用、成本的计算；(6) 财务成果的计算和处理；(7) 需要办理会计手续、进行会计核算的其他事项。简言之，会计核算的内容即会计主体在生产经营或执行业务过程中发生的一切可以用货币计价反映的经济活动。

2. 会计期间与记账本位币

会计核算应当划分会计期间。对会计期间(或称会计年度)和记账本位币的要求是会计核算的前提。

会计期间是指在会计核算中，为总结生产经营活动或预算执行情况所统一规定的会计时期。会计年度自公历 1 月 1 日起至 12 月 31 日止。

会计核算以人民币为记账本位币。业务收支以人民币以外的货币为主的单位，可以选定其中一种货币作为记账本位币，但是编报会计报表应当折算为人民币。

3. 会计核算的一般原则

根据《会计法》的有关规定，会计核算应遵循的原则有：(1) 合法性原则，即要求会计核算必须以有关法律、法规和政策为依据；(2) 真实性原则，即要求凭证内容与实际一致，账务与实务一致，账务与款务一致；(3) 准确性原则，即要求会计核算数据准确，它包括会计科目运用准确、计量准确和编报的会计报表准确等；(4) 完整性原则，即要求会计核算对每项应该计算的经济业务均毫无例外地加以记录入账，做到完整无缺。

4. 会计核算的程序

办理法定会计事项，必须由经办人员填制或取得原始凭证，并及时送交会计机构。这是会计核算最基本的规范。会计机构必须按照国家统一的会计制度的规定对原始凭证进行审核，并根据经过审核的原始凭证及有关资料编制记账凭证。

会计机构根据经过审核的会计凭证，按照有关法律、行政法规和国家统一的会计制度的规定登记会计账簿。会计账簿包括总账、明细账、日记账和其他辅助性账簿。

各单位按照国家统一的会计制度的规定，根据会计账簿记录和有关资料编制财务会计报告。财务会计报告要由单位负责人和主管会计工作的负责人、会计机构负责人(会计主管人员)签名并盖章。设置总会计师的单位还须由总会计师签名并盖章。

二、会计监督

会计监督是指运用会计方法，对经济业务事项中资金运用的合理性、合法性和有效性进行事前、事中和事后的监督，它是会计的基本职能之一。会计监督可以分为单位内部会计监督和外部监督两类，外部监督又包括国家监督和社会监督。会计监督是在会计工作中，对生产经营活动或预算执行情况以及会计核算的真实性、准确性和合法性,通过日常的会计记录、计算,分析凭证和资料所进行的检查活动。会计监督属于动态监督,寓于全部会计工作之中。

1. 内部监督

内部监督就是由各单位的会计机构和会计人员对本单位实行的会计监督,简称内部监督。这些单位的会计机构和会计人员就是内部监督的机构和人员。

根据法律规定,内部监督应当符合的要求是:(1) 记账人员与经济业务事项和会计事项的审批人员、经办人员、财务保管人员的职责权限应当明确,并相互分离、相互制约;(2) 重大对外投资、资产处置、资金调度和其他重要经济业务事项的决策和执行的相互监督、相互制约应当明确;(3) 财产清查的范围、期限和组织程序应当明确;(4) 对会计资料定期进行内部审计的办法和程序应当明确。

会计监督的内容主要有:(1) 监督是否依法设置会计账簿;(2) 监督会计凭证、会计账簿、财务会计报告和其他会计资料是否真实、完整;(3) 监督会计核算是否符合《会计法》和国家统一的会计制度的规定;(4) 监督从事会计工作的人员是否具备从业资格。各单位必须依照有关法律、行政法规的规定接受有关监督检查部门依法实施的监督检查,如实提供会计凭证、会计账簿、财务会计报告和其他会计资料以及有关情况,不得拒绝、隐匿、谎报。

2. 外部监督

外部监督就是审计、财政、税务机关对各单位的会计监督。这些机关及其有关人员就是外部监督的机构和人员。外部监督同内部监督相比,更具有强制性。各单位必须接受审计机关、财政机关和税务机关的监督,如实提供会计凭证、会计账簿、会计报表和其他会计资料以及有关情况,不得拒绝、隐匿、谎报。

经国务院财政部门或者省、自治区、直辖市人民政府的财政部门批准的注册会计师组成的会计师事务所,可以按照国家的有关规定接受国家机关和企事业单位的委托承办查账业务。

第三节　会计机构和会计人员以及违反《会计法》的法律责任

一、会计机构和会计人员

根据《会计法》的规定,各单位应当根据会计业务的需要设立会计机构,或者在有关机构中设置会计人员并指定会计主管人员。不具备设置条件的单位,应当委托经批准设立的从事会计代理记账业务的中介机构代理记账。国有的和国有资产占控股地位的大、中型企业必须设置总会计师。会计机构内部应当建立稽核制度,出纳人员不得兼任稽核、会计档案保管和收入、支出、费用、债权债务账目的登记工作。

按照《会计法》的规定,会计机构、会计人员的主要职责有:(1) 按照《会计法》会计核算的规定进行会计核算;(2) 按照《会计法》会计监督的规定进行会计监督;(3) 拟订本单位办理会计事务的具体办法;(4) 参与拟订经济计划、企业计划,考核、分析预算、财务计划的执行情况;(5) 办理其他会计事务。

《会计人员职责条例》对会计人员的职责作了以下具体规定:(1) 按照国家财务制度的规定,认真编制并严格执行财务计划、预算,遵守各项收入制度、费用开支范围和开支标准,分清资金渠道,合理使用资金,保证完成财政上缴任务;(2) 按照国家会计制度的规定,记账、算账、报账做到手续完备,内容真实,数字准确,账目清楚,日清月结,按期报账;(3) 按照银行制度的规定,合理使用贷款,加强现金管理,做好结算工作;(4) 按照经济核算原则,定期检查,分析财务计划和预算的执行情况,挖掘增收节支的潜力,考核资金使用效果,揭露经营管理中的问题,及时向领导提出建议;(5) 按照国家会计制度的规定,妥善保管会计凭证、账簿、报表等档案资料;(6) 遵守、宣传、维护国家财政制度和财经纪律,同一切违法乱纪行为作斗争;(7) 会计人员对上级机关和审计、财政、税务等部门来本单位了解、检查财务会计工作,要负责提供有关资料,如实反映情况。

会计人员应当具备必要的专业知识,从事会计工作的人员,必须取得会计从业资格证书。担任单位会计机构负责人(会计主管人员)的,除取得会计从业资格证书外,还应当具备会计师以上专业技术职务资格或从事会计工作 3 年以上的经历。因违法违纪行为被吊销会计从业资格证书的,自被吊销会计从业资格证书之日起 5 年内,不得重新取得会计从业资格证书。因有与会计职务有关的违法行为被依法追究刑事责任的,不得取得或者重新取得会计从业资格证书。

会计人员调动工作或离职,必须与接管人员办清交接手续。一般会计人员办理交接手续,由会计机构负责人(会计主管人员)监交;会计机构负责人(会计主管人员)办理交接手续,由单位负责人监交,必要时主管单位可以派人会同监交。

二、违反《会计法》的法律责任

《会计法》对违反《会计法》的行为予以明确列示并规定了明确的法律责任。

1. 违反会计制度规定的行为

《会计法》规定的违反会计制度规定的行为包括:(1) 不依法设置会计账簿;(2) 私设会计账簿;(3) 未按照规定填制、取得原始凭证或填制取得的原始凭证不符合规定的；(4) 以未经审核的会计凭证为依据登记会计账簿或登记会计账簿不符合规定；(5) 随意变更会计处理方法；(6) 向不同的会计资料的使用者提供的财务会计报告编制依据不一致；(7) 未按照规定使用会计记录文字或记账本位币；(8) 未按照规定保管会计资料，致使会计资料毁损、灭失；(9) 未按照规定建立并实施单位内部会计监督制度，或拒绝依法实施监督，或不如实提供有关会计资料及有关情况的行为；(10) 任用会计人员不符合《会计法》规定的任用条件。根据《会计法》规定，上述行为应当承担的法律责任有：责令限期整改、罚款、给予行政处分、吊销会计从业资格证书和依法追究刑事责任。

2. 伪造、变造、隐匿或故意销毁会计资料

根据《会计法》的规定，伪造、变造、隐匿或故意毁损会计资料应当承担相应的刑事责任和行政责任。

3. 授意、指使、强令会计机构或会计人员伪造、变造、隐匿或故意销毁会计资料

我国《会计法》规定，无论是通过暗示、明示或强迫会计机构或会计人员伪造、变造、隐匿或故意销毁会计资料的行为都是违法行为，应承担相应的刑事或行政责任。

4. 单位负责人对会计人员的依法履行职责的行为打击报复

单位负责人对会计人员依法履行职责的行为进行打击报复的，应该根据其情节严重性承担相应的法律责任：

(1) 行政责任。单位负责人对依法履行职责、抵制违反《会计法》规定的行为的会计人员实行打击报复，不构成犯罪的，依法由其所在单位或有关单位给予行政处分。

(2) 刑事责任。根据《刑法》第 255 条规定，打击报复会计人员构成犯罪的，处以 3 年以下有期徒刑或拘役。

5. 国家财政部门和有关行政部门的工作人员违法履行职责

国家财政部门和有关行政部门是实施会计国家监督的管理部门。国家财政部门和有关行政部门的工作人员在履行职责的过程中有玩忽职守、滥用职权、徇私舞弊和泄露国家或商业秘密的违法行为，应依法追究其行政责任或刑事责任。

本章小结

会计法是调整会计关系的法律规范的总称。在市场经济条件下，会计工作不仅对单位或组织的内部经济管理、经济决策具有重大影响，而且对整个国民经济的秩序和其他组织、个人的行为、决策都具有一定的影响力。会计工作提供的会计信息在证券市场日益发达的社会里,起着资源分配的重要作用,对社会公众的利益产生重大的影响,因此,会计成为备受公众关注和高度管制的领域。会计法成为国家维护市场秩序、实现资源优化配置的重要手段。本章是关于会计和会计法的内容;介绍了对会计核算,以及会计监督、会计机构和会计人员的有关法律规定;并在最后阐述了违反《会计法》的相关法律责任。

本章思考题

1.《会计法》确定的会计准则有哪些?

2.《会计法》规定的违反会计制度规定的行为有哪些?

思考题解答

1. 答:《会计法》确定的会计准则是指导会计活动的准则,是对会计核算、会计监督等活动的基本要求,它为我国会计制度的规范提供了法律依据。我国《会计法》在总则中确定了如下的会计准则:

(1) 合法性原则。

《会计法》第2条规定:"国家机关、社会团体、企业、事业单位、个体工商户和其他组织办理会计事务所,必须遵守《会计法》。"《会计法》第3条规定:"会计机构、会计人员必须遵守法律、法规,按照《会计法》规定办理会计事务,进行会计核算,实行会计监督。"这两项规定体现了会计工作的合法性原则。

(2) 统一领导、分级管理的原则。

《会计法》第5条规定:"国务院财政部门管理全国的会计工作。地方各级人民政府的财政部门管理本地区的会计工作。"由于会计工作同国家财经收支关系非常密切,会计工作是财经工作的一项基础工作,所以它的管理体制必须同财经管理体制相适应,即实行统一领导、分级管理的原则。

(3) 统一性原则。

《会计法》第6条规定了会计制度的统一性。国家统一的会计制度,由国务院财政部门根据《会计法》制定。各省、自治区、直辖市人民政府的财政部门、国务院业务主管部门、中国人民解放军总后勤部,在同《会计法》和国家统一的会计制度不相抵触的前提下,可以制定适用于本地区、本部门和军队的会计制度或者补充规定,报国务院审核批准或备案。

2. 答:(1) 不依法设置会计账簿;(2) 私设会计账簿;(3) 未按照规定填制、取得原始凭证或填制取得的原始凭证不符合规定;(4) 以未经审核的会计凭证为依据登记会计账簿或登记会计账簿不符合规定;(5) 随意变更会计处理方法;

(6) 向不同的会计资料的使用者提供的财务会计报告编制依据不一致；(7) 未按照规定使用会计记录文字或记账本位币；(8) 未按照规定保管会计资料，致使会计资料毁损、灭失；(9) 未按照规定建立并实施单位内部会计监督制度，或拒绝依法实施监督，或不如实提供有关会计资料及有关情况的行为；(10) 任用会计人员不符合《会计法》规定的任用条件。根据《会计法》规定，上述行为应当承担的法律责任有：责令限期整改、罚款、给予行政处分、吊销会计从业资格证书和依法追究刑事责任。

案例与点评

案例

2007 年 12 月，甲某在会计师事务所工作期间，接受一客户委托出具年审验资报告。甲某在出具该报告时在审核栏中冒用了他人的签名，为该公司出具了 5 000 万元的虚假验资报告，收取了验资费 10 万元，后来，虚假的证明文件被查出。2009 年 3 月，甲某被检察机关起诉。

问：简要分析甲某的法律责任。

案例点评

甲某身为承担验资证明的中介组织的专业从业人员，违反规定故意提供虚假证明文件，已经构成了提供虚假证明文件罪。根据《会计法》规定，伪造、变造、隐匿或故意毁损会计资料应当承担相应的刑事责任和行政责任。因此应当对甲追究相应的法律责任。

第三章 审计法律制度

同会计制度一样，审计制度也是现代经济社会中重要的财务制度，而关于审计方面有哪些法律法规呢？审计机关按照何种方式进行审计呢？

本章需要掌握的主要内容有：

- ◆ 审计法的概念、审计人员和审计机关
- ◆ 违反《审计法》应当承担的法律责任

第一节 审计法概述

审计的原意是详细审查会计账目。审计现已成为各国管理监督国民经济活动的重要手段。在我国，审计是指专职审计机关和专业人员依法独立检查被审计单位的会计凭证、会计账簿、会计报表以及其他与财政收支、财务收支有关的资料和资产，监督财政收支、财务收支真实、合法和效益的行为。

审计的特征有：(1) 审计既是经济监督的一种形式，又是经济监督的一种方法；(2) 审计必须由会计人员以外的第三者依法站在公正的立场上进行的审查、评价；(3) 审计对各单位的经济活动的监督是间接的，必须通过对会计活动所提供的一切会计资料的审查来进行；(4) 审计的目的是为了严肃财经法纪，提高经济效益，加强宏观控制和管理。

审计法是调整审计关系的法律规范的总称。审计关系是从事审计工作的专职机构和专业人员在审计过程中以及国家在管理审计工作过程中发生的经济关系。

在我国，狭义的审计法，即指1994年8月31日第八届全国人大常委会第九次会议通过，1995年1月1日起施行的《中华人民共和国审计法》（以下简称《审计法》），它是当前审计机构开展审计监督工作的主要依据。广义的审计法是指包括狭义的《审计法》在内的所有调整审计关系的法律规范的总称。

第二节　审计人员和审计机关

一、审计人员

审计人员属于国家工作人员，应当具备与从事的审计工作相适应的专业知识和业务能力。审计人员的职权是依法行使审计机关的任务和职责，并受法律保护，任何组织和个人不得拒绝、阻碍审计人员依法执行职务，不得打击报复审计人员。审计人员的法定义务是依法审计、忠于职守、坚持原则、客观公正、实事求是、廉洁奉公，对其在执行职务中知悉的国家秘密和被审计单位的商业秘密，负有保密的义务。审计人员办理审计事项时，与被审计单位或者审计事项有利害关系的人员，应当回避。

审计机关负责人依照法定程序任免。审计署的审计长由总理提名，全国人民代表大会决定，国家主席任命，罢免权属全国人民代表大会，在人民代表大会闭会期间，任免权属全国人大常委会。省、自治区、直辖市的审计长，由全国人大常委会批准任免。地方各级审计局主要负责人的任免应事前征得上级机关的同意。审计机关负责人没有违法失职或者其他不符合任职条件情况的，不得随意撤换。

二、审计机关的设置、权限和工作程序

国务院设立审计署，在国务院总理领导下，主管全国的审计工作。审计长是审计署的行政首长。县级以上地方人民政府设立审计机关，在本级人民政府最高首长和上级审计机关领导下，负责在本行政区域内的审计工作。审计业务以上级审计机关领导为主。审计机关根据工作需要，可以在审计管辖范围内派出审计特派员。审计特派员根据审计机关的授权，依法进行审计工作。

审计机关根据被审计单位的财政、财务隶属关系或国有资产监督管理关系，确定审计管辖范围。审计机关之间对审计管辖范围有争议的，由其共同的上级审计机关确定。上级审计机关可以将其审计管辖范围内的审计事项，授权下级审计机

关进行审计；上级审计机关对下级审计机关审计管辖范围内的重大审计事项，可以直接进行审计，但是应当防止不必要的重复审计。

按照《审计法》的规定，审计机关有审计检查权、调查权、处理权和处罚权，具体来说，审计机关有下列权限：

(1) 审计机关有权要求被审计单位按照规定报送预算或者财务收支计划、预算执行情况、决算、财务报告。社会审计机构出具的审计报告，以及其他与财政收支或者财务收支有关的资料，被审计单位不得拒绝、拖延、谎报。

(2) 审计机关进行审计时，有权检查被审计单位的会计凭证、会计账簿、会计报表以及其他与财政收支或财务收支有关的资料和资产，被审计单位不得拒绝。

(3) 审计机关进行审计时，有权就审计事项的有关问题向有关单位和个人进行调查，并取得有关证明材料。有关单位和个人应当支持、协助审计机关工作，如实向审计机关反映情况，提供有关证明材料。

(4) 审计机关进行审计时，被审计单位不得转移、隐匿、篡改、毁弃会计凭证、会计账簿、会计报表以及其他与财政收支或者财务收支有关的资料，不得转移、隐匿所持有的违反国家规定取得的资产。审计机关对被审计单位正在进行的违反国家规定的财政收支、财务收支行为，有权予以制止；制止无效的，经县级以上审计机关负责人批准，通知财政部门和有关主管部门暂停拨付与违反国家规定的财政收支、财务收支行为直接有关的款项，已经拨付的暂停使用。采取该项措施不得影响被审计单位合法的业务活动和生产经营活动。

(5) 审计机关认为被审计单位所执行的上级主管部门有关财政收支、财务收支的规定与法律、行政法规相抵触的，应当建议有关主管部门纠正；有关主管部门不予纠正的，审计机关应当提请有关机关依法处理。

关于审计结果，审计机关可以向政府有关部门通报或者向社会公布。但应依法保守国家秘密和被审计单位的商业秘密，并遵守国务院有关规定。

审计机关进行审计应当按照下列程序：

(1) 组成审计组，送达审计通知书。审计机关根据审计项目计划确定的审计事项组成审计组，并应当在实施审计 3 日前，向被审计单位送达审计通知书。被审计单位应当配合审计机关的工作，并提供必要的工作条件。

(2) 进行审计，并取得证明材料。审计人员通过审查会计凭证、会计账簿、会计报表，查阅与审计事项有关的文件、资料，检查现金、实物、有价证券，向有关单位和个人调查等方式进行审计，并取得证明材料。

(3) 提出审计报告。审计组对审计事项实施审计后，应当向审计机关提出审计报告。审计报告报送审计机关前，应当征求被审计单位的意见。被审计单位应当自接到审计报告之日起 10 日内，将其书面意见送交审计组或者审计机关。

(4) 审定审计报告,出具审计意见书。审计机关审定审计报告,对审计事项作出评价,出具审计意见书;对违反国家规定的财政收支、财务收支行为,需要依法给予处理、处罚的,在法定职权范围内作出审计决定或者向有关机关提出处理、处罚意见。审计机关应当自收到审计报告之日起30日内,将审计意见书和审计决定送达被审计单位和有关单位,审计决定自送达之日起生效。

第三节　违反《审计法》的法律责任

《审计法》对被审计单位负有直接责任的主管人员、直接责任人员以及其他有关人员根据不同情况给予不同处分,同时《审计法》还对审计人员的违法行为规定了法律责任,具体规定如下:

(1) 被审计单位违反《审计法》规定,拒绝或拖延提供与审计事项有关的资料,或者拒绝、阻挠检查的,审计机关责令改正,可以通报批评、给予警告;拒不改正的,依法追究责任。

(2) 审计机关发现被审计单位违反《审计法》规定,转移、隐匿、篡改、毁弃会计凭证、会计账簿、会计报表以及其他与财政收支或财务收支的有关资料的,有权予以制止。审计机关认为对负有直接责任的主管人员和直接责任人员依法应给予行政处分的,应当提出给予行政处分的建议,被审计单位或者其上级机关、监察机关应依法及时作出决定;构成犯罪的,依法追究刑事责任。

(3) 被审计单位违反《审计法》规定,转移、隐匿违法取得的资产的,审计机关、人民政府或者有关主管部门在法定职权范围内有权予以制止,或者申请法院采取保全措施。审计机关认为对负有直接责任的主管人员和其他直接责任人员依法应当给予行政处分的,应当提出给予行政处分的建议,被审计单位或者其上级机关、监察机关应当依法及时作出决定;构成犯罪的,依法追究刑事责任。

(4) 对本级各部门(含直属单位)和下级政府违反预算的行为或者其他违反国家规定的财政收支的行为,审计机关、人民政府或者有关主管部门在法定的职权范围内,依照法律、法规的规定作出处理。

(5) 对被审计单位违反国家规定的财务收支行为,审计机关、人民政府或者有关主管部门在法定的职权范围内,依照法律、法规的规定,责令限期缴纳应予上缴的收入,限期退还违法所得,限期退还被侵占的国有资产,以及采取其他纠正措施,并可依法给予处罚。

(6) 对被审计单位违反国家规定的财政收支、财务收支行为负有直接责任的主管人员和其他直接责任人员，审计机关认为依法应当给予行政处分的，应当提出给予行政处分的建议，被审计单位或者其上级机关、监察机关应当依法及时作出决定。

(7) 被审计单位的财政收支、财务收支违反法律、法规的规定，构成犯罪的，依法追究刑事责任。

(8) 凡是报复陷害审计人员，构成犯罪的，依法追究刑事责任；不构成犯罪的，给予行政处分。

(9) 审计人员滥用职权、徇私舞弊、玩忽职守，构成犯罪的，依法追究刑事责任；不构成犯罪的，给予行政处分。

此外，会计师事务所、注册会计师违法接受委托、违法从事委托业务，故意出具虚假的审计报告、验资报告的，根据不同情况，分别给予警告、罚款、没收违法所得、暂停其业务以至撤销(吊销)其执业证件等。会计师事务所违反《注册会计师法》规定，给委托人、其他利害关系人造成损失的，应当依法承担赔偿责任。

本章小结

本章主要阐述审计在国家经济生活中的重要作用，审计法律制度是经济监督法的一个重要内容，是现代国家经济管理的一个重要内容，是实现经济管理重要职能的法律。它对于加强宏观调控和改善微观经营，对于提高国民经济管理水平和企事业单位的经营素质，提高经济效益和社会效益，保证贯彻实施有关经济法律法规都是很重要的。审计监督是指审计机构和审计人员检查会计账目等，对财政、财务收支的真实、合法、效益进行的经济监督。经济监督的内容很多、范围很广，本章着重审计方面的法律规定，介绍了审计人员，审计机关的性质、设置、职能和工作程序，以及违反《审计法》应当承担的法律责任。

本章思考题

审计机关的权限有哪些？

思考题解答

答：按照《审计法》的规定，审计机关有审计检查权、调查权、处理权和处罚权，具体来说，审计机关有下列权限：

1. 审计机关有权要求被审计单位按照规定报送预算或者财务收支计划、预算执行情况、决算、财务报告。社会审计机构出具的审计报告，以及其他与财政收支或者财务收支有关的资料，被审计单位不得拒绝、拖延、谎报。

2. 审计机关进行审计时，有权检查被审计单位的会计凭证、会计账簿、会计报表以及其他与财政收支或财务收支有关的资料和资产，被审计单位不得拒绝。

3. 审计机关进行审计时，有权就审计事项的有关问题向有关单位和个人进行调查，并取得有关证明材料。有关单位和个人应当支持、协助审计机关工作，如实向审计机关反映情况，提供有关证明材料。

4. 审计机关进行审计时，被审计单位不得转移、隐匿、篡改、毁弃会计凭证、会计账簿、会计报表以及其他与财政收支或者财务收支有关的资料，不得转移、隐匿所持有的违反国家规定取得的资产。审计机关对被审计单位正在进行的违反国家规定的财政收支、财务收支行为，有权予以制止；制止无效的，经县级以上审计机关负责人批准，通知财政部门和有关主管部门暂停拨付与违反国家规定的财政收支、财务收支行为直接有关的款项，已经拨付的暂停使用。采取该项措施不得影响被审计单位合法的业务活动和生产经营活动。

5. 审计机关认为被审计单位所执行的上级主管部门有关财政收支、财务收支的规定与法律、行政法规相抵触的，应当建议有关主管部门纠正；有关主管部门不予纠正的，审计机关应当提请有关机关依法处理。

关于审计结果，审计机关可以向政府有关部门通报或者向社会公布。但应依法保守国家秘密和被审计单位的商业秘密，并遵守国务院有关规定。

案例与点评

案例

某市审计局4月20日开会决定对该县国有企业A进行审计，22日该审计局的一名审计人员先期到达A企业进行审计，审计过程中发现A企业与该市的另一家企业B之间一笔购销木材合同存在疑点，就决定到B企业进行调查。4月29日，该审计局的两名审计人员来到B企业，并向B企业的负责人口头说明了自己的身份，要求其提供与A企业木材购销合同的相关情况。

问：该审计局的上述审计活动中，哪些不符合审计程序的法律规定？

案例点评

上述活动中不符合审计程序的内容有：

1. 实施审计前未组成审计组；

2. 实施审计3日前未向被审计单位送达审计的通知书；

3. 审计人员进行调查时,未出示审计人员的工作证件和审计通知书副本。

审计机关进行审计应当按照下列程序:(1) 组成审计组,送达审计通知书。审计机关根据审计项目计划确定的审计事项组成审计组,并应当在实施审计3日前,向被审计单位送达审计通知书。被审计单位应当配合审计机关的工作,并提供必要的工作条件。(2) 进行审计,并取得证明材料。审计人员通过审查会计凭证、会计账簿、会计报表,查阅与审计事项有关的文件、资料,检查现金、实物、有价证券,向有关单位和个人调查等方式进行审计,并取得证明材料。(3) 提出审计报告。审计组对审计事项实施审计后,应当向审计机关提出审计报告。审计报告报送审计机关前,应当征求被审计单位的意见。被审计单位应当自接到审计报告之日起 10 日内,将其书面意见送交审计组或者审计机关。(4) 审定审计报告,出具审计意见书。审计机关审定审计报告,对审计事项作出评价,出具审计意见书;对违反国家规定的财政收支、财务收支行为,需要依法给予处理、处罚的,在法定职权范围内作出审计决定或者向有关机关提出处理、处罚意见。审计机关应当自收到审计报告之日起30日内,将审计意见书和审计决定送达被审计单位和有关单位,审计决定自送达之日起生效。

第四章 环境保护法律制度

什么是《环境保护法》?我国《环境保护法》的基本原则有哪些?您了解环境纠纷的处理程序吗?

本章需要掌握的主要内容有:

- 环境保护法的概念
- 环境保护法的基本原则和基本制度
- 环境法律责任和环境纠纷的处理程序

第一节 环境保护法概述及其基本原则和基本制度

一、环境保护法概述

(一) 环境、环境保护和环境保护法

环境是指影响人类生存和发展的各种天然的和经过人工改造的自然因素的总体,包括大气、水、海洋、土地、矿藏、森林、草原、野生生物、自然遗迹、人文遗迹、自然保护区、风景名胜区、城市和乡村等。人类既是大自然的组成部分,又是自然环境长期演化的产物。从人类诞生起,就与自然环境相互作用和相互影响。

环境问题是由于自然原因或人为原因使环境条件发生不利于人类的变化,以

致影响人类的生产和生活的现象。18 世纪末 19 世纪初的产业革命,使社会生产力空前发展,但也使大气污染和水污染日趋严重。20 世纪后,化学和石油工业的发展对环境的污染更为严重。一些国家先后采取立法措施,以保护人类赖以生存的生态环境。一般先是地区性立法,后发展成全国性立法,其内容最初只限于工业污染,后来发展为全面的环境保护立法。随着全球性的环境污染和破坏的发生,国际环境法应运而生。

环境保护是我国的基本国策。所谓环境保护,是指以协调人与自然的关系,保障经济社会的持续发展为目的而采取的各种措施和所进行的各种活动的总称。环境保护法是指为实现人类与自然的和谐和经济社会的可持续发展,调整人们在开发、利用、保护和改善环境的活动中所产生的各种社会关系的法律规范的总称。中国非常重视环境保护立法工作。《中华人民共和国宪法》明确规定:"国家保护和改善生活环境和生态环境,防治污染和其他公害。"《中华人民共和国刑法》将严重危害自然环境、破坏野生动植物资源的行为定为危害公共安全罪和破坏社会主义经济秩序罪。1979 年,全国人民代表大会常务委员会颁布了《中华人民共和国环境保护法(试行)》。自 1982 年以后,全国人民代表大会常务委员会先后通过了《中华人民共和国海洋环境保护法》、《中华人民共和国水污染防治法》和《中华人民共和国大气污染防治法》。1989 年 12 月 26 日第七届全国人民代表大会常务委员会第十一次会议通过了《中华人民共和国环境保护法》(以下简称《环境保护法》)。另外,国务院还颁布了一系列保护环境、防止污染及其他公害的行政法规。

(二) 我国《环境保护法》的特点

我国《环境保护法》的特点在于综合性、科学性和社会性三个方面。

(1) 综合性。《环境保护法》保护的对象相当广泛,包括自然环境要素、人为环境要素和整个地球的生物圈;法律关系主体不仅包括一般法律主体的公民、法人及其组织,也包括国家乃至全人类,甚至包括尚未出生的后代人;运用的手段有直接行政命令式、市场调节式、行政指导式等多元机制相结合的方式。由于《环境保护法》调整的范围广泛、涉及的社会关系复杂、运用的手段多样,从而决定了其所采取的法律措施的综合性。它不仅可以适用诸如宪法、行政法、刑法等公法予以解决,也可以适用民商法等私法予以救济,甚至还可以适用国际法予以调整;不但包括上述部门法的实体法规范,也包括程序法规范。

(2) 科学性。由于《环境保护法》不仅协调人与人的关系,也协调人与自然的关系,因此《环境保护法》必须与环境科学技术相结合,必须体现自然规律特别是生态科学规律的要求,这些要求往往通过一系列技术规范、环境标准、操作规程等形式体现出来。《环境保护法》的立法中经常大量直接对技术名词和术语赋予法律定义,并将环境技术规范作为环境法律法规的附件,使其具有法律效力。这些大量的环境技术法律规范使《环境保护法》具有较强的科学性。

(3) 社会性。《环境保护法》所关注和规范的是社会公共利益和保障基本人权,它反映了全体社会成员的共同愿望和要求,代表人类的共同利益,侧重于社会领域的法律调整。另外,环境作为全人类的共同生存条件,并不能为某个人或某国所私有或独占,它必须符合整个社会和整个人类的利益,是以社会利益、人类利益为本位的法。因此,《环境保护法》具有比较明显的社会法特征。

二、我国《环境保护法》的基本原则

(一) 协调发展原则

协调发展原则是指环境保护与经济建设和社会发展统筹规划、同步实施、协调发展,实现经济效益、社会效益和环境效益的统一。我国《环境保护法》规定:"国家制定的环境保护规划必须纳入国民经济和社会发展计划,国家采取有利于环境保护的经济、技术政策和措施,使环境保护工作同经济建设和社会发展相协调。"这项原则的核心是正确理解和处理环境保护与经济发展之间的关系。为保证协调发展原则的贯彻实施,在宏观调控上必须把环境保护纳入经济和社会发展计划,制定与国民经济总体规划相协调和衔接的,全面反映环境保护的目的、任务和要求的环境保护的计划指标;在微观管理上将环境保护纳入有关部门的经济管理与企业管理中去。

(二) 预防原则

这一原则是"预防为主、防治结合、综合治理原则"的简称,指采取各种手段,对环境问题防患于未然;对已产生的污染积极进行治理;在治理环境问题时,要正确处理防与治、单项治理与区域治理的关系,综合运用各种防治手段治理污染、保护和改善环境。

贯彻预防原则的具体要求是建立以预防为主的环境保护责任制度,对工业和农业、城市和乡村、生产和生活、经济发展和环境保护各方面的关系作通盘考虑,进行全面规划和合理布局;严格执行环境影响评价制度和"三同时"制度,加强对建设项目的环境管理;积极治理老污染源,实行城市环境综合整治。

(三) 污染者负担原则

污染者负担原则是确定造成环境污染和环境破坏的危害后果和不利影响的责

任归属的基本原则。该原则内容包括：污染者付费、利用者补偿、开发者保护、破坏者恢复，即排污者承担污染环境造成的损失及治理污染的费用，开发利用资源者承担经济补偿的责任，开发利用环境资源者有保护环境资源的义务，造成环境资源破坏的单位和个人负有恢复整治环境资源的责任。

《环境保护法》规定："产生污染和其他公害的单位，必须把环境保护工作纳入计划，建立环境保护责任制度，采取有效措施，防治在生产建设或者其他活动中产生的废气、废水、废渣、粉尘、恶臭气体、放射性物质以及噪声、振动、电磁波辐射等对环境的污染和危害。"

污染者负担原则要求落实环境保护目标责任制，地方政府切实对环境质量负责，建立健全单位环境保护责任制和考核制度，运用征收排污费、资源费、资源税和生态环境补偿费等经济杠杆，促使污染者、破坏者积极治理污染和保护生态环境。

（四）公众参与原则

公众参与原则是明确广大公众参与环境保护管理的权利并保障公众行使这种权利的基本原则。《环境保护法》规定："一切单位和个人都有保护环境的义务，并有权对污染和破坏环境的单位和个人进行检举和控告。对保护和改善环境有显著成绩的单位和个人，由人民政府给予奖励，国务院和省、自治区、直辖市人民政府环境保护行政主管部门定期发布环境状况公报。"这都是公众参与原则的立法体现。

为了贯彻公众参与原则，要加强环境保护宣传教育，提高公民环境意识和法制观念，定期发布环境状况公报，保障公众的知情权和发挥公众的监督作用，建立公众参与环境保护的制度。

三、我国《环境保护法》的基本制度

（一）环境规划制度

环境规划是指为使环境与社会、经济协调发展，国家依据各地区的自然条件、资源状况和经济发展需要，对其发展变化趋势进行研究而对人类自身活动所做的时间和空间的合理安排。

《环境保护法》第 12 条规定："县级以上人民政府环境保护行政主管部门，应当会同有关部门对管辖范围内的环境状况进行调查和评价，拟订环境保护规划，经计划部门综合平衡后，报同级人民政府批准实施。"

（二）环境影响评价制度

环境影响评价，是指在一定区域内进行开发建设活动，事先对拟建项目可能对周围环境造成的影响进行调查、预测和评定，并提出防治对策和措施，为项目决策提供科学依据。环境影响评价制度是从环境保护的角度决定开发建设活动能否进行和如何进行的具有强制性的法律制度。

环境影响评价是带有预测性的工作，其目的是为了给有关单位对拟建工程的决策提供科学依据，防止开发建设活动对环境可能产生的污染和破坏。环境质量现状评价是指对已经在环境中产生影响的污染物对于环境造成的影响作出现状评价，是属于对环境质量现状进行描述的工作，其目的是通过评价提出工作范围内存在的各种环境质量问题及解决的办法，为环境管理和治理工程提供科学依据。

环境影响评价的范围，一般是限于对环境质量有较大影响的各种规划、开发计划、建设工程等。根据《建设项目环境保护管理法》的规定，必须编制环境影响报告书的建设项目有以下六种：

(1) 一切对自然环境和生态平衡产生影响的大中型水利枢纽、矿山、港口、铁路、公路建设项目；

(2) 一切对自然环境产生影响或排放污染物对周围环境产生影响的大中型工业建设项目；

(3) 大面积开垦荒地、围湖围海和采伐森林的基本建设项目；

(4) 对珍稀野生动物植物资源的生存和发展产生严重影响，甚至造成灭绝的大中型建设项目；

(5) 对各种生态类型的自然保护区和有重要科学价值的特殊地质、地貌地区产生严重影响的建设项目；

(6) 县级或县级以上环境保护部门确认对环境有较大影响的小型建设项目(包括乡镇街道和个体生产经营者的建设项目)。

环境影响报告书是阐述与某个活动的环境影响有关的各种情况、数据和意见，它是环境影响评价的书面表现形式，是开发建设项目的重要文件。环境影响报告书的内容一般有以下六项：

(1) 建设项目的一般情况，包括建设项目的名称、性质、规模、地点、产品方案、工艺方法、原料、燃料、水的用量及来源、污染物种类、污染物的排放量和排放方式、废弃物回收利用及处理方案、占地面积和土地利用与发展规划情况等。

(2) 建设项目周围地区的环境状况调查，包括地形地貌和地质情况、江河湖海的水文情况、气象情况、周围地区矿藏、森林、草原、水产和野生动植物等自然资源情况，自然保护区，风景游览区，名胜古迹、温泉、疗养区以及重要政治文化设施情况，现有工矿企业的分布情况，生活居住区分布情况和人口密度、地方病等情况，周围地区的大气、水、土壤的环境质量状况。

(3) 建设项目对周围地区的环境影响的分析和预测，包括对周围地区的地质、水文、气象可能产生的影响，对自然资源产生的影响，各种污染物的排放对周围大气、水、土壤的环境质量影响的范围和程度；噪声、震动对生活居住区的影响范围和程度；防范、减少和消除上述各种影响的措施；环境保护措施的投资估算。

(4) 环境监测制度建议，包括布点、机构、人员、设备和监测项目。

(5) 环境影响经济损益分析。

(6) 作出结论，包括下列问题：对环境质量的影响；建设规模、性质；选址是否合理，是否符合环保要求；采取的防治措施经济上是否合理，技术上是否可行；是否需要再作进一步评价。

实践证明，环境影响评价制度的执行，可以防止一些建设项目对环境产生严重的不良影响，也可以通过对可行性方案的比较和筛选，把某些建设项目对环境的影响减少到最小的程度。因此，环境影响评价制度同国土利用规划一起被视为贯彻预见性环境政策的重要法律制度。

（三）清洁生产制度

清洁生产是指不断采取改进设计、使用清洁的能源和原料、采用先进的工艺技术与设备、改善管理、综合利用等措施，从源头削减污染，提高资源利用效率，减少或者避免生产、服务和产品使用过程中污染物的产生和排放，以减轻或者消除对人类健康和环境的危害。清洁生产制度则是对上述各环节、内容和措施的法定化、正规化和制度化。

清洁生产的实施以企业为主，主要是通过对企业设置其在清洁生产方面的权利和义务来进行。企业既有依法采取清洁生产措施、提交清洁生产的有关报告、资料的义务，也有依法从政府获得清洁生产信息、资料和资金、技术援助的权利。

将从事清洁生产研究、示范和培训，实施国家清洁生产重点技术改造项目列入国务院和县级以上地方人民政府同级财政安排的有关技术进步专项资金的扶持范围；对利用废物生产产品和从废物中回收原料的，减征或者免征增值税。

（四）“三同时”制度

“三同时”制度是我国首创的一项环境保护管理制度。它是指建设项目需要配置的环境保护设施必须与主体工程同时设计、同时施工、同时投产使用的环境法律制度。“三同时”制度与环境影响评价制度结合起来同时贯彻执行成为我国执行

"预防为主"的环境保护方针的配套环境管理制度，真正做到合理布局，最大限度地消除和减轻污染。

同时设计是指建设单位在委托设计时，要将防治污染和生态破坏的设施与主体工程一并委托设计，承担设计的部门必须按照国家有关规定，把防治污染和生态破坏的设施与主体工程同时设计。

同时施工是指施工单位在接受有污染的建设项目的施工任务时，要同时承包防治污染和生态破坏的设施的施工任务。环境保护部门对于施工过程中的环境保护措施的实施情况有权进行检查。建设单位应给予积极的协助，提供必要的资料。

同时投产是指防治污染和生态破坏的设施建成后，建设项目才能与其一并投产使用。

（五）排污收费制度

排污收费制度是指国家环境管理机关根据法律、法规的规定，对排污者征收一定数额的费用的一项制度。这一制度充分体现了污染者负担的原则，并可有效地促进污染治理和新技术的发展。

我国征收排污费是以环境标准作依据，排放污染物不超过国家规定的排放标准的不收费，超过国家排放标准排放污染物的单位，不论是企业还是事业单位都要缴纳排污费。《水污染防治法》规定，凡是向水体排污都要缴纳排污费，超标准排污则要缴纳超标排污费。

征收排污费按下列程序进行：排污单位向环境保护主管部门申报登记排放污染物的种类、数量和浓度；环境保护主管部门或其指定的监测单位进行核定；环境保护主管部门发出缴费通知单；排污单位在收到缴费通知单后向指定的银行缴付。

对排污者而言，缴纳了排污费，并不免除其负担治理污染、赔偿污染损失和法律规定的其他义务和责任。

（六）许可证制度

许可证制度是指凡对环境有不良影响的开发、建设、排污活动以及各种设施的企业建设和经营，均须由经营者向主管机关申请，经批准领取许可证后方能进行。这是国家为加强环境管理而采用的一种行政管理制度。在许可证制度中，使用最广泛的是排污许可证。

排污许可证制度的实施程序如下：

(1) 排污申报登记。排污单位向环境保护主管部门如实申报排放污染物的种类、数量、浓度、排放的方式和排放去向。

(2) 分配排污量。各地区确定本地区污染物排放总量控制指标和分配污染物总量削减指标。

(3) 发放许可证。对不超过排污总量控制指标的排污单位,颁发《排放许可证》;对超出排污总量控制指标的排污单位,颁发《临时排放许可证》,并限期削减排放量。

(4) 发证后的监督管理。许可证发放以后,发证单位必须对持证单位进行严格的监督管理,使持证单位按许可证的要求排放污染物。

(七) 环境标准制度

环境标准制度是为了防治环境污染,维护生态平衡,保护人体健康和社会物质财富,依据国家有关法律的规定,对环境保护工作中需要统一的各项技术规范和技术要求依法定程序所制定的各种标准的总称。

我国的环境标准是由国家环境标准、地方环境标准和国家环境保护总局标准三级,以及环境质量标准、污染物排放标准、环境监测方法标准、环境标准样品标准和环境基础标准五类构成的。环境质量标准和污染物排放标准是环境标准体系中最重要的两类标准。环境质量标准是环境中所允许含有有害物质或因素的最高限额。环境质量标准是确认环境是否被污染以及排污者是否应承担相应民事责任的根据。污染物排放标准是为了实现环境质量标准目标,结合技术经济条件和环境特点,对排入环境的污染物或有害因素所做的控制规定。污染物排放标准是认定排污行为是否合法以及排污者是否应承担相应行政法律责任的根据。

(八) 限期治理制度

限期治理制度是指对污染严重的污染源,由法定机关依法限定在一定期限内治理并完成治理任务,达到治理目标的规定的总称。

限期治理的对象包括两大类:(1) 严重污染环境的污染源;(2) 位于需要特别保护的区域内的超标准排污的污染源,需要特别保护的区域指风景名胜区、自然保护区和其他需要特别保护的区域。

限期治理由县级以上地方人民政府环境保护行政主管部门提出意见,报同级人民政府批准。对经限期治理逾期未完成治理任务的企事业单位,除加收超标准排污费外,可以处以罚款,或者责令停业、关闭。罚款由环境保护行政主管部门决定;责令停业、关闭,由作出限期治理决定的人民政府决定;责令中央直接管辖的企事业单位停业、关闭的,须报国务院批准。

第二节　环境法律责任与纠纷处理程序

一、环境法律责任

（一）环境行政责任

环境行政责任，是指违反了《环境保护法》，实施破坏或者污染环境的单位或者个人所应承担的行政方面的法律责任。环境行政责任的主体可以是行政相对人，也可以是环境行政主体。《环境保护法》主要规定了环境行政相对人的环境行政责任。

根据《环境保护法》的规定，环境行政责任的构成要件包括：行为违法、行为有危害后果、违法行为与危害后果之间有因果关系和行为者有过错。其中，行为违法和有过错，是行为人承担行政责任的必要条件，危害后果和违法行为与危害后果的因果关系，在法律明文规定的场合下才成为行政责任的必要条件。

《环境保护法》规定了警告、罚款、责令停止生产或者使用、责令重新安装使用、责令停业或关闭五种处罚形式。环境污染的防治单行法中还规定了责令限期治理缴纳排污费、支付消除污染费用、赔偿国家损失、责令限期改正、责令停止违法行为、责令消除污染、没收违法所得、责令搬迁、责令改正等处罚措施。

（二）环境民事责任

环境民事责任，是指单位或者个人因污染危害环境而侵害了公共财产或者他人的人身、财产所应承担的民事方面的责任。

因污染环境造成损害的，污染者应当承担侵权责任。根据《民法通则》及 2010 年颁布实施的《侵权责任法》的规定，我国环境民事责任采取无过错责任归责原则，即环境污染责任的认定不以排污者主观是否存在故意与过失为条件，即使排放污染物没有超过国家或地方规定的污染物排放标准，但只要是向自然环境中，直接或间接地排放超过环境自净能力的污染物质，造成环境污染并因此危害到他人合法的人身权、财产权益，排污者就应当担负起污染环境的损害赔偿责任。因此，环境民事责任的构成要件包括：（1）实施了损害行为；（2）发生了损害结果；（3）损害行为与损害结果之间具有因果关系。

即使具备环境民事责任构成要件,根据法律规定,在下列情形下也免予承担环境民事责任:(1) 由不可抗力造成并且行为人及时采取合理措施。《环境保护法》第 41 条规定,完全由于不可抗拒的自然灾害,并经及时采取合理措施,仍然不能避免造成环境污染损害的,免予承担责任。(2) 受害者自我致害。污染损失由受害者自身的责任所引起的,排污单位不承担责任。

环境侵权民事诉讼实行举证责任倒置,旨在减轻环境污染被害人的证明负担,修正处于获得污染证据弱势地位的被害人的不平等地位。因污染环境发生纠纷,污染者应当就法律规定的不承担责任或者减轻责任的情形及其行为与损害之间不存在因果关系承担举证责任。

《环境保护法》规定,造成环境污染危害的,有责任排除危害,并对直接受到危害的单位或者个人赔偿损失。虽然《环境保护法》仅规定了排除危害和赔偿损失两种责任形式,但是民法通则中规定的 10 种民事责任形式中的停止侵害、排除妨碍、消除危险、恢复原状等都能适用于环境民事责任。《侵权责任法》规定,两个以上污染者污染环境,污染者承担责任的大小,根据污染物的种类、排放量等因素确定。因第三人的过错污染环境造成损害的,被侵权人可以向污染者请求赔偿,也可以向第三人请求赔偿。污染者赔偿后,有权向第三人追偿。这就赋予了环境被害者在因第三人过错而产生环境污染人身、财产权益侵害的情况下,享有自主选择"被告"提起诉讼以获得及时、公平和可能执行的环境损害赔偿救济的权利。

(三) 环境刑事责任

环境刑事责任是指行为人故意或过失实施了严重危害环境的行为,并造成了人身伤亡或公私财产的严重损失,已经构成犯罪要承担的刑事方面的法律责任。

破坏环境的犯罪构成要件,同样由犯罪主体、犯罪客体、犯罪的主观方面和客观方面构成。在破坏环境资源保护的犯罪中,犯罪主体既包括自然人,也包括单位。犯罪客体,是指《环境保护法》规定并为《刑法》所保护的环境权益,包括清洁、舒适的环境权益,合理开发利用并可持续发展的环境资源保护权益等。犯罪的客观方面是指有污染和破坏环境及自然资源的行为及其社会危害性。环境犯罪造成的危害后果可能特别严重,往往会造成重大污染事故,致使公私财产遭受重大损失或人身伤亡。未造成严重后果的环境违法行为通常是追究其行政责任。危害后果是否严重是区别行政责任和刑事责任的重要依据。破坏环境犯罪的主观方面多为故意,而污染环境犯罪的行为则多为过失。

二、环境纠纷的处理程序

环境纠纷，是指环境保护法律关系主体之间就其环境权利和环境义务而产生的争议。环境纠纷按纠纷的法律性质不同，可分为环境民事纠纷和环境行政纠纷。

环境行政纠纷可通过行政复议和环境行政诉讼解决。当事人对行政处罚决定不服的，可以在接到处罚通知之日起 15 日内，向作出处罚决定的机关的上一级机关申请复议；对复议决定不服的，可以在接到复议决定之日起 15 日内，向人民法院起诉。当事人也可以在接到处罚通知之日起 15 日内，直接向人民法院起诉。当事人逾期不申请复议、也不向人民法院起诉、又不履行处罚决定的，由作出处罚决定的机关申请人民法院强制执行。

关于环境民事诉讼，《环境保护法》规定，因环境污染损害赔偿提起诉讼的时效期间为 3 年，从当事人知道或者应当知道受到污染损害时起计算。因环境污染引起的损害赔偿纠纷，对原告提出的侵权事实，被告否认的，由被告负举证责任，即环境民事诉讼适用举证责任倒置原则。之所以这样规定，是因为原告一般缺乏专业知识，要求原告证明被告的排污行为与损害后果之间的因果关系，是不合理也不公平的。

本章小结

环境保护法，是指为实现人类与自然的和谐和经济社会的可持续发展，调整人们在开发、利用、保护和改善环境的活动中所产生的各种社会关系的法律规范的总称。

《环境保护法》的基本原则有协调发展原则、预防原则、污染者负担原则和公众参与原则。《环境保护法》的基本制度有环境规划制度、环境影响评价制度、清洁生产制度、“三同时”制度、排污收费制度、许可证制度、环境标准制度和限期治理制度。环境法律责任涉及环境行政责任、环境民事责任和环境刑事责任。环境行政纠纷可通过行政复议和环境行政诉讼解决。

本章思考题

1. 《环境保护法》的基本原则有哪些？
2. 环境民事诉讼为什么要实行举证责任倒置？

思考题解答

1. 答:《环境保护法》的基本原则有:(1) 协调发展原则;(2) 预防原则;(3) 污染者负担原则;(4) 公众参与原则。

2. 答:在传统的民事损害赔偿诉讼中,一般都要求受害人提出加害人有过错、有损害事实、加害行为与损害事实之间有因果关系及受害人本人没有过错等证据。在环境侵权诉讼中,这样的"举证"对受害人来说是难以做到的。因此,法律明确规定受害人的一些举证负担转移给了加害人。

首先,在环境污染案件中,对特定的污染源是否会引起特定的损害后果,加害人在通常情况下比提起诉讼的受害人要更容易了解,或者说更有条件与可能予以判定。

其次,从举证能力的角度来说,加害人更有能力搜集证据。对环境造成污染的加害人都是企业或工厂,它们不管从经济实力或从技术实力来说还是在专业知识方面都要比一般的受害人要强。在环境侵权诉讼中,受害人要聘请具有专业知识的人员来取证需要很高的费用,受害人往往难以支付。由于受到科学文化知识的限制,一般公民缺乏对高度专业化的工艺流程的了解,在专业设备上也缺乏污染物的检测仪器和化验设备。

最后,受害人可能会遇到举证妨碍。在环境侵权诉讼中,企业有可能以保守商业和技术秘密为借口而不对外公布其生产设备、工艺流程与生产原理,这样受害人很难获得证据。

案例与点评

案例一

王某住在二楼,一楼是一家餐厅。该餐厅每天排放大量的油烟,致使王某家在炎热的夏天也无法开窗通风。更为严重的是,王某安装在二楼外墙的空调散热机,由于长期被油烟熏,已无法正常使用。王某多次找餐厅协商,都没有结果,于是向环保局投诉,要求其进行处理。环保局检测发现,该餐厅油烟排放未超过国家标准。经王某要求,环保局对餐厅造成王某空调无法正常使用一事进行调解。餐厅认为其排放的油烟未超过国家标准,不存在违法行为,不应承担王某的经济损失。调解不成,环保局作出餐厅赔偿王某 3 000 元经济损失的处理决定。餐厅不服,认为环保局处理不当,于是以环保局为被告向法院提起行政诉讼,要求撤销环保局的处理决定。

问题:

1. 餐厅不予赔偿的理由是否成立?为什么?

2. 法院应如何处理?

案例点评

1. 餐厅不予赔偿的理由不成立。按照我国法律的有关规定，环境污染损害赔偿责任实行无过错责任，不以违法为前提。也就是说，即使排放污染物未超过规定的标准，只要造成损害事实，也应承担民事赔偿责任。本案中，餐厅实施了排放油烟污染环境的行为，并造成了王某的空调机无法正常使用的损害事实，且在排污行为与损害事实之间存在因果关系，构成了无过错责任的条件。因此，餐厅应承担王某的经济损失。

2. 法院应驳回餐厅的起诉。因为在环境民事纠纷案件中，环保局应当事人的请求，对当事人之间因一方污染环境的行为而造成另一方财产损失或人身损害的赔偿纠纷进行处理时处于调解人地位，并不代表国家履行行政管理的职责。其作出的处理决定，也不具有强制力。

案例二

2001 年甲水泥厂建成，在未采取任何污染防治措施的情况下，每天排放大量废气，周围的果园受其排放废气的污染，大量减产，造成直接经济损失 30 余万元。果农纷纷向当地环保局投诉，要求环保局进行处理。2002 年 10 月 13 日，环保局监测发现甲水泥厂排放的废气严重超标。2002 年 10 月 23 日，环保局对水泥厂作出了《行政处罚决定书》：(1) 须缴纳排污费 21 000 元，并处以罚款 25 000 元；(2) 限期治理；(3) 赔偿果农经济损失 10 万元。果农认为赔偿数额过低，不服，以水泥厂为被告提起民事赔偿诉讼。在审理过程中，法院要求果农提供水泥厂排放的废气是造成果园减产主要原因的证据，否则承担败诉的责任。果农提供不出该证据，法院判决果农败诉。

问题：

1. 环保局的行政处罚是否合法？

2. 法院的审理是否合法？

案例点评

1. 环保局作出的第 1 项行政处罚决定是符合法律规定的，因为 2000 年 4 月 29 日颁布的《大气污染防治法》第 13 条、第 14 条、第 48 条明确规定：向大气排放污染物的，其污染物排放浓度不得超过国家和地方规定的排放标准；国家按照向大气排放污染物的种类和数量征收排污费；向大气排放污染物超过国家和地方规定标准的，由所在地县级以上环境保护行政主管部门处以 1 万元以上 10 万元以下罚款。

第 2 项行政处罚决定不符合法律规定。《大气污染防治法》第 46 条和《环境保护法》第 29 条规定，作出限期治理行政处罚的，应先由环保局向当地政府提出申请，由当地政府作出决定，而不是由环保局作出决定。

第 3 项行政处罚决定不应属于行政处罚的范围，只是环保局以第三人的身份对环境民事赔偿纠纷所作出的调解，不应作为行政处罚决定。

2. 法院的审理不合法。我国法律明确规定，在环境污染民事赔偿案件的审理过程中，实行举证责任倒置。所谓“举证责任倒置”，是指被告如对原告提出的赔偿要求有异议，则需举出以下证据：(1) 自己没有实施排污致害行为；(2) 由于不可抗力；(3) 第三人过错；(4) 受害人自身的过错。如不能举证，则应承担赔偿责任。原告不承担排污单位的排污行为与其受到的损害是否有因果关系的举证责任，只承担是否有损害事实的举证责任。因此，本案中法院要求果农承担水泥厂的排污行为与其果园减产之间是否存在因果关系的举证责任是不符合法律规定的。

第五章 自然资源法律制度

什么是自然资源法？您对它的了解有多少？土地资源保护法、水资源保护法、矿产资源保护法……这些法律您都知道吗？

本章需要掌握的主要内容有：

- 自然资源法的概念
- 土地资源保护法的法律规定
- 水资源保护法的法律规定

第一节 自然资源保护法概述

自然资源是指客观存在于自然界中一切能够为人类所利用作为生产资料和生活资料来源的自然因素。它包括土地资源、矿藏资源、森林资源、草原资源、水资源、海洋资源和野生生物(包括野生动物和野生植物)资源等自然因素,但是不包括经过人工改造的那一部分自然因素,如被人们加工制作的各种产品等物质。

自然资源法是调整人们在自然资源的开发、利用、保护和管理过程中所发生的各种社会关系的法律规范的总称,一般是由土地管理法、矿产资源法、森林法、草原法、野生动植物保护法、水法和渔业法、海洋法、空间法等法律、法规组成的。自然资源法旨在规范人们开发利用自然资源的行为,促使人们保护和合理利用自然资源,以阻止人类与自然资源的关系恶化,维护人类社会与自然资源之间的和谐发展,改善与增强人类赖以生存和发展的自然环境和物质基础。

我国一直十分重视自然资源的保护,制定了一系列相关的法律、法规。我国《宪法》第 9 条明确规定,矿藏、水流、森林、山岭、草原、荒地、滩涂等自然资源,都属于国家所有,即全民所有;由法律规定属于集体所有的森林、山岭、草原、荒地、滩涂除外。国家保障自然资源的合理利用,保护珍贵的动物和植物,禁止任何组织或者个人用任何手段侵占或者破坏自然资源。《中华人民共和国土地管理法》、《中华人民共和国矿产资源法》、《中华人民共和国野生动物保护法》、《中华人民共和国森林法》、《中华人民共和国草原法》、《中华人民共和国渔业法》、《中华人民共和国水法》等单项法律都对自然资源的保护作出了详细规定。这些相互联系、相互协调的部门资源法共同组成了一个相对完整的自然资源法律体系。

第二节 土地管理法

为了加强土地保护,我国曾先后制定了一系列关于土地管理的法律法规。目前,土地资源保护方面的法律法规主要有:《中华人民共和国土地管理法及其实施条例》(以下简称《土地管理法》)、《中华人民共和国水土保持法及其实施条例》、《中华人民共和国农村土地承包法》、《基本农田保护条例》和《土地复垦规定》等。

《土地管理法》第 3 条规定,十分珍惜、合理利用土地和切实保护耕地是我国的基本国策。各级人民政府应当采取措施,全面规划,严格管理,保护、开发土地资源,制止非法占用土地的行为。这是继计划生育、环境保护之后,我国公开宣布的又一项基本国策,说明了我国对保护土地工作的重视程度。

一、土地权属制度

我国实行土地的社会主义公有制,即全民所有制和劳动群众集体所有制。城市市区的土地属于国家所有。农村和城市郊区的土地(包括宅基地、自留地、自留山)除由法律规定属于国家所有的以外,属于农民集体所有。坚持土地公有原则,是由我国社会主义性质决定的。土地作为最基本的生产生活资料,由国家或者集体所有,可以保障社会公平、保持社会稳定,有利于实现社会公共利益。

全民所有,即国家所有土地的所有权由国务院代表国家行使。任何单位和个人不得侵占、买卖或者以其他形式非法转让土地。土地使用权可以依法转让。国家为了公共利益的需要,可以依法对土地实行征收或者征用并给予补偿。国家依法实行国有土地有偿使用制度。但是,国家在法律规定的范围内划拨国有土地使用权的除外。任何单位和个人都有遵守土地管理法律、法规的义务,并有权对违反土地管理法律、法规的行为提出检举和控告。

国有土地和农民集体所有的土地,可以依法确定给单位或者个人使用。使用土地的单位和个人,有保护、管理和合理利用土地的义务。农民集体所有的土地依法属于村农民集体所有的,由村集体经济组织或者村民委员会经营、管理;已经分别属于村内两个以上农村集体经济组织的农民集体所有的,由村内各该农村集体经济组织或者村民小组经营、管理;已经属于乡(镇)农民集体所有的,由乡(镇)农村集体经济组织经营、管理。农民集体所有的土地,由县级人民政府登记造册,核发证书,确认所有权。农民集体所有的土地依法用于非农业建设的,由县级人民政府登记造册,核发证书,确认建设用地使用权。单位和个人依法使用的国有土地,由县级以上人民政府登记造册,核发证书,确认使用权;其中,中央国家机关使用的国有土地的具体登记发证机关,由国务院确定。依法登记的土地的所有权和使用权受法律保护,任何单位和个人不得侵犯。

农民集体所有的土地由本集体经济组织的成员承包经营,从事种植业、林业、畜牧业、渔业生产。土地承包经营期限为30年。发包方和承包方应当订立承包合同,约定双方的权利和义务。承包经营土地的农民有保护和按照承包合同约定的用途合理利用土地的义务。农民的土地承包经营权受法律保护。在土地承包经营期限内,对个别承包经营者之间承包的土地进行适当调整的,必须经村民会议2/3以上成员或者2/3以上村民代表的同意,并报乡(镇)人民政府和县级人民政府农业行政主管部门批准。

国有土地可以由单位或者个人承包经营,从事种植业、林业、畜牧业、渔业生产。农民集体所有的土地,可以由本集体经济组织以外的单位或者个人承包经营,从事种植业、林业、畜牧业、渔业生产。发包方和承包方应当订立承包合同,约定双方的权利和义务。土地承包经营的期限由承包合同约定。承包经营土地的单位和个人,有保护和按照承包合同约定的用途合理利用土地的义务。

农民集体所有的土地由本集体经济组织以外的单位或者个人承包经营的,必须经村民会议2/3以上成员或者2/3以上村民代表的同意,并报乡(镇)人民政府批准。

土地所有权和使用权争议,由当事人协商解决;协商不成的,由人民政府处理。单位之间的争议,由县级以上人民政府处理;个人之间、个人与单位之间的争议,由乡级人民政府或者县级以上人民政府处理。当事人对有关人民政府的处理决定不服的,可以自接到处理决定通知之日起30日内,向人民法院起诉。在土地所有权和使用权争议解决前,任何一方不得改变土地利用现状。

二、土地用途管制制度

各级人民政府应当依据国民经济和社会发展规划、国土整治和资源环境保护的要求、土地供给能力以及各项建设对土地的需求,组织编制土地利用总体规划。

土地利用总体规划按照下列原则编制:

(1) 严格保护基本农田,控制非农业建设占用农用地;

(2) 提高土地利用率;

(3) 统筹安排各类、各区域用地;

(4) 保护和改善生态环境,保障土地的可持续利用;

(5) 占用耕地与开发复垦耕地相平衡。

土地利用总体规划实行分级审批:省、自治区、直辖市的土地利用总体规划,报国务院批准;省、自治区人民政府所在地的市,人口在 100 万以上的城市以及国务院指定的城市的土地利用总体规划,经省、自治区人民政府审查同意后,报国务院批准。

城市建设用地规模应当符合国家规定的标准,充分利用现有建设用地,不占或者少占农用地。城市总体规划、村庄和集镇规划,应当与土地利用总体规划相衔接,城市总体规划、村庄和集镇规划中建设用地规模不得超过土地利用总体规划确定的城市和村庄、集镇建设用地规模。在城市规划区、村庄和集镇规划区内,城市和村庄、集镇建设用地应当符合城市规划、村庄和集镇规划。经批准的土地利用总体规划的修改,须经原批准机关批准;未经批准,不得改变土地利用总体规划确定的土地用途。

国家建立土地调查制度。县级以上人民政府土地行政主管部门会同同级有关部门进行土地调查。土地所有者或者使用者应当配合调查,并提供有关资料。县级以上人民政府土地行政主管部门会同同级有关部门根据土地调查成果、规划土地用途和国家制定的统一标准,评定土地等级。

国家建立土地统计制度。县级以上人民政府土地行政主管部门和同级统计部门共同制定统计调查方案,依法进行土地统计,定期发布土地统计资料。土地所有者或者使用者应当提供有关资料,不得虚报、瞒报、拒报、迟报。土地行政主管部门和统计部门共同发布的土地面积统计资料是各级人民政府编制土地利用总体规划的依据。

三、耕地保护制度

国家保护耕地，严格控制耕地转为非耕地。国家实行占用耕地补偿制度。非农业建设经批准占用耕地的，按照“占多少，垦多少”的原则，由占用耕地的单位负责开垦与所占用耕地的数量和质量相当的耕地；没有条件开垦或者开垦的耕地不符合要求的，应当按照省、自治区、直辖市的规定缴纳耕地开垦费，专款用于开垦新的耕地。省、自治区、直辖市人民政府应当制定开垦耕地计划，监督占用耕地的单位按照计划开垦耕地或者按照计划组织开垦耕地，并进行验收。

国家实行基本农田保护制度。下列耕地应当根据土地利用总体规划划入基本农田保护区，严格管理：

(1) 经国务院有关主管部门或者县级以上地方人民政府批准确定的粮、棉、油生产基地内的耕地；

(2) 有良好的水利与水土保持设施的耕地，正在实施改造计划以及可以改造的中、低产田；

(3) 蔬菜生产基地；

(4) 农业科研、教学试验田；

(5) 国务院规定应当划入基本农田保护区的其他耕地。

各级人民政府应当采取措施，维护排灌工程设施，改良土壤，提高地力，防止土地荒漠化、盐渍化、水土流失和污染土地。

非农业建设必须节约使用土地，可以利用荒地的，不得占用耕地；可以利用劣地的，不得占用好地。禁止占用耕地建窑、建坟或者擅自在耕地上建房、挖砂、采石、采矿、取土等。禁止占用基本农田发展林果业和挖塘养鱼。禁止任何单位和个人闲置、荒芜耕地。已经办理审批手续的非农业建设占用耕地，1 年内不用而又可以耕种并收获的，应当由原耕种该幅耕地的集体或者个人恢复耕种，也可以由用地单位组织耕种；1 年以上未动工建设的，应当按照省、自治区、直辖市的规定缴纳闲置费；连续 2 年未使用的，经原批准机关批准，由县级以上人民政府无偿收回用地单位的土地使用权，该幅土地原为农民集体所有的，应当交由原农村集体经济组织恢复耕种；承包经营耕地的单位或者个人连续 2 年弃耕抛荒的，原发包单位应当终止承包合同，收回发包的耕地。

国家鼓励单位和个人按照土地利用总体规划，在保护和改善生态环境、防止水土流失和土地荒漠化的前提下，开发未利用的土地；适宜开发为农用地的，应当优先开发成农用地。国家依法保护开发者的合法权益。开垦未利用的土地，必须经过科学论证和评估，在土地利用总体规划划定的可开垦的区域内，经依法批准后进行。禁止毁坏森林、草原开垦耕地,禁止围湖造田和侵占江河滩地。根据土地利用总体规划,对破坏生态环境开垦、围垦的土地,有计划有步骤地退耕还林、还牧、还湖。开发未确定使用权的国有荒山、荒地、荒滩从事种植业、林业、畜牧业、渔业生产的,经县级以上人民政府依法批准,可以确定给开发单位或者个人长期使用。

国家鼓励土地整理。县、乡(镇)人民政府应当组织农村集体经济组织,按照土地利用总体规划,对田、水、路、林、村综合整治,提高耕地质量,增加有效耕地面积,改善农业生产条件和生态环境。地方各级人民政府应当采取措施,改造中、低产田,整治闲散地和废弃地。因挖损、塌陷、压占等造成土地破坏,用地单位和个人应当按照国家有关规定负责复垦;没有条件复垦或者复垦不符合要求的,应当缴纳土地复垦费,专项用于土地复垦。复垦的土地应当优先用于农业。

四、建设用地管理制度

为防治因建设用地而占用耕地,《土地管理法》规定了申请使用土地制度和征用土地补偿制度。任何单位和个人进行建设,需要使用土地的,必须依法申请使用国有土地;但是,兴办乡镇企业和村民建设住宅经依法批准使用本集体经济组织农民集体所有的土地的,或者乡(镇)村公共设施和公益事业建设经依法批准使用农民集体所有的土地的除外。

建设占用土地,涉及农用地转为建设用地的,应当办理农用地转用审批手续。省、自治区、直辖市人民政府批准的道路、管线工程和大型基础设施建设项目,国务院批准的建设项目占用土地,涉及农用地转为建设用地的,由国务院批准。

在土地利用总体规划确定的城市和村庄、集镇建设用地规模范围内,为实施该规划而将农用地转为建设用地的,按土地利用年度计划分批次由原批准土地利用总体规划的机关批准。在已批准的农用地转用范围内,具体建设项目用地可以由市、县人民政府批准。

征收下列土地的,由国务院批准:

(1) 基本农田;

(2) 基本农田以外的耕地超过 35 公顷的;

(3) 其他土地超过 70 公顷的。

征收土地的,按照被征收土地的原用途给予补偿。征收耕地的补偿费用包括土地补偿费、安置补助费以及地上附着物和青苗的补偿费。

第三节 水 法

水是人类生存的生命线,是经济发展和社会进步的生命线,是实现可持续发展的重要物质基础。《中华人民共和国水法》(以下简称《水法》)是调整人们在开发、利用、保护和管理水资源过程中所发生的各种社会关系的法律规范的总称。主要包括水资源所有权、管理权和使用权,水资源保护,违反《水法》的法律责任等内容。

一、水资源权属制度

我国《宪法》第 9 条规定:"水流属于国家所有。水资源的所有权由国务院代表国家行使。"《水法》第 3 条也规定:"水资源属于国家所有。水资源的所有权由国务院代表国家行使。"因此,我国水资源所有权的唯一主体是国家,水资源所有权不能由国家以外的其他主体享有。

《水法》第 3 条规定:"农村集体经济组织的水塘和由农村集体经济组织修建管理的水库中的水,归各该农村集体经济组织使用。"农村集体经济组织的水塘和由农村集体经济组织修建管理的水库中的水,是指农民集体投资兴办的水库、水塘所拦蓄或引取的水。这部分水,或是经过拦蓄,尚未进入江河、湖泊的水,或是通过取得取水权从江河、湖泊引取的水。这些水,是已经开发并从自然状态下分离出来的水,与自然状态下的水资源有所区别。

二、水资源保护的原则

开发、利用、节约、保护水资源和防治水害,应当全面规划、统筹兼顾、标本兼治、综合利用、讲求效益,发挥水资源的多种功能,协调好生活、生产经营和生态环境用水。

国家鼓励单位和个人依法开发、利用水资源,并保护其合法权益。开发、利用水资源的单位和个人有依法保护水资源的义务。

国家对水资源依法实行取水许可制度和有偿使用制度。但是,农村集体经济组织及其成员使用本集体经济组织的水塘、水库中的水除外。国务院水行政主管部门负责全国取水许可制度和水资源有偿使用制度的组织实施。

国家厉行节约用水,大力推行节约用水措施,推广节约用水新技术、新工艺,发展节水型工业、农业和服务业，建立节水型社会。单位和个人有节约用水的义务。

国家保护水资源，采取有效措施，保护植被，植树种草，涵养水源，防治水土流失和水体污染，改善生态环境。国家鼓励和支持开发、利用、节约、保护、管理水资源和防治水害的先进科学技术的研究、推广和应用。在开发、利用、节约、保护、管理水资源和防治水害等方面成绩显著的单位和个人，由人民政府给予奖励。

三、水资源规划制度

2002年新《水法》理顺了水资源管理体制，实现了水资源的统一管理，注重水资源合理配置。新《水法》规定，国家制定全国水资源战略规划。开发、利用、节约、保护水资源和防治水害，应当按照流域、区域统一制定规划。规划分为流域规划和区域规划。流域规划包括流域综合规划和流域专业规划；区域规划包括区域综合规划和区域专业规划。

综合规划，是指根据经济社会发展需要和水资源开发利用现状编制的开发、利用、节约、保护水资源和防治水害的总体部署。前款所称专业规划，是指防洪、治涝、灌溉、航运、供水、水力发电、竹木流放、渔业、水资源保护、水土保持、防沙治沙、节约用水等规划。

流域范围内的区域规划应当服从流域规划，专业规划应当服从综合规划。流域综合规划和区域综合规划以及与土地利用关系密切的专业规划，应当与国民经济和社会发展规划以及土地利用总体规划、城市总体规划和环境保护规划相协调，兼顾各地区、各行业的需要。

制定规划，必须进行水资源综合科学考察和调查评价。水资源综合科学考察和调查评价，由县级以上人民政府水行政主管部门会同同级有关部门组织进行。县级以上人民政府应当加强水文、水资源信息系统建设。县级以上人民政府水行政主管部门和流域管理机构应当加强对水资源的动态监测。基本水文资料应当按照国家有关规定予以公开。

国家确定的重要江河、湖泊的流域综合规划，由国务院水行政主管部门会同国务院有关部门和有关省、自治区、直辖市人民政府编制，报国务院批准。跨省、自治区、直辖市的其他江河、湖泊的流域综合规划和区域综合规划，由有关流域管理机构会同江河、湖泊所在地的省、自治区、直辖市人民政府水行政主管部门和有关部门编制，分别经有关省、自治区、直辖市人民政府审查提出意见后，报国务院水行政主管部门审核；国务院水行政主管部门征求国务院有关部门意见后，报国务院或者其授权的部门批准。

其他江河、湖泊的流域综合规划和区域综合规划，由县级以上地方人民政府水行政主管部门会同同级有关部门和有关地方人民政府编制，报本级人民政府或者其授权的部门批准，并报上一级水行政主管部门备案。

专业规划由县级以上人民政府有关部门编制，征求同级其他有关部门意见后，报本级人民政府批准。其中，防洪规划、水土保持规划的编制、批准，依照《中华人民共和国防洪法》、《中华人民共和国水土保持法》的有关规定执行。规划一经批准，必须严格执行。经批准的规划需要修改时，必须按照规划编制程序经原批准机关批准。

建设水工程，必须符合流域综合规划。在国家确定的重要江河、湖泊和跨省、自治区、直辖市的江河、湖泊上建设水工程，其工程可行性研究报告报请批准前，有关流域管理机构应当对水工程的建设是否符合流域综合规划进行审查并签署意见；在其他江河、湖泊上建设水工程，其工程可行性研究报告报请批准前，县级以上地方人民政府水行政主管部门应当按照管理权限对水工程的建设是否符合流域综合规划进行审查并签署意见。水工程建设涉及防洪的，依照《防洪法》的有关规定执行；涉及其他地区和行业的，建设单位应当事先征求有关地区和部门的意见。

四、水资源、水域和水工程的保护

（一）水资源的保护

县级以上人民政府水行政主管部门、流域管理机构以及其他有关部门在制定水资源开发、利用规划和调度水资源时，应当注意维持江河的合理流量和湖泊、水库以及地下水的合理水位，维护水体的自然净化能力。

从事水资源开发、利用、节约、保护和防治水害等水事活动，应当遵守经批准的规划；因违反规划造成江河和湖泊水域使用功能降低、地下水超采、地面沉降、水体污染的，应当承担治理责任。开采矿藏或者建设地下工程，因疏干排水导致地下水水位下降、水源枯竭或者地面塌陷，采矿单位或者建设单位应当采取补救措施；对他人生活和生产造成损失的，依法给予补偿。

县级以上人民政府水行政主管部门或者流域管理机构应当按照水功能区对水质的要求和水体的自然净化能力，核定该水域的纳污能力，向环境保护行政主管部门提出该水域的限制排污总量意见。县级以上地方人民政府水行政主管部门和流域管理机构应当对水功能区的水质状况进行监测，发现重点污染物排放总量超过控制指标的，或者水功能区的水质未达到水域使用功能对水质的要求的，应当及时报告有关人民政府采取治理措施，并向环境保护行政主管部门通报。

国家建立饮用水水源保护区制度。省、自治区、直辖市人民政府应当划定饮用水水源保护区，并采取措施，防止水源枯竭和水体污染，保证城乡居民饮用水安全。在江河、湖泊新建、改建或者扩大排污口，应当经过有管辖权的水行政主管部门或者流域管理机构同意，由环境保护行政主管部门负责对该建设项目的环境影响报告书进行审批。从事工程建设，占用农业灌溉水源、灌排工程设施，或者对原有灌溉用水、供水水源有不利影响的，建设单位应当采取相应的补救措施；造成损失的，依法给予补偿。在地下水超采地区，县级以上地方人民政府应当采取措施，严格控制开采地下水。在地下水严重超采地区，经省、自治区、直辖市人民政府批准，可以划定地下水禁止开采或者限制开采区。在沿海地区开采地下水，应当经过科学论证，并采取措施，防止地面沉降和海水入侵。

（二）水域的保护

禁止在江河、湖泊、水库、运河、渠道内弃置、堆放阻碍行洪的物体和种植阻碍行洪的林木及高秆作物。禁止在河道管理范围内建设妨碍行洪的建筑物、构筑物以及从事影响河势稳定、危害河岸堤防安全和其他妨碍河道行洪的活动。在河道管理范围内建设桥梁、码头和其他拦河、跨河、临河建筑物、构筑物，铺设跨河管道、电缆，应当符合国家规定的防洪标准和其他有关的技术要求，工程建设方案应当依照《防洪法》的有关规定报经有关水行政主管部门审查同意。

国家实行河道采砂许可制度。在河道管理范围内采砂，影响河势稳定或者危及堤防安全的，有关县级以上人民政府水行政主管部门应当划定禁采区和规定禁采期，并予以公告。

禁止围湖造地。已经围垦的，应当按照国家规定的防洪标准有计划地退地还湖。禁止围垦河道。确需围垦的，应当经过科学论证，经省、自治区、直辖市人民政府水行政主管部门或者国务院水行政主管部门同意后，报本级人民政府批准。

（三）水工程的保护

单位和个人有保护水工程的义务，不得侵占或毁坏堤防、护岸、防汛、水文监测、水文地质监测等工程设施。县级以上地方人民政府应当采取措施，保障本行政区域内水工程，特别是水坝和堤防的安全，限期消除险情。水行政主管部门应当加强对水工程安全的监督管理。

国家对水工程实施保护。国家所有的水工程应当按照国务院的规定划定工程管理和保护范围。国务院水行政主管部门或者流域管理机构管理的水工程，由主管部门或者流域管理机构会同有关省、自治区、直辖市人民政府划定工程管理和保护范围。在水工程保护范围内，禁止从事影响水工程运行和危害水工程安全的爆破、打井、采石、取土等活动。

第四节 矿产资源法

矿产资源法是调整人们在勘探、开采、利用、保护和管理矿产资源过程中所发生的各种社会关系的法律规范的总称。主要包括矿产权,矿产资源勘探、开采的禁止与限制,违反矿产资源法的法律责任等内容。

一、矿产资源保护的方针和原则

《中华人民共和国矿产资源法》(以下简称《矿产资源法》)规定,矿产资源属于国家所有,由国务院行使国家对矿产资源的所有权。地表或者地下的矿产资源的国家所有权,不因其所依附的土地的所有权或者使用权的不同而改变。

国家保障矿产资源的合理开发利用。禁止任何组织或者个人用任何手段侵占或者破坏矿产资源。各级人民政府必须加强矿产资源的保护工作。勘查、开采矿产资源,必须依法分别申请,经批准取得探矿权、采矿权,并办登记;但是,已经依法申请取得采矿权的矿山企业在划定的矿区范围内为本企业的生产而进行的勘查除外。国家保护探矿权和采矿权不受侵犯,保障矿区和勘查作业区的生产秩序、工作秩序不受影响和破坏。从事矿产资源勘查和开采的,必须符合规定的资质条件。

国家保障依法设立的矿山企业开采矿产资源的合法权益。国有矿山企业是开采矿产资源的主体。国家保障国有矿业经济的巩固和发展。国家实行探矿权、采矿权有偿取得的制度。但是,国家对探矿权、采矿权有偿取得的费用,可以根据不同情况规定予以减缴、免缴。具体办法和实施步骤由国务院规定。开采矿产资源,必须按照国家有关规定缴纳资源税和资源补偿费。

除按下列规定可以转让外,探矿权、采矿权不得转让:

(1) 探矿权人有权在划定的勘查作业区内进行规定的勘查作业,有权优先取得勘查作业区内矿产资源的采矿权。探矿权人在完成规定的最低勘查投入后,经依法批准,可以将探矿权转让他人。

(2) 已取得采矿权的矿山企业,因企业合并、分立,与他人合资、合作经营,或者因企业资产出售以及有其他变更企业资产产权的情形而需要变更采矿权主体的,经依法批准可以将采矿权转让他人采矿。

禁止将探矿权、采矿权倒卖牟利。国家对矿产资源的勘查、开发实行统一规划、合理布局、综合勘查、合理开采和综合利用的方针。国家鼓励矿产资源勘查、开发的科学技术研究，推广先进技术，提高矿产资源勘查、开发的科学技术水平。在勘查、开发、保护矿产资源和进行科学技术研究等方面成绩显著的单位和个人，由各级人民政府给予奖励。

二、矿产资源的勘查、开采过程中的管理制度

（一）矿产资源的勘查

勘查矿产资源，应当按照国务院关于矿产资源勘查登记管理的规定，办理申请、审批和勘查登记。国家对矿产资源勘查实行统一规划。全国矿产资源的中、长期勘查规划，在国务院计划行政主管部门指导下，由国务院地质矿产主管部门根据国民经济和社会发展中、长期规划，在国务院有关主管部门勘查规划的基础上组织编制。区域地质调查按照国家统一规划进行。区域地质调查的报告和图件按照国家规定验收，提供有关部门使用。

矿产资源普查在完成主要矿种普查任务的同时，应当对工作区内包括共生或者伴生矿产的成矿地质条件和矿床工业远景作出初步综合评价。矿床勘探必须对矿区内具有工业价值的共生和伴生矿产进行综合评价，并计算其储量。未作综合评价的勘探报告不予批准。但是，国务院计划部门另有规定的矿床勘探项目除外。

普查、勘探易损坏的特种非金属矿产、流体矿产、易燃易爆易溶矿产和含有放射性元素的矿产，必须采用省级以上人民政府有关主管部门规定的普查、勘探方法，并有必要的技术装备和安全措施。矿产资源勘查的原始地质编录和图件，岩矿心、测试样品和其他实物标本资料，各种勘查标志，应当按照有关规定保护和保存。矿床勘探报告及其他有价值的勘查资料，按照国务院规定实行有偿使用。

（二）矿产资源的开采

全国矿产资源的分配和开发利用，应当兼顾当前和长远、中央和地方的利益，实行统一规划、有效保护、合理开采、综合利用。开采矿产资源，必须采取合理的开采顺序、开采方法和选矿工艺。矿山企业的开采回采率、采矿贫化率和选矿回收率应当达到设计要求。

在开采主要矿产的同时，对具有工业价值的共生和伴生矿产应当统一规划，综合开采，综合利用，防止浪费；对暂时不能综合开采或者必须同时采出而暂时还不能综合利用的矿产以及含有有用组分的尾矿，应当采取有效的保护措施，防止损失破坏。

开采矿产资源，必须遵守国家劳动安全卫生规定，具备保障安全生产的必要条件。开采矿产资源，必须遵守有关环境保护的法律规定，防止污染环境。开采矿产

资源,应当节约用地。耕地、草原、林地因采矿受到破坏的,矿山企业应当因地制宜地采取复垦利用、植树种草或者其他利用措施。

开采矿产资源给他人生产、生活造成损失的,应当负责赔偿,并采取必要的补救措施。在建设铁路、工厂、水库、输油管道、输电线路和各种大型建筑物或者建筑群之前,建设单位必须向所在省、自治区、直辖市地质矿产主管部门了解拟建工程所在地区的矿产资源分布和开采情况。非经国务院授权的部门批准,不得压覆重要矿床。国务院规定由指定的单位统一收购的矿产品,任何其他单位或者个人不得收购;开采者不得向非指定单位销售。

第五节　森林资源保护法

森林资源法是调整人们在森林保护及森林的合理利用活动中所发生的各种社会关系的法律规范的总称。一般包括林权、森林保护、森林采伐的禁止与限制,以及违反《中华人民共和国森林法》(以下简称《森林法》)的法律责任等内容。

一、关于森林资源的所有权

森林资源属于国家所有,由法律规定属于集体所有的除外。

国家所有的和集体所有的森林、林木和林地,个人所有的林木和使用的林地,由县级以上地方人民政府登记造册,发放证书,确认所有权或者使用权。国务院可以授权国务院林业主管部门,对国务院确定的国家所有的重点林区的森林、林木和林地登记造册,发放证书,并通知有关地方人民政府。森林、林木、林地的所有者和使用者的合法权益受法律保护,任何单位和个人不得侵犯。

二、关于森林保护的法律制度

(一) 关于林业建设方针的规定

《森林法》规定,林业建设实行以营林为基础,普遍护林,大力造林,采育结合,永续利用的方针。国家鼓励林业科学研究,推广林业先进技术,提高林业科学技术水平。国家保护林农的合法权益,依法减轻林农的负担,禁止向林农违法收费、罚款,禁止向林农进行摊派和强制集资。国家保护承包造林的集体和个人的合法权益,任何单位和个人不得侵犯承包造林的集体和个人依法享有的林木所有权和其他合法权益。

(二) 关于森林保护性措施的规定

《森林法》规定,国家对森林资源实行以下保护性措施:

(1) 对森林实行限额采伐,鼓励植树造林、封山育林,扩大森林覆盖面积;

(2) 根据国家和地方人民政府有关规定,对集体和个人造林、育林给予经济扶持或者长期贷款;

(3) 提倡木材综合利用和节约使用木材,鼓励开发、利用木材代用品;

(4) 征收育林费,专门用于造林育林;

(5) 煤炭、造纸等部门,按照煤炭和木浆纸张等产品的产量提取一定数额的资金,专门用于营造坑木、造纸等用材林;

(6) 建立林业基金制度。

国家设立森林生态效益补偿基金,用于提供生态效益的防护林和特种用途林的森林资源、林木的营造、抚育、保护和管理。森林生态效益补偿基金必须专款专用,不得挪作他用。

(三) 关于保护森林的法律制度

关于森林的保护,《森林法》有如下规定:

(1) 植树造林、保护森林,是公民应尽的义务。各级人民政府应当组织全民义务植树,开展植树造林活动。

(2) 地方各级人民政府应当组织有关部门建立护林组织,负责护林工作;根据实际需要在大面积林区增加护林设施,加强森林保护;督促有林的和林区的基层单位,订立护林公约,组织群众护林,划定护林责任区,配备专职或者兼职护林员。

(3) 地方各级人民政府应当切实做好森林火灾的预防和扑救工作。规定森林防火期,在森林防火期内,禁止在林区野外用火;因特殊情况需要用火的,必须经过县级人民政府或者县级人民政府授权的机关批准;在林区设置防火设施;发生森林火灾,必须立即组织当地军民和有关部门扑救;因扑救森林火灾负伤、致残、牺牲的,国家职工由所在单位给予医疗、抚恤,非国家职工由起火单位按照国务院有关主管部门的规定给予医疗、抚恤,起火单位对起火没有责任或者确实无力负担的,由当地人民政府给予医疗、抚恤。

(4) 各级林业主管部门负责组织森林病虫害防治工作。

(5) 林业主管部门负责规定林木种苗的检疫对象,划定疫区和保护区,对林木种苗进行检疫。

(6) 禁止毁林开垦和毁林采石、采砂、采土以及其他毁林行为。禁止在幼林地和特种用途林内砍柴、放牧。进入森林和森林边缘地区的人员,不得擅自移动或者损坏为林业服务的标志。

（四）关于合理采伐森林、防止森林和林地破坏的规定

国家根据用材林的消耗量低于生长量的原则,严格控制森林年采伐量。国家所有的森林和林木以国有林业企业事业单位、农场、厂矿为单位,集体所有的森林和林木、个人所有的林木以县为单位,制定年采伐限额,由省、自治区、直辖市林业主管部门汇总,经同级人民政府审核后,报国务院批准。

国家制定统一的年度木材生产计划。年度木材生产计划不得超过批准的年采伐限额,计划管理的范围由国务院规定。

采伐森林和林木必须遵守下列规定：成熟的用材林应当根据不同情况,分别采取择伐、皆伐和渐伐方式,皆伐应当严格控制,并在采伐的当年或者次年内完成更新造林;防护林和特种用途林中的国防林、母树林、环境保护林、风景林,只准进行抚育和更新性质的采伐；特种用途林中的名胜古迹和革命纪念地的林木、自然保护区的森林,严禁采伐。

采伐林木必须申请采伐许可证,按许可证的规定进行采伐;农村居民采伐自留地和房前屋后个人所有的零星林木除外;采伐林木的单位或者个人,必须按照采伐许可证规定的面积、株数、树种、期限完成更新造林任务,更新造林的面积和株数不得少于采伐的面积和株数。

第六节　渔业资源法

渔业资源法是调整渔业经济活动中有关渔业生产、渔业资源的养殖、捕捞、保护与管理的社会关系的法律规范的总称。一般包括渔业权、渔业资源保护、渔业捕捞的禁止与限制、违反《中华人民共和国渔业法》(以下简称《渔业法》)的法律责任等内容。

一、关于《渔业法》的方针

制定《渔业法》的目的是为了加强渔业资源的保护、增殖、开发和合理利用,发展人工养殖,保障渔业生产者的合法权益,促进渔业生产的发展,适应社会主义建

设和人民生活的需要。

在中华人民共和国的内水、滩涂、领海以及中华人民共和国管辖的一切其他海域从事养殖和捕捞水生动物、水生植物等渔业生产活动，都必须遵守本法。

国家对渔业生产实行以养殖为主，养殖、捕捞、加工并举，因地制宜，各有侧重的方针。

二、关于发展养殖业的规定

国家鼓励全民所有制单位、集体所有制单位和个人充分利用适于养殖的水面、滩涂发展养殖业。县级以上地方人民政府根据国家对水域利用的统一安排，可以将规划用于养殖业的全民所有的水面、滩涂，确定给全民所有制单位和集体所有制单位从事养殖生产，核发养殖使用证，确认使用权。

全民所有制单位使用的水面、滩涂，集体所有的水面、滩涂和集体所有制单位使用的全民所有的水面、滩涂，可以由集体或者个人承包，从事养殖生产。水面、滩涂的所有权和使用权受法律保护，任何单位和个人不得侵犯。使用全民所有的水面、滩涂从事养殖生产，无正当理由使水面、滩涂荒芜满1年的，由发放养殖使用证的机关责令限期开发利用；逾期未开发利用的，可以吊销养殖使用证。

全民所有制单位之间、集体所有制单位之间以及全民所有制单位与集体所有制单位之间的水面、滩涂所有权和使用权的争议，由当事人协商解决；协商不成的，由县级以上地方人民政府处理。当事人对有关人民政府的处理决定不服的，可以在接到通知之日起30天内，向人民法院起诉。在水面、滩涂所有权和使用权的争议解决以前，任何一方不得破坏养殖生产。

国家建设征用集体所有的水面、滩涂，按照《国家建设征用土地条例》的规定办理。国家建设使用确定给全民所有制单位或者集体所有制单位用于养殖的全民所有的水面、滩涂，由建设单位给予适当补偿。

三、关于捕捞业的法律规定

国家鼓励、扶持外海和远洋捕捞业的发展，合理安排内水和近海捕捞力量。从事外海、远洋捕捞业，必须经国务院渔业行政主管部门批准，国家从资金、物资、技术和税收等方面给予扶持或者优惠。

从事内水、近海捕捞业，必须向渔业行政主管部门申请领取捕捞许可证。海洋大型拖网、围网作业的捕捞许可证，由国务院渔业行政主管部门批准发放。其他作业的捕捞许可证，由县级以上地方人民政府渔业行政主管部门批准发放。但是，批准发放海洋作业的捕捞许可证不得超过国家下达的船网工具控制指标。捕捞许可证不得买卖、出租和其他形式非法转让，不得涂改。

在内水、近海从事捕捞业的单位和个人，必须按照捕捞许可证关于作业类型、场所、时限和渔具数量的规定进行作业，并遵守有关保护渔业资源的规定。制造、更新改造、购置、进口的从事捕捞业的船舶经渔业船舶检验部门检验合格，方可下水作业。

四、关于渔业资源的增殖和保护

县级以上人民政府渔业行政主管部门应当对其管理的渔业水域统一规划，采取措施，增殖渔业资源。县级以上人民政府渔业行政主管部门可以向受益的单位和个人征收渔业资源增殖保护费，专门用于增殖和保护渔业资源。渔业资源增殖保护费的征收办法由国务院渔业行政主管部门会同财政部门制定，报国务院批准后施行。

禁止炸鱼、毒鱼。不得在禁渔区和禁渔期进行捕捞，不得使用禁用的渔具、捕捞方法和小于规定的最小网目尺寸的网具进行捕捞。《渔业法》还规定了重点保护的渔业资源品种，禁渔区和禁渔期，禁止使用或者限制使用的渔具和捕捞方法。

禁止捕捞有重要经济价值的水生动物苗种。在水生动物苗种重点产区引水用水时，应当采取措施保护苗种。在鱼、虾、蟹洄游通道建闸、筑坝，对渔业资源有严重影响的，建设单位应当建造过鱼设施或者采取其他补救措施。

用于渔业并兼有调蓄、灌溉等功能的水体，有关主管部门应当确定渔业生产所需的最低水位线。禁止围湖造田，沿海滩涂未经县级以上人民政府批准，不得围垦；重要的苗种基地和养殖场所不得围垦。进行水下爆破、勘探、施工作业，对渔业资源有严重影响的，作业单位应当事先同有关县级以上人民政府渔业行政主管部门协商，采取措施，防止或者减少对渔业资源的损害；造成渔业资源损失的，由有关县级以上人民政府责令赔偿。

各级人民政府应当依照《海洋环境保护法》和《水污染防治法》的规定，采取措施，保护和改善渔业水域的生态环境，防治污染，并追究污染渔业水域的单位和个人的责任。国家规定禁止捕捞的珍贵水生动物应当予以保护；因特殊需要捕捞的，按照有关法律、法规的规定办理。

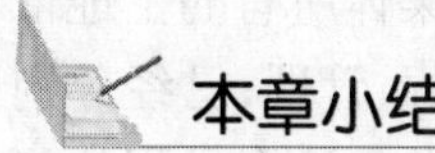

本章小结

自然资源法旨在规范人们开发利用自然资源的行为，促使人们保护和合理利用自然资源，以阻止人类与自然资源的关系恶化，维护人类社会与自然资源之间的和谐发展,改善与增强人类赖以生存和发展的自然环境和物质基础。

我国一直十分重视自然资源的保护,制定了一系列相关的法律、法规。我国宪法第 9 条明确规定:矿藏、水流、森林、山岭、草原、荒地、滩涂等自然资源,都属于国家所有,即全民所有;由法律规定属于集体所有的森林和山岭、草原、荒地、滩涂除外。国家保障自然资源的合理利用,保护珍贵的动物和植物,禁止任何组织或者个人用任何手段侵占或者破坏自然资源。《中华人民共和国土地管理法》、《中华人民共和国矿产资源法》、《中华人民共和国野生动物保护法》、《中华人民共和国森林法》、《中华人民共和国草原法》、《中华人民共和国渔业法》、《中华人民共和国水法》等单项法律都对自然资源的保护作出了详细规定。

本章思考题

1. 您能说出土地所有权和使用权的法律规定吗?
2. 关于耕地的保护,《土地管理法》有什么法律规定?

思考题解答

1. 答:我国实行土地的社会主义公有制,即全民所有制和劳动群众集体所有制。城市市区的土地属于国家所有。农村和城市郊区的土地(包括宅基地、自留地、自留山)除由法律规定属于国家所有的以外,属于农民集体所有。坚持土地公有原则,是由我国社会主义性质决定的。土地作为最基本的生产生活资料,由国家或者集体所有,可以保障社会公平、保持社会稳定,有利于实现社会公共利益。

全民所有,即国家所有土地的所有权由国务院代表国家行使。任何单位和个人不得侵占、买卖或者以其他形式非法转让土地。土地使用权可以依法转让。国家为了公共利益的需要,可以依法对土地实行征收或者征用并给予补偿。国家依法实行国有土地有偿使用制度。但是,国家在法律规定的范围内划拨国有土地使用权的除外。任何单位和个人都有遵守土地管理法律、法规的义务,并有权对违反土地管理法律、法规的行为提出检举和控告。

国有土地和农民集体所有的土地,可以依法确定给单位或者个人使用。使用土地的单位和个人,有保护、管理和合理利用土地的义务。农民集体所有的土地依法属于村民集体所有的,由村集体经济组织或者村民委员会经营、管理;已经分别属于村内两个以上农村集体经济组织的农民集体所有的,由村内各该农村集体经济组织或者村民小组经营、管理;已经属于乡(镇)农民集体所有的,由乡(镇)农村集体经济组织经营、管理。农民集体所有的土地,由县级人民政府登记造册,核发证书,确认所有权。农民集体所有的土地依法用于非农业建设的,由县级人民政府登记造册,核发证书,确认建设用地使用权。单位和个人依法使用的国有土地,由县级以上人民政府登记造册,核发证书,确认使用权;其中,中央国家机关使用的国有土地的具体登记发证机关,由国务院确定。依法登记的土地的所有权和使用权受法律保护,任何单位和个人不得侵犯。

2. 答:(1) 国家保护耕地,严格控制耕地转为非耕地。国家实行占用耕地补偿制度。

(2) 国家实行基本农田保护制度。

(3) 各级人民政府应当采取措施,维护排灌工程设施,改良土壤,提高地力,防止土地荒漠化、盐渍化、水土流失和污染土地。

(4) 非农业建设必须节约使用土地,可以利用荒地的,不得占用耕地;可以利用劣地的,不得占用好地。禁止占用耕地建窑、建坟或者擅自在耕地上建房、挖砂、采石、采矿、取土等。禁止占用基本农田发展林果业和挖塘养鱼。禁止任何单位和个人闲置、荒芜耕地。

(5) 国家鼓励单位和个人按照土地利用总体规划,在保护和改善生态环境、防止水土流失和土地荒漠化的前提下,开发未利用的土地;适宜开发为农用地的,应当优先开发成农用地。国家依法保护开发者的合法权益。

(6) 开垦未利用的土地,必须经过科学论证和评估,在土地利用总体规划划定的可开垦的区域内,经依法批准后进行。禁止毁坏森林、草原开垦耕地,禁止围湖造田和侵占江河滩地。根据土地利用总体规划,对破坏生态环境开垦、围垦的土地,有计划有步骤地退耕还林、还牧、还湖。

(7) 开发未确定使用权的国有荒山、荒地、荒滩从事种植业、林业、畜牧业、渔业生产的,经县级以上人民政府依法批准,可以确定给开发单位或者个人长期使用。

(8) 国家鼓励土地整理。因挖损、塌陷、压占等造成土地破坏,用地单位和个人应当按照国家有关规定负责复垦;没有条件复垦或者复垦不符合要求的,应当缴纳土地复垦费,专项用于土地复垦。复垦的土地应当优先用于农业。

案例与点评

案例一

红石村的土地被国家征用后,因使用单位违法用地,被土地管理部门依法收回土地使用权。县政府决定将这块土地给红石村农民耕种。县政府李科长在向红石村村民宣布政策时,有以下一些说法,其中哪些符合法律的规定?

A. “这块土地由你们耕种，但所有权仍然属于国家。”

B. “耕种期间，不能在这块土地上建房或采矿、采石。”

C. “国家需要使用这块土地时，应当随时交还。”

D. “国家需要交还时，土地上的青苗不给补偿。”

案例点评

本案例主要考查国家土地使用权的收回，涉及《土地管理法》第 2 条、第 36 条、第 47 条和第 65 条的规定。正确答案应为 ABC。

《土地管理法》第 2 条规定：中华人民共和国实行土地的社会主义公有制，即全民所有制和劳动群众集体所有制。全民所有，即国家所有土地的所有权由国务院代表国家行使。任何单位和个人不得侵占、买卖或者以其他形式非法转让土地。土地使用权可以依法转让。国家为公共利益的需要，可以依法对集体所有的土地实行征用。国家依法实行国有土地有偿使用制度。但是，国家在法律规定的范围内划拨国有土地使用权的除外。

《土地管理法》第 36 条规定：非农业建设必须节约使用土地，可以利用荒地的，不得占用耕地；可以利用劣地的，不得占用好地。禁止占用耕地建窑、建坟或者擅自在耕地上建房、挖砂、采石、采矿、取土等。禁止占用基本农田发展林果业和挖塘养鱼。

《土地管理法》第 47 条规定：征用土地的，按照被征用土地的原用途给予补偿。

征用耕地的补偿费用包括土地补偿费、安置补助费以及地上附着物和青苗的补偿费。征用耕地的土地补偿费，为该耕地被征用前三年平均年产值的 6～10 倍。征用耕地的安置补助费，按照需要安置的农业人口数计算。需要安置的农业人口数，按照被征用的耕地数量除以征地前被征用单位平均每人占有耕地的数量计算。每一个需要安置的农业人口的安置补助费标准，为该耕地被征用前三年平均年产值的 4～6 倍。但是，每公顷被征用耕地的安置补助费，最高不得超过被征用前三年平均年产值的 15 倍。征用其他土地的土地补偿费和安置补助费标准，由省、自治区、直辖市参照征用耕地的土地补偿费和安置补助费的标准规定。

被征用土地上的附着物和青苗的补偿标准，由省、自治区、直辖市规定。

征用城市郊区的菜地，用地单位应当按照国家有关规定缴纳新菜地开发建设基金。

依照本条第 2 款的规定支付土地补偿费和安置补助费，尚不能使需要安置的农民保持原有生活水平的，经省、自治区、直辖市人民政府批准，可以增加安置补助费。但是，土地补偿费和安置补助费的总和不得超过土地被征用前三年平均年产值的30倍。

国务院根据社会、经济发展水平，在特殊情况下，可以提高征用耕地的土地补偿费和安置补助费的标准。

《土地管理法》第65条规定：有下列情形之一的，农村集体经济组织报经原批准用地的人民政府批准，可以收回土地使用权：

（一）为乡（镇）村公共设施和公益事业建设，需要使用土地的；

（二）不按照批准的用途使用土地的；

（三）因撤销、迁移等原因而停止使用土地的。

依照前款第（一）项规定收回农民集体所有的土地的，对土地使用权人应当给予适当补偿。

案例二

王某是A山村村民，2000年王某与该村签订承包协议，约定：王某承包开采村北部花岗岩矿，期限三年，开采矿山所需费用由王某自理，三年后该矿由村里收回。协议签订后，王某组织人员修路，并修建了开矿平台等矿山建设，花费30万元。2001年1月，王某又与甲公司签订了矿山转让协议，约定：王某将矿山转让给甲公司，甲公司一次性付给王某补偿费100万元。后来甲公司了解到王某并无采矿许可证，遂到该地所属的市矿产主管部门办理了采矿许可证，对该矿进行开采。在开采过程中使用了王某修建的道路等设施。王某向甲公司索要补偿费，未果，故起诉至法院，要求判令甲公司给付其补偿费100万元及利息。

试问：

王某所签订的两个协议有效与否？为什么？

案例点评

王某与A村签订的矿山承包协议和与甲公司签订的矿山转让协议均无效。

根据《矿产资源法》的规定，矿产资源属于国家所有，由国务院行使国家对矿产资源的所有权。地表或者地下的矿产资源的国家所有权，不因其所依附的土地的所有权或者使用权的不同而改变。所以在本案中，虽然A村拥有村庄北部的土地所有权，但对其地下的花岗岩矿产并没有所有权，无权发包王某对矿山开采的承包权，所以其转让矿产开采权的行为也是无效的。

案例三

1997 年元旦，某市郊向山镇林业派出所接到当地七联林场报案：九号桥山场和小坳心连续发生多起砍伐病死树和火炬松事件，经过 10 多天的调查走访，终于查清事实：七联村红光胜队村民 54 岁的王某，多次到七联村九号桥处(是王某承包的土地，山上之树是王某家亲手栽种)利用林业局砍伐病死树之机，偷偷上山砍伐，此外还先后发动儿子、女婿上山砍伐，3 次共砍伐火炬松和病死树 20 余棵。林业派出所在事实调查清楚后，决定对王某进行处罚。

试问：

1. 王某辩称，其所砍伐的 20 余棵树木是自己承包的集体山林，树也是自己亲自栽下的，现建房遇到困难，砍几棵树，不属于违法行为。王某的辩解能否成立？

2. 在这种情况下采伐林业，是否需要许可证？

3. 你认为本案该如何处理？

案例点评

1. 王某的辩解不成立。法律规定：采伐林木必须申请采伐许可证，按许可证的规定进行采伐；但农村居民采伐自留地和房前屋后个人所有的零星林木除外。本案件中，王某采伐的林木虽生长于王某承包的土地上，且山上之树又是王某家亲手栽种，但不属于“农村居民采伐自留地和房前屋后个人所有的零星林木”的除外规定。所以王某没有申请采伐许可证就实施采伐林木的行为是违法的。

2. 需要许可证。农村居民采伐自留山和个人承包集体的林木，由县级林业主管部门或者其委托的乡、镇人民政府依照有关规定审核发放采伐许可证。

3. 由林业主管部门责令补种、没收盗伐的林木并处罚款。

第五编

社会保障法律制度

第一章

概　述

2008 年 5 月 12 日，四川发生了八级地震，这次地震是新中国成立以来破坏性最强、波及范围最广、救灾难度最大的一次地震。地震对社会保障制度建设带来了巨大的挑战。什么是社会保障？我国的社会保障法律制度现状又如何？

本章需要掌握的主要内容有：

- 社会保障的概念
- 我国社会保障体系的构成
- 我国社会保障的范围与对象

第一节　社会保障概述

一、社会保障的概念

1．一般定义

社会保障是指国家通过立法和行政措施设立的、旨在保证社会成员基本经济生活安全的各种项目总和。社会保障是由英文“Social Security”翻译过来的，可以译为社会保障，也可以译为社会安全。香港译为社会保障，台湾译为社会安全，大陆两种译法都有，现在多译为社会保障。社会保障是一个合成词，由“社会”和“保障”两个词组成。从字义上分析，保障一词《词源》的解释是“所恃以为保护障蔽者”。

2．国外对社会保障定义的理解

由于世界各国的国情不同，对社会保障的界定有所不同，并且对这一概念的认识本身也有一个发展过程；西欧福利国家将社会保障理解为一种公共福利计划，人人都能够享受。更多的国家则认为社会保障是一张社会安全网,为需要的社会成员特别是劳动者的生老病死及其家属提供基本生活保障。

3. 我国对社会保障定义的理解

社会保障是国家和社会依据相关的法律、法规,为因年老、疾病、失业、伤残、生育、死亡、灾害等原因而失去劳动能力或生活遇到障碍的社会成员提供物质帮助,以保障其基本生活的一项社会安全制度。

二、社会保障概念的理解

对社会保障的概念要给予比较全面的、准确的、科学的概括,至少从以下几个方面加以把握。

(1) 社会保障的责任主体是国家和社会:补偿弱化的家庭保障功能,解决特定的社会问题以稳定社会。

(2) 社会保障的目标是满足人的基本生活需求:一是基于人的生存权的保护,二是受制于经济发展水平的制约。

(3) 社会保障面向社会全体成员:社会成员只要符合社会保障的条件,就应该无一例外地成为社会保障的对象。

(4) 社会保障制度实施的保证和依据是法律法规:即国家以立法或制定行政条例的形式来确定社会保障的范围、资金来源及支付标准等基本内容,并采取相应的措施保证其得以实现。法和行政条例的法律效力是不同的。社会保障制度所依据的法律有两类:形式意义上的社会保障法规和实质意义上的社会保障法规。

三、社会保障的范围和对象

按社会保障的定义,社会保障的一般对象应是全体社会成员,但由于各国国情不同,实现社会保障的原则不同,从而社会保障的对象也有所不同。实现普遍性原则的国家,保障对象为全体社会成员;实现特殊性原则的国家,保障对象有选择,为部分社会成员。我国社会保障的许多项目只面向城镇的工薪阶层,农村社会保障体系尚在建设之中,这是由我国的二元社会经济结构所决定的。从发展趋势来看,社会保障的范围应随保障内容的完善而不断扩大。

四、社会保障的功能

社会保障是现代国家干预社会经济生活的有效手段之一。现代市场经济体制由竞争性的市场体系与以政府为主体的宏观调控体系两部分组成，两者相互作用，进行资源配置。国家运用社会保障干预市场失灵，维护社会公平，促进社会公共利益。

1. 社会性功能

社会保障主要对社会发展、社会稳定起到一定作用。具体分为社会保障的补偿功能和社会保障的稳定功能。

社会保障的补偿功能是对因为市场竞争造成失业、下岗者的一种经济补偿。

社会保障的稳定功能主要通过保证劳动者乃至国民在特殊情况下的生活问题，从而实现整个社会乃至统治秩序的稳定，被誉为"社会安全网"和"社会减震器"。国际劳工组织在总结各国实施社会保障制度的作用时指出，"没有社会的安定，就没有社会的发展；没有社会保障，就没有社会的安定"，客观地描述了社会保障作为社会稳定机制的重要性和功能。

2. 经济性功能

社会保障的经济性功能主要对应于其对经济发展的作用。

(1) 调节投融资功能。

社会保障的资金直接来源于社会保障费、国家资助(财政补贴)以及资金运营收入，经过长期积累，数量巨大，并具有较高的稳定性，成为国家调节投资的一大支柱。

(2) 平衡需求功能。

经济要保持健康的发展，就要保持需求与供给的总体平衡。在经济扩张时期，就业比较容易，失业率低；在经济紧缩期，找工作困难，失业率高，可支配的收入减少，容易造成有效需求不足。社会保障被称为调节经济的蓄水池，具有非常有效的平衡需求的作用。当经济衰退而失业增大时，由于失业给付，抑制了个人收入减少的趋势，给失去职业和生活困难的人们以购买力，从而具有唤起有效需求的效果，一定程度上促进了经济复苏。而当经济高涨失业率下降时，社会保障支出相应缩减，社会保障基金规模因此增大，减弱了社会需求的急剧膨胀，最终又使社会的总需求与总供给达到平衡。

3. 保护和配置劳动力功能

社会保障可维持劳动力再生产，通过失业救助，使失业者能够维持劳动力的再生产；通过就业培训，又使得失业者得到了新的技能，重新就业。同时亦能促进劳动力有效配置，通过社会保障调控，劳动者无后顾之忧，可以促进劳动力的合理流动，实现劳动力要素的有效配置。部分劳动力则通过失业救助，找到了最能发挥其能量的工作，也即实现了有效配置。

五、社会保障的内容和体系

1. 社会保障的体系构成

社会保障大致划分为核心(基本)保障与补充保障两大层次。社会保险是核心保障,因为社会保险覆盖了人口群体中最重要的部分——劳动者群体,所以在社会保障体系中居主导地位,是实现社会保障的基本纲领。其他社会保障项目包括社会救助、社会福利、社会优抚等为补充保障。

2. 我国的社会保障体系

● 社会保险——基本保障,保障劳动者失去劳动能力,从而失去工资后仍能享有基本生活;

● 社会救助——最低层次的社会保障,保障最低生活;

● 社会福利——增进城乡全体居民生活福利的高层次社会保障;

● 社会优抚——特殊性质的社会保障,保障社会上备受尊敬的军人及其家属的基本生活。

3. 社会保障的主要内容

我国的社会保障体系如图1所示。我们在这里主要介绍社会保险、社会救助、社会福利及社会优抚。

(1) 社会保险。

社会保险是指国家通过法律手段,多渠道筹集资金,对劳动者在因年老、失业、患病、工伤、生育而减少劳动收入时给予经济补偿,使他们能够享有基本生活保障的一项社会保障制度。

社会保险是社会保障体系的基础和核心,在社会保障体系中居主导地位,是实现社会保障的基本纲领。

(2) 社会救助。

社会救助指国家和社会对因各种原因无法维持最低生活水平的公民给予无偿救助的一项社会保障制度。

社会救助是每一个公民应享受的权利,其目的是保障公民享有最低生活水平,社会救助是基础的、最低层次的社会保障,是社会保障的最低纲领和目标。

(3) 社会福利。

社会福利是为全体社会成员提供的各种福利性补贴和举办各种福利事业的总称。包括一般的社会福利、职工福利和特殊的社会福利。

社会福利是最高层次的社会保障,是社会保障的最高纲领和目标。

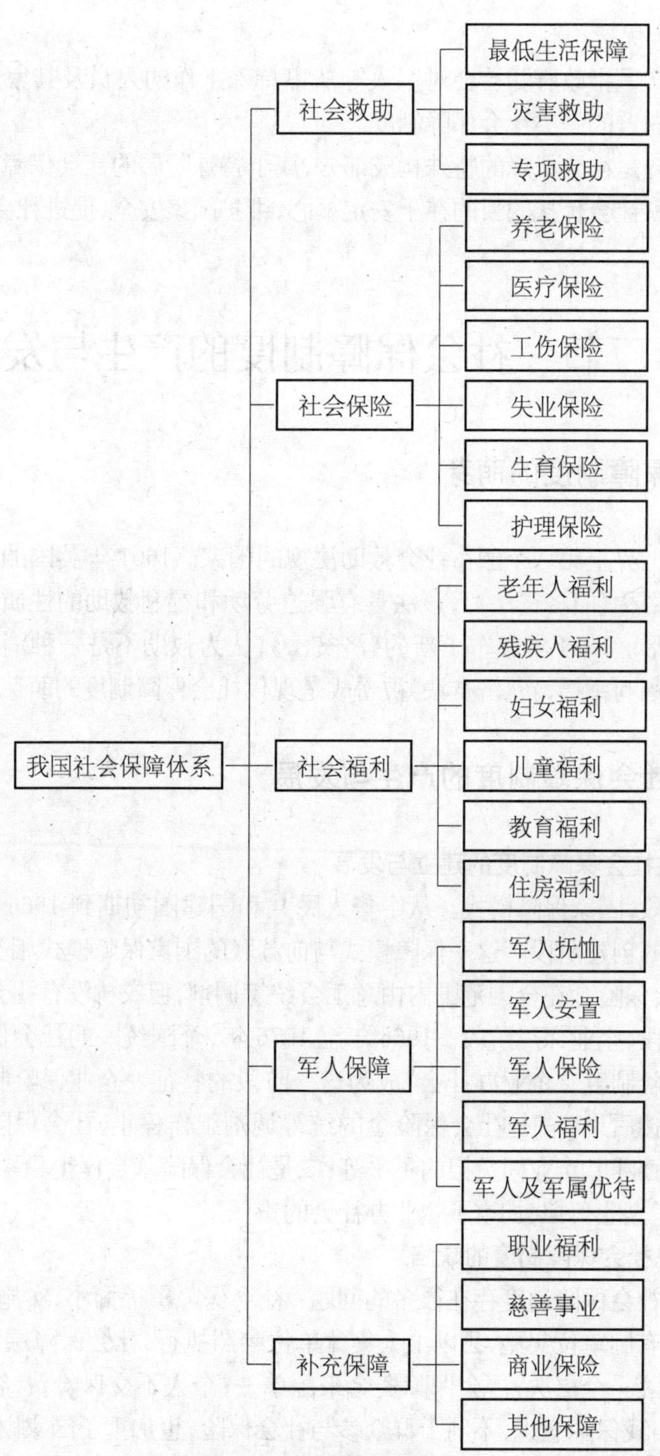

我国社会保障体系
社会救助
最低生活保障
灾害救助
专项救助
社会保险
养老保险
医疗保险
工伤保险
失业保险
生育保险
护理保险
社会福利
老年人福利
残疾人福利
妇女福利
儿童福利
教育福利
住房福利
军人保障
军人抚恤
军人安置
军人保险
军人福利
军人及军属优待
补充保障
职业福利
慈善事业
商业保险
其他保障

图 1　我国社会保障体系

(4) 社会优抚。

社会优抚是指政府和社会对军人等从事特殊工作的人员及其家属予以优待、抚恤和妥善安置的一类社会保障制度。

社会优抚是社会保障的特殊构成部分,属于特殊阶层的社会保障,是社会保障的特殊纲领。社会优抚的目的在于安定军心,维护国家安全,促进社会稳定。

第二节　社会保障制度的产生与发展

一、社会保障制度的萌芽

英国是世界上第一个颁布社会救助法规的国家。1601 年英国颁布了《伊丽莎白济贫法》(俗称《旧济贫法》),该法具有强迫劳动和福利救助的性质,成为未来社会保障的雏形。1834 年颁布了新的《济贫法》,认为救助不是一种消极行为,而是一项积极的福利举措,新《济贫法》被看成是现代社会保障制度的萌芽。

二、我国社会保障制度的产生与发展

1. 传统社会保障制度的建立与发展

第一阶段,国家保障模式。从中华人民共和国建国初期到 1966 年,为我国社会保障制度的创建阶段。这一保障模式与前苏联的国家保障模式相类似,低工资、高保障;社会保险金在全国范围内由总工会统筹调剂,但农村没有社会保障。

第二阶段,企业保障阶段。1966 年至 1976 年,全国统一的社会保险制度被解体为企业保险制度,"企业办社会"成为这一阶段的特征。企业保险制度导致了两个严重的直接后果:一是社会保险金的统筹调剂工作停止,社会保险的调剂职能丧失,造成行业间、企业间负担的不平等;二是社会保险基金停止积累,由企业实报实销,加重了企业负担,加重了企业办社会的责任。

2. 传统社会保障制度的缺陷

传统的社会保障制度存在很多的问题:社会保障覆盖面小,实施范围窄;主要是在全民所有制单位实施,县以上大集体单位参照执行,社会保障层次单一;只有国家法定保险一个层次;社会保障资金来源单一;个人不交保险费,容易养成依赖思想,缺乏自我保障意识,不利于群众参与社会保险,也加重了国家财政负担;保障资金的社会化程度低,保障不力,不仅影响了企业之间的公平竞争,而且阻碍了劳

动力在企业之间的正常流动;社会保障管理体制分散,政出多门;我国社会保险工作由政府不同部门分别管理,效率不高;社会保障制度办法及待遇结构不合理;管理上存在某些混乱和漏洞。

改革开放以来,随着经济体制改革的不断深化,传统社会保障制度也随之进行了若干改革,并且取得了一定成绩。然而,由于社会保障的各个项目分别由各个不同的部门承担责任,造成多头管理,多家经办,政出多门,鉴于传统社会保障制度存在以上的问题,必须进行不断完善。

三、我国的社会保障制度改革

20 世纪 80 年代中期,我国社会保障制度改革作为国民经济改革的配套措施提到议事日程上来,开始迈开改革的步伐。1992 年党的“十四大”召开,是我国现代社会保障制度建立和改革的一个历史性标志。社会保障制度的改革把历年来实施的国家统筹模式改革成为大多数国家实行的、强制劳动者个人也缴费的投保资助模式。可以说,党的“十四大”以来是我国现代社会保障制度的持续完善阶段。2004 年的《宪法修正案》专门规定,国家建立健全同经济发展水平相适应的社会保障制度,使社会保障制度立法有了宪法的依据。

第三节 社会保障法律制度

社会保障不是自发产生的,是国家为了整个社会的利益,通过立法强制实施的。社会保障法律制度是社会保障制度规范化有效运行的法定依据。

一、社会保障法律制度概述

在现代社会里,社会保障制度是国家的基本制度之一,是国家通过立法建立起来的。社会保障法就是调整在社会保障中发生的各种权利义务关系的法律规范的总称,同时也是社会保障制度的法律表现形式。现代的社会保障法律制度是伴随着人类社会从农业社会向工业社会的迈进而产生和发展起来的,本身就是社会进步的一种表现。在自然经济社会里,社会成员的生活保障是以自给自足的小农经济为基础的,体现为家庭自我保障,并未形成规范化、法制化的社会保障制度。

社会保障法律制度发展到今天,已成为当代各国法律体系的重要组成部分。

按照西方大陆法系国家对法律部门的划分,社会保障法律制度既不属于公法,又不属于私法,而是属于社会法的范畴,是一个独立的法律部门。世界大多数国家的政府都很重视社会保障法律制度的建设,这是因为,国家对社会成员的社会保障待遇标准只有通过立法才能加以确定和公之于众,国家对需要保护的特殊群体给予的帮助只有通过建立法律制度才能得以强制施行。因此,国家制定和实施的社会保障措施都被纳入到法制化的轨道。

近几年来,中国社会保障制度改革和发展速度之快是前所未有的。经过共同努力,中国已经在社会保障制度领域取得了突破性进展,即形成了养老保险、下岗职工基本生活保障和城市居民最低生活保障三条保障线,为中国的社会保障制度增添了新的内容,为经济体制改革的顺利进行和社会的稳定发挥了重要的作用。

二、社会保障立法原则

现代社会保障是弥补市场缺陷、保证市场顺利运转的社会条件,各国社会保障立法的经验表明,社会保障立法必须遵循以下三个原则。

(1) 权利与义务相结合原则。社会保障的受益者,必须承担相应的义务,例如法规条例规定的缴费义务,不履行规定的义务,就没有享受社会保障待遇的权利。

(2) 原则性与灵活性相结合的原则。社会保障体现社会公平,让所有受保者都有同等的机会享受社会保障待遇,从而在客观上要求社会保障法律制度必须体现统一性的原则,在保障性质、职能、项目、范围、标准等方面,要在法律法规中作出明确规范,实现项目统一、范围统一、待遇统一。这是原则,但是必须在统一性的前提下,对不同时期的保障待遇规定有所不同,在不同地区要制定适合本地区的行政法规,原则性与灵活性相结合,才能使社会保障制度真正体现全体社会成员的根本利益。

(3) 循序渐进的原则。社会保障制度的建立和完善、社会保障的覆盖范围和待遇水平,是和一个国家社会经济发展水平逐步提高相适应的,是要有一个过程的。在经济发展水平还不高的时候,想要实行广覆盖、高水平的社会保障制度,结果只能是欲速则不达。社会保障是国家运用法律和经济手段来解决特定社会问题和实施特定社会政策的一项宏观调控措施,经济发展水平决定社会保障水平,社会保障法律法规的制定必须与经济发展水平相适应。

三、社会保障法律制度的内容

社会保障法律制度应当包括如下五条基本内容:

(1) 社会保险法律制度。该制度具体规定对劳动者在年老、失业、患病、工伤、生育等情况下获得帮助和补偿,即建立基本养老保险、基本医疗保险、失业保险、工伤保险、生育保险制度。

(2) 社会救济法律制度。该制度具体规定对公民在遭受自然灾害或者生活发生严重困难的情况下获得经济帮助,即建立灾民救济、城市居民最低生活救济、城乡特殊贫困人员救济等制度。

(3) 社会福利法律制度。该制度具体规定对不同的社会成员在分享社会发展成果方面获得的经济帮助,即建立老年福利、托幼福利、残疾人福利、社区服务、城镇居民福利津贴等项制度和设立文化、教育、卫生、保健等社会公益设施。

(4) 社会互助法律制度。该制度具体规定由不同的社会组织建立其成员之间相互提供帮助,如工会组织建立的工会会员互助金制度。

(5) 社会优抚法律制度。该制度具体规定由国家和社会对军人和其家属提供社会优待和经济帮助,即建立优待军人和军人家属、军人转业和退伍安置、军人伤残抚恤和死亡抚恤等项制度。

四、外国社会保障法律制度

西方主要资本主义国家在社会保障法律制度的建设方面已经走过了很长的道路了,形成了比较完整的社会保障法律体系。特别是国际劳工组织大会所颁布的《国际劳工公约》和建议书,在各国社会保障法律制度的建设中发挥了很大的作用,成为各国制定社会保障法律制度的重要依据。由于世界各国的社会制度不同,经济发展水平不等,文化历史各异,建立社会保障法律制度的时间先后不一,因而形成了不同类型的社会保障法律制度。按照通常的分类标准,主要分为以下四种类型。

第一种类型:"传统型"社会保障法律制度,美国、日本等许多发达的资本主义国家都实行该类制度。这类社会保障法律制度坚持"选择性"的保障原则,即对不同的社会成员适用不同的保障标准,社会保障费用由国家、雇主和劳动者三方负担,社会保障的待遇给付标准与劳动者的收入和社会保障交费相联系,强调劳动者个人在社会保障方面应承担的责任。

第二种类型:"福利型"社会保障法律制度,英国、瑞典、挪威等西欧和北欧部分国家实行该类制度。这类社会保障法律制度坚持"普遍性"的保障原则,社会保障基金主要来源于国家税收,社会保障的范围包括"从摇篮到坟墓"的各种生活需要,给付的待遇标准是统一的。这种制度下的社会保障待遇水平过高,国家负担过重,正在被迫进行调整。

第三种类型:“国家型”社会保障法律制度,前苏联以及东欧等国家都曾实行该类制度。这类社会保障法律制度坚持“国家统包”的保障原则,社会保障费用由国家和用人单位负担,职工个人不必缴纳保障费用,社会保障的范围包括了职工的基本生活需要,社会保障事务由国家统一设立的保险组织经办,职工参加管理。这种社会保障制度的弊病很大,保险费用完全由国家和用人单位包揽,造成企业负担过重,不利于企业参与市场竞争,不利于劳动力合理流动,不利于职工个人树立自我保障的意识。中国在计划经济条件下曾经实行的社会保障法律制度也属于该种类型。

第四种类型:“储蓄型”社会保障法律制度,新加坡、马来西亚等新兴市场经济国家大都实行该类制度,这类社会保障法律制度实行“个人账户积累”的原则,社会保障费用由劳资双方按比例缴纳,以职工个人名义存入个人账户,在职工退休或有其他生活需要时,将该费用连本带息发给职工个人。这种社会保障法律制度有利于树立自我保障意识,鼓励人们的劳动积极性,有利于保障劳动者的基本生活需要,但它也存在不能对保险基金进行必要的使用调剂和不能发挥社会保障的互助功能的缺陷。

五、我国社会保障法律制度的现状

完善的社会保障制度应是指社会保险、社会救济、社会福利、社会互助、社会优抚等几个方面。我国的社会保障工作始于 20 世纪 50 年代初。当时,新中国刚刚成立,百业凋零,百废待兴,国民经济基础相当薄弱。党和政府高度重视社会保障工作,1951 年 2 月,政务院(即国务院的前身)发布了《中华人民共和国劳动保险条例》,这是新中国成立后的第一部社会保险法规,奠定了我国社会保障法律制度的基础。

此后,我国还陆续颁布和实施了有关养老、医疗、工伤、扶贫、救灾、社会福利和优抚安置等方面的规定,初步形成了与计划经济相适应的包括社会保险、社会救济、社会福利和社会优抚安置在内的社会保障法律制度,显示了劳动人民当家做主的权利和国家对劳动者权益的保护,体现了社会主义制度的优越性。这一制度的建立,在相当长的时期内对发展我国国民经济、巩固国家政权、保障人民生活起到了重要的作用。

随着我国经济体制的改革,我国社会从农业社会开始向工业社会迈进,经济结构进行了战略性调整,形成以公有制为主体、多种经济成分并存的格局;过去在计划经济体制下形成的社会保障制度,已不适应社会主义市场经济的建立和发展的客观需要,成为深化经济体制改革的制约因素。社会保障工作面临严峻的挑战,亟需进行改革。根据当前两种经济体制转换过程的实际,社会保障法律制度改革需要一个渐进过程,要坚持低水平、广覆盖、多层次的基本方针,逐步由"全部包揽"向"国家、单位、个人"三方负担转变,由"企业自保"向"社会互济"转变,由"福利包揽"向"基本保障"转变,由"现收现付"向"部分积累"转变,由"政策调整"向"法律规范"转变。近两年来,我国社会保障法律制度的改革和发展迈出了较大的步伐,已经形成了养老保险、国有企业下岗职工基本生活保障和城市居民最低生活保障的"三条保障线"制度。在此基础上,按照"逐步形成独立于企业事业单位之外、资金来源多渠道、管理服务社会化的有中国特色社会保障体系"的思路,进一步深化社会保障法律制度改革。

六、我国社会保障法律制度存在的主要问题

改革开放以来,特别是进入 20 世纪 90 年代以来,国家出台了一系列的社会保障法律法规,我国社会保障法律制度建设取得了很大的成绩,仅 1998 年到 1999 年,就出台了《社会保险费征缴暂行条例》、《失业保险条例》、《城市居民最低生活保障条例》和《关于建立城镇职工基本医疗保险制度的决定》,连同以前国务院颁布的《关于建立统一的企业职工基本养老保险制度的决定》,劳动部颁发的《企业职工工伤保险试行办法》、《企业职工生育保险试行办法》,初步形成了覆盖社会保险主要险种、相互配套的社会保险法律体系,以及覆盖城市居民的最低生活保障制度。但也存在一些问题,主要体现在以下四个方面。

(1) 社会保障的立法不健全。社会保险是社会保障制度的核心内容,但目前还没有建立起统一的、适用范围比较大的社会保险法律制度,社会保险费用的征缴、支付、运营、统筹管理也不规范;社会救济、社会福利和优抚安置的立法相当欠缺;社会保障工作在许多方面只能靠政策规定和行政手段推行;国家立法滞后,地方立法分散,统一的社会保障制度被分割,由此导致社会保障的覆盖面小,保障程度差。目前,在社会保障方面发生争议纠纷进行仲裁或提起诉讼时,由于立法滞后,仲裁机构和人民法院无法根据有效的法律规定对社会保障争议进行仲裁或判决,处于无法可依的状态。

(2) 现有的社会保障法律法规立法层次低,缺乏较高的法律效力和必要的法律责任制度。社会保障法是我国法律体系中一个独立的法律部门,应该由全国人民代表大会及常务委员会制定社会保障的基本法律。但是,我国自 1979 年以来,却没有制定和颁布实施专门调整社会保障关系的基本法律;有关社会保障的制度被分散规定在不同的法律规范文件中。这种状况与社会保障法所应处的地位是不相符的。完整的法律规范应当由假定、处理和制裁构成,无法律责任、无制裁措施

的法律规范，是一个有严重缺陷的系统，无法发挥法律规范的强制功能。在我国已经制定出来的社会保障法规中，比较普遍地存在着缺乏法律责任的现象，无法确保社会保障措施的有效实施。

(3) 社会保障的法律实施机构和监督制度较为薄弱。合法的筹资机制、稳定的保障机制、严格的管理机制、有效的运行机制、有力的监督机制都不够健全。社会保障监督机构没有与管理机构严格划分开来，缺乏对欠缴社会保险费的行为和拖欠离退休人员、失业人员保险金行为的法律制裁措施；对非法挪用、挤占保险金的违法甚至犯罪行为得不到及时惩处，保险基金的运营处于不安全状态。

(4) 我国当前的社会保障制度没有与国际接轨，在对外交流中不断产生障碍与摩擦。我国已正式成为 WTO 的成员，我国的经济发展将越来越与世界经济相联系，经济全球化将在不同的程度上逐步形成。市场经济是法治经济，作为扩大了的市场经济——经济全球化则更应是法治经济，如果在全世界范围内无法形成相对稳定和权威较高的游戏规则(条约、习惯、惯例等)，则不能称之为经济全球化，当然 WTO 也没有其存在之可能。能起“稳定器”、“安全网”作用的社会保障制度作为市场经济建立的前提和保障在世界范围内将必然形成，只有这样，国际资源特别是人力资源的自由流动方能顺利实现。而我国过去的有关社会保障制度方面的法律在涉外社会保障这一块显然处于空白状态，这将不仅影响我国对外交流的顺利进行，而且从长远来看必将影响我国整个经济的稳定和发展。

七、社会保障法律制度的完善

我国社会经济发展水平比较低，法制建设比较滞后，建立和健全社会保障法律制度涉及的问题很多。应当着重解决如下几个问题：

(1) 应当把社会保障立法作为建立我国社会主义市场经济法律制度的重要组成部分，放在突出的位置上，抓紧制定社会保障的基本法律。社会保障的核心法律制度是社会保险制度，因此，应当由全国人民代表大会常务委员会尽快制定和颁布在社会保障制度中处于核心地位的《中华人民共和国社会保险法》(以下简称《社会保险法》)。据了解，《社会保险法》已经于 2007 年 12 月 23 日提交第十届全国人大常委会第三十一次会议首次审议。同时，国家正在抓紧制定《社会保障法》等社会保障的基本法律，将会在不久的将来颁布与实施这些法律以及与这些法律相配套的一系列条例。

(2) 社会保障法律制度的立法内容应当与其他法律部门的立法内容相衔接，以保证社会保障法律规范的有效实施。目前，《刑法》经过修正已经对社会保险基金的挪用、挤占等行为进行制裁，今后还要进一步修改其它相关立法，争取与社会保障法律制度的立法内容相适应。

(3) 适应 WTO 的规则,调整中国社会保险业的相关制度。第一,中国加入 WTO 之后,有关社会保险业的市场开放应当按照循序渐进的策略进行; 第二,开展企业补充养老保险经营业务; 第三,鼓励中外保险公司扩大社会保险延伸服务。

(4) 健全社会保障的司法机制。有关学者建议在人民法院设立劳动和社会保障法庭,专门从事审理劳动和社会保障争议案件,使当事人发生社会保障权益受不法侵害时获得有力的司法保护。在相关条件成熟后,可借鉴国外普遍实行的专门法院的方式建立我国专门的劳动和社会保障法院。

在一个从农业社会向现代工业社会迈进的、拥有 12 亿人口的国度里,建设有中国特色的社会主义的社会保障法律制度,是人类历史上前所未有的创举,是一个跨世纪的宏伟工程。我们坚信,在以胡锦涛同志为核心的党中央领导下,经过不懈的努力,一个健全的社会保障法律制度,必将为人民安居乐业、国家长治久安、社会文明进步提供有效的保障,必将为把有中国特色的社会主义事业全面推向 21 世纪增添光辉。

本章小结

本章阐述了社会保障以及社会保障制度的概念和基本内容,分析了社会保障制度的基本概况;同时介绍了社会保障法律制度的概念,介绍了国外的社会保障法律制度,我国的社会保障法律制度的现状,我国社会保障法律制度的问题,并简单建议如何完善我国的社会保障法律制度。

通过本章的学习,要掌握社会保障的内容;了解社会保障制度,并重点掌握我国社会保障法律制度的相关理论。

本章思考题

1. 我国社会保障法律制度存在哪些问题?
2. 如何完善我国的社会保障法律制度?

思考题解答

1. 答: (1) 社会保障的立法不健全。社会保险是社会保障制度的核心内容,但目前还没有建立起统一的、适用范围比较大的社会保险法律制度,社会保险费用的征缴、支付、运营、统筹管理也不规范;社会救济、社会福利和优抚安置的立法相当欠缺;社会保障工作在许多方面只能靠政策规定和行政手段推行;国家立法滞后，地方立法分散，统一的社会保障制度被分割。由此导致社会保障的覆盖面小，保障程度差。目前在社会保障方面发生争议纠纷进行仲裁或提起诉讼时，由于立法滞后，仲裁机构和人民法院无法根据有效的法律规定对社会保障争议进行仲裁或判决，处于无法可依的状态。

(2) 现有的社会保障法律法规立法层次低，缺乏较高的法律效力和必要的法律责任制度。社会保障法是我国法律体系中一个独立的法律部门，应该由全国人民代表大会及常务委员会制定社会保障的基本法律。但是，我国自 1979 年以来，却没有制定和颁布实施专门调整社会保障关系的基本法律；有关社会保障的制度被分散规定在不同的法律规范文件中。这种状况与社会保障法所应处的地位是不相符的。完整的法律规范应当由假定、处理和制裁构成，无法律责任、无制裁措施的法律规范，是一个有严重缺陷的系统，无法发挥法律规范的强制功能。在我国已经制定的社会保障法规中，比较普遍地存在着缺乏法律责任的现象，无法确保社会保障措施的有效实施。

(3) 社会保障的法律实施机构和监督制度较为薄弱。合法的筹资机制、稳定的保障机制、严格的管理机制、有效的运行机制、有力的监督机制都不够健全。社会保障监督机构没有与管理机构严格划分开来，缺乏对欠缴社会保险费的行为和拖欠离退休人员、失业人员保险金行为的法律制裁措施；对非法挪用、挤占保险金的违法甚至犯罪行为得不到及时惩处，保险基金的运营处于不安全状态。

(4) 我国当前的社会保障制度没有与国际接轨，在对外交流中不断产生障碍与摩擦。我国已正式成为 WTO 的成员，我国的经济发展将越来越与世界经济相联系，经济全球化将在不同的程度上逐步形成。市场经济是法治经济，作为扩大了的市场经济——经济全球化则更应是法治经济，如果在全世界范围内无法形成相对稳定和权威较高的游戏规则(条约、习惯、惯例等)，则不能称之为经济全球化，当然 WTO 也没有其存在的可能。能起“稳定器”、“安全网”作用的社会保障制度作为市场经济建立的前提和保障在世界范围内将必然形成，只有这样，国际资源特别是人力资源的自由流动方能顺利实现。而我国过去的有关社会保障制度方面的法律在涉外社会保障这一块显然处于空白状态，这将不仅影响我国对外交流的顺利进行，而且从长远来看必将影响我国整个经济的稳定和发展。

2. 答：(1) 应当把社会保障立法作为建立我国社会主义市场经济法律制度的重要组成部分，放在突出的位置上，抓紧制定社会保障的基本法律。社会保障的核心法律制度是社会保险制度，因此，应当由全国人民代表大会常务委员会尽快制定和颁布在社会保障制度中处于核心地位的《中华人民共和国社会保险法》。据了解，《中华人民共和国社会保险法》已经于 2007 年 12 月 23 日提交第十届全国人大常委会第三十一次会议首次审议。同时，国家正在抓紧制定《社会保障法》等社会保障的基本法律,将会在不久的将来颁布与实施这些法律以及与这些法律相配套的一系列条例。

(2) 社会保障法律制度的立法内容应当与其他法律部门的立法内容相衔接,以保证社会保障法律规范的有效实施。目前,刑法经过修正已经对社会保险基金的挪用、挤占等行为进行制裁,今后还要进一步修改相关立法争取与社会保障法律制度的立法内容相适应。

(3) 适应 WTO 的规则调整中国社会保险业的相关制度。第一,中国加入 WTO 之后,有关社会保险业的市场开放应当按照循序渐进的策略进行。第二,开展企业补充养老保险经营业务。第三,鼓励中外保险公司扩大社会保险延伸服务。

(4) 健全社会保障的司法机制,有关学者建议在人民法院设立劳动和社会保障法庭,专门从事审理劳动和社会保障争议案件,使当事人发生社会保障权益受不法侵害时获得有力的司法保护。在相关条件成熟后,可借鉴国外普遍实行的专门法院的方式建立我国专门的劳动和社会保障法院。

案例与点评

案例

王某是外地户籍人员,2006 年 5 月受聘于本市一家外资企业,双方签订书面劳动合同,合同期限自 2006 年 5 月 1 日至 2008 年 4 月 30 日,合同约定:乙方(王某)的外来从业人员综合保险由其自行缴纳,甲方(公司)每月发放给乙方(王某)180 元作为外来从业人员综合保险费用,此 180 元随同工资一同打入乙方工资卡内。2007 年 8 月王某在工作中不幸受伤,10 月经工伤认定部门认定为工伤,12 月经劳动能力鉴定部门鉴定为因工致残九级。王某向公司索要工伤保险待遇,公司不同意支付,王某因此提出仲裁申请,要求支付工伤一次性待遇 35 000 元。仲裁委员会经审查予以受理。

仲裁庭审:

王某认为,自己因工受伤,现经鉴定为伤残九级,公司未替我缴纳外来从业人员综合保险,则工伤一次性待遇应由公司支付。

公司在答辩时认为,录用王某时双方约定不缴纳外来从业人员综合保险,公司每月补贴 180 元,由王某自行缴纳,且劳动合同亦有明确,因此,王某自己未缴纳,其后果应由其自行承担。

仲裁结果:仲裁委经过审理后认为,为外来从业人员缴纳综合保险是公司的法定义务,公司在录用员工时约定综合保险由员工自行缴纳,公司以现金形式给予补贴,此约定与法相悖,对双方不具有约束力。现王某受工伤,公司未按月替王某缴纳外来从业人员保险，则公司理应按照《上海市外来从业人员综合保险暂行办法》及实施细则之规定，支付王某一次性工伤待遇。

案例点评

本案的争议焦点是公司与王某在劳动合同中约定综合保险由王某个人负担，公司仅以现金作补贴，此约定对双方是否具有法律约束力。《上海市外来从业人员综合保险暂行办法》规定：用人单位应为其录用的外来从业人员缴纳综合保险。公司与王某在劳动合同中关于综合保险之约定，虽为双方真实意思表示，但此约定与法律法规相违背，对用人单位而言，亦规避了其法定义务，故此约定应视作无效。由此，王某之后发生工伤，因公司未依法履行其缴纳综合保险之法定义务，王某的工伤待遇也应由公司全额承担。至于公司每月补贴给王某的综合保险费用，公司可以通过法律途径要求王某予以返还。

第二章 劳动合同法律制度

你知道如何订立劳动合同吗？你知道在何种情况下劳动者和用人单位可以单方解除劳动合同吗？

本章需要掌握的主要内容有：

- 劳动合同的概念与种类
- 劳动合同的订立及内容
- 劳动者单方解除劳动合同的条件
- 用人单位单方解除劳动合同的条件
- 劳动合同的终止

第一节 劳动合同概述

一、劳动合同概述

（一）劳动合同的概念

劳动合同是指劳动者与用人单位确立劳动关系、明确双方权利和义务的协议。订立和变更劳动合同，应当遵循平等自愿、协商一致的原则。

（二）劳动合同的特征

劳动合同具有以下法律特征：

(1) 劳动合同的主体特定。劳动合同的主体一方是劳动者，另一方是用人单位。用人单位主要包括我国境内的企业、个体经济组织、民办非企业单位、国家机关、事业单位和社会团体等组织。劳动者一方必须是年满16周岁,具有一定劳动能力的自然人,包括本国公民、外国人和无国籍人。

(2) 劳动合同的内容特定。劳动合同的内容即为双方当事人协商确定的各自的权利义务。但劳动合同的诸多内容必须遵守国家的法律规定,如工资、保险、保护、劳动安全等,当事人对这些内容的协商余地较小。

(3) 劳动合同是双务、有偿、诺成性合同。劳动合同是一种双务有偿合同,劳动者承担和完成用人单位分配的劳动任务,用人单位则承担支付给劳动者报酬和缴纳保险费的义务。劳动合同只要双方当事人意思表示一致即可成立,不需要有实际交付行为。

(4) 劳动合同目的明确。

(5) 劳动合同形式必须合法。

二、劳动合同的形式和内容

(一) 劳动合同的形式

根据《中华人民共和国劳动合同法》(以下简称《劳动合同法》)第10条的规定,建立劳动关系,应当订立书面劳动合同。已建立劳动关系,未同时订立书面劳动合同的,应当自用工之日起一个月内订立书面劳动合同。用人单位与劳动者在用工前订立劳动合同的,劳动关系自用工之日起建立。

(二) 劳动合同的内容

根据《劳动合同法》第17条的规定,劳动合同应当具备以下条款:

(1) 用人单位的名称、住所和法定代表人或者主要负责人;

(2) 劳动者的姓名、住址和居民身份证或者其他有效身份证件号码;

(3) 劳动合同期限;

(4) 工作内容和工作地点;

(5) 工作时间和休息休假;

(6) 劳动报酬;

(7) 社会保险;

(8) 劳动保护、劳动条件和职业危害防护;

(9) 法律、法规规定应当纳入劳动合同的其他事项。

除了上述必备条款外,用人单位与劳动者可以约定试用期、培训、保守秘密、补充保险和福利待遇等其他事项。

第二节　劳动合同的订立、履行与变更、终止与解除

一、劳动合同的订立

（一）劳动合同订立的原则

我国《劳动合同法》第 3 条规定，订立劳动合同，应当遵循合法、公平、平等自愿、协商一致、诚实信用的原则。

(1) 合法原则是指订立劳动合同的行为不得与法律、法规抵触，包括主体合法、目的合法、内容合法和程序合法。

(2) 公平原则是要求在劳动合同订立过程及劳动合同内容的确定上应当体现公平。

(3) 平等自愿原则是指双方当事人在订立劳动合同时法律地位平等，劳动合同的成立必须出自双方当事人的真实意愿，任何一方不得将自己的意志强加给对方，也不允许第三者任意干涉。

(4) 协商一致原则是指双方当事人应就劳动合同订立的有关事项采取平等协商的办法达成一致协议。

(5) 诚实信用原则是合同订立和履行过程中都应遵循的原则。依法订立的劳动合同具有法律约束力，双方当事人都应正确履行各自的义务。一方当事人在行使自己权利的同时不得损害另一方当事人的利益。

（二）劳动合同的期限

劳动合同分为固定期限劳动合同、无固定期限劳动合同和以完成一定工作任务为期限的劳动合同。

1. 固定期限劳动合同

固定期限劳动合同是指用人单位与劳动者约定合同终止时间的劳动合同。用人单位与劳动者协商一致，可以订立固定期限劳动合同。

2. 无固定期限劳动合同

无固定期限劳动合同是指用人单位与劳动者约定无确定终止时间的劳动合同。劳动者与用人单位协商一致，可以订立无固定期限劳动合同。但有下列情形

之一的,除劳动者提出订立固定期限劳动合同外,用人单位应当与劳动者订立无固定期限劳动合同:(1) 劳动者在该用人单位连续工作满 10 年的;(2) 用人单位初次实行劳动合同制度或者国有企业改制重新订立劳动合同时,劳动者在该用人单位连续工作满 10 年且距法定退休年龄不足 10 年的;(3) 连续订立二次固定期限劳动合同,且劳动者没有本法第 39 条和第 40 条第一项、第二项规定的情形,续订劳动合同的。此外,用人单位自用工之日起满一年不与劳动者订立书面劳动合同的,视为用人单位与劳动者已订立无固定期限劳动合同。

3. 以完成一定工作任务为期限的劳动合同

以完成一定工作任务为期限的劳动合同是指用人单位与劳动者约定以某项工作的完成为合同期限的劳动合同。用人单位与劳动者协商一致,可以订立以完成一定工作任务为期限的劳动合同。

(三) 无效劳动合同

所谓无效劳动合同是指不符合法定条件,从订立时起就没有法律约束力,从而不能发生当事人预期的法律后果的劳动合同。

根据我国《劳动合同法》第 26 条的规定,具有下列情形之一的劳动合同无效或者部分无效:

(1) 以欺诈、胁迫的手段或者乘人之危,使对方在违背真实意思的情况下订立或者变更劳动合同的;

(2) 用人单位免除自己的法定责任、排除劳动者权利的;

(3) 违反法律、行政法规强制性规定的。

劳动合同部分无效,不影响其他部分效力的,其他部分仍然有效。当事人对劳动合同的无效或者部分无效有争议的,由劳动争议仲裁机构或者人民法院确认。

二、劳动合同的履行和变更

(一) 劳动合同的履行

用人单位与劳动者应当按照劳动合同的约定,全面履行各自的义务。用人单位应当按照劳动合同约定和国家规定,向劳动者及时足额支付劳动报酬。用人单位拖欠或者未足额支付劳动报酬的,劳动者可以依法向当地人民法院申请支付令;人民法院应当依法发出支付令。

用人单位应当严格执行劳动定额标准,不得强迫或者变相强迫劳动者加班。

用人单位安排加班的,应当按照国家有关规定向劳动者支付加班费。劳动者拒绝用人单位管理人员违章指挥、强令冒险作业的,不视为违反劳动合同。

劳动者对危害生命安全和身体健康的劳动条件,有权对用人单位提出批评、检举和控告。国家采取措施,建立健全劳动者社会保险关系跨地区转移接续制度。

(二) 劳动合同的变更

劳动合同的变更,是指当事人双方对依法成立的劳动合同的条款所作的修改和增减。劳动合同一旦依法订立即具有法律约束力,双方当事人都应依照合同的约定全面履行。但在履行劳动合同过程中,如果情况发生变化,经双方当事人协商一致,可以对劳动合同的部分条款进行修改和增减。

三、劳动合同的终止与解除

(一) 劳动合同的终止

劳动合同的终止是指终止劳动合同的法律效力。《劳动合同法》第 44 条规定,有下列情形之一的,劳动合同终止:

(1) 劳动合同期满的;

(2) 劳动者开始依法享受基本养老保险待遇的;

(3) 劳动者死亡,或者被人民法院宣告死亡或者宣告失踪的;

(4) 用人单位被依法宣告破产的;

(5) 用人单位被吊销营业执照、责令关闭、撤销或者用人单位决定提前解散的;

(6) 法律、行政法规规定的其他情形。

用人单位应当在终止劳动合同时出具终止劳动合同的证明,并在 15 日内为劳动者办理档案和社会保险关系转移手续。劳动者应当按照双方约定,办理工作交接。用人单位依照有关规定应当向劳动者支付经济补偿的,应在办理工作交接时支付。

(二) 劳动合同的解除

劳动合同的解除,是指在劳动合同生效后、尚未履行或尚未全部履行前,当事人一方或双方依法提前结束劳动关系的法律行为。

1. 双方协商解除劳动合同

《劳动合同法》第 36 条规定,用人单位与劳动者协商一致,可以解除劳动合同。

2. 单方解除劳动合同

根据《劳动合同法》的规定,劳动合同的单方解除包括用人单位解除劳动合同和劳动者解除劳动合同。

(1) 劳动者单方解除劳动合同。

劳动者单方解除劳动合同,俗称“辞职”。劳动者单方解除合同包括劳动者行使一般解除权和行使特别解除权两种情形。

《劳动合同法》第 37 条规定,劳动者提前 30 日以书面形式通知用人单位,可以解除劳动合同。劳动者在试用期内提前 3 日通知用人单位,可以解除劳动合同,此为劳动者行使一般解除权的情形。

劳动者行使特别解除权单方解除劳动合同,是指出现了法定事由,劳动者无需提前告知用人单位就可以随时解除劳动合同。《劳动合同法》第 38 条规定,用人单位有下列情形之一的,劳动者可以解除劳动合同: ① 未按照劳动合同约定提供劳动保护或者劳动条件的; ② 未及时足额支付劳动报酬的; ③ 未依法为劳动者缴纳社会保险费的; ④ 用人单位的规章制度违反法律、法规的规定,损害劳动者合法权益的; ⑤ 因用人单位过错致使劳动合同无效的; ⑥ 法律、行政法规规定劳动者可以解除劳动合同的其他情形。此外,用人单位以暴力、威胁或者非法限制人身自由的手段强迫劳动者劳动的,或者用人单位违章指挥、强令冒险作业危及劳动者人身安全的,劳动者也可以立即解除劳动合同,不需事先告知用人单位。

(2) 用人单位单方解除劳动合同。

用人单位依法可解除合同的情形有两类。

一类是用人单位可立即解除劳动合同。《劳动合同法》第 39 条规定,劳动者有下列情形之一的,用人单位可以解除劳动合同: ① 在试用期间被证明不符合录用条件的; ② 严重违反用人单位的规章制度的; ③ 严重失职,营私舞弊,给用人单位造成重大损害的; ④ 劳动者同时与其他用人单位建立劳动关系,对完成本单位的工作任务造成严重影响,或者经用人单位提出,拒不改正的; ⑤ 因劳动者过错致使劳动合同无效的; ⑥ 被依法追究刑事责任的。上述几种情形,除第一项外,其他均属劳动者实施了严重的违纪或违法行为,由劳动者自身过错导致的劳动合同解除。

另一类是用人单位虽可解除劳动合同,但应当提前 30 日以书面形式通知劳动者本人。《劳动合同法》第 40 条规定,有下列情形之一的,用人单位提前 30 日以书面形式通知劳动者本人或者额外支付劳动者一个月工资后,可以解除劳动合同: ① 劳动者患病或者非因工负伤,在规定的医疗期满后不能从事原工作,也不能从事由用人单位另行安排的工作的; ② 劳动者不能胜任工作,经过培训或者调整工作岗位,仍不能胜任工作的; ③ 劳动合同订立时所依据的客观情况发生重大变化,致使劳动合同无法履行，经用人单位与劳动者协商，未能就变更劳动合同内容达成协议的。

此外，根据《劳动合同法》的相关规定，在一些特定情况下，用人单位可进行经济性裁员。《劳动合同法》第 41 条规定，有下列情形之一，需要裁减人员 20 人以上或者裁减不足 20 人但占企业职工总数 10%以上的，用人单位提前 30 日向工会或者全体职工说明情况，听取工会或者职工的意见后，裁减人员方案经向劳动行政部门报告，可以裁减人员：① 依照《企业破产法》规定进行重整的；② 生产经营发生严重困难的；③ 企业转产、重大技术革新或者经营方式调整，经变更劳动合同后，仍需裁减人员的；④ 其他因劳动合同订立时所依据的客观经济情况发生重大变化，致使劳动合同无法履行的。

本章小结

劳动合同是指劳动者与用人单位之间为确立劳动关系，依法协商达成的确定双方权利义务的协议。劳动合同作为确立劳动关系的法律形式，是组织社会劳动、合理配置劳动力资源、稳定劳动关系的重要手段。一个完善的劳动合同制度，对于明确劳动合同双方当事人的权利和义务，保护劳动者的合法权益，构建和发展和谐稳定的劳动关系有着重大意义。本章主要介绍了劳动合同的概念和法律特征；劳动合同的订立和内容；劳动合同的履行和变更以及劳动合同的终止和解除等内容。

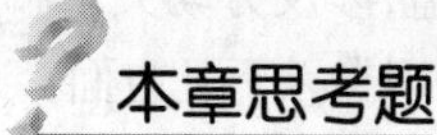

本章思考题

1. 劳动合同与集体合同的区别是什么？
2. 试用期内，用人单位可以随意解除劳动合同吗？
3. 如用人单位自用工之日起 1 个月内书面通知劳动者订立书面劳动合同，劳动者拒绝签订劳动合同的，用人单位应当如何处理劳动关系？
4. 用人单位依法设立的分支机构如何与劳动者订立劳动合同？

思考题解答

1. 答：劳动合同是劳动者与用人单位确立劳动关系、明确双方权利义务的协议。集体合同又称团体协约、劳动协约、集体协议，是指工会或职工代表与相应的用人单位或用人单位方面代表就劳动报酬、工作时间、休息休假、劳动安全卫生、保险福利等事项在谈判、协商一致的基础上签订的书面协议。它们之间有明显的不同，主要表现在以下几方面：

(1) 集体合同的主体一方是工会或职工代表,另一方是用人单位或用人单位行业性、区域性组织;劳动合同的主体一方是劳动者个人,另一方是用人单位,包括企业、个体经济组织、民办非企业单位、国家机关、事业单位、社会团体等用人单位。

(2) 签订集体合同的目的是协调集体劳动关系,产生于集体劳动关系存续期间;签订劳动合同的目的是确立个别劳动关系,通常产生于劳动者参加劳动前。

(3) 集体合同的主要内容是确定适用于全体职工的劳动条件和劳动标准的准据;劳动合同是确定个别劳动者的特定权利义务。

(4) 集体合同的期限为1～3年;劳动合同的期限则分为有固定期限、无固定期限和以完成一定的工作为期限三种。

(5) 签订集体合同,须经职工代表大会或者全体职工讨论通过,由双方首席代表签字,并由用人单位将集体合同文本报送劳动保障行政部门审查;签订劳动合同,则由劳动者个人同用人单位签订。

(6) 集体合同适用于用人单位及其工会、全体职工,行业性、区域性集体合同适用于本行业、本区域的用人单位及其全体职工;劳动合同则适用于签订劳动合同的劳动者个人和用人单位。

(7) 集体合同的法律效力高于劳动合同的法律效力。劳动合同规定的劳动条件和劳动报酬等标准低于集体合同的规定则一律无效。

集体合同与劳动合同都涉及劳动者和用人单位,涉及劳动权益,涉及劳动关系和谐稳定,因此集体合同与劳动合同有着密切联系,这种联系主要表现在以下几方面:

(1) 合同主体具有重合性。集体合同的主体主要是用人单位和全体职工,劳动合同的主体是用人单位和个别劳动者,两类合同主体相重合。

(2) 合同内容涉及劳动者劳动权益。集体合同内容主要规定职工集体劳动权益,包括劳动报酬、工作时间、休息休假、劳动安全卫生、社会保险、集体福利等项劳动权益;劳动合同内容主要规定个别劳动权益,包括工作时间和休息休假、劳动报酬、社会保险、劳动保护等项劳动权益,两类合同均涉及劳动者劳动权益。

(3) 集体合同为劳动合同提供准据。用人单位与本单位职工依法签订的集体合同,对该用人单位全部劳动合同具有约束力。集体合同的内容在劳动合同中未规定的,适用于劳动合同双方当事人。集体合同为个别劳动合同确定最低标准。劳动合同的内容不得低于集体合同规定的标准。集体合同规定的标准依法变更后,劳动合同的标准也应随之变更。

2. 答:不可以。用人单位只有在下列情况下才能解除劳动合同:

(1) 在试用期间被证明不符合录用条件的;

(2) 严重违反用人单位的规章制度的；

(3) 严重失职，营私舞弊，给用人单位造成重大损害的；

(4) 劳动者同时与其他用人单位建立劳动关系，对完成本单位预算的工作任务造成严重影响，或者经用人单位预算提出来，拒不改正的；

(5) 以欺诈、胁迫的手段或者乘人之危，使对方在违背真实意思的情况下订立或者变更劳动合同的；

(6) 被依法追究刑事责任的；

(7) 劳动者患病或者非因工负伤，在规定的医疗期满后不能从事原工作，也不能从事用人单位另行安排的工作的；

(8) 劳动者不能胜任工作，经过培训或者调整工作岗位，仍不能胜任工作的。

3. 答：按照《条例》第 5 条的规定，用人单位可以与其终止劳动关系。但同时，也给用人单位设立了书面通知劳动者签订劳动合同和终止劳动关系的义务。因此，用人单位在书面通知送达时应当有劳动者的签收证据或其他可证明已经向劳动者送达书面通知的证据。

4. 答：《劳动合同法实施条例》第 4 条规定，依法取得营业执照或者登记证书的分支机构，如法人依法设立并领取营业执照的分支机构、中国人民银行、各专业银行设在各地的分支机构、中国人民保险公司设在各地的分支机构等机构可以作为用人单位与劳动者订立劳动合同，可以直接作为劳动合同中的用人单位。未依法取得营业执照或者登记证书的分支机构，只能受用人单位委托与劳动者订立劳动合同，即劳动合同中的用人单位只能是设立该分支机构的单位，不能将分支机构直接列为用人单位。

案例与点评

案例一

2007 年 6 月，张某经过面试考核被某宾馆聘为服务员。2007 年 7 月，宾馆与张某签订了为期 3 年的劳动合同，并收取了张某 1 500 元的合同押金。该合同中规定："凡在本宾馆工作的女性服务员，在合同期内不得结婚，否则宾馆有权解除劳动合同。"当时尚未婚嫁的张某对此根本没在意，就在合同上签了字。但 2007 年 11 月，张某与男友结婚，当宾馆得知此事后，便以张某违反合同为由，于 2007 年 12 月通知张某解除劳动合同，并没收了张某当初交付的 1 500 元押金。张某就此事同宾馆交涉许久未果，遂将宾馆告上法庭。

试问：该条款是否有效？

案例点评

被告该宾馆与原告张某所签订的劳动合同中“合同期内不得结婚”的条款,虽系双方自愿,但它客观上限制了张某的结婚年龄,实质上是对婚姻自由的变相干涉,不符合《婚姻法》的规定,属无效条款。但某一条款的无效,并不影响合同其余条款的效力,因此被告解除与原告之间的合同是没有依据的。

案例二

2000 年 6 月,青年农民王某与一家私营造纸厂签订了一份劳动合同,合同规定有“发生死伤事故企业概不负责”的条款。当时由于王某家境贫寒,十分渴望得到这份收入较高的工作,又考虑到自己年轻力壮,只要谨慎小心就不会出事,所以便怀着侥幸心理在合同上签了字。今年 1 月份,王某在操作切割设备时,左手的四个手指不慎被切断。事故发生后,王某先后住院治疗 60 多天,花去手术费、住院费、治疗费等费用 6 700 多元。伤愈出院后,王某所在的造纸厂表示企业只负担其住院期间的工资,医疗费用由职工自付。对此,王某及其亲属多次找到造纸厂要求支付医疗费,该厂则以劳动合同中约定有“发生死伤事故概不负责”的条款为由拒绝支付。为维护自己的合法权益,王某向县劳动仲裁委员会提出仲裁申请。

试问:合同中约定的“发生死伤事故概不负责”的条款是否有效?

案例点评

劳动合同中“发生死伤事故企业概不负责”的条款属于无效条款,王某的医疗待遇及相应的损失费由造纸厂负责。1988 年,最高法院针对有的企业在招工登记表中注明“工伤概不负责”之类的免责条款明确作出司法解释:“这种行为既不符合宪法和有关法律规定,也严重违反社会主义公德,应属于无效的民事行为。”

案例三

李某于 2007 年 6 月 6 日在某公司经过 1 个月试用合格,被聘为正式员工。2007 年 8 月,李某结婚,并于同年 9 月怀孕。10 月 10 日,公司以李某怀孕因而不能正常从事工作为由,解除了与李某的劳动合同。2007 年 11 月 1 日,李某向法院起诉,法院裁定不予受理。李某生完孩子后,于 2008 年 10 月 16 日,向劳动争议仲裁委员会申请仲裁,再次要求确认公司解除劳动合同的行为无效,仲裁委员会查明事实后，裁决驳回仲裁请求。

试问：

1. 公司解除与李某的劳动合同行为是否合法？

2. 法院为何不受理李某的起诉？

3. 劳动争议仲裁委员会为何驳回李某的仲裁申请？

案例点评

1. 该公司解除与李某的劳动合同行为不合法。《劳动法》赋予用人单位某些情形下享有单方解约权。但在本案中，公司的解约理由是“孕妇不能正常从事工作”，这既不符合法定的解除条件，又违反《劳动法》对孕妇的特别保护规定，显然是不合法的。

2. 法院不受理李某的起诉是因为《劳动法》有关劳动争议仲裁前置的规定。劳动争议的救济方式具有一定的特殊性。一般争议都是或裁或审，选择仲裁则一裁终局；而劳动争议则必须先经过仲裁，对仲裁裁决不服的，再向法院起诉，即不得直接向法院起诉。本案中，李某未先申请仲裁，直接向法院起诉，自然会被法院裁定不予受理。

3. 劳动争议仲裁委员会驳回李某的仲裁请求是因为该争议已经超过仲裁的时效。根据《劳动争议调解仲裁法》的相关规定，提出劳动争议仲裁申请的时效期间为 1 年，从当事人知道或者应当知道其权利被侵害之日起计算。本案中，劳动争议发生之日为 2007 年 10 月 10 日，而李某申请仲裁之日为 2008 年 10 月 16 日，超过了 1 年的仲裁时效，又不存在法定的中断和中止事由，因此会被劳动争议仲裁委员会驳回仲裁请求。

相关法律：

1.《劳动合同法》第 42 条：劳动者有下列情形之一的，用人单位不得依据本法第 40 条、第 41 条的规定解除劳动合同：

（一）从事接触职业病危害作业的劳动者未进行离岗前职业健康检查，或者疑似职业病病人在诊断或者医学观察期间的；

（二）在本单位患职业病或者因工负伤并被确认丧失或者部分丧失劳动能力的；

（三）患病或者非因工负伤，在规定的医疗期内的；

（四）女职工在孕期、产期、哺乳期的；

（五）在本单位连续工作满 15 年，且距法定退休年龄不足 5 年的；

（六）法律、行政法规规定的其他情形。

2.《劳动争议调解仲裁法》第 5 条：发生劳动争议，当事人不愿协商、协商不成或者达成和解协议后不履行的，可以向调解组织申请调解；不愿调解、调解不成或者达成调解协议后不履行的，可以向劳动争议仲裁委员会申请仲裁；对仲裁裁决不服的，除本法另有规定的外，可以向人民法院提起诉讼。

3.《劳动争议调解仲裁法》第 27 条：劳动争议申请仲裁的时效期间为 1 年。仲裁时效期间从当事人知道或者应当知道其权利被侵害之日起计算。

图书在版编目(CIP)数据

经济法概论/焦娇主编. —上海: 复旦大学出版社, 2010.7(2022.3 重印)
ISBN 978-7-309-07245-7

Ⅰ. 经… Ⅱ. 焦… Ⅲ. 经济法-中国-电视大学-教材 Ⅳ. D922.29

中国版本图书馆 CIP 数据核字(2010)第 075570 号

经济法概论
焦 娇 主编
责任编辑/宋朝阳

复旦大学出版社有限公司出版发行
上海市国权路 579 号 邮编: 200433
网址: fupnet@fudanpress.com http://www.fudanpress.com
门市零售: 86-21-65102580 团体订购: 86-21-65104505
出版部电话: 86-21-65642845
浙江临安曙光印务有限公司

开本 787×960 1/16 印张 28.75 字数 520 千
2010 年 7 月第 1 版第 1 次印刷 2022 年 3 月第 1 版第 17 次印刷
印数 42 101—43 300

ISBN 978-7-309-07245-7/D·457
定价: 56.00 元